에너지전환정책의
이론과 현실

김서용 외 14인

박영사

발 간 사

　　인류 역사는 에너지전환의 역사이다. 새로운 에너지가 없었다면 새로운 문명의 전환은 불가능하였다. 에너지는 하나의 문명을 만들고 쇠퇴시키는 역할을 해왔다. 하지만 새로운 에너지체제는 사회적으로 구성된다는 점에서 이를 가능하게 하는 사회적 맥락과 조건이 없었다면 에너지전환은 불가능하다. 에너지체제와 사회는 상호 공진화하면서 새로운 에너지체제를 창조한다. 따라서 새로운 에너지 사회로의 전환을 위해서는 사회적 차원에서 '새로운 가치', '새로운 거버넌스', '새로운 전략'이 필요하다. 이 책은 에너지전환의 기반과 동력이 되는 가치, 거버넌스, 전략을 정책적 관점에서 포괄적으로 탐색하였다.

　　구체적으로 이 책은 다음과 같은 세 가지 주장에 근거하고 있다.

　　첫째, 에너지체제 전환은 단순히 에너지 기술체제만의 문제가 아닌 새로운 사회체제의 구성 문제이다. 한 시대의 사회구성원들이 가진 사고를 반영하는 민주주의, 정의, 공정, 이념 등의 가치는 보이지는 않지만 에너지체제를 구성하는 핵심적인 요소이다.

　　둘째, 에너지체제의 전환은 사회를 구성하는 정부, 기업, 시민들에게 새로운 미션과 역할을 요구한다. 삼자간 관계를 바탕으로 하는 새로운 거버넌스 구조의 변화 없이는 새로운 에너지체제로의 전환은 불가능하다. 특히 정부는 제도설계와 정책수단을 동원하여 에너지체제의 전환을 가능하게 하는 촉진자 역할을 수행한다는 점에서 매우 중요하다.

셋째, 에너지체제의 전환은 필연적으로 사회적 갈등을 유발한다. 새로운 에너지체제는 기존 체제 극복을 전제로 하기 때문에 변화를 위한 '혁신'은 불가피하다. 현재 진행되고 있는 에너지체제의 전환은 시민 생활과 지역사회에 혁신적 변화를 가져오고 있다. 아울러 에너지체제의 전환은 기술혁신과 인간행태의 변화 없이는 불가능하다. 변화와 혁신은 사회적 갈등을 유발하며 이러한 갈등의 동학은 새로운 에너지 사회로의 전환을 가져온다.

이 책은 아주대학교 사회과학연구소가 한국연구재단의 지원을 받아 수행하고 있는 인문사회연구소 지원사업(과제명: 에너지 전환체제에 대한 증거기반 실증연구: 사회, 기술, 제도의 공시적 결합에 기반한 新에너지 사회 구성을 위한 전환·혁신의 조건과 정책모형·과제 탐색, 2021년－2027년)의 연구 결과물이다. 해당 연구과제는 에너지전환을 위해서는 기술혁신뿐만 아니라 사회와 제도의 혁신이 필수적이라는 관점에 출발하였다.

이 책은 아주대 행정학과 동료 교수들과 에너지전환정책연구센터 연구원들의 노고가 없었다면 불가능하였다. 함께하는 이들에게 진심으로 감사의 마음을 표한다. 아울러 연구하는 남편을 위해 늘 많은 것을 이해해준 아내이자 연구 동료인 한경국립대 김선희 교수에게 고마움을 전한다.

저자를 대표하여
김서용 드림

차 례

제1부 에너지전환, 역사, 가치체계

제3부 에너지전환정책과 이행전략

제1부

에너지전환, 역사, 가치체계

제1장

에너지전환과 역사

•

김서용

제1장

에너지전환과 역사

·

김서용

I. 역사에서 에너지전환은 어떤 의미를 가지는가?

인류역사는 에너지전환의 역사이다. 에너지전환(energy transition)이란 기존 에너지체제에서 새로운 에너지 체제로의 변화를 의미한다. 새로운 에너지 체제로의 전환은 단순하게 에너지만의 전환을 의미하지 않으며, 경제적, 사회적 시스템의 전환까지 포함한다. 이 때문에 에너지전환(energy transition)은 일종의 거대한 에너지체제 변환(great transformation of energy system)이라 할 수 있다. 에너지전환은 인류의 역사와 문명을 바꾸는 원천이다. 인류의 역사속에서 새로운 에너지 발견과 이용은 새로운 인류문명을 만들어내거나 문명발전의 촉진제가 되었다. 아울러 반대로 에너지의 위기는 특정 문명의 위기를 가져왔다. 인류역사를 볼 때 인류의 문명은 수렵 및 채집 중심의 원시사회에서 출발하여, 농경사회, 산업사회 순으로 전개되어 왔다. 문명전환과 산업전환의 배경에는 <그림 1-1>에서 볼 수 있는 바와 같이 인류가 주로 사용하는 에너지의 변화와 혁신이 존재하였다. 농업문명에서 산업문명으로 거대한 전환은 석탄에 기반한 열에너지를 기계에너지로 바꾸는 증기기관이 있어 가능했다. 1차 산업혁명에서 4차 산업혁명으로 전환되는 과정에서는 전기에너지, 신재생에너지라는 새로운 에너지의 등장이 있었다. 새로운 에너지는 새로운 세계의 역사와 질서를 만들어 왔다.

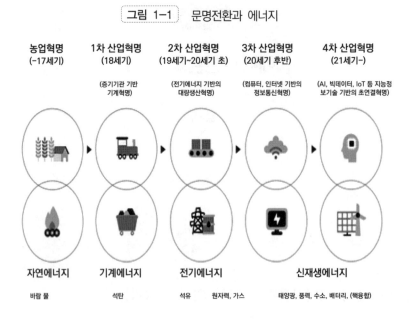

그림 1-1 문명전환과 에너지

자료: 산업통상자원부 · 한국에너지정보문화재단(2020)의 내용수정

　21세기 현재 인류문명이 직면한 위기는 기후변화 위기이며, 이에 대응하기 위한 에너지전환은 화석연료에서 신재생에너지로의 전환이다. 석탄, 석유, 천연가스 등 화석연료 사용으로 인해 발생하는 고탄소 체제(High Carbon System) 중심의 에너지 체제에서 풍력이나 태양광과 같은 재생에너지를 사용하는 저탄소 체제(Low Carbon System), 에너지 효율성을 극대화시키는 에너지 체제로의 전환이 이루어지고 있다(Pellerin－Carlin and Serkine, 2016; 박상철, 2019 재인용). 현재 세계는 새로운 에너지로의 대전환과 함께 새로운 인류문명이 형성되는 초입에 서있다.

　본 장에서는 에너지전환의 역사적 전개과정을 기술하고, 에너지전환에 영향을 미치는 요인들을 정리한 후 에너지전환이 가지는 역사적 과제와 함의를 논의한다.

Ⅱ. 에너지전환의 역사적 전개

1. 농업혁명과 에너지전환

원시사회에서 에너지사용은 자연속에 존재하는 에너지를 발견하고 이를 있는 그대로 활용하는 형태에서 출발하였다. 인류가 인간의 지혜를 이용하여 최초로 적극적으로 이용한 에너지는 불을 사용한 열에너지이다. 인간을 호모 이그니스(Homo Ignis)라고 한다. 라틴어로 호모(Homo)는 사람을 뜻하며, 이그니스(Ignis)는 불을 뜻한다. 인류의 삶은 불과 함께 진화해 왔다.

불을 처음 사용한 시기는 호모 에렉투스가 살았던 142만년 전으로 추정되고 있다. 불을 사용한 증거인 아프리카의 유적은 최소한 열세 군데가 있다. 그 가운데 시대가 가장 이른 케냐의 채소완자에서는 짐승의 뼈가 불에 탄 진흙 조각과 함께 나왔다. 고생물학자들은 50여 개의 불탄 진흙 조각들의 배열로 볼 때 화로로 추정하고 있다(피터 왓슨, 2009). 불을 이용하기 위한 에너지 원재료는 나무였으며, 5000년 전부터 나무를 태운 숯을 이용하기 시작하였다(이종헌, 2018).

불을 이용한 열에너지는 인간에게 '안전'을 가져다주었다. 음식을 익혀서 먹음으로써 건강을 유지할 수 있게 되었으며, 추운 밤과 계절을 극복할 수 있게 되었으며, 인간을 위협하는 짐승들로부터 일정한 안전을 보장받게 되었다. 불은 인간에게 '공동체'를 형성하게 해주었다. 불을 사용하면서 추위를 피해 이동할 필요가 없었기 때문에 인류는 정주를 하기 시작하였고 자연스럽게 다수가 거주하는 마을공동체가 생겨났다. 아울러 불은 인간에게 '도구의 혁명'을 가져다주었다. 불을 이용해 만든 금속 무기를 사용하면서 종족간 전쟁이 발생하고 이러한 전쟁은 '영토개념의 확립'을 가져오면서 국가탄생의 시초가 되었다. 불을 이용한 청동기, 철기 농기계 제작은 '농업생산력의 증가'를 가져오고 이는 인구증가를 가져왔다.

원시사회 이후 농경사회에 진입하면서 인류는 다양한 도구를 사용하여 자연에 존재하는 자연에너지를 인위적으로 운동에너지로 전환하여 사용하게 되었다. 이와 같은 운동에너지는 농업문명을 꽃피우는 데 기여한다. 즉, 기원전 3500년경 중동의 티그리스, 유프라테스강, 이집트의 나일강유역에 농업문명이 발전하게 된다. 농경사회에서는 초기 가축을 이용하여 동력을 얻는 방식에서 물과 바람을 이용한 풍차나 수차에서 동력을 얻는 방식으로 진화하게 된다. 바람에너지를 이용한 최초의 풍차는 기원전 150-250년경 알렉산드리아의 고대 실험가 헤론(Heron)이 개발한 풍차(Wind Wheel)이며, 이것으로 바람의 운동에너지를 기계에너지로 전환시켜 오르간을 연주할 수 있게 되었다. 최초의 실용적 풍차는 7세기경 이란과 아프카니스탄 사이에 있는 시스탄에 설치된 풍차로, 옥수수를 분쇄하거나 물을 퍼 올리는 데 사용하였다.

농업사회 이후 산업사회로의 전환은 에너지원으로 화석연료인 석탄의 활용, 에너지전환을 위한 증기기관의 발명에 기초한다.

2. 1차 산업혁명과 에너지전환

18세기부터 이루어진 1차 산업혁명의 배경에는 에너지원인 석탄이 있다. 석탄의 활용은 14세기에서부터 이루어지기 시작하였다. 석탄을 사용하기 시작한 배경에는 인구증가, 열에너지의 원료인 나무사용 증가로 인해 발생한 환경파괴와 자원고갈이 있다. 14세까지 난방을 위한 산림파괴는 사회적 위기를 가져온다. 1346년에 유럽 동부에서 본격적으로 시작되어 1353년까지 유럽 전역을 강타한 흑사병(Black Death)으로 인해 유럽 전체적으로 인구가 감소하였는데, 흑사병은 산림이 사라지면서 페스트를 옮기는 '큰 쥐'의 서식지역이 넓어졌기 때문에 발생하였다는 설이 있다. 흑사병으로 인한 인구감소로 인해 일시적으로 산림이 복구되는 듯 하였으나 <그림 1-2>에서 볼 수 있는 바와 같이 15세기 이후 인구가 급격히 증가하였다. 이는 또 다시 산림파괴를 가져온다. 과도한 벌목의 문제를 해결하기 위해서 영국의 경우 엘리자베스 1세(Elizabeth I, 1558-1603) 시절에 강의 20km 이내에 있는 수목의 벌채를 금지하는 법령을 의회가 제정하기도 하였다.

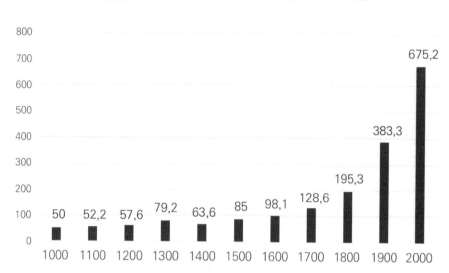

그림 1-2   1000년에서 2000년까지 유럽인구(단위: 백만)

자료: Lutz et al.(2003); Blaut(2012); Eurostat(2016); Dudin et al.(2017) 재인용

　　인구증가에 따른 에너지 부족문제를 해결하기 위해서 14세기부터 나무 대신 석탄을 사용하기 시작하였다. 석탄을 사용함으로써 산림 파괴로 인해 자원부족을 극복할 수 있었으며, 석탄을 통해 나무연료에 비해 높은 온도로 가열이 가능해지면서 보다 더 좋은 철을 생산할 수 있게 되었다.

　　하지만 이와 같은 석탄의 장점에도 불구하고 지하에 있는 석탄을 사람의 힘으로만 캐내는데 한계가 존재하였는데, 인류는 기술혁신을 통해 이를 극복하였다. 지하에 있는 석탄생산의 급격한 증가가 가능했던 것은 영국의 토마스 뉴커먼(Thomas Newcomen, 1663-1729)이 1712년 개발한 피스톤과 실린더를 갖춘 펌프 덕분이다. 석탄을 이용하여 물이 끓인 후 발생하는 증기를 이용하여 실린더를 움직이고 실린더 뚜껑은 피스톤을 움직여 지하에 있는 석탄을 끌어올리는 방식이다. 열에너지를 운동에너지로 전환하는 최초 증기기관의 원형이라고 할 수 있다. 본 기계를 활용하여 25명의 사람과 10마리의 말이 일주일 동안 꼬박 걸리는 일을 기계는 하루만에 처리할 수 있게 되었다(이종헌, 2018). 제임스 와트(James Watt, 1736-1819)는 뉴커먼이 개발한 증기기관이 가지는 단점을 보완하여 산업혁명을 촉발시키는데 기여하였다. 와트는 연구를 통해 피스톤을 상하 왕복운동뿐만 아니라 좌우 회전운동이 가능하게 하였으며, 응축기를 분리하고 실린더의 냉각기능을 보완하여 증기기관 운행 효율성을 극대화하였다. 이와 같이 효율성이 향상된 기관은 증기기관차, 증기선의 개발로 이어지고 대량생산과 운송을 가능하게 하여 산업혁명을 촉발시킨다(이종헌, 2018).

에너지혁명에 기반한 산업혁명으로 인해 에너지원인 석탄의 사용량은 급격히 증가하였는데, <그림 1-3>은 1700년 이후 영국의 석탄생산이 급격히 증가하고 있음을 보여준다. 석탄은 산업혁명의 진척과 함께 19세기 중반 이후 유럽에서 보편적 에너지원으로 자리잡는다.

그림 1-3   영국의 석탄생산과 수입(단위: 백만)

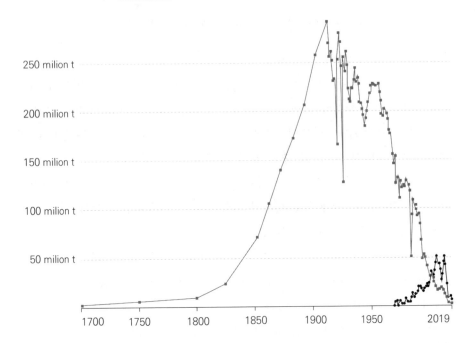

참조: 회색 선은 석탄생산량, 진한 선은 석탄수입량
자료: UK Department for Energy and Climate Change(DECC). https://www.gov.uk/govern-ment/statistical-data-sets/historical-coal-data-coal-production-avail-ability-and-consumption. OurWorldInData.org/death-uk-coal

3. 2차 산업혁명과 에너지전환

2차 산업혁명은 19세기 중후반부터 20세기 중반까지 일어났다. 1차 산업혁명이 섬유, 제철 제품을 생산하면서 석탄에 의존한 증기기관이 중심이었다면 2차 산업혁명은 중화학공업 중심으로 일어났으며 과학과 산업의 결합을 통해 생산성의 혁신이 일어나면서 대량생산이 이루어진다. 2차 산업혁명의 핵심에는 에너지원으로 석유의 이용과 최종 에너지인 전기 에너지의 발명이 있다.

석탄에서 석유로 에너지원으로서의 중심축 이동은 19세기 중반에 이루어진다. 이와 같은 에너지전환은 에너지원으로서 석탄이 가지고 있는 근본적인 한계와 석유가 가진 장점에 기인한다. 석탄은 고체이기 때문에 기체인 산소와 혼합이 안되고, 불완전연소하여 에너지 효율이 낮고, 탄소, 황, 질소 등의 대기오염물질을 배출한다. 아울러 부피가 커서 보관과 수송이 불편하였다. 반면 석유는 액체이기 때문에 석탄에 비해 에너지효율이 높고, 이동과 수송이 간편하였다.

자연상태에 노출되어 있는 석유의 사용은 무려 4,000년 전부터였지만 에너지로의 본격적인 사용은 19세기 중반부터이다. 석유를 대중적 에너지로 사용하기 위해서는 땅속에 다량으로 매장된 석유채굴이 관건이었다. 석유의 채굴은 1859년 8월 27일 미국 펜실베니아주 타이터스빌에서 에드윈 드레이크(Edwin Drake, 1819-1880)가 '수직굴착 시추기'를 이용하여 최초로 석유시추에 성공하면서 시작되었다. 이후 석유사업은 석유 정제업에 뛰어든 존 D. 록펠러(John D. Rockefeller, 1839-1937)에 의해 거대산업으로 발전한다. 그는 석유의 정제비용을 줄여 제품 원가를 개선하고, 석유로부터 만들 수 있는 제품을 등유 외에 페인트, 왁스, 젤리, 검, 아스팔트에 이르기까지 300개로 다양화하고, 기업구조를 수평적 확대하고 수직계열화하였다. 이와 같은 노력을 통해 값싼 석탄 대신에 석유를 사용할 유인을 높여 석유 개발과 소비를 촉진할 수 있었다. 록펠러가 1870년 세운 스탠더드 오일(Standard Oil, 1870-1911)은 1870년대 말에 미국 정유시장의 90%를 점유하게 된다. 이후 스탠더드 오일은 유럽, 중동, 아시아에 등유, 난로용연료, 선박용 기름을 수출하였고 1885년에는 매출의 70%가 수출에서 발생하였다(아틀라스뉴스, 2022). 이로써 미국은 세계 최초의 석유생산국이자 수출국이 되었다. 석유 사용이 대폭 확대된 것은 제1차 세계대전(1914년 7월 28일-1918년 11월 11일)이 결정적 계기가 되었다. 전쟁에 참전하는 함정들은 빠른 선적, 가벼운 무게, 장기간 활용이 가능한 연료가 필요했는데 바로 경유가 이런 조건에 딱 맞아떨어졌다. 결과적으로 석탄보다는 경유가 선호될 수밖에 없었으며 이로 인해 석유사용이 폭발적으로 확대되었다.

석유소비의 폭발적으로 증가에 대응하여, <그림 1-4>에서 볼 수 있는 바와 같이 석유생산도 늘어났는데, 이와 같은 석유생산이 가능했던 이유는 미국 외에 중동지역에서도 석유생산이 가능하게 되었기 때문이다. 중동에서 유전개발은 1908년 5월 26일에서 페르시아(이란)에서 유전시추가 최초로 성공하면서 시작되었다.

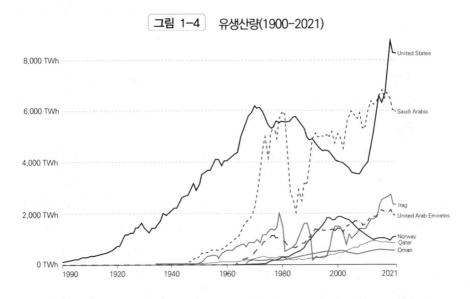

그림 1-4 유생산량(1900-2021)

자료: BP Statistical Review of World Energy; the Shift Project. https://www.bp.com/en/global/corporate/energy-economics/statistical-review-of-world-energy.html; https://www.theshiftdataportal.org/energy. OurWorldInData.org/fossil-fuels/

석유의 산업적 이용이 확대되면서 석탄의 증기력을 이용한 소비재 경공업 중심의 1차 산업혁명에서 중화학공업 중심의 2차 산업중심으로 산업혁명으로 전환된다. 석유의 활용은 인류의 경제생활양식에서 구조적 변화를 가져왔다. 석유를 활용하여 1차 연료인 연료유(휘발유, 등유, 제트유, 경유, 중유), 윤활유, 공업용 원제품(나프타, 용제), 액화석유가스(LPG) 등의 개발은 생산과 소비양식에서 대량생산, 대량소비를 가능하게 하는 원동력이 되었다. 아울러 나일론, 아크릴, 폴리에스테르 등의 합성섬유, 플라스틱 등은 다양한 생산재와 소비재로 전환되면서 인류의 문화와 생활양식에 큰 변화를 가져왔다.

석유만이 에너지 사용의 증가를 가져온 것은 아니다. 에너지원으로서 석유의 활용가능성을 높인 것은 최종 에너지인 전기의 발견이다. 석유나 석탄이 열에너지, 운동에너지를 만들어낸다면 전기에너지는 이뿐만 아니라 빛에너지까지 만들어낼 수 있는 최종적인 에너지원이다. 아울러 전기에너지는 열, 힘, 빛 에너지로 자유롭게 변환될 수 있으며, 손실 없이 빠르게 먼 거리까지 전달할 수 있다는 장점을 가진다. 전기의 인위적 생산은 영국의 물리화학자인 마이클 패러데이(Michael Faraday, 1791-1867)가 역학적 에너지를 전기에너지로 바꾸는 발전기의 원형인 전자기 회전장치를 개발하면서 시작되었다. 이후 1866년 독일의 베르너 폰 지멘스(Werner von Siemens, 1816-1892)는 자석이 아닌 전자석을 이용하여 대형발전기를 발명하고, 전기를 멀리 전송할 수 있는 전선을 개발한다. 1882년 미국의 토마스 에디슨(Thomas Edison, 1847-1931)은 전구를 발명하고 최초의 상업용 발전소를 가동하면서 전기 사용을 대중화하고 확대한다.

산업적 측면에서 볼 때 20세기 초반 전기를 이용한 컨베이어벨트 시스템이 만들어지면서 대량생산 체제가 마련되었고 이를 바탕으로 폭발적 생산성 증가에 기반한 '2차 산업혁명'이 일어난다. 20세기 후반에는 컴퓨터와 정보통신기술(ICT) 보급으로 자동화 공정이 가능해지면서 '3차 산업혁명' 시대가 시작된다. 석유와 전기에너지에 기반한 2차 산업혁명으로 인해 대량생산, 대량소비의 사회를 진입하면서 급격한 경제성장이 이루어졌다. 3차 산업혁명으로 인해 보다 편리한 전자기계와 소비관련 제품이 다양하게 만들어지고 이는 전기의 소비를 촉진한다. 이제 전기의 소비는 경제성장을 촉진하는 수단이 되는

데 이렇게 촉진된 경제성장은 다시 전기를 소비하는 제품의 판매증가를 가져
온다. 이러한 역사적 전개는 경제성장과 에너지간 관계가 상보적이라는 점을
보여준다. 즉, 경제성장이 더 많은 에너지를 필요로 하고, 더 많은 에너지 사
용은 경제성장을 촉진하는 구조이다. <그림 1-5>에서 볼 수 있는 바와 같
이 경제성장과 에너지사용은 선형적 관계를 가지고 있다.

그림 1-5 1인당 GDP vs 1인당 연간 전력사용량

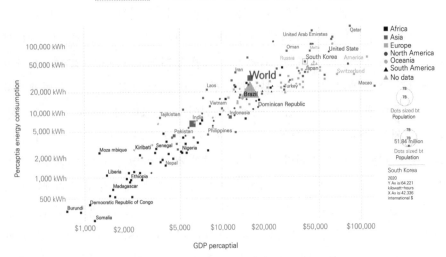

참조: 에너지는 최종에너지로 전환되기 전에 투입되는 1차 에너지를 의미함
자료: World in Data based on BP; EIA; World Bank(https://ourworldindata.org/grapher/en−
      ergy−use−per−person−vs−gdp−per−capita)

4. 3차, 4차 산업혁명과 에너지전환

3차 산업혁명은 1946년에 컴퓨터, 1957년 인공위성, 1969년 인터넷 등장
으로 시작되었고, 70년−80년대 개인컴퓨터(PC), 90년대 인터넷의 대중화로
인해 일어난 정보통신(ICT) 혁명으로 가속화된다. 3차 산업혁명과 4차 산업
혁명을 구분하는 것과 관련해 학자들 사이에 논란이 존재한다. 4차 산업혁명
개념은 세계경제포럼의 창시자인 클라우스 슈바프(Klaus Schwab, 1938−현재)
가 2015년 Foreign Affairs에 기고한 'The Fourth Industrial Revolution: What It

Means and How to Respond'에서 제시하였다. 4차 산업혁명은 2000년 들어 디지털혁명에 기반하여 시작되었으며, 유비쿼터스와 모바일 인터넷, 작고 강하고 값싼 센서, AI와 기계학습 등을 기술적 기반으로 한다. 4차 산업혁명은 물리적, 디지털, 바이오 세계를 가로지르는 융합기술에 의해 선도되고 있으며, 생산, 수송, 소비의 지형을 변화시키면서 경제구조뿐만 아니라 사회구조를 변화시키며 있다. 이러한 4차 산업혁명은 인류문명에 아주 급속히, 넓고 깊게, 구조적 영향을 미친다(Schwab, 2016).[1]

3, 4차 산업혁명에서의 핵심적 에너지는 신재생에너지(renewable energy)이다. 신재생에너지는 기존의 화석연료를 변환시켜 이용하는 '신에너지'(연료전지, 수소, 석탄액화·가스화 및 중질잔사유 가스화)와 햇빛·물·지열·강수·생물유기체 등을 포함하여 재생 가능한 에너지를 변환시켜 이용하는 '재생에너지'(태양광, 태양열, 바이오, 풍력, 수력, 해양, 폐기물, 지열)를 포함한다. 전통적인 석유, 석탄에 기반한 에너지원에서 신재생에너지로의 전환의 시작은 기존의 지배적 에너지인 석유과 석탄의 위기, 기후변화의 위기에서 시작되었다.

석유의 위기는 공급측면의 위기에서 시작되는데 이는 석유자원 자체의 부족이라기보다는 다분히 정치적인 이유에서였다. 1973년 1차 석유파동, 79년의 2차 석유파동으로 인해 전 세계는 새로운 에너지원에 대한 탐색을 시작하였다. 1차 석유파동은 미국 석유기업이 전 세계의 원유 가격에 대한 통제력을 행사 때문에 발생한 유가하락으로 인해 이익이 줄어든 중동산유국들이 중심이 되어 1960년 9월 OPEC(Organization of the Petroleum Exporting Countries)을 결성하고 가격에 대한 통제력을 행사하기 시작한 것이 계기가 되었다. 1973년 10월 반발한 제4차 중동전쟁에서 미국이 이스라엘을 지원하고 나서자 OPEC은 미국을 포함하여 이스라엘을 지원하는 국가에 석유수출을 금지하고 산유량도 매월 5%씩 줄이기로 하면서 1973년 10월부터 1974년 1월까지 원유가격이 5배 이상 급증하는 1차 오일쇼크가 발생한다. 2차 오일쇼크는 1978년 이란에서 '이슬람 혁명'이 시작되면서 발생한 유전 노동자의 파업으로 인해 석유

---

1) 제러미 리프킨(Jeremy Rifkin, 1945년–현재)은 오늘날에도 3차 산업혁명이 진행중이라 보고 있다.

수출이 전면 중단되고 이로 인해 유가가 사상 처음으로 30달러를 넘어서면서 시작되었다. 2차 오일쇼크는 1978년부터 1982년까지 5년간 지속되었으며, 유가는 이 기간동안 3배가 올랐다(이종헌, 2018).

1, 2차 석유파동 이후 세계 각국들이 에너지 안보(energy security, 적정 가격으로 필요로 하는 에너지를 중단 없이 공급할 수 있는 능력)에 대한 심각한 위협을 느끼고 석유의 대체 에너지를 찾기 위해 노력하면서 '신재생에너지'의 중요성이 부각되기 시작하였다(산업통상자원부 · 에너지정보문화재단, 2020). 원자력에너지도 석유 이외의 대안 에너지로 평가되었으나 1979년 쓰리마일 원전사고, 1986년 체르노빌 원전사고, 2011년 후쿠시마 원전사고 발생으로 인해 선진국을 중심으로 에너지 선호순위에서 밀리기 시작하였다.

석유와 석탄 에너지에 대한 또 다른 위기요인은 바로 기후변화위기이다. 기후위기는 최근 에너지체제를 최근 탈화석에너지에서 신재생에너지로의 전환을 유도하는 가장 큰 원동력이다. 기후변화로 인한 온실효과를 최초로 이야기한 이는 1903년 노벨 화학상을 수상한 스웨덴의 스반테 아레니우스(Svante August Arrhenius)이다. 그는 1896년 스웨덴 스톡홀름 물리학회에서 대기 중 이산화탄소 농도가 2배 상승하면 지구온도가 $5-6°C$ 상승한다는 내용을 담은 논문을 발표하게 된다. 그는 최초로 온실가스라는 단어를 사용하였다. 하지만 이때 당시만 하더라도 기후변화문제는 심각하게 받아들여지지 않았으며 오히려 온난화로 인해 생활반경이 넓어지고, 먹거리가 풍성해질 것이라고 생각했다. 1950년 이후 기후변화에 대한 과학적 연구가 지속적으로 이루어졌다.[2]

국제적인 차원에서 기후변화 위기에 대한 과학적 연구의 집약체는 기후변화에 관한 정부간 협의체(IPCC, Intergovernmental Panel on Climate Change)가 내놓은 일련의 연구보고서들이다. 국제 연합의 전문 기관인 세계 기상 기구(WMO)와 국제 연합 환경 계획(UNEP)에 의해 1988년 설립된 IPCC는 1990년

---

2) 1958년 Charles David Keeling는 대기 중 이산화탄소의 농도의 정밀한 측정하고, 대기 구성요소의 변화를 기록하여 시계열 자료를 만들었다(Keeling, 1961). 2021년 노벨물리학상을 수상한 마나베 슈쿠로(Syukuro Manabe, 1931-현재)는 기후변화 모델의 창시자로, 1967년 논문에서 온실가스 증가시의 지표와 대기의 온난화 정도를 추정하였다. Bryson and Dittberner(1976)는 이산화탄소(CO_2)의 증가가 지구기온의 하강과 연관되었다는 내용을 전문학술지에 보고하였다.

발간한 1차 보고서에서 인간활동으로 인한 오염물질은 온실효과를 일으키고 이는 지구 표면의 온도 상승에 영향을 미쳤다고 설명하면서, 21세기 동안 온도는 10년 단위로 섭씨 0.3도씩 높아질 것으로 예측했다. 아울러 25년까지 1℃ 상승(산업화 이전에 비해 2℃ 상승), 세기말까지 3℃(산업화 이전에 비해 4℃ 상승) 상승할 것으로 예측했다.[3] 2018년 10월 IPCC가 총회를 열어 채택한 「지구온난화 1.5℃」 특별보고서에 따르면 전 지구 평균온도는 산업화 이전 수준 대비 현재 약 1℃ 상승하였다. 기후변화 위험을 예방하기 위해서는 2100년까지 온도 상승폭을 1.5℃ 이내로 제한하여야 하며[4] 이를 위해서는 2010년 대비 CO_2 배출량을 2030년까지 최소 45% 감축해야 하고 2050년까지 순 제로(Net-Zero)[5] 배출이 달성되어야 한다고 기술했다.

<그림 1-6>에서 볼 수 있는 바와 같이 화석연료에 기반한 경제활동으로 인해 온실가스의 주범인 이산화탄소는 지속적으로 증가하였다. 1950년 전 세계 CO_2 발생량은 60억톤이었으며, 90년에 220억톤, 21년에는 370억톤이 배출되었다.

---

3) 2001년 3차 보고서에서는 20세기 동안 지구의 평균 표면 온도는 0.6도 상승했으며 1990~2100년 동안 평균 표면 온도는 1.4~5.8℃ 오를 것으로 예측했다. 2014년 5차 보고서에는 1986-2005기간 온도가 1850-1900기간에 비해 0.61[0.55 to 0.67]℃ 상승한 것으로 보고 있으며, 세기말(2081-2100)까지 지구표면 온도는 1986-2005 대비, 기후변화를 위해서 강도 높은 조치가 있는 최선의 경우 0.3℃ to 1.7℃ (RCP2.6), 조치가 거의 없는 최악의 경우 2.6℃ to 4.8℃(RCP8.5) 오를 것으로 예측했다.
4) 지구평균온도 상승을 1.5℃로 제한하면 2℃ 상승에 비해 일부 기후변화 위험을 예방할 수 있다. 예를 들면, 전 지구 해수면 상승은 지구온난화 2℃ 대비 1.5℃에서 10cm 더 낮아지며, 여름철 북극해 해빙이 녹아서 사라질 확률은 지구온난화 2℃에서는 적어도 10년에 한 번 발생하나 1.5℃에서는 100년에 한 번 발생할 것이다. 그러나 산호초는 1.5℃ 상승시에도 70~90 퍼센트 정도 줄어들 것이며, 2℃ 상승시에는 거의 모두 (99% 이상) 사라질 것이다(기상청, 2018).
5) 넷제로(Net Zero)는 온실가스의 배출량(+)과 흡수량(-)을 같도록 해 순(Net)배출을 0(Zero)로 만드는 것을 의미한다. 넷제로는 6대 온실가스(이산화탄소, 메탄, 이산화질소, 수소불화탄소, 과불화탄소, 육불화황), 탄소중립은 이산화탄소 순배출을 제로화하는 것을 의미한다.

그림 1-6   연간 CO_2 발생량(화석연료와 산업으로부터 배출되는 양이며 토지사용분 제외)

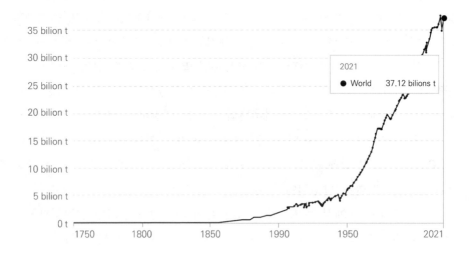

자료: Our World in Data based on the Global Carbon Project(2022),
OurWorldInData.org/co2−and−other−greenhouse−gas−emissions

　　전 지구적 차원에서 환경문제에 대한 관심이 높아진 이유에는 1960년 후반 서구사회에서 전개된 진보운동으로 인해 환경의식이 성장하였기 때문이다. 이를 배경으로 UN은 1972년 스톡홀름 회의를 통해 '지구는 하나'라는 제목의 인간환경 선언문이 발표되었다. 기후변화에 대한 전 지구적 차원에서의 본격적인 대응의 출발은 79년 제1차 세계기후회의에서 인간의 활동에 의한 기후변화 가능성과 부정적 영향 방지를 위한 조치가 필요하다는 점이 인정되면서부터이다. 85년 11월 오스트리아에서 온실가스의 기후변화에 대한 영향평가 회의가 개최되었으며, CO_2 배출이 현재 수준으로 지속된다면 50년 후 지구온도가 5℃ 상승할 것으로 전망되었다. 88년 6월 캐나다에서 변화하는 대기에 대한 세계회의 개최되었으며, 기후변화 방지를 위한 국가별 대책 마련 촉구가 이루어졌다. 범세계적인 대응은 1992년 브라질 리우데자네이루에서 UN주관으로 열린 지구정상회담(Earth Summit in Rio de Janeiro)에서 150여 개 국가들이 참여하여 온난화로 인한 지구환경변화의 위협을 최소화하기 위한 선언적 환경협약인 기후변화에 대한 국제연합 기본협약(UNFCCC, United National Framework Convention on Climate Change)을 채택하면서 시작되었다. 본 협약은 1994년 3월 발효되었으며, 한국은 1993년 12월에 가입(세계 47번째 가입국)하였고, 2016년 현재 196개국이 가입하였다. 하지만 법적 구속력을 갖지 않는 본 협약으로는 문제를 해결하기 쉽지 않다고 판단하여 1997년 교토에서 제3차 기후변화협약 당사국총회를 열고, 선진국을 대상으로 법적 구속력을 갖는 온실가스 감축의무를 정한 교토의정서를 채택하였으며 이는 2005년 2월 16일 공식 발효되었다. 이에 따라 선진국들은 2008년부터 2012년까지 온실가스 배출량을 1990년보다 5.2%가량 줄이기로 하였다.[6] 2015년 제21차 당사국총회(COP21, 파리)에서는 2020년부터 신기후체제의 근간이 될 파리협정(Paris Agreement)을 체결하였다. 파리협정은 지구 평균기온 상승을 산업화 이전 대비 2℃보다 낮은 수준으로 유지하고, 1.5℃로 제한하기 위해 노력하고, 개발도상국을 포함한 모든 국가가 스스로 결정한 온실가스 감축목표를 5년 단위로 제출하여 이행하는 것을 주요 내용으로 하고 있다(외교부, 2022).[7]

기후위기에 대한 전 지구적 차원의 대응은 에너지체제를 신재생에너지 중심으로 전환시킬 것이다. <그림 1-7>, <그림 1-8>에서 볼 수 있는 바와 같이 지난 20년간 OECD 국가에서 전력생산은 석탄과 원자력 중심에서, 가스와 신재생에너지 중심으로 바뀌었다. 앞으로의 전망을 볼 때 전 세계 신재생에너지 발전비중은 2000년 18%에서 2040년 42%로 증가할 것으로 예측되고 있다.

---

6) 2012년 제18차 당사국 총회(COP18, 도하)에서 당사국들은 교토의정서의 제2차 공약기간을 2013년부터 2020년으로 설정하는 개정안(Doha Amendment)을 채택하였다. 그러나 기존의 교토의정서 불참국인 미국 외에도 일본, 러시아, 캐나다, 뉴질랜드 등이 제2차 공약기간에 불참을 선언하여, 참여국 전체의 배출량은 전 세계 배출량의 15%에 불과하였다. 2013년 제19차 당사국총회(COP, 바르샤바)에서 당사국들은 지구 기온 상승을 산업화 이전 대비 2℃ 이내로 억제하기 위해 필요한 2020년 이후의 '국가별 기여 방안(INDCs, Intended Nationally Determined Contributions)'을 자체적으로 결정하여, 제출하기로 하였다(외교부, 2022).

7) 아울러 협정 이행을 위해 필요한 재원을 조성하고, 2023년부터 5년 단위로 파리 협정의 이행 및 장기목표 달성 가능성을 평가하는 전 지구적 이행점검(global stocktaking)을 실시할 것을 규정하였다

그림 1-7   OECD 국가 전력생산량

자료: IEA(2022). World Energy Balances. 2022 Edition

그림 1-8   전 세계원별 발전비중 전망

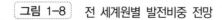

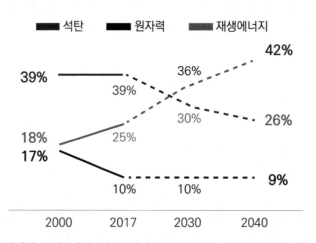

자료: 산업통상자원부·한국에너지정보문화재단(2020).

　　최근 신재생에너지는 빅데이터와 네트워크, 정보통신기술(ICT)에 기반한 기술혁신에 의해 촉발된 4차 산업혁명과 상호작용하면서 발전하고 있다. 향후 에너지원으로 가장 주목하는 신에너지는 수소에너지이다. 2020년 현재 수소생산시장은 약 1억톤 수준이다. 전 세계 1차 에너지 시장의 2%를 차지하는데, 2050년이 되면 2억 5만톤 시장으로 성장할 예정이다. 핵융합에너지에 대한 개발 노력도 지속되고 있는데 이는 재생에너지 이후 에너지전환의 마지막 종착지가 될 가능성이 높다.

그림 1-9　2020~2050 시기별 생산 방식에 따른 글로벌 수소 생산

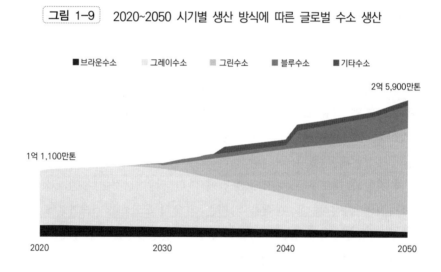

자료: Wood Mackenzie; Delloitte; 미래에셋증권 리서치센터; 류제현(2021)에서 재인용

Ⅲ. 에너지전환의 역사적 영향요인

1. 에너지

　　에너지 그 자체가 에너지전환의 방향에 영향을 미친다. 즉, 이용가능한 에너지량, 에너지 공급과 소비에 의해 결정되는 에너지 가격, 新舊에너지원간 경쟁 등은 에너지전환에 영향을 미친다.

기존 지배적인 에너지원인 석탄과 석유 에너지의 가격과 가용연수는 신재생에너지 확산에 영향을 미치는 변수이다. 석유의 경우 1973년 당시 추정한 석유의 가채년수는 40년이 안 되는 것으로 전망되었지만, 시추기술의 발전에 힘입어 2016년 말 기준으로 가채년수는 50년으로 늘었다. 그러나 석유가 지속적으로 생산된다고 해서 종말이 오지 않는 것은 아니다. 공급측면에서 생산가능한 석유자원의 한계라는 '피크오일(peak oil)'이 아닌 수요측면에서 석유이용 자체가 감소하는 '수요피크(demand peak)'가 석유의 종말을 앞당길 수 있다. 특히 신재생에너지의 공급, 전기자동차의 보급은 수송연료로서 석유에 대한 의존도를 급격히 줄일 것이다.

新舊에너지간 경쟁은 에너지전환의 방향에 결정적인 영향을 미친다. 새로운 에너지로의 전환을 위한 기본 전제는 기존 에너지원을 대체할 새로운 에너지원이 필요하다는 점이다. 화석연료인 석탄과 석유로 인해 1, 2차 산업혁명이 가능했으며, 전기로 인해 3차 산업혁명이 가능했다. 현재 에너지전환의 역사적 전개를 보면 화석연료 중심의 에너지체제에서 신재생에너지체제 중심으로 전환되고 있다. 하지만 새로운 에너지로의 전환 성공여부는 기존 에너지의 저항과 새로운 에너지의 응전에 따라 달라질 것이다. 이 과정에서 특정 에너지와 직접적으로 관련을 가지는 기술적 요소(예: 기술혁신에 따른 에너지의 가격경쟁력), 경제적 요소(수요와 공급에 의해 결정되는 시장가격)뿐만 아니라 국가간, 산업간, 기업간, 지역간, 집단간의 이해관계라는 정치적 요인이 에너지전환에 영향을 미칠 것이다.

2. 구조

구조(Structure)란 행위자(Agency)의 행위를 제약하는 체계이다. 예를 들어 인구, 자본주의 생산양식, 도시화, 전력인프라는 하나의 구조로서 에너지전환에 결정적 영향을 미친다.

인구와 에너지 소비는 선형적인 관계를 가진다. <그림 1-10>에서 볼 수 있는 바와 같이 인구가 증가하면 에너지 소비는 증가한다. 관건은 인구증가에 따른 에너지 소비 증가에 맞추어 에너지 공급이 이루어지지 않은 시점이 어디인가이다. 토머스 맬서스(Thomas Malthus, 1766–1834)의 인구론에서 처럼 인구증가에 맞추어 식량이 증가하지 않는다면 위기가 오듯이, 인구와 에너지간 관계도 그렇다. 역사적으로 에너지의 공급은 기술혁신의 함수였다. 하지만 이러한 기술혁신을 통해서도 공급이 불가능한 시점이 올 것이다. 이러한 구조적 위기는 새로운 에너지전환을 가져올 것이다.

그림 1-10 인구와 에너지 소비

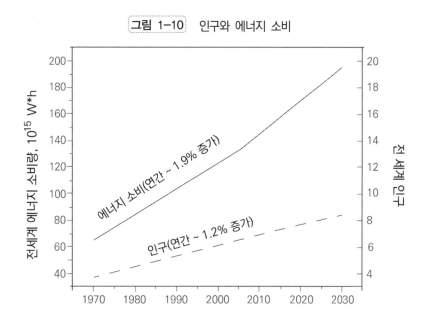

자료: Dimitriev(2013)이 International Energy Agency Report(2004)의 자료를 활용하여 작성함

소득증가와 인구증가는 온실가스의 배출량 증가 요인으로 작용한다. 소득은 자본주의 생산양식과 긴밀하게 연관되어 있다. 자본주의 생산양식은 노동(L)과 자본(K)에 비해서 자연 자원(R)은 주어진 것으로 간주하는 경향이 있으며 이는 자원의 무한 착취의 가능성을 내포하고 있다. 이러한 소비지향적 자본주의를 극복하기 위해서는 대안적 자본주의에 대한 논의가 필요하다. 그 중 하나가 자연자본주의(natural capitalism)인데, 이것의 네 가지 원칙은 첫째, 자원 생산성을 혁신적으로 높일 것, 둘째, 모든 물질과 에너지의 순환을 닮음

으로써 쓰레기(낭비)가 아예 생기지 않게 만들되, 그 모범을 생물계에서 찾을 것(생물모방, 예를 들어 태양광발전시 꽃이 태양 빛의 방향으로 움직이는 원리를 태양광 발전에 적용), 셋째, 재화의 제조와 소비에 집중하는 경제를 넘어 소비자들이 실제 원하는 '서비스 자체를 공급'하는 경제를 구축할 것, 즉, 재화에 대한 구매를 통한 소유와 저량(stock) 중심에서 재화의 서비스로의 전환, 사용중심의 유량(flow) 개념으로의 전환을 통해 절대적 자원소비를 줄이는 것을 의미한다. 예를 들어 책을 오프라인에서 직접 제작하지 않고 e-book으로 만들어 대여서비스를 하는 경우이다. 넷째, 자연 자본을 덜 파괴하는 것을 넘어 복원에 적극적으로 투자할 것이다(폴 호큰 외. 2011).

도시화는 에너지 소비를 촉진하는 요소이다. 60년대 전 세계인구의 66%는 농촌에 거주하였으나, 2020년 46%로 떨어졌다. 2020년을 기점으로 하여 도시인구가 농촌인구를 추월하였다. 시골에 거주하는 사람보다 도시에 거주하는 인구 일인당 에너지소비량, 음식소비량이 더 많다. 따라서 도시화는 에너지소비를 촉진한다.

기술적인 측면에서 전력인프라로서 국가간 전력선로 연계는 신재생에너지로의 전환에 중요한 역할을 하는 구조적 요인이다. 유럽에서는 변동적 재생에너지 비중이 10% 이상으로 넘어서는 과정에서 출력제한 문제가 발생하는데, 이 문제를 국가 간 전력시장 연계 및 연계선로의 확충을 통해 해결하고 있다(김남일·이성규, 2021). 유럽 송전시스템 운영자 네트워크(ENTSO-E, European Network of Transmission System Operators for Electricity)에서 회원국간 계통 연계 선로는 2018년 기준 교류(AC) 393회선, 직류(DC) 30회선으로 총 423회선이다. 이 중에서 독일 35개로 가장 많고 다음으로 프랑스가 27개이다.

3. 기술

에너지전환은 기술혁신의 함수이다. 에너지 공급측면에서 볼 때 석탄시대의 개막은 토마스 뉴커만이 1712년 개발한 피스톤과 실린더를 갖춘 펌프가 아니었으면 불가능하였다. 석유시대의 개막은 에드윈 드레이크의 시추기술이 있었기 때문에 가능하였다. 석유시대에서 가스시대로의 전환을 가져온 셰일

가스 혁명은 수평시추(horzontal drilling), 수압파쇄(hydraulic fracking)라는 기술이 존재하지 않았으면 불가능하였다.

에너지 수요측면에서의 기술혁신은 에너지전환을 촉진한다. 제임스 와트가 개발한 수평회전이 가능한 증기기관은 석탄에 기반한 에너지 수송과 소비 증가를 가져왔다. 석유소비에 결정적인 기여를 한 것은 새로운 자동차 기술의 발전이다. 1885년에 독일의 고트리프 다임러(Gottlieb Daimler, 1834－1900)가 발명한 휘발유로 작동하는 내연기관, 1897년 루돌프 디젤(Rudolf Diesel, 1858－1913)이 개발한 디젤엔진은 새로운 유종의 소비증가를 가져왔다. 1908년 세계 최초 양산 자동차인 포드 T모델은 자동차의 대중화를 가져왔으며 이는 엄청난 석유의 소비를 가져왔다. 포드 T모델은 포드사가 개발한 20번째 모델로, 가격은 850달러로 그 당시에 고급 자동차의 1/3 가격이었다.

공급측면에서 에너지 생산원가는 에너지전환에 영향을 미친다. 석유중심에서 신재생에너지로의 전환은 태양력, 풍력8)과 관련된 기술력과 건설·운영 비용에 의존한다. 태양력과 풍력의 경쟁력은 발전비용에 의해 결정되는데, 2020년 상반기 기준으로 국내의 태양광 발전비용은 106 달러/MWh으로 미국(44), 중국(38), 독일(58) 등과 비교해 2~3배 이상 높다. 육상풍력 발전비용도 105달러/MWh로 미국(37), 중국(50), 독일(50)보다 비싸다(대한상공회의소, 2011). 이와 같은 한국의 높은 발전비용은 한국적 상황이 가지는 특수성에 기인하는데, 높은 땅값과 인허가 비용, 주민 갈등 대응 비용 등으로 인해 초기 투자비가 크기 때문이다. IEA & NEA(2020)는 주요 발전원별 LCOE(Levelized Cost of Electricity, 균등화발전원가)9)의 5년 후 전망치를 5년마다 발표하는데, 2020년에 2025년 전망치를 공개하였다. <표 1－1>에서 볼 수 있는 바와 같이 미국의 풍력발전의 경우 '그리드 패리티(Grid Parity: 재생에너지 발전비용이 석탄화력 발전비용과 같거나 낮아지는 것)'에 이미 도달하였다. 반면에 한국 풍력의 경우 석

---

8) 1887년은 스코틀랜드의 제임스 브리드가 최초로 전력생산용 풍차를 만들어 배터리 충전을 하였다. 아울러 1888년 미국의 Charles F. Brush는 오하이오주의 클리블랜드에 세계 최초 자동 운전 풍력 터빈을 설치하였다(한국에너지술연구원, 2022).

9) 발전소 건설비 원가에 비용(운영비, 연료비, 사후처리(원전 해체 비용 포함))을 더한 후에 발전소가 평생 발전할 수 있는 전력량으로 나눈 값을 의미한다.

탄에 비해 두 배 이상 높다. 특히 주목할 점은 한국이라는 공간적, 지리적 특성은 신재생에너지의 경제성에 영향을 미친다. 사계절의 존재, 불규칙적인 날씨, 균질하지 않는 바람은 신재생에너지의 질와 활용에 제약요인이다.

표 1-1 한국과 미국의 에너지원별 2025년 LCOE 전망(단위: 달러/MWh)

구분		한국		미국	
		최소~최대	중앙값	최소~최대	중앙값
태양광	상업용	71.4~121.1	98.1	66.0~117.4	91.7
	유틸리티용	70.2~119.3	96.6	31.6~54.6	43.1
풍력	육상	104.0~171.5	140.2	29.6~47.0	38.3
	해상	123.8~193.2	161.0	51.4~77.8	64.6
원자력		39.4~67.2	53.3	43.9~98.6	71.3
석탄		69.8~81.0	75.6	75.9~100.2	88.1
가스	복합	83.0~90.2	86.7	40.7~48.9	44.8

자료: 국제에너지기구(IAE) & OECD원자력기구(NEA)(2020) Projected Cost of Generating Electricity 2020 Edition

4. 시장

시장은 수요와 공급의 원리에 의해서 움직이는데, 에너지전환도 에너지에 대한 수요과 공급의 원리를 벗어날 수 없다. 에너지 공급시장에서 에너지간 가격경쟁은 에너지전환에 영향을 미친다. 석탄에서 석유로의 에너지전환은 가격경쟁에서 석유의 승리를 의미한다. 석유와 석탄간 전쟁에서 석유의 정제비용을 줄여 제품원가를 개선하고, 석유관련 제품을 다양화하고, 기업구조를 수평적으로 확대하고 수직계열화하였던 록펠러의 노력이 없었다면 석유는 석탄과의 에너지 전쟁에서 패배하였을 것이다.

에너지 공급시장에서 향후 에너지전환의 쟁점은 기존 지배적 에너지원인 석유, 석탄과 새롭게 부각하고 있는 경쟁이다. 2010년 이후 형성된 고유가의 지속은 미국의 셰일혁명을 일으키는 원동력이 되었다. 셰일혁명은 석유중심에서 가스중심으로 에너지전환을 촉진하고 있다. 미국에서 1999년 셰일가스 시추 성공, 2005년 셰일가스 생산, 2008년 셰일오일 생산이 이루어지면서 에너지 공급지형에 큰 지각변동이 발생하였다. 2009년 미국은 러시아를 제치고 세계 최대의 천연가스 생산국이 올라섰으며, 2015년부터 미국은 1990년 사우디에게 내주었던 세계 최대 원유생산국 지위를 되찾게 되었다.

에너지 수요측면에서 볼 때 에너지를 소비하는 제품간 경쟁은 에너지전환을 가져온다. 현재 진행되고 있는 석유기반 자동차와 신재생에너지기반 전기자동차간 경쟁은 신재생에너지로의 전환에 결정적인 영향을 미칠 것이다. 전기를 최종소비원으로 하는 전기자동차의 성장은 석유에 대한 의존도를 줄이는 방향으로 에너지전환을 촉진할 것이다.

에너지 시장에서 기업들의 선택도 에너지전환에 영향을 미친다. 최근 태양광, 풍력과 같은 친환경 재생 에너지원으로 생산된 전력만으로 필요한 에너지를 100% 충당하는 'RE100(Renewable Energy 100%)'을 선언하고 실천하는 기업들이 늘어나고 있다. 이러한 기업들이 늘어나면 신재생에너지로의 에너지전환은 더욱 가속화될 것이다. 애플, 페이스북, 구글은 이미 목표를 달성하였으며, GM, 월마트, BMW, 폭스바겐 등도 RE100 추진을 선언하였다.

국내 기업들이 RE100을 추진하는 데 있어 관건은 재생재생에너지 공급량과 가격이 문제이다. 21년 국내 전체 재생에너지 발전량 43 TWh인데, 국내 전력소비 상위 5대 기업의 소비량은 48 TWh(30대는 103 TWh)로 공급이 부족하다. 한국의 재생에너지 발전 비중도 OECD 평균인 30%와 비교할 때 7.43% 수준으로 OECD에서 가장 낮은 수준이다. 가격 측면에서 신재생에너지 전력 판매가격은 KWh당 203.5원으로 2021년 산업용 전기요금 105원의 2배 수준이다(김녹영, 2022). RE100 촉진을 위해서 다양한 제도변화가 필요하다. 예를 들어 재생에너지를 직접 구매를 원하는 기업이 재생에너지 공급사업자와 전력구매계약을 체결해 태양광·풍력 등에서 생산된 전력을 직접 구매하는 전력거래 방식인 직접 PPA(Power Purchase Agreement)가 그것이다.

5. 정부

성공적 에너지전환을 위해서는 에너지전환을 추진하는 정부의 의지, 이를 실현할 수 있는 효과적인 정책수단이 필요하다.

에너지전환을 선도하는 독일 정부는 다양한 정책수단을 통해 에너지전환을 촉진하였다. 1998년 출범한 사민당과 동맹90/녹색당의 연정은 2000년 '원자력합의'를 통해 원자력 폐지를 결정하고, 2000년 4월 발효된 재생에너지법(EEG, Renewable Energy Sources Act)을 통해 발전차액지원제도(FIT, Feed In Tariff)를 도입하였으며, 2020년까지 온실가스 배출량을 1990년 기준으로 40% 감축한다는 목표를 수립하였다. 이후 집권한 메르켈 정부는 원자력의 단계적 폐지를 재확인하였고 신재생에너지원에 대한 FIT 지원금을 인상하는 방안을 제시하였다. 에너지산업법(Energy Industry Act) 개정안에는 송전시스템의 세분화(unbundling) 조항을 포함하였으며, 독일의 모든 전력망 운영사업자(TSOs)에게 전력망 구축 공동계획을 수립할 의무를 부여하였다(김봉금, 2013).

신재생에너에너지로의 전환을 위한 유인제도로서 발전차액지원제도(FIT, Feed In Tariff)뿐만 아니라. 시장제도인 경매제도(정부가 재생에너지 전력 판매자, 설비 건설업자들이 경쟁입찰을 통해 장기간의 전력판매계약을 하는 제도), 생산자 유인제도인 FIP(Feed In Premium, 전기를 전력 도매 시장에서 전기를 판매하고 그 판매가에서 특별 할증(프리미엄)을 가산하여 지급하는 제도)[10], 공급의무화제도(RPS, Renewable Portfolio Standard, 일정규모 이상의 발전사업자에게 총발전량의 일정비율 이상을 신·재생에너지로 공급하도록 의무화하는 제도) 등의 다양한 제도 도입이 필요하다. REN21(2021)에 따르면 국제적으로 경매제도 채택국가는 2009년 22개국에서 2019년에는 108개국으로 늘어났다. FIT(Feed in Tariff) 또는 FIP(Feed in Premium)를 도입한 국가는 동기간동안 49개국에서 89개국으로, RPS를 도입한 국가는 15개국에서 34개국으로 증가하였다(이근대·임덕오, 2021, 재인용).

---

10) FIT는 전력 시장가격 변동에 상관없이 고정가격을 지원하며, FIP는 시장가격을 기준으로 변동가격을 지원하는 제도이다.

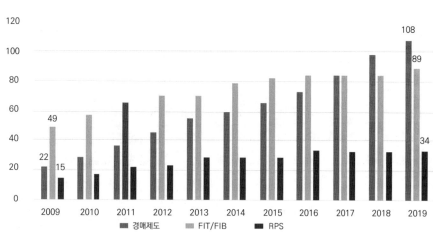

그림 1-11 경매제도, FIT/FIP, RPS 도입 국가 추이

자료: REN21(2021), Renewable 2021 Global Status Report; 이근대·임덕오(2021) 재인용

한국도 신재생에너지 보급 촉진을 위해 다양한 제도를 채택하고 있다. 첫째, 12년부터 신·재생에너지 공급의무화제도(RPS) 제도를 운영하고 있다. RPS는 일정규모 이상(50만kW)의 발전사업자(공급의무자)에게 총발전량의 일정 비율 이상을 신·재생에너지로 공급하도록 의무비율(%)을 설정하는데 12년 2%, 15년 3%, 20년 7%, 23년 10%를 목표로 설정하였다.[11] 본 제도는 대형발전사업자에게 신재생에너지 생산업자가 생산한 에너지를 구매하도록 유도하

---

11) 한국 RPS가 가지는 문제점으로는 (1) 비효율성(원인: 현물시장가격 불확실성과 선발 사업자의 REC시장 잔존 때문에 발생하는 현상 → 현상: REC 수요가 공급보다 많을 경우 비싼 선발 REC 가 지속적으로 시장에 남아 가격 하락에 부정적 영향을 미치는 문제가 발생하고, 반대로 거꾸로 REC 공급이 수요보다 많게 되면 가격 하락에 따른 사업자 수익 악화로 시장혼란에 이은 공급부족을 불러오는 문제가 존재함), (2) 시장교란 가능성(원인: 시장교란 가능성은 복잡하고 세분화된 RPS시장(자체건설, 자체계약, 한국형FiT, 현물시장))으로 인해 단일 시장 규모가 작고 시장 안정성이 떨어짐 → 현상: REC 수급 변동에 가격이 민감하게 반응하는 현상으로 이 어지고, 특정시장(예: 현물시장)의 수급 불균형이 다른 시장의 수급과 가격에 영향을 미칠 가능성이 높음), (3) 비용하락 유인 부족(원인: 현행 RPS제도 아래에선 의무사가 공급자와 수요자라는 이중적 지위를 가지고 있음 → 현상: 이로 인해 RPS 의무이행비용을 한전에서 정산 받고 있어 REC 구입비용을 낮추려는 노력보다는 의무이행량에 집중하고 있음), (4) 불균형적 보급 (원인: 가중치로 조정하지만 기술별 가격과 가격하락속도가 차별적임 → 현상: 태양광에 집중된 불균형적인 재생에너지 보급(21년 기준 태양광, 풍력 발전량은 87: 13 비율임) 등이다 (조상민, 2022).

여 시장을 형성해주는 제도이다. 둘째, 신재생에너지 구매가격과 관련해 신재생에너지 보급을 위해서 신·재생에너지원별 공급인증서(REC, Renewable Energy Certificate)에서 '가중치'를 달리하고 있다. 가중치는 에너지원별, 설치유형, 지목유형, 용량기준에 따라 달라진다.[12) IGCC(석탄가스화복합발전)[13], 부생가스[14)의 REC 가중치가 0.25라며, 건축물 등 기존 시설물을 이용하는 태양광 발전은 1.5이다. 셋째, 소규모 태양광 발전사업자(30kW 미만의 태양광 발전소나 농·축산·어민, 협동조합이 운영하는 100kW 미만의 태양광 발전소 등)를 위해서 한국형 FIT 제도를 도입하고 있다. 이 제도는 소형 신재생에너지발전사업자에 대한 안정적인 수익 보존과 전기 판매절차의 편의 제공을 위해 도입된 소형 태양광 고정가격계약 매입제도를 의미한다.[15)

에너지전환을 위한 다양한 정책수단들은 수단 자체가 효과적인 경우도 있지만, 효과가 시장상황에 의존적인 경우가 많다. 예를 들어 REC의 시장가격에 '가중치'를 정책수단으로 활용하더라도 REC 자체의 시장가격이 매우 낮아진다면 REC 가중치를 통해 신재생에너지를 확산하는 데 정책효과는 제한적일 수밖에 없다.

---

12) REC 시장은 현물시장과 계약시장(자체계약, 선정계약)으로 구분된다. 현물시장은 전력거래소 주관으로 매주 2회 열리고, REC 수요와 공급에 따라 가격이 결정된다. 자체계약은 500 kW이상의 큰 규모 재생에너지발전이 참여하고, 선정계약은 한국에너지공단 주관하며, 고정가격으로 입찰경쟁을 통해 사업자 선정이 이루어진다. 2017년 RPS 의무량보다 REC 공급량이 많아지면서 REC에 공급과 수요가 역전되면 가격이 하락하고 있다. 2017년 1월 16만1600원을 기록한 REC 현물시장 가격은 19년 4만9000원으로 하락하였다. RPS는 주민수용성 위해 주민참여 발전 REC 가중치 0.2, 지자체 집적화단지 개발 0.1 추가 가중치를 부여하고 있다.

13) Integrated Gasification Combined Cycle로, 석탄을 고온·고압에서 가스화시켜 연료로 사용하는 청정석탄화력 발전기술이다.

14) 부생가스(By-product gas)는 제품 생산 공정에서 필요로 하는 화학 원료 외에 부산물로 발생하는 가스를 의미한다. 제철이나 화학 공정에서 발생하는 폐가스(고로가스, 코크스제조가스, 메탄가스 등)가 대표적이다.

15) 6개 공급의무자(한수원, 남동발전, 중부발전, 서부발전, 남부발전)와 전년도 고정가격계약 경쟁 입찰 평균가 중 가장 높은 가격으로 산정된 고정가격으로 20년간 계약하는 제도이다. 동서 발전과 왕래할 수 있는 제도이다.

6. 조직

인간이 개발한 가장 위대한 발명품은 조직이라고 한다. 새로운 에너지로의 전환은 이를 지지할 수 있는 새로운 목표를 가진 새로운 조직을 필요로 한다. 중앙집권형 전원체계에서 분산형 전원체계로의 전환을 위해서는 풀뿌리 역할을 하는 에너지 생산조직이 필요하다.

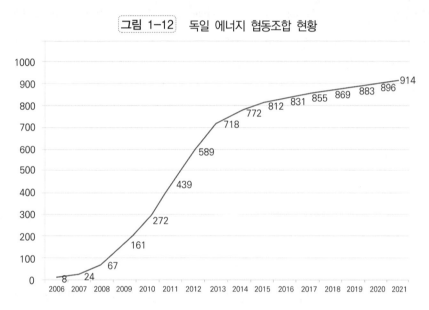

그림 1-12 독일 에너지 협동조합 현황

자료: DGRV(The German Cooperative and Raiffeisen Confederation). 2022. Energy Cooperatives in Germany State of the Sector 2022 Report.

독일의 에너지전환 성공의 핵심축은 에너지협동조합이다. 에너지 소유는 일종의 권력이다. 에너지 소유권력의 분권은 에너지 민주화를 의미한다. 에너지협동조합은 에너지 생산권력을 기업중심에서 시민중심으로 전환함으로써 에너지 권력을 분점하여 민주주의를 구현한다는 상징적 의미를 가진다. 2021년 기준으로 독일에는 914개의 에너지협동조합(Energy Cooperatives)이 존재한다. 회원수는 22만 명이며, 3.3억 유로(약 3조 9천억)의 투자가 이루어졌으며, 21년 기준 3백만톤의 CO_2 배출을 방지하는 데 기여하고 있으며, 8 TWh 전력

생산이 이루어지고 있으며, 독일 전체 재생에너지의 3.5%를 생산하고 있다. 조합회원의 95%는 개인이며, 2%가 회사와 은행, 2%가 농부, 1%가 공공기관 등이다(DGRV, 2022).

하지만 에너지 조합은 행위자의 의지와 필요에 따라 자연스럽게 생겨난 다기 보다는 역사적 전통과 문화에 의존적이다. 독일에서 조합은 하나의 전통이자 문화이다. 독일의 협동조합은 19세기 경제 불황기에 헤르만 슐체 델리치 (Hermann‒Schulze‒Delitzsch, 1808‒1883)와 프리드리히 빌헬름 라이파이젠 (Friedrich Wilhelm Raiffeisen, 1818‒1888)이 농부와 공예인들에게 저금리로 융자를 이용할 수 있도록 조합원들이 공동사업운영하는 비영리 금융조합을 설립하면서 시작되었다. 독일 전체인구의 1/4은 특정 조합에 소속되어 있다는 점에서 조합은 독일 사회에서 하나의 문화적 현상이다.

7. 시민

시민들의 에너지전환에 대한 지지와 비용지불 의사가 에너지전환에 영향을 미친다. 독일의 성공적인 에너지전환 뒤에는 강력한 시민들의 지지와 협력이 존재하였다. German Renewable Energies Agency(2017)가 주관하여 실시한 2017년 전국설문조사(N=1,016)에 따르면 응답자 1,016명 중 95%가 재생에너지 확장을 지지하고 있다. 2019년 조사에서는 응답자의 64%가 자기집 근처에 있는 신재생에너지시스템 시설에 대해 동의했으며, 태양광전지판에 대해서는 66%, 풍력터빈은 51%, 바이오가스설비는 31%가 동의하였으며, 주목할 만한 점은 집 근처에 유사한 발전시스템이 있는 경우에 태양광전지판의 경우 78%로, 풍력터빈은 63%로, 바이오가스설비는 54%로 찬성 정도가 높아진다는 점이다.

비용측면에서 에너지전환은 시민들에게 전환관련 비용을 부과한다. 독일의 경우 재생에너지를 지원하기 위해서 2000년 재생에너지법(EEG) 제정을 통해 전기요금에 재생에너지부담금을 부과하였다. 2018년 기준으로 가정용 전기요금이 kWh당 29.42센트이며, 이 중에서 부담은 6.69센트이다. 에너지전환에 대한 비용부담은 전기요금으로 구체화된다. 국제에너지기구(IEA)가 2020년 10월 공개한 OECD 국가별 전기요금 자료에 따르면 2019년 기준 OECD 36개

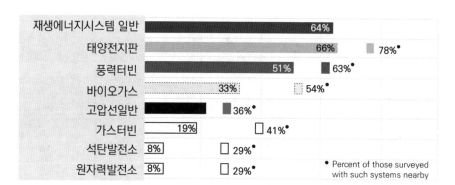

그림 1-13 　독일국민의 에너지발전시설 동의정도

자료: YouGov survey(독일 Renewable Energy Agency가 수행함. 2019년 9월 수행, 응답자 1003명).
https://www.unendlich−viel−energie.de/english/acceptance−of−renewable−energy−in−germany−2019

국의 가정용 전기요금 평균은 MWh당 172.8달러이며, 에너지전환의 선도국인 독일의 경우 MWh당 333.9달러로 가장 비쌌고, 덴마크는 MWh당 321.3달러인 반면에, 후발주자인 한국은 MWh당 102.4달러이다. OECD 평균을 100으로 했을 때 한국은 59 정도 수준이다(IEA, 2019).

　새로운 에너지에 대한 수용과 관련해서 지역차원에서 다양한 갈등이 발생하고 있다. <그림 1−14>는 대규모 중앙집중형 에너지 시설을 둘러싸고 지역사회 내에서 다양한 갈등이 발생하고 있다는 점을 보여준다.

　지역차원에서는 신재생에너지관련 시설을 둘러싼 갈등이 지속적으로 발생하고 있다. 2017년부터 2021년 10월 현재까지 5년간 3MW 초과 신재생에너지 발전사업자 허가건수가 총 241건인데, 사업 개시가 된 곳은 19곳에 불과해 사업개시율은 7% 수준이다. 에너지전환에서 핵심적인 역할을 하는 수소에너지와 관련해 충전소 인프라 구축이 필요하지만 이것도 지역사회의 반대에 부딪혀 좌절된 경우가 많다. 2022년 3월 3일 기준으로 국내에 배치된 수소충전소 152기가 구축되어 있다. 계획상 2022년까지 310기, 2025년까지 450기로 확대할 예정이었으나 2022년 현재 계획대비 절반 수준이다.

그림 1-14 대규모 중앙집중형 에너지 시설을 둘러싼 사회적 갈등

석탄 발전	원전	밀양 송전선	경주 방폐장
석탄화력 설비가 밀집한 충남지역 중심 주민 반발 확산 지역자원세신설 등에도 불구 미세먼지 관련 우려 등으로 지역 내 반감 증가	입지 여론 조사, 금전적 보상 등에 관한 주민 지역 간 갈등	2001년 노선 선정 후 2008년부터 주민 반대 본격화 극한 대립 끝에 2014년 행정대집행으로 건설	주민 찬성률 1위로 유치 이후 한수원, 원자력환경공단 입지를 둘러싼 갈등 발생 월성 원전 내 보관 중인 사용 후 핵연료 등 문제 상존

자료: 산업통상자원부 · 한국에너지정보문화재단(2020).

8. 위기

에너지전환은 역사적인 우연, 불규칙성, 불확실성에 의해 발생하는 위기와 사건의 결과물이면서 다른 역사적 위기의 원천이 되기도 한다.

농업사회에서 산업사회로의 문명전환은 인구증가로 인해 발생한 에너지의 위기에서 비롯된다. 농업사회에서 사람들은 난방이나 요리를 위해서 나무를 태우거나 마른 거름을 이용하여 열 에너지를 사용하였다. 이와 같은 에너지 사용은 위기를 가져오는데, 16세기, 17세기에 장작과 숯의 가격은 나무 부족으로 인해 폭등한다. 이와 같은 에너지 위기에는 농경사회에서 인구증가로 인해 많은 에너지의 사용이 필요하게 되었기 때문에 발생하였다. 인구가 급증하는데 나무만으로는 필요로 하는 에너지를 공급하지 못하는 에너지 위기가 발생한 것이다. 이러한 위기가 나무 중심에서 석탄 중심으로 에너지전환을 촉진하게 된다.

1980년 이후 석유중심에서 신재생에너지로의 전환을 가져온 위기는 1973년 제1차 석유파동, 1978년 2차 석유파동이다. 두 차례의 석유파동은 국제정치적 위기에서 비롯되었다. 1차 파동은 석유관련 헤게모니를 둘러싼 미국과 OPEC간 갈등이, 2차 파동은 이란 내에서 친서방정권의 붕괴와 이슬람 혁명이

그림 1-15 한국의 NDC 감축안

자료: 관계부처합동(2021). 2030 국가 온실가스 감축목표(NDC) 상향안

라는 정치적 갈등이 원인이었다. 2010년 이후 원자력에서 가스와 신재생에너지로의 에너지전환은 2011년 후쿠시마 원전사고의 영향이 크다.

　21세 현재 에너지전환을 가장 강력하게 촉진하고 있는 역사적 위기는 기후위기이다. 세계 각국은 파리협정 이후 기후변화를 위해서 정책전환을 시도하고 있으며, 전환의 핵심은 화석연료에서 신재생에너지로의 에너지전환이다. 기후행동 정상회의('19.9), 제25차 당사국총회('19.11) 등에서 기후위기 대응 행동의 중요성이 강조되면서 주요국들이 탄소중립을 공식적으로 선언하고 NDC(Nationally Determined Contribution) 상향안을 발표하였다. 한국도 <그림 1-15>에서 볼 수 있는 바와 같이 2030 NDC 상향안을 발표하고, 2021년 12월 유엔에 제출하였다. 2021년 10월 영국 글래스고에서 개최된 제26차 유엔 기후변화협약 당사국총회(COP26)에서 2030년까지 배출쟁점인 2018년 배출량(727.6백만톤) 대비 40%(291백만톤)을 매년 4%씩 감축하는 안이 결정되면서 '30년 배출량은 436.6백만톤이 되게 되었다(관계부처 합동, 2021; 외교부, 2022).[16]

──────────────

16) 한국의 경우 파리협정 타결에 기여하기 위해 2015년 6월 '2030년 온실가스 배출전망(BAU) 대비 37% 감축' 목표를 포함한 국가별 기여방안(INDC)을 국회의 파리협정 비준 동의를 얻어 2016년 11월 공식 NDC로 등록하였다. 이후 국무조정실 주도로 관계부처와 함께 2016년 12월 '제1차 기후변화대응 기본계획' 및 '2030 국가 온실가스감축 기본로드맵'을 수립하였고, 2018년 7월 '2030 국가 온실가스감축 기본로드맵 수정안' 제시, 2019년 10월 제2차 기후변화대응

하지만 이러한 한국의 감축목표는 선진국인 EU('90년 比 최소 55% 감축), 영국('90년 比 68% 감축), 미국('05년 比 50~52% 감축), 캐나다('05년 比 40~45% 감축), 일본('13년 比 46% 감축)과 비교하면 상대적으로 낮은 목표이다.

한국은 2019년 수립된 제2차 기후변화대응 기본계획(2019)을 수립하고, 주요정책으로 친환경 에너지믹스로 전환(신규 석탄발전소 건설은 금지하고, 석탄 발전소의 과감한 추가 감축 및 LNG 등 친환경 연료로 전환), 재생에너지 발전 비중 확대(재생에너지 발전비중을 2030년까지 20%, 2040년까지 30~35%로 확대)[17], 에너지가격체계합리화(전기요금 체계 개선, 에너지 과세체계의 공정성·환경성 강화, RE100 도입·확산을 위한 제도 개편), 산업부문 기술혁신(에너지효율 혁신, 신기술 개발·보급 확산, 친환경 연료 대체 등), 수송부문 저공해차 보급 활성화('30년까지 전기차 300만대, 수소차 85만대 보급), CCUS(Carbon Capture, Utilization and Storage, 이산화탄소 포집·활용·저장) 원천기술 개발 및 실증기술 확보, 배출권 거래제 실효성 확보 등을 추진할 계획이다.

하지만 기후변화 대응에 대한 현재까지 한국의 성과는 아직까지 그리 크지 않다. 2021년 한국은 기후변화대응에 대한 국제적 평가에서 64개국 중 60위를 기록했다.[18] 위기와 사건은 에너지전환을 가져오는 계기가 된다. 하지만 문제는 인간들은 위기와 사건에 대해 사전대응하기보다는 사후적이고 수동적으로 대응한다는 데 있다. 아울러 이러한 위기와 사건은 예측할 수 없다는 근

기본계획(2020~2040)을 수립하였다. 2020년 12월 BAU 방식의 NDC를 절대량 방식으로 수정하고 2030년까지 2017년 대비 24.4% 감축하는 목표를 포함한 2030 NDC 갱신안을 제출하였다(외교부, 2022).

17) 2021년 정부가 발표한 2030 국가 온실가스 감축목표(NDC) 상향안에 따르면 2018년대비 2030년 전원믹스(단위: TWh) 구성안은 다음과 같다.

		원자력	석탄	LNG	신재생	암모니아	양수·기타	합계
'18년	발전량	133.5	239.0	152.9	35.6	5.7	3.9	570.7
	비중	23.4%	41.9%	26.8%	6.2%	1.0%	0.7%	100.0%
'30년	발전량	146.4	133.2	119.5	185.2	22.1	6.0	612.4
	비중	23.9%	21.8%	19.5%	30.2%	3.6%	1.0%	100.0%

18) 국제 평가기관 저먼워치(Germanwatch e.V.)와 기후연구단체인 뉴클라이밋 연구소(NewClimate Institute)가 전 세계 온실가스 배출의 90%를 차지하는 63개국(유럽연합 포함)을 대상으로 기후 정책과 이행수준을 기후변화대응지수(CCPI, Climate Change Performance Index, 온실가스 배출 40%, 재생에너지 20%, 에너지 소비 20%, 기후 정책 20%로 구성)를 통해 평가한 결과이다.

본적인 문제가 존재하며, 역설적으로 위기극복을 위한 현재의 노력이 또 다른 위기를 잉태하고 있다는 문제도 존재한다.

9. 정치

정치는 희소한 자원을 배분하기 위한 갈등의 장(場)이자 사회적 목표를 정하는 장이다. 정치의 장에서 이루어지는 에너지 민주주의, 정당의 투쟁, 유권자의 선택, 국제정치에서 국가간 역학관계는 에너지전환에 영향을 미치는 역사적 변수들이다.

에너지전환은 정치시스템으로서 새로운 민주주의 모형을 요구하는데, 이는 '에너지 민주주의(energy democracy)'라는 개념으로 구체화된다. 에너지 민주주의는 에너지전환 과정에서 에너지 자원의 생산 및 관리를 민주화하는 것이다(Stephens, 2019). 에너지 소유는 권력이며 이런 권력에 대한 통제는 권력의 분권과 시민의 참여를 통해 가능하다. 에너지 민주주의는 에너지 인프라의 사회적 소유화, 에너지에 대한 대중의 참여 확대, 에너지 시스템의 분산화 등을 포함한다. 지역적 관점에서 에너지 민주주의를 달성하기 위해서는 중앙집중적인 에너지 권력의 지역분권이 필요하다. 이러한 분권을 위해서는 분산형 전원(dispersed generation, 태양광이나 풍력과 같은 신재생 에너지 자원을 이용하는 소규모 발전 설비)이라는 기술적 진보뿐만 아니라 지역내 에너지 생산에서 시민들의 참여와 에너지 공동체 형성이 필요하다.

정치권력 측면에서 볼 때 에너지전환을 위해서는 정당활동을 통한 정치적 헤게모니의 장악이 필요하다. 독일의 에너지전환에서 결정적인 역할을 한 것은 녹색당의 역할이다. 1998년 출범한 사민당과 동맹90/녹색당의 연정은 2000년 '원자력합의'를 통해 원자력 폐지를 결정, 발전차액지원제도(FIT)를 도입, 신재생에너지 부문 투자 촉진, 2020년까지 온실가스 배출량 40% 감축, 최종 전력소비자에 대한 부담금(surcharge) 부과를 통한 발전사업자에 대한 지원금 등의 에너지전환정책을 추진하였다(김봉금, 2013). 2009년 기민/기사와 자민당으로 구성된 연정에서는 '에너지전환(Energiewende)'이라 불리는 메르켈 정부의 에너지 정책을 담은 '에너지구상 2010(Energy Concept 2010)'이 제시되었다.

거시적 측면에서 국제관계에서 국가간 정치적 역학관계는 에너지전환에 큰 영향을 미친다. 미국, 중국, 러시아, 유럽간 에너지안보를 둘러싼 진영간 갈등과 경쟁은 에너지전환의 국제질서에 영향을 미친다. 2022년에 반발한 우크라이나와 러시아간 전쟁은 서유럽국가의 러시아에 대한 에너지 의존도를 줄이려는 노력과 함께 신재생에너지로의 에너지전환을 가속화시킬 것이다.

10. 정의

에너지전환은 인간들의 가치의 변화가 필요하다. 새로운 에너지로의 전환은 성장지향적 경제구조뿐만 아니라 소비지향적 사회구조의 변화를 요구한다. 개인적 관점에서 볼 때 脫성장, 脫소비 모두 시민 개인들이 가진 가치와 철학의 문제이다. 에너지전환 비용을 조달하기 위해서는 전기세나 세금의 인상, 세금 비목 신설뿐만 아니라 생활속에서 개인들의 에너지 친화적 행동(에너지 효율적인 제품 구매, 재활용)이 필요하다. 이들 모두는 시민들의 협조와 지지를 요하는 항목들이다. 시민들이 가진 근본적 가치(예: 환경주의(environmentalism), 평등주의(egalitarianism), 이타주의(altruism))는 기후변화에 대한 대응과 에너지전환에 대한 적극적 지지와 행동을 유도하는 데 기여한다.

사회적 차원에서는 에너지전환을 위한 가치로서 에너지 정의(Energy Justice)가 논의된다. '에너지 정의'란 에너지 서비스의 편익과 비용을 공평하게 배분하고 대표성을 갖춘 공정한 에너지 의사결정을 가진 보편적 에너지 체계(global energy system)(Sovacool & Dworkin, 2015), 모든 영역에서 모든 개인에게 안전하고(safe) 적절하고(afforable), 지속 가능하게(sustainable) 제공하는 것을 의미한다(McCauley et al., 2013). McCauley et al.(2013)는 에너지 정의를 분배적 정의(distributional justice), 절차적 정의(procedural justice), 인정적 정의(recognition justice)로 세분화하고 있다. 분배적 정의는 에너지(체계)의 편익과 위해가 인종이나 소득, 그리고 지역에 따라 불균형적으로 분배되지 않는 것을 의미한다. 절차적 정의는 모든 개인 또는 집단이 에너지 관련 의사결정에 참여할 수 있어야 하며, 이러한 결정이 에너지의 생산, 운송, 보존, 저장, 분배 등 전 과정에서 포용적으로 다루어져야 함을 의미한다. 인정적 정의는 에너지 관련 의사결정 과정에서 사회적, 문화적, 민족적, 인종적, 성적 차이에 대한 다양한 관점을 인정하고, 이를 반영하는 것을 의미한다(김소희, 2022 재인용).

인간들이 가진 가치와 정의관은 사회와 환경에 대한 근본적 사고이다. 근본적 사고는 견고한 가치체계로서 장기간의 사회적 경험을 반영하여 형성되기 때문에 인위적 변화가 쉽지 않다. 특히 특정한 가치와 정의관은 다른 가치와 상충적인 경우가 많아 사회적 갈등의 원천이 된다.

Ⅳ. 에너지전환의 역사적 과제

본 장에서는 에너지전환의 역사를 개략적이고 살펴보고, 향후 에너지전환에 영향을 미칠 역사적 변수들을 살펴보았다. 이와 같은 논의에 기반한 에너지전환과 관련된 역사적 과제와 함의는 다음과 같다.

첫째, 에너지전환의 전략적 방향과 내용은 역사속에서 구체화된다. 역사속에 내재한 인구적, 사회적, 경제적, 기술적 구조와 맥락은 새로운 에너지 전환체제를 만들어내는 근본적인 힘이 된다. 농업사회에서 산업사회로의 문명전환은 생산과 소비양식의 근본적인 변화를 의미하며 이와 같은 변화는 새로운 에너지체제를 구성한다. 반대로 이렇게 형성된 에너지체제는 새로운 인류의 역사, 문명을 만들어낸다. 현재 진행되고 있는 4차 산업혁명에 기반한 문명의 역사와 신재생에너지 중심의 에너지제제는 상호작용하면서 새로운 역사와 에너지체제를 구성할 것이다. 지구적 차원에서 중층적이고 전방위적으로 진행되고 있는 에너지전환 속에서 한국은 어떤 선택을 할 것인가는 역사적 과제이다.

둘째, 거대한 역사 속에서 만들어지는 인류문명과 에너지체제의 거시적 구조는 행위자(국가, 정부, 기업, 공동체, 개인)의 미시적 행위를 제약한다. 하지만 구조의 제약이 행위자의 행위를 전적으로 결정하는 것은 아니다. 기후위기속에서 에너지전환은 필연적이지만 선택은 행위자의 몫이다. 행위자들의 선택양상에 따라 각국은 각기 다른 에너지전환의 경로를 밟을 것이다. 에너지전환의 성공모델인 독일의 모델을 한국사회에 그대로 적용할 수 없는 것은 한국이 독일과 다른 정치적, 사회적, 기술적 맥락과 구조를 가지고 있기 때문이다. 그렇다면 한국은 어떤 에너지전환모델을 채택할 것인가? 사회적 숙의를 통한 새로운 에너지 담론의 형성은 역사적 과제이다. 정치는 이러한 담론을 만들어나가는 데 있어 결정적인 역할을 수행하며, 정치적 지형을 만드는 시민들의 선택과 자발적 참여는 에너지전환의 역사적 과제이다.

셋째, 거버넌스 핵심 주체인 기업, 정부, 시민사회는 갈등적이면서 보완적 역할을 수행해 왔으며, 이는 에너지전환에도 적용된다. 기후변화와 에너지전환의 방향성을 결정하는 것은 정부의 몫이지만 이를 집행하는 과정에서 기업들의 신재생에너지 생산과 소비 참여, 시민들의 에너지 조합과 비용부담 등과 같이 기업과 시민의 협력과 참여 없이는 불가능하다. 그러나 이들 세 행위자는 근본적으로 서로 다른 기질을 가지고 있기 때문에 삼자간에 협력적 거버넌스 구성을 위한 전략적 선택과 방법은 역사적 과제이다.

넷째, 에너지전환과정에서 기술은 에너지전환의 방향과 강도를 결정하는 데 핵심적인 역할을 수행하였다. 석탄, 석유, 가스 시추를 위한 기술이 현재까지 화석연료 중심의 에너지 역사를 만들어왔고, 신재생에너지와 관련된 기술은 미래의 역사를 만들 것이다. 하지만 미래의 신재생에너지기술은 인류에게 반드시 긍정적인 결과만을 가져오는 것은 아니다. 친환경적 기술이 더 환경파괴적일 수 있으며 인류에게 더 치명적인 피해를 가져올 수 있다는 기술의 역설을 어떻게 극복할 것인가도 역사적 과제이다.

다섯째, 역사 속에서 에너지전환과정은 사회적 비용과 혜택, 권력을 재분배하는 과정이라는 점에서 규범적 가치와 정의에 대한 논의가 필요하다. 신재생에너지중심의 산업정책(예: 친환경차 보급정책, 내연기관 차량 판매금지 정책)은 고용시장에서 승자와 패자를 만들어내며 이는 사회적 불평등 문제와 연계된다. 에너지전환에 따라 발생하는 불평등 문제를 해소하기 위해서 에너지 가치와 정의라는 이념적 목표를 어떻게 설정한 것인가가 역사적 과제이다.

여섯째, 한국이라는 역사적 공간은 한국만의 고유한 에너지전환모형을 필요로 한다. 신재생에너지의 주요원천이 되는 태양과 바람의 한국적인 특성, 발전국가 궤적을 따라 발전한 산업화와 이에 따른 낮은 전기가격, 중앙집권적인 전략망 구조와 시장구조, 이익과 보상중심적인 시민문화, 지역간 불균형

발전, 수도권 중심적 인구구조 등은 한국이 에너지전환의 선도국과는 다른 새로운 에너지전환모형을 개발해야 하는 이유이다.

🗨️ 토론의 장

□ 토론1: 에너지전환과 소득간 상충적 관계
- 아래의 〈그림 1-16〉을 보면 소득증가와 인구증가는 이산화탄소 배출량 증가 요인으로
  작용하는 반면, 에너지 집약도(에너지 효율, EI 효과)와 탄소집약도(에너지 구성, CI 효
  과, 단위에너지 당 탄소배출량 개선정도)는 감소 요인으로 작용하고 있다. 결과적으로 1
  인당 소득감소가 전제되어야 하는 것을 의미한다. .

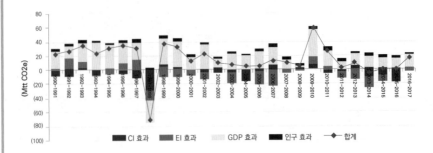

그림 1-16 배출량 요인분석 결과 (1990~2017)

자료: 관계부처 합동(2019). 제2차 기후변화대응 기본계획. 10

- 토론질문 1: 에너지전환을 위해서는 소득감소를 일정 부문 감내해야 하는데 이는 경제
  성장을 일정 정도 포기한다는 의미를 가진다. 2030년까지 CO_2 40% 감축을 목표로 하는
  경우 GDP 0.07% 감소하는 것으로 계산되었다(관계부처 합동, 2021). 경제성장과 에너
  지전환간 상충성 문제를 어떻게 해결할 수 있는가?
- 토론질문 2: 한국사회는 오랫동안 저출산 대책에 추진해 왔다. 에너지전환을 위해서 인
  구정책 변화(예를 들어 저출산 정책 폐기)가 필요하다는 주장에 대해서 어떻게 생각하
  는가?

□ 토론2: 에너지전환과 전기요금 인상 문제
- 에너지를 전환을 위해서는 소비자의 비용부담이 필요하다. 전환비용 마련을 위해서 전
  기요금 인상이 필요하다. 가정용 전기요금을 비교할 때 한국은 OECD 37개 국가 중에서

34위를 차지하고 있다. OECD 국가 전체의 평균을 100이라고 할 때, 한국의 주택용 전기 요금은 60, 산업용 전기요금은 83 정도이다.

그림 1-17 OECD 국가 전기요금 수준(2021, 단위: $/MWh)

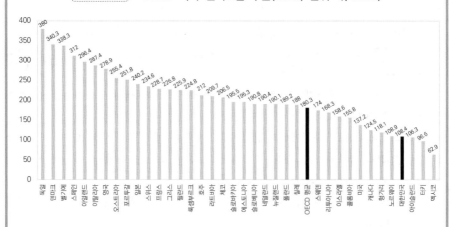

자료: OECD-IEA(2021). Energy Prices and Taxes Statisitcs(2021. 10월 기준)

- 토론질문 1: 전기요금을 인상한다면 산업용, 가정용 요금 중에 어느 것을 올려야 하며 그 논거는 무엇인가?
- 토론질문 2: 전기요금을 올리는 것을 에너지전환비용을 조달하는 의미와 에너지절약을 촉진할 수 있는 효과가 있다. 후자의 효과를 극대화하기 위해서는 어떻게 해야 하는가?

참고문헌

관계부처합동. (2021). 2030 국가 온실가스 감축목표(NDC) 상향안.

기상청. (2018). 제48차 IPCC 총회, 성공적으로 마무리하다!. 기상청보도자료.

김남일·이성규. (2021). 유럽 국가의 변동적 재생에너지 비중 증가와 국가 간 전력거래와의 연관성 분석:동북아 지역에 대한 시사점. 에너지경제연구원.

김봉금. (2013). 독일 에너지전환 정책의 추진 배경 및 전망. 세계 에너지시장 인사이트 제13－22호 2013.6.14.

대한상공회의소. (2021). 재생에너지 산업의 운영현황과 애로실태. 서울: 대한상공회의소.

류제현. (2021). 글로벌 수소경제 Hydrogenomis: 시장침투 본격화. Global Industry Analysis, 2021. Mirae Asset Securities Research

박상철. (2019). 독일의 에너지전환. 김연규 엮음. 한국의 에너지전환: 관점과 쟁점. 서울: 한울아카데미.

산업통상자원부·한국에너지정보문화재단. (2020). 건강한 미래를 위한 에너지전환.

아틀라스뉴스. (2022). http://www.atlasnews.co.kr.

외교부. (2022). 기후변화체제. https://www.mofa.go.kr/

이근대·임덕오. (2021). 재생에너지 공급확대를 위한 중장기 발전단가 (LCOE) 전망 시스템 구축 및 운영. 에너지경제연구원 연구보고서 21－24.

이장섭. (2021). 지역별 3MW 초과 신재생에너지 발전사업자 사업개시 현황.

이종헌. (2018). 에너지 빅뱅. 서울. 프리이코노미 북스.

조상민. (2022). 새정부 재생에너지 정책 방향에 따른 RPS 개편과 RE100 대응 방안.

폴 호큰 외. (2011). 자연자본주의. 공존.

피터 왓슨. (2009). 생각의 역사1. 들녘.

Blaut, J. M. (2012). *The Colonizer's Model of the World: Geographical Diffusionism and History*. New York: Guilford Press.

Bryson, R. A. & Dittberner, G. J. (1976). A non－equilibrium model of hemispheric mean surface temperature. *J. Atmos. Sci.*, 33, 2094－2106

Dudin, M., Frolova, E.E, Kovalev, S., Ermakova, E. & Kirsanov, A. N.. (2017). Migration processes in the context of political collisions: Factors and social and economic consequences. *Journal of Applied Economic Sciences.* 12. 85－94.

Eurostat. (2016). Database. Available at: http://ec.europa.eu/eurostat/data/database. (accessed 19.10.2016).

IEA. (2019). Household end−user electricity prices in selected OECD countries, 2019, IEA, Paris https://www.iea.org/data−and−statistics/charts/household−end−user−electricity−prices−in−selected−oecd−countries−2019, IEA. Licence: CC BY 4.0

IEA. & NEA (2020). *Projected Costs of Generating Electricity.* 2020 Edition.

IPCC. (1990). *Climate Change: The IPCC Scientific Assessment.* Houghton, J.T., G.J. Jenkins, and J.J. Ephraums (eds.). Cambridge University Press, Cambridge, United Kingdom and New York, NY, USA.

IPCC. (2001). *Climate Change 2001: Synthesis Report. A Contribution of Working Groups I, II, and III to the Third Assessment Report of the Integovernmental Panel on Climate Change.* Watson, R.T. and the Core Writing Team (eds.). Cambridge University Press, Cambridge, United Kingdom, and New York, NY, USA.

IPCC. (2014). *Climate Change 2014: Synthesis Report. Contribution of Working Groups I, II and III to the Fifth Assessment Report of the Intergovernmental Panel on Climate Change.* Core Writing Team, R.K. Pachauri and L.A. Meyer (eds.). IPCC, Geneva, Switzerland.

Keeling, C. D. (1961). The concentration and isotopic abundances of carbon dioxide in rural and marine air. Geochim. *Cosmochim. Acta,* 24, 277−298.

Lutz, W., O'Neill, B.C., and Scherbov, S. (2003). Europe's Population at a Turning Point. *Science,* 299 (5615): 1991−1992.

McCauley, D. A., Heffron, R. J., Stephan, H. & Jenkins, K. (2013). Advancing energy justice: The triumvirate of tenets. *International Energy Law Review,* 32(3): 107−110.

Dimitriev, O. P. (2013). Global energy consumption rates: Where is the limit? *Sustainable Energy,* 1(1): 1−6

Pellerin−Carlin, T. & Serkine, T. (2016). *Energy Union Innovation Strategy.* Paris: Notre Europe Jacques Delors Institute.

Schwab, K. (2015). The fourth industrial revolution: What it means and how to respond. *Foreign Affairs.* December 12.

Schwab, K. (2016). T*he Fourth Industrial Revoluation.* World Economic Forum

Sovacool, B. K. & Dworkin, M. H. (2015). Energy justice: Conceptual insights and prac− tical applications. *Applied Energy,* 142: 435−444.

Stephens, J. C. (2019). Energy Democracy: Redistributing power to the people through renewable transformation. *Environment: Science and Policy for Sustainable Development*, 61(2): 4–13.

제2장

에너지전환과 민주주의

•

김소희

에너지전환과 민주주의

•

김소희

　　우리나라에서 에너지 전환은 "발전믹스(Mix)의 변화를 넘어 전체 에너지 믹스 최적화와 저효율 소비구조 개선, 에너지 산업 육성 등을 포괄하는 에너지 전반의 혁신을 의미한다. 전력 생산 과정에서 시민의 참여와 이익을 권장하는 '에너지의 민주화'도 포함"한다.[1] 본 장에서는 이러한 정의에서 언급되는 '에너지의 민주화' 개념을 보다 구체적으로 논의하고자 한다. 이를 위해 먼저 관련 민주주의의 개념, 에너지 민주주의에 대한 논의의 흐름을 소개하고 에너지 민주주의의 유형 및 쟁점들을 살펴본다. 이를 통해 에너지 전환 과정에 있어서의 민주적 전환의 의미를 이해하고 적절한 정책수단과 목표 및 방향성에 대해 모색해 본다.

I. 에너지 전환 과정에서 민주주의 논의는 왜 필요한가?

　　에너지 민주주의와 관련하여 다양한 유형의 민주주의 개념을 살펴볼 필요가 있다. 민주주의의 유형과 관련하여 레이파트(Lijphart, 1999)는 다수결 민주주의와 합의 민주주의로 구분한 바 있으며, 헬드(Held, 2010)는 『민주주의의 모델들(Models of Democracy)』에서 민주주의의 역사적 발달과정을 서술하면서,

---

1) 대한민국 정책브리핑 홈페이지: 정책DB (최종수정일 2020.3.11)

고대 민주주의인 자유민주주의와 직접민주주의, 20세기의 민주주의 모델로 법치민주주의, 숙의민주주의, 오늘날의 세계시민 민주주의에 이르기까지 다양한 민주주의의 유형을 소개하고 있다. 이러한 긴 역사와 다양한 의미를 함축하고 있는 민주주의에 대하여 본고에서는 논의를 한정하여 에너지 전환과의 연관성 하에서 민주주의를 논의하고자 한다. 이에 에너지 민주주의의 등장 배경이라고 할 수 있는 환경과 기후와 관련된 민주주의 개념을 설명하고자 한다. 이에 따라 이하에서는 절차적 관점에서 녹색 숙의민주주의, 녹색 근본 민주주의, 내용적 관점에서 환경민주주의, 생태민주주의 개념에 대하여 살펴본다.

1. 녹색 숙의민주주의

하버마스(Habermas)는 근대사회는 다양한 윤리적 가치가 공존하는 다원사회이나 일정한 민주적 절차를 통해 공유 가치를 이끌어낼 수 있다고 본 대표적 학자이다. 그에 따르면 공유 가치로의 통합은 대화와 토론으로 성취될 수 있으며 이러한 과정을 숙의 과정이라고 할 수 있다. 민주주의는 학습과정이며 숙의의 과정을 통해 대중의 검증을 거친 견해가 최종 지위를 확보하게 된다. 숙의의 과정을 통한 의사결정을 숙의 민주주의라고 한다. 데이비드 헬드(David Held)와 허베이(Hervey)는 이러한 숙의민주주의가 기후변화에 대처하기 위한 대안이 될 수 있다고 본다. 기존의 민주주의가 개인적 이익을 집약시키는 이익집약적 민주주의로 표현될 수 있는 반면, 숙의 민주주의는 다양한 견해와 소수의 의견을 포용하여 의사결정을 시도한다는 점에서 정당성을 얻는다. 헬드와 허브(Held & Herve, 2009)는 기후문제나 환경문제에 있어서 특히 숙의민주주의의 수용이 필요하다고 보았다. 기후환경 문제가 국제적 협력이 필수적으로 요청되는 범지구적 사안일 뿐 아니라 국가 간 이해충돌로 조율이 어려워 합의를 통해 의사결정을 할 필요가 있기 때문이다. 또한 의사결정 후 합의의 내용에 대한 집행을 책임질 공식적인 국제기구의 기능 강화가 시급하다고 할 수 있다(장원석, 2016).

2. 녹색 근본민주주의

무페(Mouffe, 1999)는 정치에 있어서 합의는 사실상 불가능하며 바람직한 민주주의는 차이를 인정하고 존중하는 민주주의라고 보았다. 합의 대신에 차이에 집중하여 쟁점 사안에 대해 대중의 관심과 참여의 폭을 확대할 수 있다. 이를 근본민주주의라고 한다. 합의 민주주의에서 주장하는 것과 같이 합법적인 절차를 통해 소수의 견해가 배제되는 경우, 소수세력은 반체제 세력으로 변질될 가능성에 항상 노출될 수 있다. 유럽지역의 극우세력의 확대 역시 차이를 제거하려는 합의의 정치가 초래한 것으로 본다. 근본민주주의에 따르면 기존의 합의민주주의는 기후문제 해결을 위한 적절한 의사결정이 어려울 것이라고 본다. 기후변화 문제는 수많은 변수가 작용하기 때문에 과학적 지식을 토대로 한다고 할 경우에도 정확한 예측이 어렵다. 기후정책의 수립 역시 경제와 문화 등을 고려해야 하는 가치개입적 사안이기 때문에 하나의 해법을 중시하는 합의민주주의적 사고는 왜곡된 결정을 야기할 수 있다(장원석, 2016).

3. 환경 민주주의

환경민주주의는 일반적으로 "환경에 영향을 주는 공공정책의 실현에 대한 국민이나 이해관련자인 주민들의 참여"로 언급된다(전훈, 2011). 환경문제를 민주주의와 결합하는 과정에서 제기되기 시작하였으며, 그 과정에서 실제로 숙의나 참여 민주주의를 활용하여 환경문제를 해결하고자 하는 시도들이 이루어졌다. 한편으로 과학기술 전문가에 의한 의사결정에 문제를 제기하는 과정에서 환경 민주주의라는 용어를 사용하기도 했다(장원석, 2002; 강일신·김종철, 2015). 환경민주주의는 아르후스(Aarhus) 협약으로 불리는 "환경정보에 대한 접근·이용권, 환경행정절차 참여권, 환경사법액세스권에 관한 협약"에 기초하여 논의되었다(소병천, 2002). 환경정보의 공개와 이용은 정부에 대한 시민의 통제인 동시에 시민이 스스로 미래를 결정할 수 있는 전제가 된다는 점에서 민주적 의사결정의 토대로 볼 수 있다. 또한 환경행정절차에 참여하는 권한은 환경시민권과 관련한 거버넌스 담론에서 거론되며 정책의 수용성과

관련하여 중요한 가치로 여겨진다. 환경사법액세스권은 적절한 사법적 권리
구제수단 마련을 통해 일반 시민이 국가의 환경결정에 대해 민주적 통제수단
을 갖게 됨을 의미한다(강일신·김종철, 2015).

4. 생태 민주주의

생태민주주의는 민주주의의 범위를 비인간세계인 자연으로 확대한 것이
다. 생태민주주의는 내용적으로는 생태정의를 실현하면서 절차적으로는 숙의
의 과정을 핵심적인 기제로 추구하는 것을 의미한다(Dryzek, 2002; 윤순진,
2007). 생태정의는 환경정의를 기원으로 하고 있다. 미국 연방환경청은 환경
정의를 "모든 사람들이 인종, 민족, 소득수준과 관계없이 환경법, 규제, 정책
의 개발, 이행 및 집행에서 공정한 대우와 의미있는 참여를 하는 것"이라고
정의한다. 이러한 환경정의는 여러 가지 한계를 가지고 있다. 예컨대, 미국 내
국민을 대상으로 환경정의 실현을 목적으로 하고 있어 국가 간 환경정의를
다루고 있지 못하였고, 현세대에만 초점을 두고 있어 미래세대의 부담과 위험
에 대한 고려가 부족하였다. 나아가 자연과 사회의 관계에 있어서 상대적으로
관심이 적고, 환경 불평등의 해결 과정에서 자연에 대한 인간의 착취나 인간
과 다른 생물종 간의 관계에 있어서의 정의까지는 고려하고 있지 못하다는
문제를 가진다. 환경정의의 권리주체를 인간 뿐 아니라 다른 생물종과 미래세
대까지 확장하는 것을 생태정의라고 할 수 있다(윤순진, 2006; 2007). 존 드라이
젝을 비롯한 여러 생태민주주의 이론가들은 숙의민주주의를 생태적으로 전환
하여 생태민주주의를 발전시킬 수 있다고 보았다. 숙의민주주의가 다른 어떤
정치제도보다 인간 이외의 다른 생물종의 이해를 고려할 가능성이 높다고 보
았다(Dryzek, 2002).

이상의 네 가지 민주주의 개념들은 각각 강조하는 절차나 대상의 범위에
있어서는 차이를 보이고 있지만 환경과 기후 문제에 있어 민주적 절차와 참
여를 강조하고 있다는 점에서 공통적이다. 또한 그 과정에서 현 세대의 인간
뿐 아니라 다른 생물종과 미래세대를 아우르는 관점이 필요함을 보여주고 있

기도 하다. 이러한 관점이 필요한 이유는 환경과 관련한 공공정책 결정과정에서의 여러 갈등이나 기후변화 문제와 관련한 이해관계자들 간 갈등들은 결국 민주주의적 관점에서 바라볼 때 해결 가능성이 높기 때문이다. 관련 당사자들의 입장을 고려하지 않은 정책이나 절차적 정당성을 위배하고 있는 정책은 거센 저항에 부딪힐 수 있다. 이러한 흐름은 환경과 기후변화 영역뿐 아니라 다양한 영역에서 꾸준히 확대되고 있다.

에너지 전환은 기후변화와 환경과 관련한 문제에 대한 해결책으로서 등장한 전 세계적인 아젠다이다. 에너지 전환 과정에서 여러 이해관계자들 간 새로운 질서가 형성되는 가운데 갈등 또한 폭발적으로 증가할 수 있다. 특히 에너지 전환의 규모나 에너지원 특성에 따라 발생할 수 있는 여러 문제들은 적절한 기준으로 다수에 의해 통제될 때 그 피해를 최소화할 수 있다. 환경민주주의와 생태민주주의가 관련 이해 당사자들과 정부 간 갈등 속에서 그 논의가 확대되어 왔던 것과 마찬가지로, 에너지 전환은 단기적으로 직접적인 이해당사자와 정부 간, 장기적으로 간접적인 대다수 국민과 이해당사자 간 갈등을 야기할 수 있어 민주주의적 접근이 필요하다. 에너지 전환의 성패에 있어 에너지 민주주의가 중요한 기제로 작용할 수 있는 것이다. 이러한 문제의식을 토대로 이하에서는 보다 구체적으로 에너지 민주주의에 대해 살펴보고자 한다.

Ⅱ. 에너지 민주주의 이론

1. 논의의 배경과 흐름

에너지 민주주의라는 개념이 처음 제시된 것은 2012년의 독일 기후정의 캠프라고 알려져 있다(Stephens, 2019). 그러나 초기에 제시된 것은 명확히 합의된 개념이라기보다는 에너지 민주주의의 당위성을 제시하는 데 그치고 있다는 한계를 보인다(Angel, 2016).

이후 에너지 민주주의는 사회운동으로서 그 논의가 확산되어왔다. 지역적으로 북미와 유럽으로 구분되며 비슷한 시기에 담론이 확산되었지만 그 내

용에 있어서는 일정 부분 차이를 보인다. 북미의 경우 2013년 '에너지 민주주
의 노동조합(TUED, Trade Unions for Energy Democracy[2])'이 설립되면서 논
의가 본격화되었다. 북미에서의 노동조합을 중심으로 한 에너지 민주주의는
기후변화라는 전 지구적 환경문제의 해결을 위해서는 사회 시스템의 근본적
인 변화가 필요하다는 인식에서 출발하였다. 특히 각국의 배출권거래제나 기
후변화정책만으로 기후변화문제를 해결하기에는 역부족이라는 문제의식이
있었다. 결국 저탄소 에너지원으로의 전환을 위해서는 노동자와 지역사회, 일
반대중으로 권력이 이양되는 에너지 민주주의가 필요하다는 선언을 하였다
(TUED, 2013; 진상현, 2020).

　　비슷한 시기인 2014년 유럽에서는 「유럽에서의 에너지 민주주의(Energy
Democracy in Europe)」라는 보고서를 발표하였다. 보고서에서는 에너지 민주주
의를 기후변화와 에너지 문제의 통합이라고 보았으며(Kunze & Becker, 2014)
에너지 전환과정에서의 문제를 해결하기 위해서는 에너지 민주주의를 달성해
야한다고 주장하였다. 구체적으로는 탈중앙집중화와 에너지 공급자에 대한
지역적 통제, 노동조합의 참여 등이 필요하다고 하였다(진상현, 2020). 협동조
합이 주체가 되어 지역사회와 일반 시민이 참여하는 것을 강조한다.

　　한국에서도 에너지 전환이 가시화되면서 에너지 전환의 경로와 전략에
대한 관심이 커지고 있다(홍덕화, 2019). 특히 한국에서는 후쿠시마 원전 사고
를 계기로 원자력에 대한 중앙집중적이고 권위주의적인 속성에 대한 반대급
부로서 에너지 민주주의 담론이 형성된 측면이 있다(진상현, 2020). 시기적으
로 2011년 이후에 에너지 민주주의가 등장하기 시작했으며, 본격적인 논의는
문재인 정부가 출범한 2017년 이후에야 이루어졌다고 할 수 있다. 기존의 한
국사회에서는 기술관료들이 주도한 에너지 정책 결정과 집행이 주를 이루는
관료정치가 만연한 상황이었으며, 중립적 전문가에 대한 신뢰와 위임도 에너
지 분야에서 큰 편이었다고 할 수 있다. 이는 북유럽 선진국에서도 나타나는
현상으로 핀란드의 경우 원자력을 포함한 에너지 분야의 경우 매우 기술적이
고 어렵기 때문에 일반시민들이 전문가를 선호하는 스텔스 민주주의적 성격

---

2) 2022년 현재 26개국에서 TUED에 참여하고 있다.

이 강한 것으로 나타났다(Ruostetsaari, 2017).

에너지 전환의 정치가 확산되면서 에너지 민주주의에 대한 논의가 활발해지는 경향도 나타나고 있다. 노동자, 지역사회, 일반대중 등 다양한 주체들이 참여하고 권력을 위임받는 과정에서 어떠한 주체가 강조되는가에 따라 다른 흐름이 나타날 수 있다. 노동조합이 주도하는 북미와 협동조합이 주도하는 유럽에서의 에너지 민주주의가 다른 것처럼, 한국에서도 기후변화에 대한 대응이나 재생에너지 확산, 자치와 분권화처럼 어떤 분야를 강조하는지에 따라 에너지 민주주의의 주체는 달라질 수 있다(진상현, 2020).

2. 에너지 민주주의의 성격

사회운동의 담론으로서 논의되기 시작한 에너지 민주주의는 에너지 자원의 추출, 공급, 소비, 폐기에 이르는 에너지 체계의 전 과정에서 시민의 참여와 사회적 통제를 강화하는 것을 의미한다(Becker & Naumann, 2017; Burke & Stephens, 2017; Szulecki, 2018, 홍덕화, 2019). 이러한 사회운동에서 구체적으로 요구하고 있는 것은 분산형 에너지와 환경정의, 에너지 시티즌십, 정의로운 전환 등 다양한 논의와 연결되어 있다. 국내에서는 주로 절차적 문제를 중심으로 다루어왔으며 최근에는 공동체에너지, 지역에너지, 에너지 자치 등 여러 다양한 용어를 통해 에너지 민주주의 담론이 확대되고 있는 추세이다(한재각, 2014; 홍덕화, 2019).

에너지 민주주의에 대한 최근의 논의는 초기의 사회운동적 성격에서 벗어나 폭넓은 스펙트럼을 보이고 있다. 에너지 민주주의에서 시민의 역할이 확대되고 있으며 시민의 역할에 따라 다양한 형식의 에너지 민주주의가 나타나고 있다. 시민의 참여는 에너지 정책을 형성하는데 큰 역할을 할 수 있으며 그 기제는 크게 세 가지로 분류될 수 있다(Wahlund & Parm, 2022). 첫 번째는 에너지 정책의 계획과 의사결정과정에 참여하는 것이다. 정책 초기 단계에서부터 시민이 함께 설계하고, 에너지 전반의 설계에 시민이 참여할 수 있도록 하는 것이다. 두 번째는 설비의 지역화와 지역 커뮤니티들에 의한 소유와 통제를 강화하는 것이다. 세 번째는 소비자의 선택과 관련한 것으로 기본적으로 민주화의 한 형태로서 분권화를 강조하지만, 법적 통제나 소유권에 있어서 분산적 소유를 강조하기보다는 지역화된 시장을 창출하는 것에 초점을 둔다. 예컨대 소비자는 에너지 회사처럼 자체 생산한 전기를 저장하고 판매할 수 있는 기회를 가질 수 있고, 에너지 수요 수준에 대한 통제를 포함한 에너지 구매 결정에 있어서의 참여를 활발히 할 수 있다. 다음 그림은 이와 같은 스펙트럼 상의 에너지 민주주의와 시민 간 관계를 보여준다.

그림 2-1 에너지 민주주의와 시민참여의 다양성

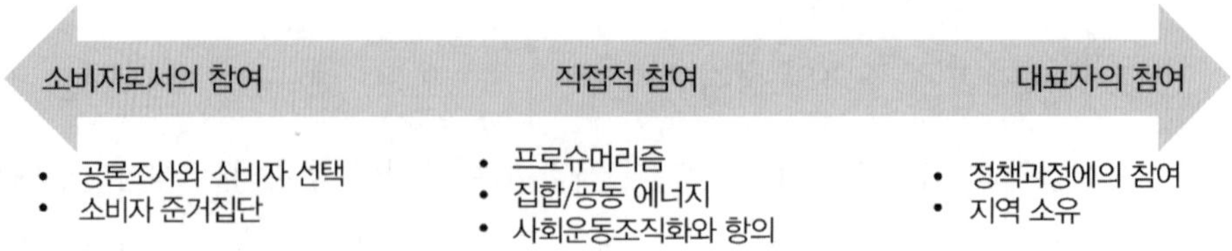

소비자로서의 참여	직접적 참여	대표자의 참여
• 공론조사와 소비자 선택 • 소비자 준거집단	• 프로슈머리즘 • 집합/공동 에너지 • 사회운동조직화와 항의	• 정책과정에의 참여 • 지역 소유

자료: Wahlund & Palm(2022)

구체적인 해외 사례를 살펴보면, 덴마크, 독일, 영국의 경우 지역의 주민이 공동으로 시설을 소유하여 '주인'으로서 발전소를 운영한다. 주민의 경제적 이익도 불편에 대한 보상이 아니라 '대주주'로서 운영이익을 공유하는 형태이다. 에너지원에 대한 결정권 일부를 시민사회와 지역주민이 보유하는 협동조합의 경우 시민은 에너지를 생산하는 공급자 역할을 한다. 풍력 단지 조성 등에 있어서도 공동체 주민의 지분참여를 의무화하여 주민들 참여가 없는 프로젝트는 이행하기 어렵도록 했다(임춘택 외, 2019).

독일에서는 시민들이 재생에너지 협동조합의 경험을 바탕으로 전통적인 화석에너지에 있어서도 참여가 확대되는 모습도 나타나고 있다. 법제도 개선과 같은 에너지 의제를 조합 네트워크를 통해서 공론화하는 것이 그것이다. 에너지 전환 정책에서 시민의 개입이 확대되면서 정책에 대한 영향력이 강해지고 에너지 전환도 촉진되었다.

미국에서는 '에너지 투자 지구'의 운영을 통해 재생에너지원이 설치되는 지역주민으로 사업단위를 구성하여 민주적 의사결정이 이루어지도록 하고 있다. 구체적으로 ① 소외지역에 재생에너지 프로젝트 재원이 투자될 수 있도록 법안을 지역 내에 도입하고, ② 제정된 법안에 따라 투자 조합 설립 및 지역 주민으로 조합원을 구성해 재정 운영을 담당토록 한다. ③ 에너지 투자 지구 추진 위원회를 설립하여 위원장은 지역 기반 단체에서 선정하고 위원장이 지역의견을 사업에 반영하도록 한다. ④ 조합과 위원회의 협력을 통해 에너지 투자 프로젝트를 실행한다. 이러한 방식을 통해 에너지 소비자로서의 시민의 역할에서 에너지 공급자로서의 역할을 하도록 하고 그 결과 지역 에너지 정책에 주민이 영향력을 행사할 수 있도록 하고 있다.

이러한 시민참여 관점에서 우리나라의 에너지 민주주의를 살펴보면 재생에너지와 원자력에너지 등 에너지원에 따라 차이를 보이고 있다. 원자력 에너지 관련하여서 한국에서 시민의 참여가 이루어진 가장 최근의 사례는 신고리 5, 6호기 공론화이다. 표면적으로 보면 공론조사에 시민들이 참여하는 방식을 통해 에너지 민주주의에 진전을 보인 것으로 평가할 수 있다(김길수, 2018). 그러나 당시 공론조사의 과정을 면밀히 살펴보면 에너지 정책 의사결정과정 초기에 시민이 참여할 수 있었던 것이 아니라 공사의 중단과 취소라는 정책 집행상 문제를 단기적인 여론조사를 통해 해결하려고 하였다는 점에서 문제를 보이고 있다. 당시 산업부는 공사 중단 장기화에 대한 부담 등 시간적 압박 속에서 2박 3일의 단기간 합숙을 통한 숙의를 진행하였다. 또 공론조사 방법 역시 신고리 5, 6호기 건설 중단과 재개라는 양자택일 방식이어서 복잡하고 불확실한 주제에 대한 공론조시 방식으로는 부적절했다. 진행과정에서는 시민들이 참여하기보다는 심사단 역할에 그쳤다(김현우, 2021).

태양광 등 재생에너지의 경우에는 전통적 에너지원과는 달리 다양한 형태의 협동조합을 통해 시민의 참여가 확대되고 있는 모습을 보인다. 태양광 에너지로 전기를 만드는 한 협동조합에서는 시민들이 직접 조합원으로 가입해 출자금을 내고 태양광 모듈을 구입해 전기를 만들어 조합을 통해 한국전력에 판매한다. 수익금은 조합원들에 배당되어 시민들이 전기에너지를 공동 소유하고 운영하는 방식을 취하고 있다.[3] 그러나 우리나라는 상대적으로 지

---

3) 시민들이 만드는 전기 '에너지 민주화', 이로운넷. 2022.3.24. https://www.eroun.net/news/arti-

역에너지 정책에 대한 시민 참여 경험이 풍부하지 못한 편이어서 시민 참여형 에너지 전환은 여러 도전과제를 직면하고 있다. 지자체에 재생에너지 전담부서도 아직 없는 상황인데다 에너지 전환 계획에 있어서도 중앙부처 중심으로 이루어지고 있기 때문이다. 지자체가 독자적으로 지역 환경을 고려한 전환 계획을 수립할 수 있도록 하는 제도적·재정적 지원과 개선이 필요하다.

Ⅲ. 에너지 민주주의 유형 및 판단기준

1. 에너지 민주주의의 유형

에너지 민주주의의 포괄적 의미로 인해 에너지 민주주의의 다양한 측면을 모두 만족하는 사례는 거의 없으며(Kunze & Becker, 2014), 이같은 상황을 반영하여 에너지 민주주의를 유형화하는 시도가 이루어지고 있다. 유형은 학자마다 다르게 구분되고 있으나 대표적으로 베커와 노이만(2017)은 <표 2-1>과 같이 세 가지 유형으로 구분하고 있다(홍덕화, 2019).

먼저 분산적 에너지 공급은 에너지 공급의 지역화와 지역 에너지 가치사슬을 강화하는 것을 정치적 목표로 삼고 있으며 다양한 형태의 지역 조직을 활용하여 이를 달성하고자 한다. 구체적으로는 에너지 자립마을, 에너지 협동조합, 사적·공적 소유 등을 통해 에너지 공급의 지역화를 이루고자 하는 것을 뜻한다. 전력 생산과 송배전, 소비에 있어서 지역화를 중시한다. 이러한 분산형 에너지 체계는 에너지의 생산과 소비 간 거리를 축소하여 지역 간 환경 불평등을 줄이고 에너지 자립도를 높일 수 있다. 또 에너지 시설의 탈집중화를 유도한다. 이는 민주적 통제의 가능성을 높여주는 것으로서 에너지 민주주의의 한 형태라고 볼 수 있다. 분산형 에너지 공급체계는 궁극적으로 지역일자리 증가, 지역 순환형 경제의 강화를 돕는다는 장점이 있다. 에너지 시설 소유와 운영의 이 같은 탈집중화는 지역경제의 활성화와 의사결정과정에서의

표 2-1 에너지 민주주의의 유형

	분산적 에너지 공급	공적·협동조합적 소유	에너지 주권
정치적 목표	에너지 공급의 지역화, 지역에너지 가치사슬의 강화	에너지 공급의 민주적 통제 및 시민참여, 집합적 이익 추구	에너지 자원 및 연관 산업의 국가 통제, 대안적 발전 모델 추구, 지구적 축적체제의 재편
조직양식	다양한 형태의 지역조직(예: 에너지 자립마을, 에너지 협동조합, 사적·공적 소유 가능)	다양한 형태의 집합적 소유(예: 공사, 공기업, 협동조합)	채굴산업의 국유화 및 국가적 통제
기술 및 자원	재생에너지자원, 열병합 발전, 독립 계통(insular grid) 중시	기술적 중립성, 북반구의 재생에너지 확산과 자주 연계됨	화석연료 채굴 및 관련 기반시설 중심
공간적 차원	전력 생산, 송배전, 소비의 지역화	유동적이지만 재지역화 선호경향	주로 국가적 차원의 에너지 자원 정책

자료: Becker & Naumann, 2017. 재인용: 홍덕화(2019:84)

지역주민의 참여 확대로 연결된다. 이는 사회생태적 책임성을 강화하는 역할을 하기도 한다(Burke & Stephen, 2018, 이정필·한재각, 2014).

공적·협동조합적 소유는 에너지 공급의 민주적 통제, 시민참여, 집합적 이익 추구 등을 정치적 목표로 한다. 이를 위해 다양한 형태의 집합적 소유 (예: 공사·공기업·협동조합)를 조직양식으로 하며, 유동적이지만 재지역화를 선호하는 경향을 보인다. 집합적 소유는 민주적 통제 하에서 생태적 기준에 따라 이루어지기 때문에 전기와 열발전 등에 있어서 재생에너지로의 전환을 이행하는 데 수월한 면이 있으며 독일이 대표적인 예라고 할 수 있다(Becker et al., 2015). 집합적 소유는 특정 기술이나 자원에 반드시 연결된 것은 아니며, 민주적 통제라는 측면에 초점을 두고 있다(Becker & Naumann, 2017).

에너지 주권은 국가 수준에서 정책을 다룰 때 천연 자원이나 화석 에너지 부문에 대한 통제를 목표로 하는 것과 관련되어 논의된다. 앞선 두 가지 유형과 달리 에너지 주권은 자원 "안보"와 관련된 것으로 하향식 접근방식을 취한다. 국가가 천연자원 채굴에 대한 통제권을 가짐으로써 부의 분배와 대안 모델의 발전을 추구할 수 있으며, 국가적 차원의 에너지 자원 정책을 시행할 수 있다(Becker & Naumann, 2017).

이 외에 에너지 민주주의를 참여적 거버넌스, 시민소유, 대중주권으로 분류하거나(Szulecki, 2018), 참여적, 결사체적, 숙의적, 물질적 유형으로 구분하기도 한다(van Veelen & ven der Horst, 2018).

한편 버케와 스테판스(Burke & Stephens, 2018)는 강한 에너지 민주주의와 약한 에너지 민주주의로 에너지 민주주의를 구분하면서 에너지 민주주의가 에너지 전환의 경로에 영향을 미칠 수 있다고 설명한다. 예컨대 입지 선정 과정에서의 절차적 참여에만 집중되는 에너지 민주주의는 약한 에너지 민주주의라고 볼 수 있으며, 약한 에너지 민주주의는 역설적으로 재생에너지 발전시설 설치를 지연시키거나 중단시킬 수 있다. 이는 중앙집중적인 장거리 전력망을 강화하여 재생에너지를 중앙집중적 에너지체계의 보조수단으로 전락시킬 가능성이 있다. 이에 반해 강한 에너지 민주주의는 절차적 참여 뿐만 아니라 에너지 시스템의 소유와 운영에 있어서 정치경제적 권력의 탈집중화와 지역공동체의 분산형 에너지 체계로의 전환을 추구한다. 강한 에너지 민주주의는 에너지 전환을 포괄적인 사회전환의 계기로 본다. 이를 위해서는 에너지 전략과 관련 주체를 둘러싼 관계를 재조직할 필요가 있다(홍덕화, 2019).

2. 에너지 민주주의의 판단기준

앞서 설명한 것처럼 에너지 민주주의는 사회운동적 성격을 지니고 출발하였으며 시민참여의 방식에 따라 다양한 모습을 보이기도 하고 정치적 목표나 조직운영 방식에 따라 유형화되기도 한다. 또 절차적 측면과 내용적 측면 모두를 기준으로 에너지 민주주의의 강약이 평가되기도 한다. 이러한 다양하고 복잡한 의미를 지닌 에너지 민주주의에 대하여 현실에서 에너지 민주주의 구현이 어떠한 모습으로 진행되는지에 대해 일정한 기준을 통해 분석하고자 하는 시도들도 있었다. 초기에는 에너지 민주주의는 네 가지 구분되는 '영역'과 '차원'을 가진다고 보았으며(Kunze & Becker, 2014), 이후 페라리와 샤르티에(Ferrari & Chartier, 2018)가 '기준'이라는 표현을 사용하며 에너지 민주주의에 대한 기준을 제시하고 이를 토대로 한 실질적 사례 분석을 보여주었다(진상현, 2021). 네 가지 기준은 ① 재산권 및 소유권, ② 민주화 및 시민참여, ③ 잉여가치 및 고용창출, ④ 생태적 기여 및 자족이다.

1) 재산권 및 소유권

재산권 및 소유권은 기반시설과 직접적으로 관련되는 기준이다. 에너지 기반시설은 대규모의 자금이 투입되는 경우가 많고 국가적 차원의 공급망과 결합되는 경우가 많아 다양한 주체의 협력적 관리가 필수적이다. 이에 따라 에너지 생산과 소비는 집합적·공공적 형태로의 전환이 필요하다. 이러한 소유형태가 국가 공기업을 뜻하는 것은 아니다. 전통적 방식의 공기업은 에너지 전환에 있어 소극적 태도를 취하거나, 지역 차원에서는 주민의 요구와 상충되는 방향으로 민영화가 진행되는 경우도 있기 때문이다.

2) 민주화 및 시민참여

민주화와 시민참여는 에너지 정책에 있어서 기존의 대의제 정치 시스템의 민주화뿐 아니라 경제의 민주화를 포함하는 개념이다. 예컨대, 마을의 풍력발전사업을 결정할 때, 해당사업을 통해 영향을 크게 받게 되는 지역주민, 요금체계의 변경을 요구하는 소비자, 협동조합 등 관련 주체들이 가장 큰 권한을 가지고 의사결정에 참여할 수 있어야 하는 것을 의미한다. 지역주민과 시민으로의 의사결정 권한 위임과 밀접하다.

3) 잉여가치 및 고용창출

잉여가치 및 고용창출은 에너지 민주주의의 지역적 효과와 관련된다. 예컨대, 풍력이나 태양광 발전시설의 경우 초기 비용 투입에 있어 부담이 있지만 운영단계에서는 추가적인 비용지출이 거의 없다. 그러나 석탄화력이나 원자력 발전시설의 경우에는 운영과정에서도 연료 구입 등 자금이 지속적으로 투입된다. 이러한 설비의 차이로 인하여 재생에너지 전력은 지역에서 다양한 잉여가치를 창출할 가능성이 상대적으로 높다. 지역 내에서 재생에너지 확대에 따른 일자리 창출과 그에 상응하는 수익 및 혜택을 누릴 수 있다.

4) 생태적 기여 및 자족

생태적 기여 및 자족은 환경문제 해결과 관련되는 것으로, 에너지 민주주의는 적은 양의 전력과 연료를 소비하여 환경문제 해결에 도움이 된다. 이는 지속적인 성장을 중요시하는 기존의 자본주의 경제 이념에서 벗어나 포스트 성장 또는 탈성장을 강조하면서 나온 기준으로서 에너지 민주주의의 달성에는 이와 같은 저소비, 에너지 자족 등이 중요하다. 이상의 네 가지 기준과 각 개념을 표로 정리하면 다음과 같다.

표 2-2 에너지 민주주의의 판단기준

기준	개념
재산권 및 소유권	에너지 기반시설에 대한 시민의 집합적·공공적 소유
민주화 및 시민참여	에너지 수급 관련 의사결정에서 시민들의 적극적 참여 및 개입
잉여가치 및 고용창출	민주적 의사결정을 통한 에너지 부문의 지역적 파급 효과
생태적 기여 및 자족	에너지 자립을 통한 지구적·지역적 환경 문제의 해결

자료: Kunze & Becker(2014); Ferrari & Chartier(2018); 진상현·사토시(2021) 재인용.

에너지 민주주의의 수준을 판단하는 위의 네 가지 기준은 에너지 시설과 관련한 주변 지역의 파급효과까지 고려한 기준으로 앞서 논의한 다양한 유형과 형식들보다 상대적으로 넓은 범위에서 에너지 민주주의를 바라보고 있다. 우리나라의 경우 이러한 판단기준으로 볼 때 아직 갈 길이 멀다고 할 수 있다. 원자력에너지의 경우 전문가주의와 관료중심 의사결정이 지배적이었으며, 최근 들어서야 재생에너지 확대 과정에서 지역주민의 참여와 협동조합 등을 통한 공동소유 등이 활발해지고 있는 상황이기 때문이다.

Ⅳ. 에너지 민주주의 방향성과 한계

1. 에너지 민주주의의 방향성: 에너지 전환의 여러 경로들

에너지 민주주의에 대한 개념은 여전히 유동적인 상태로 남아있으며, 실제 상황에서 어떠한 입장에 놓여있는가에 따라 다양하게 해석될 여지가 있다. 그럼에도 일정부분 수렴된 개념은 과정으로서는 참여를, 결과로서는 에너지 시스템의 재구조화를, 목표로서는 참여자들과 관련 이해관계자들이 원하는 방향으로의 전환을 의미한다(Szulecki & Overland, 2020).

에너지 민주주의는 논의된 바와 같이 다양한 관점에서 다루어질 수 있으며 그중에서 시민의 참여는 에너지 민주주의를 확장 및 유지시키는 데 핵심적인 역할을 수행한다. 시민의 참여가 중요한 이유는 시민 참여가 그 자체로 에너지 시스템과 관련한 인식을 높이기 때문이다. 중앙화된 에너지 시스템보다 분권화된 에너지 시스템은 시민들로 하여금 에너지에 대한 인식과 지식을 높여줄 수 있다. 또한 공동소유를 통한 참여의 경우 국가와 사회에 대한 소속감을 높여 공동체적 가치를 높일 수 있다는 점에서 유용하다. 정책적 관점에서 볼 때 시민 참여는 정책 수용성을 높이는 데 유용하며 정책의 정당성에도 기여한다. 에너지 민주주의적 관점에서 에너지 전환은 에너지 소비자로서보다는 정치적 시민으로서 참여를 이끌어내는 데 있어서도 의미있는 효과를 불러일으킬 수 있다(Wahlund & Palm, 2022).

에너지 민주주의는 정의로운 전환을 이끄는 데 있어 기본적인 토대가 된다는 점에서 의미있다. 또한 에너지 민주주의의 저변에는 에너지 정책의 정당성을 강화시킬 수 있다는 가정이 깔려있다(Wahlund & Palm, 2022). 특히 재생에너지로의 전환에 있어 에너지 민주주의는 규범적 가치와 전략적 중요성을 강조하는 데 있어 유용한 담론으로서 기능하고 있다.

에너지 민주주의는 다양한 형태로 나타날 수 있으며 이러한 에너지 민주주의에 대한 논의를 토대로 에너지의 미래에 대한 네 가지 방향성을 제시해볼 수 있다(Thombs, 2019). 먼저 에너지 시스템 규모 측면에서 중앙집중화와 분권화로 나뉘어질 수 있다. IPCC에 따르면, 에너지 시스템은 "에너지의 생산, 변환, 전달, 사용과 관련된 모든 구성요소"로 정의된다. 중앙화된 에너지 시스템이란 대규모 발전시설과 광범위한 전송 네트워크, 글로벌 공급망으로 최종 소비자에게 에너지가 분배되는 것을 말한다. 이 경우 에너지의 생산과 최종 소비자의 사용이 분리된다. 반면, 분권화된 에너지 시스템이란 에너지의 생산과 소비가 비교적 가까운 곳에서 발생하고, 시스템의 모든 측면이 마이크로 레벨에 집중되는 것을 의미한다. 건물이나 가정에 서비스를 제공하는 분산 기술 등이 예가 될 수 있다.

다음으로 사회구조적 측면에 있어서 민주적인가 독점적인가로 나뉘어질 수 있다. 사회구조적 측면이란 경제적 잉여를 어떻게 생산하고 분배할 것인가에 대해 누가 결정하고, 접근권을 가지고 있는가를 의미하며, 나아가 정치적 영역과 시민사회 영역에서 의사결정 권한과 통제력을 누가 갖는가를 의미한다. 민주적인 사회구조인 경우 1인1표로 대표되는 자유 민주주의 원리를 기본으로 하되 의사결정과정에서 민주적이고, 차이를 인정하여 협력을 통해 의사결정을 하는 것을 말한다. 독점적인 사회구조인 경우 의사결정은 몇몇의 엘리트들에 의해 이루어지며 에너지에 대한 접근권도 지불능력이 있는 사람에게만 한정된다. 이에 따라 <그림 2-2>의 네 가지 영역이 도출된다. 가로축은 사회구조적 측면, 세로축은 에너지 시스템 규모 측면을 가리킨다.

그림 2-2 네 가지 잠재적 에너지 미래

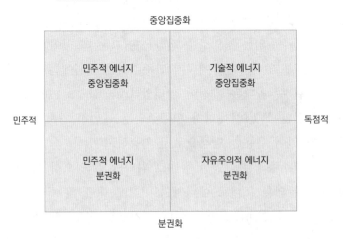

자료: Thombs(2019)

네 가지 영역은 현재 다양한 국가들에서 나타나고 있으며 상황에 따라 변화를 거치고 있다. 예컨대, '자유주의적 에너지 분권화' 유형은 미국의 플로리다와 네바다 주에서 그 모습을 찾아볼 수 있다. 태양광을 가정에 설치하는 문제에 있어 보수주의자와 자유주의자들의 경우 이를 환경주의의 하나로 보기보다는 개인의 자유와 선택의 문제로 보고 있다. 이 같은 관점에서 개인은 에너지를 서로 사고팔 수 있으며 새로운 에너지 시장이 형성되어 자원의 교환이 이루어질 수 있다. 그러나 이 경우 경제적 정의의 문제와 에너지 자원에 대한 접근성 문제 등 다양한 문제들이 있을 수 있다.

각각의 영역이 서로 다른 에너지 전환 경로로 이어질 수 있으며 환경과 사회적 구조에도 서로 다른 영향을 미칠 수 있다. 그 중에서도 에너지 민주주의의 많은 논의들은 정의로운 에너지 전환을 위해서 민주화는 필요조건이라고 보고 있으며, 이를 위해서는 정치적, 사회적, 시민적 영역 모두에서 민주적인 절차와 에너지 시스템의 분권화가 함께 이루어져야 한다고 본다. 에너지의 미래는 단순히 기술과 규모에 의해서만 결정되는 것이 아니라 사회적 관계에 의해 형성될 수 있기 때문이다.

2. 에너지 민주주의의 한계

에너지 민주주의의 역할에 대한 여러 긍정적인 논의에도 불구하고 에너지 민주주의는 다음과 같은 한계를 보인다. 기존의 에너지 민주주의 논의에서 상대적으로 간과되어 온 것은 포퓰리즘이다. 에너지 전환에 있어 위협이 되는 것은 크게 두 가지로 존재한다(Szuleki & Overland, 2020). 우선 포퓰리스트의 정치적 힘이 기후행동과 탈탄소 전략에 위협이 될 수 있으며, 미국의 트럼프 행정부에서는 이미 현실화된 바 있다. 예컨대, 일부 학자들의 경우 중국과 같은 권위주의적 정부에서 효과적으로 탈탄소 에너지 정책이 시행될 수 있었던 반면, 트럼프 대통령 집권 당시 미국에서 탈탄소 정책 등 에너지 분야의 여러 정책들이 효율성과 효과성 측면에서 방해를 받는 경우가 있다고 지적한다(Welton, 2017).

두 번째는 에너지 민주주의가 갖는 전문가주의와의 충돌 문제이다. 이는 에너지 민주주의 논의의 시작이 사회운동의 과정에서 비롯된 것과도 관련된다. 에너지 민주주의적 관점은 자칫 반엘리트주의로 이어져 에너지 정책에 있어 갈등을 야기할 수 있다. 전문가주의는 기술적으로 복합하지만 중요한 의사결정에 있어서는 고도의 전문성을 가진 이들만이 참여해야 한다는 것이다. 에너지 분야에서 '엘리트'는 중요한 역할을 할 수 있으며 지나친 포퓰리즘적 에너지 민주주의는 전문가 집단의 견해를 무시하는 방식으로 나아갈 수 있다. 시민과 전문가 간 인식적 비대칭성 속에서 다수의 견해가 반드시 옳지만은 않을 수 있다는 점을 고려할 필요가 있다. 이는 민주주의 자체가 갖는 한계일 수 있다.

시민참여를 강조하는 에너지 민주주의가 국가 수준의 전체적인 관리를 부정적으로 인식하도록 함으로써 에너지 안보가 위태로워질 수도 있다는 점도 고려해야 할 부분이다. 에너지 민주주의가 에너지 안보와 균형이 이루어질 수 있도록 국가 산업으로서 에너지 생산과 소비를 관리할 필요성이 있음에도 에너지 민주주의는 상대적으로 이러한 측면을 간과하고 있다. 지나친 에너지 분권화의 강조는 에너지 자립도가 낮은 상황에서 오히려 가난한 계층의 에너지 접근을 막을 수 있다는 점 역시 주목해야 한다.

V. 에너지 민주주의의 과제

지금까지 민주주의의 개념, 에너지 민주주의의 의미와 성격, 유형, 판단기준, 향후 방향성 및 한계에 대하여 논의하였다. 한국의 경우 에너지 민주주의의 관점에서 볼 때 많은 변화가 필요한 상황이다. 원자력발전소나 석탄화력발전소 등 기존 대규모 발전 설비의 경우 지역주민의 의견을 반영하지 않은 채 정부의 일방적 추진으로 사업이 진행된 경우가 많았다. 이러한 방식은 민주적이지 않을 뿐 아니라 전력망의 중앙집중적인 독점 체계로 지역 간 불평등을 야기한다. 에너지의 생산과 소비의 분리, 편익과 비용의 분리는 지속적인 갈등과 분쟁을 야기할 수밖에 없는 사안임에도 불구하고 관련 당사자들이 정책결정에 참여하고 결정하는 통로는 제한적이었다. 에너지 위기가 심화됨에 따라 원자력 발전 등 대규모 에너지원 설비의 필요성도 다시금 제기되는 상황에서 민주적 절차와 지역주민이 수용할 수 있는 지원체계가 함께 마련되어 불평등을 최소화하는 것이 필요하다.

재생에너지원 발전의 경우는 원자력이나 석탄 발전소가 갖는 중앙집중적인 전원 공급 체계에서 벗어나 지역 자립과 주민 자치가 가능한 특성을 갖는다. 또한 지역 공동체에서 지역의 환경과 생태에 미치는 영향을 고려하고 지역 사회 갈등을 최소화 하는 방식으로 에너지원을 생산하고 소비하며 분배할 수 있다. 재생에너지가 분권 에너지 시스템으로서 에너지 민주주의에 기여하고 생산과 소비의 불균형을 줄이는 에너지원으로 제시되는 이유이다. 그러나 재생에너지의 특성상 자연환경에 의존하기 때문에 소규모 재생발전 설비를 제외하고는 특정 지역에 국한될 수 있다. 예컨대, 해상풍력이나 수상태양광 등은 각기 지역 주민에 큰 영향을 미치는 대규모 사업에 해당하고 발전전기를 배분하는 과정에서 원자력발전이나 화력발전과 마찬가지의 문제를 야기할 수 있다. 이는 재생에너지 역시 에너지 생산과 소비, 편익과 비용의 편재 문제에서 자유로울 수 없음을 시사한다. 이에 따라 에너지 전환 과정에서 에너지원 각각이 갖는 특성을 고려하면서 갈등과 분쟁을 줄일 수 있도록 하는 지속적인 노력이 필요하다. 그리고 이러한 갈등에 대한 해결책은 에너지 민주주의의 관점에서 모색할 때 보다 쉽게 찾을 수 있을 것이다.

본 장에서는 에너지 전환 시대에 에너지 민주주의가 의미하는 바는 무엇인지 살펴보았으며, 에너지 분권 시스템과 지역 자립, 시민 참여 등을 통해 다양한 형태의 에너지 민주주의가 작동될 수 있음을 논의하였다. 이러한 논의를 통해 에너지 전환 과정에서의 여러 갈등과 난제의 해결에 있어 에너지 민주주의의 중요성을 환기하고자 하였다. 에너지 위기에 따른 빈곤 문제가 사회적 이슈가 되고 있는 상황에서 에너지 전환정책은 일부 계층에만 편익과 비용이 집중되지 않도록 다양한 방식의 민주주의적 해결책을 모색해야 할 것이다. 시민 참여형 지역 에너지 전환을 활성화할 수 있도록 하는 제도적 개선 등을 포함하여 지역 에너지 전환 계획 수립 단계에서부터 발전소 설립에 이르는 전 과정에 주민들의 적극적 참여가 이루어질 수 있도록 하는 역량을 개발하는 것도 중요한 과제일 것이다. 이러한 민주적 과정을 통해 사회적 합의를 도출하는 것이 에너지 전환 시대의 민주주의의 주요한 과제이다.

토론의 장

□ 토론1: 전문가와 기술관료 vs. 일반시민

- 토론질문: 에너지 문제에 있어서 전문가·기술관료의 견해와 일반시민의 견해가 충돌할 때 이를 어떻게 해결하는 것이 바람직한가?

- 관련자료: 다음 에너지 민주주의에 대한 상반된 입장의 언론보도를 읽고, 생각해보자.

* 에너지 민주주의로 가는 길 (한겨레 2011.4.7.)

 … 우리나라에서는 원자력발전소 입지 선정을 두고 주민 투표를 거친 사례가 없다. 따라서 주민들이 원자력발전소 유치를 투표로 거부한 사례도 지금껏 없었다. 일방통행식 행정이었다. 핵시설과 관련한 주민들의 저항은 핵폐기물 처리장 유치 반대 운동에 한정됐다. 강윤재 가톨릭대 연구교수(과학사회학)는 "우리 사회는 핵발전을 핵 주권이나 핵 자주의 문제로 인식하는 경향이 있어서 상대적으로 관대하다. 심지어 진보 진영도 경제성장·전력 공급을 위해 원자력발전소는 용인하는 편이었다"고 풀이했다. …… 민주주의와 에너지 사이의 함수관계에 대해 이필렬 교수는 이렇게 설명했다. "에너지 수급 시스템은 민주주의 문제와 직결되는 사안이다. 에너지를 화석연료나 원자력으로부터 얻겠다는 것은 에너지를 중앙집중적인 거대 기술 시스템과 석유 메이저, 거대 재벌의 손에 맡기겠다는 것을 의미한다. 이들이 장악한 에너지 권력을 일반인들의 손에 돌려줄 때 민주주의는 한 발짝 더 전진할 것이다."

* "전문가는 가라"는 에너지 민주주의 (중앙일보 2017.7.1.)

 … 문재인 정부가 단합된 원전 전문가 집단을 코너에 몰아붙일 수 있었던 것도 에너지 민주주의의 든든한 성원 덕분이었다. 진보 성향의 에너지기후정책연구소의 한 교육책자를 보자. '에너지 정책은 과학자와 경제학자 같은 전문가와 이들의 자문을 받는 관료·기업가가 결정해왔다. 하지만 구체적 상황에서 발휘되는 주민의 지식보다 전문가 지식이 언제나 낫다는 증거는 없게 되었다.' 트럼프는 "전문가는 끔찍해"라는 독설을 지난해 대선 유세 기간 쏟아내고도 백악관 입성에 성공했다.

 산업자원부와 한국수력원자력, 원자력 학계 모두 수년간 신재생에너지와 함께 세를 부쩍 키워 온 탈핵 진영과 교감하는 데 소홀했다(황주호 한국원자력학회장). 원전 산학연 복합체도 집권 세력과 탈핵 진영에 의해 '원전 마피아' '에너지 독재의 하수인'으로 매도됐다. 원전은 후쿠시마 원전 사고 이후 '나쁜 에너지'의 대명사가 됐다. 문재인 캠프가 탈원전 공약을 입안하고, 집권하자마자 이를 밀어붙이는 과정에서 원전 전문가가 철저히 배제된 건 우연이 아니다. 되레 원전 전문가 집단이 적폐 대상 리스트에 올라갔을지 모른다. 더욱이 '정보화 발달로 개인이나 공동체 삶을 위한 최선의 정책을 추구하는 데 더 이상 전문가 조언에 귀 기울이려 하지 않는 시대' (『전문성의 죽음』, 톰 니컬스) 아닌가. ……

□ 토론2: 에너지 전환과 관련된 비용과 편익의 지역적 편재에 대한 문제

- 토론질문: 밀양 송전탑 설치 문제와 관련하여 에너지 민주주의 관점에서 볼 때, 어떤 방식의 해결책이 있을 수 있는가?

- 관련자료

   밀양송전탑 사업은 신고리 원전3호기에서 북경남 변전소 사이 90.5km 구간의 765kV의 초고압 송전탑을 건설하는 사업이다. 송전탑은 가능한 직선구간으로 이루어지는 것이 전력손실을 최소화할 수 있는데 직선구간으로 잇다보면 주거지역을 지나갈 수 있다. 밀양 송전탑이 그러한 경우에 해당한다. 한국전력은 우회송전탑 건설평가가 불가능하다는 결론을 내리고 구간대로 건설한다는 입장을 밝혔다. 그러나 지역주민은 수도권 전기공급을 위해 부산 등 다른 지역의 인구밀집 지역에 위험시설인 원전과 초고압 송전탑을 건설하는 것은 불합리하다는 점을 지적하고 있다. 또한 초고압 송전탑은 소음이 커서 비오는 날이면 인근 마을은 창문도 열어놓을 수 없으며 불꽃이 튀는 현상도 발생한다. 국제암연구소는 고압 송전선로에서 발생하는 전자파를 발암 가능한 2B등급으로 분류하고 있다.

참고문헌

강일신·김종철. (2015). 환경민주주의와 심의적 시민참여. *강원법학*, 45, 237-267.

김길수. (2018). 신고리 5·6호기 공론조사 사례연구. *한국자치행정학보*, 32(2), 205-225.

김주성. (2008). 심의민주주의인가, 참여민주주의인가?. *한국정치학회보*, 42(4), 5-32.

김현우. (2021). *에너지 전환과 에너지 민주주의*. 민주주의 이슈와 전망, 63, 1-13.

박찬표 역. (2010). *민주주의의 모델들*. 서울: 후마니타스.

소병천. (2002). 최근의 국제법 입법소개 Aarhus 협약. *국제법학회논총*, 47(3), 243-257.

윤순진. (2006). 사회정의와 환경의 연계, 환경정의: 원자력 발전소의 입지와 운용을 중심으로 들여다보기. *한국사회*, 7(1), 93-143.

윤순진. (2007). 생태민주주의의 전망과 과제: 중·저준위 방사성 폐기물 처분장 입지선정과정에 대한 평가를 바탕으로. *환경사회학연구 ECO*, 11(2), 207-245.

이정필·한재각. (2014). 영국 에너지전환에서의 공동체에너지와 에너지시티즌십의 함의. *환경사회학연구 ECO*, 18(1), 73-112.

임춘택 외. (2019). *에너지로 바꾸는 세상: 지속가능한 미래를 위하여*. 한국에너지정보문화재단.

장원석. (2016). 기후변화와 민주주의의 모델: 녹색 근본민주주의론을 중심으로. *환경정책*, 24(2), 85-107.

전훈. (2011). 프랑스에서의 환경민주주의. *환경법연구*, 33(2), 389-406.

진상현. (2020). 에너지 민주주의의 개념 및 한국적 함의: 관료정치와의 비교를 중심으로. *공간과 사회*, 71, 283-321.

진상현, 타카노, & 사토시. (2021). 버몬트 양키 원전 폐로 과정의 에너지 민주주의. *지방정부연구*, 25(3), 167-191.

한재각. (2014). 유럽의 지역에너지전환의 새로운 흐름: 에너지협동조합과 재지역화 정책을 중심으로.

한재각. (2018). 에너지전환의 개념 분석과 한국 에너지정책을 위한 시사점. *Energy Focus*, 15(3), 72-98.

홍덕화. (2019). 에너지 민주주의의 쟁점과 에너지 커먼즈의 가능성. *환경사회학연구 ECO*, 23(1), 75-105.

Angel, J. 2016. *Strategies of Energy Democracy*. Rosa Luxemburg Stiftung

Becker, S., & Naumann, M. (2017). Energy democracy: Mapping the debate on energy alternatives. *Geography Compass*, 11(8), e12321.

Burke, M. J., & Stephens, J. C. (2017). Energy democracy: Goals and policy instruments for sociotechnical transitions. *Energy research & social science*, 33, 35−48.

Burke, M. J., & Stephens, J. C. (2018). Political power and renewable energy futures: A critical review. *Energy Research & Social Science*, 35, 78−93.

Ćetković, S., & Hagemann, C. (2020). Changing climate for populists? Examining the in−fluence of radical−right political parties on low−carbon energy transitions in Western Europe. *Energy Research & Social Science*, 66, 101571.

Dryzek, J. S. (2002). *Deliberative democracy and beyond: Liberals, critics*, contestations. Oxford University Press on Demand.

Ferrari, C. A., & Chartier, C. (2018). Degrowth, energy democracy, technology and so−cial−ecological relations: Discussing a localised energy system in Vaxjö, Sweden. *Journal of cleaner production*, 197, 1754−1765.

Held, D., & Hervey, A. (2011). Democracy, climate change and global governance: Democratic agency and the policy menu ahead. *The governance of climate change*, 2011, 89−110.

Kunze, C. and S. Becker. 2014. Energy Democracy in Europe: a Survey and Outlook.

Lijphart, A. (1999). *Patterns of democracy: Government forms and performance in thir−ty−six countries.* Yale university press. Rosa Luzemburg Stiftung.

Mouffe, C. (1999). Deliberative democracy or agonistic pluralism?. *Social research*, 745−758.

Ruostetsaari, I. (2017). Stealth democracy, elitism, and citizenship in Finnish energy policy. *Energy Research & Social Science*, 34, 93−103.

Stephens, J. C. (2019). Energy democracy: redistributing power to the people through renewable transformation. Environment: *Science and Policy for Sustainable Development*, 61(2), 4−13.

Szulecki, K. (2018). Conceptualizing energy democracy. *Environmental Politics*, 27(1), 21−41.

Szulecki, K., & Overland, I. (2020). Energy democracy as a process, an outcome and a goal: A conceptual review. *Energy Research & Social Science*, 69, 101768.

Thombs, R. P. (2019). When democracy meets energy transitions: A typology of social power and energy system scale. *Energy Research & Social Science*, 52, 159−168.

Wahlund, M., & Palm, J. (2022). The role of energy democracy and energy citizenship for participatory energy transitions: A comprehensive review. *Energy Research & Social Science*, 87, 102482.

Welton, S. (2017). Grasping for energy democracy. Mich. L. Rev., 116, 581.

제3장

에너지전환과 에너지정의

•

이유현 · 김경환

제3장

에너지전환과 에너지정의

•

이유현 · 김경환

본 장에서는 법학에서 출발한 사회정의(social justice)의 이념이 사회과학 일반을 거쳐 특정 환경분야 환경정의로 발전하고, 기존의 환경정의와는 다른 새로운 독립적인 에너지정의의 이념으로 발전해나가는 개념적 발전에 대해 살펴본다. 또한 에너지정의와 밀접한 관련성이 있는 에너지 빈곤과 에너지 복지의 문제, 실제 사례에의 적용을 통해 강학상 개념을 넘어 실용적인 에너지 정책의 정책이념으로서의 '에너지정의' 유용성과 포괄적 에너지정의 개념의 실무적, 학술적 유용성에 대해 탐색해본다.

I. 에너지정의 개념의 시초

1. 사회정의 (Social justice)

에너지정의의 개념을 이해하기 위해서는 우선 사회정의의 기원을 살펴볼 필요가 있다. 여기에서 말하는 '사회정의'라는 개념은 법학의 가장 기본이 되는 이념이다(강희원, 2003). 사회정의에 대한 본격적인 접근은 아리스토텔레스의 니코마코스 윤리학(Etica Nicomachea)에서 시작하고 있다(천현숙, 1998). 특히 후술하게 되는 분배적 정의(distributional justice)의 관점에서 바람직한 분배 상태를 정의로움의 기준으로 고려하게 된다. 특히 사회정의론의 선구자로, 현재까지도 가장 많이 원용하고 있는 학자의 이론은 존 롤스(Rawls)이다. 롤스는 정의원칙을 도출하기 전 원초적 상황의 인간을 가정하고, 이러한 인간은 철저한 무지의 장막(veil of ignorance)에서 사람들이 몇가지의 정의의 원칙을 선택할 수 있다고 보았다. 롤스는 정의의 원칙을 아래의 2가지, 즉 평등한 자유의 원칙과 차등의 원칙으로 제시하였다.

> • 제1원칙: 평등한 자유의 원칙 (Principle of Equal Liberty)
> 각자는 모든 사람에 대한 유사한 자유의 체계와 양립가능한 평등한 기본적 자유의 가장 광범위한 총체 체계 대한 평등의 권리를 가져야 함
> • 제2원칙: 차등의 원칙 (Difference principle)
> 사회적, 경제적 불평등은 다음과 같은 두 조건을 만족시키도록 편성되어야 함
> (a) 최소 수혜자에게 최대의 이득이 되어야 함(최소극대화의 원칙)
> (b) 기회 균등의 원칙하에 모든 이에게 개방된 직책과 직위에 결부되어어야 함(기
>   회균등의 원칙)

롤스가 실제로 주장한 바는, 제1원칙이 제2원칙보다 우선시 되어야 하고, 제 2원칙안에서는 기회균등의 원칙이 우선시되어야 한다고 보았다. 그러나 정책실무에서는 최소수혜자에게 최대 이득이 되어야 한다는 차등의 원칙 내의 최소극대화의 원칙의 활용도가 매우 높으며, 정책규범화 하기에 용이하다. 이러한 사회정의가 현대의 사회운동으로 가시화되면서 사회정의의 한 양태로서 환경정의가 등장하기 시작한다(조명래, 2000). 특히 환경피해가 환경약자에 집중되는 현상이 두드러지면서, 환경문제를 사회정의 시각에서 해결하고자 하는 경향이 나타났고(배현주 외, 2020), 후술하게 되는 미국의 사건들을 중심으로 기존의 사회정의 논의와는 구분되는 별개의 학술개념으로서의 환경정의가 정립하게 된다.

2. 환경정의 (Environmental justice)

환경정의가 사회과학 연구에서 본격화된 것은 1970년대 후반 미국의 러브커낼(Loca Cannal)[1]에서 발행한 폐기물처리장 유해물질 사건이후이다(박광

국·김정인, 2020). 이후 1980년대 워렌 카운티 사건[2]에서는 저소득층 및 유색인종에게 환경피해가 더욱 크게 발생한다는 점을 사회적으로 부각시켰으며, 미국에 환경정의 운동을 가져오게 되는 계기를 마련하게 된다.

환경정의에 대한 개념정의는 학자들마다 상이하다. 우선 윤순진(2006)의 경우 환경정의란 "모든 사람들이 환경적 위험과 건강위험으로부터 평등하게 보호받아야 한다는 전제 아래 사회구성원 간 환경자원의 이용에서 발생하는 편익의 향유와 비용의 부담이 일치될 수 있도록 편익과 비용을 균형 있게 배분하는 상태이자 이러한 의사결정이 정보공개와 주민 참여적 의사결정과정을 통해 실현되는 상황"으로 정의하였다. 또한 반영운(2007)의 경우 환경정의란 "현 세대와 미래 세대의 모든 사회구성원이 어떠한 조건에서도 환경적인 혜택과 피해를 누리고 나눔에 있어서 불공평하게 대우받지 않고, 공동체의 문화와 역사 그리고 주변의 생명체가 지속가능하게 공존하도록 하는 것"이라고 보았다. 또한 조명래(2013)는 환경정의를 "모든 사회구성원이 환경편익과 환경위험을 공평하게 부담하고, 개발이나 환경정책의 시행 등에 있어 공정한 대우를 받으며, 그 과정에서 의미 있는 참여의 기회를 보장받는 것"이라고 정의하고 있다. 마지막으로 추장민 외(2017)의 경우 "모든 사람이 사회·경제적, 생물학적, 지역적 차이에 따라 환경위험 및 피해에 불공평하게 노출되지 않고 환경혜택과 서비스를 공평하게 누리며, 발생된 피해에 대해 적절하게 배상 및 구제를 받고, 적절한 정보를 제공받아 정책결정과정에 실질적으로 참여하는 것"이 환경정의라고 보고 있다. 이처럼 국내 학자들간에 환경정의에 대한 개

---

1) 1978년에 미국 사회를 충격으로 몰아넣은 본 사건은 수십 년 전에 행한 조치(다이옥신 등이 함유된 유해 화학물질을 드럼통에 담아 땅에 매립)가 미래 어느 시점에 불특정 인간에게 치명적 재앙(질병과 사망)을 안겨줄 수 있음을 보여준다. 이 사건을 계기로 동일 사건 유형의 피해자 구제를 목표로 하는 환경정의 관련 법, 일명 슈퍼펀드법(CERCLA)이 1980년에 제정되었다.

2) 1982년에 사회적 차별이 환경사안과 연루되어 발생한 사건 유형으로 본격적인 환경정의 운동의 시작을 알리게 되고, 이로써 인종 차별이 심했던 미국 사회 전역에서 들불처럼 환경정의 운동이 일어나는 기폭제가 되었다. 본 사건은 한 기업(Ward Transformer Co.)이 노스캐롤라이나 곳곳의 도로 인근에 유해한 폴리염화비페닐 함유 3만1천 갤런을 오랫동안 버린 것이 주정부에 의해 적발되었고, 이를 한 곳으로 수거하여 집중 매립하는 과정에서 발생했다. 최종 매립지로 워렌카운티(흑인 주민 비율 64%)의 쇼코타운십(흑인 주민 비율 75%)이 선정되었는데, 선정의 주된 이유가 백인의 피해가 가장 덜한 흑인 밀집 지역이라는 것으로 밝혀져서 흑인 주민의 집단적 저항을 촉발시켰다.

넘정의가 조금씩 상이하나, 1) 환경편익(서비스)의 공정한 분배, 2) 정책과정에의 공평한 참여 등을 공통적인 요소로 도출할 수 있다.

3. 기후정의 (Climate justice)

기후정의란 기후위기로 인한 피해와 책임의 분배가 적정하고, 정책수립 과정에 이해당사자의 실질적 참여를 보장하고, 기후위기의 근본적 원인을 제공하는 기존 화석연료 의존구조를 전환시켜 지구적 차원의 이익과 생태계의 공존을 모색하는 것이다(한상운 외, 2019). 기후정의는 원래 환경정의에 대한 확장에서 시작하지만, 국제적 차원의 기후변화 위기, 전 세계적인 부의 불평등 문제와 결부하여 특히 "가장 빈국의 사람들이 기후변화로 인한 부정의로운 상황"을 맞이하는 문제에 주목한다 (김병연·조철기, 2021). 기후정의는 실제로 이미 UNFCCC(United Nations Framework Convention on Climate Change)에서 고려하고 있는 가장 기본적이고 중요한 원칙이다. "공동의 그러나 차별화된 책임(common but differentiated responsibilities)"이라는 표현에서 알 수 있듯이 유엔기후변화협약에서는 교토의정서(Kyoto Protocole)에서 명시한 대로 오늘날의 기후위기를 초래하는 데에 더 큰 책임이 있는 선진국가에게 온실가스 감축의무를 부과하였다. 이후 선진국과 개도국을 포함한 모든 회원국들에게 감축의무를 부과하고 있는 파리협약(Paris Agreement)에서도 GCF(Green Climate Fund)의 재정분담과 책임은 선진국가에게 더욱 크게 부여하고 있기 때문에, 기후정의를 고려하는 대전제는 동일하다. 그러나 실질적인 문제는 이러한 기후변화의 문제가 더욱 심각하고, 빈번하게 우리곁에 다가오고 있다는 점이며, 사회적으로 취약계층일수록 기후변화에 더욱 취약하기 때문에 기후 부정의(climate injustice)의 문제가 날이갈수록 더욱 극심해지고 있다는 사실이다. 홍덕화(2020)에 따르면 "기후위기의 피해가 사회적으로 더 취약한 국가와 집단, 개인에게 집중되고 장기적으로 기후위기의 피해를 줄이기 위한 온실가스 감축의 책임이 공정하게 배분되지 않으면서 기후위기는 다양한 형태의 기후불의를 야기"한다고 보았다. 기후위기를 근본적으로 해결하기 위한 온실가스의 절대적 감축은 국가의 온실가스 배출의 절대량을 차지하는 에너지 부문의 온실가스 감축과 밀접한 연관이 있다. 이러한 맥락에서 기후정의의 문제는 보다 근본적으로 에너지정의의 문제와 문제의식을 공유하고 있다고 볼 수 있다.

II. 에너지정의란 무엇인가?

1. 에너지정의 (Energy justice)

에너지정의는 앞서 설명한 환경정의, 기후정의와 밀접한 관련성을 가지고 있으며, 실제로 환경정의의 개념을 그대로 에너지와 관련한 문제들에 접목시킨 논문들도 다수 존재한다(윤순진, 2006; Carr, 1996, 박재묵, 2006). 그럼에도 불구하고 현대의 에너지정책에서의 에너지정의 연구는 이미 1970년대부터 발전하여 독립적인 연구분야의 한 축을 이루고 있으며(박진희, 2021), 현재까지도 지속적으로 진화하고 발전하는 연구 분야이다(Pellegrini–Masini et al., 2020). 그렇다면, 에너지정의는 어떻게 정의내릴 수 있을까? 진상현(2011)의 연구에서는 에너지정의를 광의의 시각에서 '에너지 문제와 관련한 정의(justice with energy issue)'라고 규정지으며, 협의의 에너지정의는 '에너지 자원에 대한 정의(justice of energy resources)'라고 규정하고 있다. 다음의 그림에서 진상현(2011)은 A, C, D, G의 영역은 넓은 의미의 에너지정의이고, G에 해당하는 연료빈곤 만이 좁은 의미의 에너지정의라고 밝히고 있다. 여기에서 에너지 빈곤이란, 에너지 인프라 부족에 기이한 빈곤, 즉 대다수의 개발도상국가의 절대적 에너지 인프라의 빈곤을 의미하며, 연료빈곤이란 높은 연료비, 전기세 등에 기인한 대한 빈곤, 즉 선진국가 및 개발도상국가의 상대적 빈곤을 의미한다.

에너지정의를 기존의 환경정의 연구와는 다른 시각에서 바라보아야 하는 가장 큰 이유가 여기에 있다. 이유현과 서인석(2018)의 연구에서는 에너지정의라는 개념을 통해 기존의 환경정의에서는 다루지 못하는 에너지 빈곤, 혹은 연료빈곤의 문제를 포함하여 에너지의 고유한 정책문제에 보다 집중할 수 있고, 사회과학의 도구로써 가지게 되는 기능적 속성에 대한 접근이 용이하기 때문이라는 것을 밝히고 있다. 그러나 후술하게 되듯 이러한 관점은 인간중심주의적 관점에 기반한 에너지정의의 개념에 부합한다는 한계가 존재한다.

에너지정의에 대한 보다 보편적인 정의는 Benjamin Sovacool의 연구들에서 등장하고 있다. 그는 에너지정의는 "에너지 정책의 의사결정, 에너지서비스에 대한 부담과 편익을 공평하게 배분할 수 있는 에너지 시스템"으로 정의될 수 있다고 보았다(Sovacool 2013; Sovacool & Dworkin, 2014; Sovacool et al., 2017). 에너지정의의 개념이 최근에 들어 특히 관심의 대상인 이유는 거시적

그림 3-1 에너지정의와 유관개념

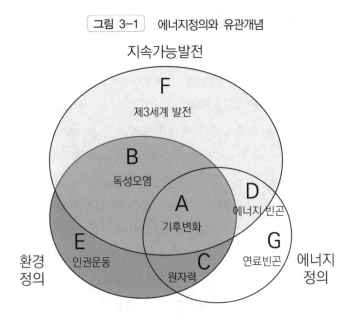

자료: 진상현(2011)

인 관점에서의 에너지정의의 추구는 에너지 전환과정을 통해 각국이 겪고 있는 아래 그림에서처럼 에너지 트릴레마의 이슈를 효과적으로 해결할 수 있다고 보여지기 때문이다 (Heffron et al., 2015; Heffron et al., 2018). 즉 에너지 트릴레마의 이슈란 에너지 수급의 안정성, 에너지에 대한 접근성, 기후변화를 포함한 환경문제의 3가지 문제점의 집합을 의미한다(Cowell & Devine-Wright, 2018). 또한 에너지 정책학의 관점에서 에너지정의의 개념은 정의를 인지한 공공정책의 수립에 대한 정책지향(policy orientation)으로 기능하기 때문에 (Jenkins, 2018; Sovacool et al, 2017), 다소 추상적일 수도 있는 에너지정의의 개념을 정책학 실무 및 학술적으로 고민하려는 노력이 필요하다.

그림 3-2 에너지트릴레마와 에너지정의

	에너지 안보 안정적인 에너지 공급	
에너지 접근 모두에게 접근가능한 에너지 제공 (에너지빈곤의 문제)	에너지법과 에너지정책	환경 지속가능성에 대한 고려, 특히 기후변화 문제

자료: Setyowati(2020)

2. 인간중심적 혹은 생태중심적 에너지정의

인간중심주의와 생태중심주의는 환경윤리의 한 종류이며, 환경윤리란 인간이 자연을 대하는 태도를 의미한다(이유현, 2020). 인간중심주의 (anthropocentrism)란 인간이 타 생명체에 비해 우월하다는 믿음으로 인간의 기준에서 사물을 해석하고, 인간의 이익을 최우선시하는 방향으로 행동하는 것을 말한다(윤경준, 2019). 다시 말해서 인간중심적으로 가치체계가 확립하고, 세상 만물은 궁극적으로 인간을 위한 것이라는 믿음이다(Kopnina et al., 2018). 인간중심주의적 사고는 사회목표에 대한 감성적 평가보다는 합리적이고 객관적인 평가를 지지하가에(de Steiger, 2008), 국가 환경정책의 수립과 이행에 있어 가장 큰 동력이 되며, 환경을 보호하고, 기후변화에 대응하는 가장 강력한 기제가 될 수 있다. 다음의 질문은 인간중심주의적 사고에 기반한 환경옹호론자들의 논리를 단적으로 보여줄 수 있다. "현대사회의 인류가 기후변화를 왜 우려하야 하고, 왜 온실가스 감축을 통해 에너지전환을 추구해야 하는가?" 그 당위성에 대해서 인간중심주의적 관점에서는 인류가 건강하고 행복하고, 지속가능한 삶을 영위하기 위해서 필요하다고 말한다.

한편 생태중심주의(eco-centrism)란 인간의 욕구보다 자연과 생태의 한계에 토대를 둔 도덕적 행위 성향을 지지하는 것을 말하며(이유현, 2020), 경제성장을 위한 사회의 무분별한 돌진(drieve)을 억제하며, 극심한 환경 악화의 개선을 지향한다(de Steiger, 2008). 생태중심주의는 자연에서 본질적인 가치를 찾는 생태계 전체의 관점에서 환경을 조망하게 된다(Sovacool et al., 2017). 생태중심주의적 관점은 인간과 비인간인 생명체의 상호의존성에 가치를 두기(Sovacool et al., 2016) 때문에, 생태중심주의적 관점에서 에너지 문제에 대해 접근할 때는 자연의 권리를 보호하고, 전체 생태계 내의 관계를 중요시하게 된다(Merchant, 2005). 생태중심주의적 관점에서 인간의 권리와 지구의 권리는 서로 동등하기 때문에(Naess, 1986; Callicott, 1989). 인류의 생존에 꼭 필요한 수준의 필수적인 요구사항을 충족하기 위한 최소한의 생물다양성의 감소만 허락할 뿐, 지구 전체의 생물다양성을 보전하는 데 최선을 다해야 한다(Naess, 1986).

3. 에너지정의 개념에 대한 통합적 접근의 필요성

기존의 에너지정의에 대한 개념정의는 인간중심주의적 관점에 따라 발전해왔다. 이러한 개념은 취약한 사람들을 위한 보편적 에너지 시스템을 강조하고 있다. 대다수의 선행 연구에서 우리가 에너지정의에 대해서 말할 때, 우리는 에너지 부정의, 에너지 불평등에 의해 피해받고 있는 취약계층, 개발도상국에 대한 대책 마련에 대해 고심한다(Bouzarovski & Petrova, 2015). 정형화된 에너지정의에 대한 개념정의에서 밝히고 있듯이 에너지정의는 기본적으로 에너지 시스템 혹은 서비스에 대한 편익, 부담, 의사결정이 정의로워야 한다고 보고 있는데, 이는 인간중심주의적 접근에 기반한 산물이며, 대다수의 에너지정의 연구들이 동일한 접근 방식을 취하고 있다(McCauley et al., 2013; Heffron et al., 2015; Sovacool & Dworkin, 2015; Sovacool et al., 2016). 에너지 가격, 에너지 접근성, 에너지 시설, 에너지 정책의 의사결정 등이 공평하고 정의로울 때, 우리는 에너지정의 달성되었다고 가정한다. 그러나 조건의 달성이 정의로운 경우는 인간인 경우에는 그러하지만, 인간이 아닌 생태계의 생명체에는 전혀 정의로운 상황이 아닐 수 있다. 생태계의 보호를 위해서 중요한 것은 지구의 상태를 고려하고, 더 푸르고 깨끗하고, 기후변화에 적극적으로 대응하기 위한 방향으로 나아가는 것만이 "정의로움"을 달성한 상태라고 볼 수 있다. 이러한 맥락에서 Sovacool et al.(2017)에 따르면 생태중심주의적 관점에서 에너지정의를 재정의하자면 "자연의 권리와 자연에의 직접적인 보살핌을 포함한 생태계의 통합성, 다양성, 회복탄력성(resilience), 번영을 보전하는 경향이 있는 에너지 시스템"을 달성하는 것이다. 따라서 기존의 전통적인 에너지정의의 개념에서 한걸음 더 나아가 인간중심적 관점과 생태중심적 관점을 통합한 에너지정의 시각이 필요하다.

4. 환경정의, 기후정의, 에너지정의의 개념 비교

McCauley et al.(2013)에 따르면, 에너지정의는 분배적 정의(distributional justice), 절차적 정의(procedural justice), 인정적 정의(recognition justice) 등 세 가지 요소로 세분화할 수 있다. 첫째, 에너지정의의 분배적 정의는 에너지(체계)의 편익과 위해가 인종이나 소득, 그리고 지역에 따라 불균형적으로 분배되지 않도록 해야 함을 강조한다. 둘째, 절차적 정의는 모든 개인 또는 집단이 에너지 관련 의사결정에 참여할 수 있어야 하며, 이러한 결정이 에너지의 생산, 운송, 보존, 저장, 분배 등 전 과정에서 포용적으로 다루어져야 함을 의미한다. 셋째, 인정적 정의는 에너지 관련 의사결정 과정에서 사회적, 문화적, 민족적, 인종적, 성적 차이에 대한 다양한 관점을 인정하고, 이를 반영해야 함을 지적한다.

이상의 삼분법적 접근법에 더해, 최근 에너지정의의 대안적 요소로서 회복적 정의(restorative justice) 또는 세계주의적 정의(cosmopolitanism justice) 등이 추가로 고려되기도 한다. 회복적 가치는 "사람과 사회, 자연에 가해진 위해를 복구"하기 위한 목적을 가지며, 에너지 관련 의사결정의 실제적·잠재적 위해와 이를 회복하기 위한 비용을 고려해야 함을 주장한다(Heffron & McCauley, 2017: 660). 또한, 세계주의적 정의는 분배적 정의나 절차적 정의 등과 같은 가치가 세계 모든 국가와 모든 인간에게 보편적으로 적용되어야 함을 강조하면서(McCauley et al., 2019), 에너지전환을 위한 개별 국가의 국제적 의무를 지지하는 데 주로 활용되고 있다(Hazrati & Heffron, 2021).

에너지전환정책에서 에너지정의 가치는 에너지를 생산, 운송, 보존, 저장, 분배하기 위한 에너지 체계의 전 과정에서 모든 개인에게 인종, 소득, 지역 등과 상관없이 안전하고 저렴하며 지속 가능한 에너지를 제공하는 것을 의미한다. 공공가치의 측면에서 에너지정의는 주로 지속가능성(sustainability) 과 형평성(equity) 등의 차원에서 논의할 수 있다.

표 3-1 에너지정의 개념: 환경정의와 기후정의와의 구분

구분	개념	핵심 요소	주요 내용
환경정의	"환경에 관한 법과 규제, 그리고 정책을 개발·이행·집행하는데, 인종, 피부색, 출신민족, 소득과 상관없이 모든 사람의 공정한 처우와 의미 있는 참여"의 보장	• 분배적 정의 • 절차적 정의	① 환경 관련 의사결정에 대한 접근 ② 정적 환경 영향의 재분배
기후정의	화석연료의 생산·분배부터 기후 영향까지 모든 단계에 걸친 불공평의 해소와 탄소배출 저감을 통한 기후변화 원인의 제거	• 분배적 정의 • 절차적 정의 • 인정적 정의	① 기후변화 완화(mitig-ation) 관련 의사결정에 대한 접근 ② 부정적 기후영향의 불균형성을 방지하기 위한 정책적 노력
에너지정의	에너지 체계에 대한 사회적, 경제적 참여의 형평성을 달성하는 동시에, 에너지 체계에 의한 사회적, 경제적, 건강적 부담을 교정하는 것을 추구	• 분배적 정의 • 절차적 정의 • 인정적 정의 • 회복적 정의 • 세계주의적 정의	① 새로운 에너지 체계의 경제적 편익에 대한 접근 ② 에너지 관련 의사결정을 할 권리 ③ 깨끗하고 적정한 가격의 에너지에 대한 접근

자료: 이수민·김현재(2021: 6-28); Baker et al.(2019: Section 1) 참조; 저자 작성.

Ⅲ. 정책사례에의 적용: 에너지복지의 정책지향으로서의 에너지정의

국내법상 에너지법(법률 제184호, 시행 2022.3.25. 타법개정 20221.9.24) 제1조에서는 동법의 목적이 국민의 복리 향상에 이바지한다는 것을 명시하고 있으며, 제4조에서는 국가, 지자체 에너지공급자는 빈곤층 등 모든 국민에게 에너지가 보편적으로 공급되도록 기여한다고 밝힌 후, 동법 16조의2에서 에너지복지사업의 실시에 대한 내용을 명시하고 있다.[3)

그림 3-3   여중생 사망사건 기사

단전조치 여중생 화재사망, "전기사용기본권 강화"촉구

김학태 기자   입력 2005.07.19 08:49

💬 댓글 0   ⛌   🖨 ⊕ 가 ⊖

한전의 단전조치 때문에 촛불을 켜고 생활하던 여중생이 화재로 숨진 사건에 대해 전기사용권리 보장을 촉구하는 노동계 목소리가 잇따르고 있다.

17일 전력노조(위원장 김주영)는 성명을 내 "전기는 필수적인 공공재인데도 전기요금 미납을 이유로 단전조치를 당해 기본권을 침해당하고 소중한 생명까지 잃은 데 대해 안타까움을 금할 수 없다"고 밝혔다.

노조는 이어 "에너지 산업에 종사하는 노동자로서 비극적 사태를 막을 수 없었다는 점에 대해 사과와 애도의 뜻을 밝힌다"며 "재발되지 않도록 노조의 역할에 최선을 다할 것"이라고 밝혔다.

자료: http://www.labortoday.co.kr/news/articleView.html?idxno=54969

---

3) **에너지법 제1조(목적)** 이 법은 안정적이고 효율적이며 환경친화적인 에너지 수급(需給) 구조를 실현하기 위한 에너지정책 및 에너지 관련 계획의 수립·시행에 관한 기본적인 사항을 정함으로써 국민경제의 지속가능한 발전과 국민의 복리(福利) 향상에 이바지하는 것을 목적으로 한다.
제4조(국가 등의 책무) ① 국가는 이 법의 목적을 실현하기 위한 종합적인 시책을 수립·시행하여야 한다.
② 지방자치단체는 이 법의 목적, 국가의 에너지정책 및 시책과 지역적 특성을 고려한 지역에너지시책을 수립·시행하여야 한다. 이 경우 지역에너지시책의 수립·시행에 필요한 사항은 해당 지방자치단체의 조례로 정할 수 있다.
③ 에너지공급자와 에너지사용자는 국가와 지방자치단체의 에너지시책에 적극 참여하고 협력하여야 하며, 에너지의 생산·전환·수송·저장·이용 등의 안전성, 효율성 및 환경친화성을 극대화하도록 노력하여야 한다.
④ 모든 국민은 일상생활에서 국가와 지방자치단체의 에너지시책에 적극 참여하고 협력하여야 하며, 에너지를 합리적이고 환경친화적으로 사용하도록 노력하여야 한다.
⑤ 국가, 지방자치단체 및 에너지공급자는 빈곤층 등 모든 국민에게 에너지가 보편적으로 공급되도록 기여하여야 한다.
제16조의2(에너지복지 사업의 실시) 정부는 모든 국민에게 에너지가 보편적으로 공급되도록 하기 위하여 다음 각 호의 사항에 관한 지원사업(이하 "에너지복지 사업"이라 한다)을 할 수 있다.
1. 저소득층 등 에너지 이용에서 소외되기 쉬운 계층(이하 "에너지이용 소외계층"이라 한다)에 대한 에너지의 공급
2. 냉방·난방 장치의 보급 등 에너지이용 소외계층에 대한 에너지이용 효율의 개선
3. 그 밖에 에너지이용 소외계층의 에너지 이용 관련 복리의 향상에 관한 사항

　　한국에서 에너지빈곤에 대한 문제에 관심을 가지기 시작한 것은 2005년에 있었던 한 아래 그림의 사건 때문이다. 당시 빈곤한 가정에 살던 한 여중생이 전기요금을 납부하지 못해, 한국전력으로 단전조치를 당한 후, 촛불을 켜고 생활하다가 화재가 발생하여 사망하는 사고가 발생하게 된다.

　　이 사건을 계기로 하여 한국정부에서도 정책적인 관점에서 에너지취약계층에 대한 대책 마련 및 에너지 복지정책을 구상하게 된다. 에너지 빈곤문제가 최초로 정책적으로 대두된 것은 영국의 Boardman(1991)의 연구에서 최초로 연료빈곤(Fuel poverty)를 제시하면서부터이다. 여기에서의 연료빈곤이란 에너지가격상승과 낮은 가구소득, 열악한 주거환경, 난방시스템에 등에 의해 발생하는 상대적 빈곤을 의미하며, 건강에 대한 악영향과 사회적 참여 배제로 이어지게 된다(Bouzarovski & Petrova. 2015; 이유현, 2018). 한편, 국외의 연구에서는 상대적 빈곤에 해당하는 연료빈곤과 개발도상국가에서의 절대적 빈곤에 해당하는 에너지빈곤의 개념을 구분하고 있다. 연료빈곤 개념과 구별되는 에너지빈곤이란 에너지 시설 및 인프라의 절대적 부족에 기인한 낮은 에너지접근권을 의미한다. 따라서 국내 에너지복지 정책과 국내문헌에서 쓰이고 있는 에너지 복지정책 맥락에서의 에너지 빈곤문제란 실제 연료빈곤에 해당되는 개념임을 인지할 필요가 있다.

　　진상현(2010)의 연구에서는 에너지빈곤을 유발하는 요인을 내부요인, 외부요인 등으로 7가지고 세분화하여 정의하였다. 즉, 해당 가구가 사회적 취약계층인 경우, 정부 및 접근성 부족, 낮은 가구소득, 낮은 품질의 주택, 비효율적 광열시스템, 외부요인에 의한 높은 에너지가격 등이다. 현재 시행되고 있는 에너지복지 분야의 가장 핵심적인 사업은 에너지바우처 사업으로, 가장많은 예산과 정책적 관심을 기울이고 있다(이유현, 2018). 그러나 현물중심의 사후처방적 정책수단의 이행은 일시적인 가계의 빈곤함에서 벗어날수는 있지만 궁극적이고 장기적인 에너지 빈곤의 해결책을 제시해줄 수 없다. 에너지정의의 개념을 인간중심주의적 관점에서 정의한다면, 현물지급 방식의 에너지바우처 정책수단등이 에너지정의를 구현하는 실재적인 정책수단으로 기능할 수 있다.

표 3-2 에너지빈곤 요인과 에너지정의의 정책처방 가능성

구분	요인	세부요인	문제점	주요 정책수단	"에너지정의" 처방
내부 요인	인적 요인	사회취약 계층	구성원이 노인 등 사회적 취약계층에 해당	에너지바우처, 광열비(생계급여), 전기요금 할인, 도시가스요금 할인, 열요금 감면	인간중심적 에너지정의
		정보 및 접근성 부족	저비용 고효율 에너지 이용에 대한 정보부족과 지리적 여건으로 접근성 부족	에너지 바우처 사업 홍보 등	통합적 에너지정의
	경제적 요인	낮은 가구 소득	낮은 임금으로 절대적 경제수준이 낮은 경우	에너지바우처, 광열비(생계급여), 전기요금 할인, 도시가스요금 할인, 열요금 감면	인간중심적 에너지정의
	물리적 요인	낮은품질의 주택	노후화, 저품질 자재 사용으로 단여효과가 떨어지고 에너지저효율 주택 거주	에너지 효율개선 사업, 고효율 기기 보급	통합적 에너지정의
		비효율적 광열시스템	난방 등 광열시스템의 노후화로 인한 에너지비효율	에너지 효율개선 사업, 고효율 기기 보급	통합적 에너지정의
외부 요인	정치적 요인	높은 에너지가격	국제유가상승, 전쟁, 기후변화협약 이행 등으로 화석연료 비용부담 증가	–	통합적 에너지정의

자료: 진상현(2010); 이유현(2018) 토대로 저자 재구성

　　반면에 근본적으로 에너지소비를 줄일 수 있는 단열개선사업, 주택 리모델링, 광열시스템교체 등은 궁극적으로 가구의 에너지 소비를 절감하고, 에너지 효율화를 도모함으로 본질적으로 에너지를 생산하는 데 발생하는 온실가스를 저감할 수 있기 때문에 기후변화 대응에 기여하며, 자연환경과의 공생을 도모할 수 있는 정책수단이 된다. 따라서 에너지정의를 생태중심적 시각까지 확장하여 고민했을 때는 물리적 요인을 개선하기 위한 정책수단들에 보다 많

은 예산과 인력이 투입될 필요성이 있다. 물론 주택 품질 제고와 리모델링 등은 가시적이고 즉각적인 정책 효과를 기대하기 어려우며, 에너지복지정책의 정책수혜자의 만족도도 상대적으로는 다소 떨어질수도 있는 제도이기는 하나, 생태중심적 시각을 포함한 통합적 에너지정의의 구현을 위해서는 장기적이고 근본적인 관점에서 사후적 정책수단의 비중을 서서히 감소해나가야 할 것이다.

Ⅳ. 나가며: 정책목표로서의 통합적 에너지정의

본 장에서는 에너지정의 유관개념이자 에너지정의 개념의 시초라고 볼수 있는 사회정의, 환경정의, 기후정의의 개념들에 대해 살펴보고, 최근의 학계에서의 에너지정의에 대한 기존 에너지정의의 대한 개념정의와 더불어 새로운 시각에서의 생태중심주의적 시각에서의 에너지정의 개념의 접근 필요성에 대해 소개하였다. 이에 더 나아가 실제 에너지 복지정책의 사례에서 인간중심주의와 생태중심주의를 통합한 통합적 에너지정의를 정책지향으로 내세우게 되는 경우 이점에 대해서도 논의해보았다.

탄소중립과 기후위기의 대응을 위해서 국가의 에너지정책은 근본적인 패러다임의 전환이 필요한 시점이다. 보다 구체적으로는 에너지법, 에너지정책, 에너지 프로젝트에 있어서 전사적인 접근이 필요하며, 이때의 정책정향으로 고려될 수 있는 것이 "에너지정의"이다. 우리나라 헌법은 제35조 1항에서 "모든 국민은 건강하고 쾌적한 환경에서 생활할 권리를 가지며, 국가와 국민은 환경보전을 위하여 노력하여야 한다"고 규정하고 있으며, 동조 35조 2항에서는 구체적인 사항을 법률에 유보하고 있다.[4] 훌륭한 명문규정이지만, 에너지환경정책의 유일한 상위법적 근거 조문이라고 보기에는 극도의 인류애가 반

---

4) 현행 헌법상의 환경권에 관한 조문은 1987년 9차 개정헌법에 의해 확립된 것으로(고문현, 2018), 이후 30년이나 지난 시점에서 기후위기에 적극적으로 대응하기에는 미진한 측면이 있다. 헌법학자인 고문현 교수의 제안처럼 "더 이상 법률유보에 기댈 것이 아니라 헌법상에 생명체 존중, 미래세대, 에너지정의 등을 헌법에 명시함"으로써 보다 통합적인 시각에서 정의로운 에너지정책을 추구하여 모든 생명체의 복리증진을 고민할 수 있는 현명함이 필요하다.

영된 조문이다.

　기존의 에너지정의에 관한 이론적 연구들은 대다수가 도덕적, 규범적 관점에서의 인간을 위한 에너지정의에 초점이 맞춰져 있었다. 그러나 전 세계적인 기후위기, 에너지위기, 경제안보위기 등의 문제를 궁극적으로 해결하기 위해서는 더 이상 인간사회의 연대의식만을 강조해서는 아니될 것이며, 인간사회를 넘어선 자연과의 연대의식으로의 확장과 전환이 필요하다. 이를 위해서는 새로운 접근방식으로서의 생태중심주의적 관점에서의 에너지정의의 개념적 정립이 요청되며, 더 나아가 인간중심주의와 생태중심주의의 통합적 에너지정의의 개념이 에너지 정책의 형성, 집행, 평가의 각 과정에서 모두 고려되어야 할 것이다. 다시 말해, 에너지정의는 계량화된 목표로서의 에너지 수급, 에너지 믹스 보다는 더 상위차원의 정책목표로 정립되는 것이 바람직하다. 본 장에서의 논의를 통해 이웃, 사회, 자연과 연대하고 공생할 수 있는 정의로운 에너지 정책에 대한 문제의식을 가지는 계기가 되길 소망한다.

 토론의 장

□ 토론1: 에너지정의와 에너지 자립

- 토론질문 1: 에너지정의의 측면 중 가장 우선시 되어야 하는 측면은 무엇인가?
- 토론질문 2: 에너지정의를 정책지향(policy orientation)으로 삼았을 때, 전력공급 정책의 방향을 고민해보자.
- 관련자료

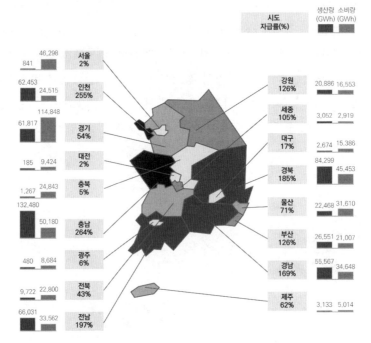

시도별 전력수급 및 자급률.(자료=현대결제연구원)

자료: http://www.geojeoneul.com/news/articleView.html?idxno=21970

□ 토론2: 에너지정의와 에너지트릴레마

- 토론질문 1: 한국 정부의 입장에서 에너지 트렐레마의 이슈 중 가장 시급한 문제는 무엇인가?
- 토론질문 2: 어떻게 하면 에너지정의의 관점에서 에너지 트릴레마 이슈를 합리적으로 해결할 수 있을 것인가?

- 관련자료

* '에너지 안보' 위기에 "친환경 잠시 쉬었다 갈게요"…그럼 기후위기는?
  (한겨레 2022.04.26.)

"에너지 안보란 (에너지 공급이) 합리적인 가격으로 차질 없이 이뤄지는 능력을 의미한다. 물량과 가격 조건이 동시에 충족돼야 한다. 러시아-우크라이나 사태가 아니더라도, 이미 주요 나라의 에너지 전환과 전기화 정책에 따라 자원 무기화는 고조되고 있다."(박호정 고려대 식품자원경제학과 교수)

에너지 수급 상황이 악화하고 가격이 치솟자 '안보' 차원에서 바라보는 시각이 많아지고 있다. 현재 상황을 보면, 유가가 연일 상승해 올해 두바이유 기준 평균 가격이 100달러를 넘길 것으로 예상된다. 액화천연가스(LNG)는 유럽발 수요 급증 상황이 이어지며, 계절적으로 난방 수요가 감소하며 비수기로 접어드는 3월 들어서도 가격이 떨어지지 않고 있다. 액화석유가스(LPG) 가격 역시 최근 10년 사이 최고 수준이다. 도로 위 택시가 점점 사라지고 있다는 말이 나올 정도이다.

박호정 교수의 설명대로 에너지 안보의 개념이 '합리적인 가격'의 공급을 담고 있다면, 우리나라는 이미 에너지 안보 위기를 겪고 있는 셈이다. 러시아-우크라이나 사태에 따른 '일시적인 충격'이라지만, 에너지 가격 상승은 러시아 사태 이전부터 진행 중이었다는 지적도 많다.

(중략)

국제에너지기구(IEA)에 따르면, 지난해 전 세계적으로 석탄을 통한 전기 생산이 전년 대비 9% 증가했다. 올해 석탄 소비량은 2% 더 늘어날 것으로 전망됐다. 에너지기구는 이 상황이 2024년까지 유지될 것으로 내다봤다.

미국의 친환경 정책도 에너지 가격 급등에 밀려 후퇴하는 모양새다. 러시아 사태 이후 치솟는 석유류 제품 가격 안정을 위해 전략 비축유를 대량 방출한 데 이어 석유와 가스 시추를 위한 공공부지 임대도 재개했다. 미국은 석유 시추용 공공부지를 빌려놓고 원유를 생산하지 않은 땅에 과태료 부과하는 방안도 검토 중이다. 에너지 안보 위기감에 에너지 공급 안정화가 우선이라는 논리가 힘을 얻으면서 새로운 신규 석유 시추를 막고 이산화탄소 배출을 낮추겠다던 바이든 대통령의 공약도 뒤집어지는 모습이다.

유럽 여러 나라들은 러시아산 천연가스와 석유 의존도를 줄이는 방안으로 다른 대륙에서 석유·가스 같은 화석연료를 확보하는 데 혈안이 돼 있다. 호주는 여전히 석탄 생산을 주요 먹거리로 꼽고 있다.

유승훈 서울과학기술대 교수(에너지정책학)는 <한겨레>와의 통화에서 "전 세계가 지금은 친환경 에너지보다 에너지 수급 상황을 더 중요하게 생각하고 있다. 그동안에는 친환경 이슈로 화석연료 시설 증설이 어려웠는데, 러시아 사태로 에너지 공급 쪽의 위기감이 커지고 있다"며 "친환경 에너지로는 안정적인 공급이 어려워지자 속도 조절을 한 것으로 보인다"고 설명했다.

기후 문제 해결을 더욱 어렵게 만들 수 있다는 우려도 나온다. 대안 에너지에 대한 고민 없이 화석연료로 돌아가는 것은 너무 단순하고 위험한 발상이란 지적도 제기된다. 크리스티아나 피게레스 전 유엔기후변화협약 사무총장은 지난 18일(현지시각) <블룸버그> 인터뷰에서 "기후 변화 목적을 위해 재생에너지, 청정에너지원에 대한 투자를 가속화해야 한다는 주장은 어디서도 찾아보기 어렵다"고 꼬집었다.

출처 : https://www.hani.co.kr/arti/economy/marketing/1040420.html

참고문헌

강희원. (2003). 아리스토텔레스의 정의론에 비추어 본 '법이념으로서의 정의'. 법철학연구, 6(2), 59−92.

고문현. (2018). 헌법상 환경권의 개정방안. 법학논총, 40, 1−20.

김병연·조철기. (2021). 학교 지리에서 기후정의 교육으로의 전환. 한국지역지리학회지, 27(3), 422−439.

박광국·김정인. (2020). 환경정의 구현 정책방향에 관한 시론적 연구: 김포 거물대리(里) 사례를 중심으로. 환경정책, 28(3), 181−211.

박진희. (2021). 에너지정의 개념과 정책 평가 틀로서의 활용 가능성 고찰. 환경철학, 32(0), 91−117.

배현주·정다운·오규림·김시진. (2020). 환경정의 구현을 위한 건강위해성 평가 및 관리 전략 도입연구. KEI보고서.

윤경준. (2019) 환경정책론. 서울: 대영문화사

윤순진. (2006), "사회정의와 환경의 연계, 환경정의: 원자력 발전소의 입지와 운용을 중심으로 들여다보기", 한국사회, 7(1), 106−109.

이수민·김현재. (2021). 에너지 전환 과정에서의 에너지 정의 논의와 정책적 시사점. 울산: 에너지경제연구원.

이유현. (2018). 에너지 빈곤 문제 해결을 위한 에너지 복지의 정책설계에 관한 연구: 프랑스와 한국의 사례. 한국비교정부학보, 22(3), 43−72.

이유현. (2020). 프랑스와 한국의 생물다양성 정책수단 비교 연구 : 토지소유자 대상의 생물다양성 계약을 중심으로. 한국비교정부학보, 24(2), 29−50.

이유현·서인석. (2018). 시민참여를 통한 절차적 에너지 정의의 모색: 프랑스의 에너지 정책형성과정에 대한 사례분석. 분쟁해결연구, 16(3), 37−79.

조명래. (2013). 개발국가의 환경정의: 한국적 환경정의론의 모색, 환경법연구, 35(3), 69−111.

조명래, (2000). "환경정의론의 재조명: 담론에서 실천으로," 환경과 생명, 26, 28−83.

진상현. (2011). 에너지정의 (energy justice)의 개념화를 위한 시론적 연구. 환경사회학연구 ECO, 15(1), 123−154.

천현숙. (1998). 롤스의 사회정의론과 도시정책적 의미. 국토, 56−62.

추장민 외(2017), 환경정의 실현을 위한 정책방안 마련 연구, 환경부 보고서.

한상운·조공장·김도균·진대용·정행운·강선우·김민정·반영운·신승철·정주철·한재
각·홍덕화·황인철. (2019). 기후정의 실현을 위한 정책 개선방안 연구(Ⅰ) KEI보고서.

홍덕화. (2020). 기후불평등에서 체제 전환으로: 기후정의 담론의 확장과 전환 담론의 급
진화. 환경사회학연구 ECO, 24(1), 7−50.

Baker, S., DeVar, S., & Prakash, S. (2019). *The Energy Justice Workbook*. Initiative for
Energy Justice

Bouzarovski, S., & Petrova, S. (2015). A global perspective on domestic energy depriva−
tion: Overcoming the energy poverty-fuel poverty binary. *Energy Research & Social
Science*, 10, 31−40.

De Steiger, Joseph. (2008). *Origins of Contemporary Environmental Ideology*, SKKU
Publishing : Seoul

Hazrati, M., & Heffron, R. J. (2021). Conceptualising restorative justice in the energy
Transition: Changing the perspectives of fossil fuels. *Energy Research & Social Science*,
78: 102115.

Heffron, R. J., & McCauley, D. (2017). The concept of energy justice across the
disciplines. *Energy Policy*, 105: 658−667.

Heffron, R. J., McCauley, D., & de Rubens, G. Z. (2018). Balancing the energy trilemma
through the Energy Justice Metric. *Applied energy,* 229, 1191−1201.

Heffron, R. J., McCauley, D., & Sovacool, B. K. (2015). Resolving society's energy tri−
lemma through the Energy Justice Metric. *Energy Policy,* 87, 168−176.

Jenkins, K. (2018). Setting energy justice apart from the crowd: Lessons from environ−
mental and climate justice. *Energy Research & Social Science,* 39, 117−121.

McCauley, D. A., Heffron, R. J., Stephan, H., & Jenkins, K. (2013). Advancing energy
justice: the triumvirate of tenets. *International Energy Law Review*, 32(3): 107−110.

McCauley, D., Ramasar, V., Heffron, R. J., Sovacool, B. K., Mebratu, D., & Mundaca, L.
(2019). Energy justice in the transition to low carbon energy systems: Exploring key
themes in interdisciplinary research. *Applied Energy*, 233−234: 916−921.

Pellegrini−Masini, G., Pirni, A., & Maran, S. (2020). Energy justice revisited: A critical
review on the philosophical and political origins of equality. *Energy Research & Social
Science*, 59, 101310.

Setyowati, A. B. (2020). Mitigating energy poverty: Mobilizing climate finance to manage
the energy trilemma in Indonesia. *Sustainability*, 12(4), 1603.

Sovacool, B. K. (2013). Energy policymaking in Denmark: Implications for global energy security and sustainability. *Energy Policy,* 61, 829−839.

Sovacool, B. K., & Dworkin, M. H. (2014). *Global energy justice.* Cambridge University Press.

Sovacool, B. K., & Dworkin, M. H. (2015). Energy justice: Conceptual insights and practical applications. *Applied Energy,* 142, 435−444.

Sovacool, B. K., Burke, M., Baker, L., Kotikalapudi, C. K., & Wlokas, H. (2017). New frontiers and conceptual frameworks for energy justice. *Energy Policy,* 105, 677−691

에너지전환과 아이디어: 가치와 이념

•

김경환

에너지전환과 아이디어: 가치와 이념

·

김경환

Ⅰ. 에너지전환 이면에 어떠한 가치와 이념이 있는가?

정책 아이디어(policy idea)는 사회적 구성주의 관점에서 인과관계적 신념, 즉 사람 혹은 사안(상황) 간 관계에 대한 이해의 산물이라 할 수 있다(Béland & Cox, 2011). 사회적 구성주의에 따르면, 사회적 문제는 객관적으로 존재하거나 가치 중립적인 성질의 것이 아니라 한 사회의 구성원들 간의 상호작용 속에서 형성되는 사회적 구성체(social construction)이다(Ingram et al., 2007). 따라서 정책 아이디어는 정치적, 경제적, 사회적 사안 또는 문제를 이해하는 방식을 결정할 뿐 아니라, 이를 해결하기 위한 전략적 지침을 제공하며, 특정한 실천 행위를 유도하기도 한다.

일반적으로 정책 아이디어는 공공정책 과정의 가치 및 이념과 밀접하게 연관된다. 특정 정책 이슈와 관련하여, 한 사회의 구성원들 사이에 완전하게 일치하는 가치나 이념은 존재하기 어렵기 때문에, 공공 의사결정 과정에서 무엇을, 누구에게, 어떻게 배분할 것인가에 관한 사회적 합의를 도출하는 데 관련 가치 및 이념에 대한 비교·분석과 평가, 그리고 이에 기반한 선택은 필수적이라 할 수 있다.

일반적으로 에너지전환이라는 용어의 이면에는 화석연료 중심의 에너지 체계에서 지속 가능한 에너지 체계로의 변화 과정이 질서정연하게 구조화되고 관리될 수 있다는 가정이 담겨있다(Weijnen et al., 2021). 가장 근본적인 수준에서 이러한 에너지전환을 주도하는 것은 에너지(전환)와 관련한 공공가치 및 이념에 기반한 사회적 우선순위의 변화라 할 수 있다. 예를 들어, 과거에 특정 에너지 서비스를 수용할 수 있는가는 대체로 건강, 안전, 환경 이슈와 밀접하게 연관되었으며, 이러한 이슈는 주로 기술적 차원에서 해결할 수 있다고 보았다. 그러나 오늘날 에너지(전환)에 대한 수용성은 단순히 기술적 차원을 넘어 형평성, 공정성, 정의의 문제까지 포함하는 것으로 확장되고 있다.

Ⅱ. 에너지전환과 가치

가치(values)란 일종의 "관념 또는 신념"으로, "바람직한 최종 상태 또는 행태에 관한 것"이며, "구체적인 상황을 초월하여", "행태와 사건의 선택 또는 평가를 지도하며", "상대적 중요도에 따라 서열화"가 가능하다(Schwartz & Bilsky, 1987: 551). 따라서 가치는 "(주어진 상황에서) 이용이 가능한 수단들이나 목표들에 대한 개인의 선택에 영향을 미치는 영속적인 신념"으로 이해할 수 있으며(Kernaghan, 2003: 711), 광의적 관점에서 윤리(ethics), 원칙(principles) 등의 개념을 포괄하는 것으로 이해할 수 있다(Bannister & Connolly, 2014).

이상의 가치에 대한 정의에 따르면, 가치는 에너지전환에 관한 공공정책을 수립하고 집행하는 데 핵심적인 판단기준이자 에너지전환정책의 정치적, 경제적, 사회적 결과에 대한 평가기준이 된다. 다시 말해, 에너지전환정책을 통해 달성하고자 하는 바람직한 사회적 상태가 무엇인가에 대한 관념을 제시할 뿐 아니라, 그러한 상태를 달성하는데 필요한 정책적 수단들을 비교·분석하는 기준을 제공할 수 있다. 이러한 점에서 에너지전환과 관련한 가치를 이해하는 것은 매우 중요하다. 에너지전환(정책)의 가치는 다음과 같다.

1. 인권: 인간의 존엄성

인권(human rights, 人權)은 인간의 존엄성(human dignity)을 유지하는 데 필요한 기본적인 권리를 의미하며, 인간 사회에서 최고의 목적적 가치이다.

인권은 모든 사람이 성별, 나이, 인종, 출신민족, 출신지역, 장애, 종교, 언어, 사회적 신분, 정치적 또는 그 밖의 의견 등을 이유로 차별하거나 차별받거나, 또는 인간으로서의 존엄성을 부정할 수 없다는 사실을 인정하는 것이다.

일반적으로 인권은 다음과 같은 성격을 가진다. 첫째, 천부성(天賦性) 차원에서 인권은 누구도 박탈할 수 없고, 양도할 수 없는, 인간이 인간답게 생존할 수 있는 기본적인 권리이다. 특히, 이러한 천부인권(天賦人權) 사상은 역사적으로 모든 인간에게 태어날 때부터 당연히 부여된 권리가 있으며, 이러한 권리는 국가(권력)에 우선하기에 국가가 함부로 할 수 없다는 관점에서 발전하였다. 둘째, 보편성(普遍性) 차원에서 인권은 개인의 성별, 나이, 인종, 종교, 사회적 신분 등에 상관없이 모든 사람에게 적용되는 권리이다. 셋째, 양도불가능성(讓渡不可能性) 차원에서 인권은 누구에게도 양도할 수 없는 권리이다. 특정한 권리에 대하여, 개인이 전적으로 또는 어떤 특정한 때에만 그 권리를 행사하지 않겠다고 스스로 결정을 내릴 수 있다. 그러나 이러한 경우에도 그 권리 자체를 포기할 수 있는 것은 아니다. 넷째, 불가분성(不可分性) 차원에서 인간의 존엄성은 인권 개념에 내재한 일부 권리의 구현만으로 보장될 수 없으며, 그 전체가 실현될 때 비로소 완전한 보장이 가능한 권리이다.

1948년 국제연합(UN, United Nations)이 <세계인권선언>(Universal Declaration of Human Rights)을 채택한 이래로, 인권 개념은 인간의 존엄성이 침해되는 상황을 정의롭게 개선하고자 하는 인간의 부단한 노력을 통해 형성·발전되어 오고 있다. 세계인권선언의 전문(前文)과 제1조, 그리고 제2조에서 인권의 기본적인 특성(천부성, 보편성, 양도불가능성, 불가분성 등)에 관한 내용을 발견할 수 있다. 이러한 세계인권선언의 내용은 1966년 <시민적 및 정치적 권리에 관한 국제규약>(International Covenant on Civil and Political Rights)과 <경제적, 사회적 및 문화적 권리에 관한 국제규약>(International Covenant on Economic, Social and Cultural Rights) 등 두 개의 국제인권규약으로 구체화되었다.

<세계인권선언> 전문(Preamble)

모든 인류 구성원의 천부의 존엄성과 동등하고 양도할 수 없는 권리를 인정하는 것이 세계의 자유, 정의 및 평화의 기초이며, […] 이에 국제연합총회는 […] 모든 사람과 국가가 성취하여야 할 공통의 기준으로서 이 세계인권선언을 선포한다.

제1조: 모든 인간은 태어날 때부터 자유로우며 그 존엄과 권리에 있어 동등하다. 인간은 천부적으로 이성과 양심을 부여받았으며 서로 형제애의 정신으로 행동하여야 한다.

제2조: 모든 사람은 인종, 피부색, 성, 언어, 종교, 정치적 또는 기타의 견해, 민족적 또는 사회적 출신, 재산, 출생 또는 기타의 신분과 같은 어떠한 종류의 차별이 없이, 이 선언에 규정된 모든 권리와 자유를 향유할 자격이 있다. […]

프랑스 법학자 카렐 바삭(Karel Vasak, 1977)에 따르면, 인권 개념은 크게 세 가지 세대로 세분화할 수 있다(<표 4-1> 참조). 우선, 제1세대 인권은 시민적·정치적 권리로서, 국가의 자의적인 간섭으로부터 개인의 자유로운 영역을 보호받거나 정치과정에 참여하기 위한 권리이다. 제2세대 인권은 경제적·사회적·문화적 권리로서, 사회적 평등을 기초로 배분적 정의에 근거하여 제한된 가치의 생산과 자원의 배분에서 형평성을 보장받는 권리이다. 제1세대 권리는 국가의 불간섭 또는 비개입을 요구한다는 점에서 소극적 권리(negative rights)로 불리는 반면에, 제2세대 권리는 국가의 경제적·사회적·문화적 책임을 강조한다는 점에서 적극적 권리(positive rights)로 불린다. 마지막으로, 제3세대 인권은 집단적 연대의 권리로서, 집합적인 수준(예를 들어, 전 세계적 빈부격차, 핵전쟁의 위협, 환경파괴로 인한 생태 위기 등)에서 정의되고 실현되는 권리를 의미한다. 특히, 저개발국가 또는 제3세계 국가에서의 인간의 생존과 발전과 관련한 권리에 주목한다.

표 4-1 인권의 3세대 구분

구분	권리: 예시	국제규약 관련
제1세대: 시민적 · 정치적 권리	• 생명권 및 신체의 자유와 안전을 누릴 권리 • 법의 평등한 보호를 받을 권리 • 잔혹하거나 비인도적 · 모욕적인 취급 및 형벌을 받지 않을 권리 • 양심과 사상 및 종교의 자유, 표현의 자유, 집회와 결사의 자유 • 사생활 및 개인정보, 가족생활을 존중받을 권리 • 정치 활동을 할 권리 • 적법절차에 따라 공정한 재판을 받을 권리(무죄추정의 원칙 포함)	• 세계인권선언: 제1조~제21조 • 자유권 규약: 전문과 본문 53개조
제2세대: 경제적 · 사회적 · 문화적 권리	• 자유로운 선택 및 수락에 따른 노동을 할 권리 • 연소자(年少者) 노동에 대한 보호 • 동일노동에 대한 동등한 보수를 받을 권리 • 공정하고 쾌적한 노동조건에 대한 권리 • 근로시간의 합리적 제한 및 정기적 유급휴일을 포함한 휴식과 여가를 가질 권리 • 노동조합을 결성하고 가입하며 자유롭게 활동할 권리 • 노동쟁의권과 파업권 • 사회보험을 포함한 사회보장에 대한 권리 • 적절한 생활수준을 영위할 권리 • 신체적 · 정신적 건강을 영위할 권리 • 교육받을 권리 • 문화를 향유할 권리	• 세계인권선언: 제22조~제27조 • 사회권 규약: 전문과 본문 31개조
제3세대: 연대의 권리	• 정치적 · 경제적 · 사회적 · 문화적 자결을 향유할 권리 • 경제적 · 사회적 발전을 향유할 권리 • 자신의 발전에 유리한 환경에 대한 권리 • 안정적이고 결집력 있는 사회에서 살 권리 • 오염되지 않은 깨끗한 물과 공기, 식량에 대한 권리 • 평화를 향유할 권리 • 인류 공동의 유산으로부터 이익을 얻고, 그에 참가할 권리 • 인도적 원조를 요구할 수 있는 권리 • 과거와 미래의 인권침해 문제에 관한 세대 간의 권리	

대부분 현대국가에서 인권 또는 인간의 존엄성이라는 가치는 헌법에 명시되어 있다. 우리나라 역시 「대한민국헌법」과 「국가인권위원회법」 등에서 다음과 같은 인권 관련 규정을 두고 있다.

「대한민국헌법」

　제10조(행복추구권): 모든 국민은 인간으로서의 존엄과 가치를 가지며, 행복을 추구할 권리를 가진다. 국가는 개인이 가지는 불가침의 기본적 인권을 확인하고 이를 보장할 의무를 진다.

　제34조: ①모든 국민은 인간다운 생활을 할 권리를 가진다.

　제35조: ①모든 국민은 건강하고 쾌적한 환경에서 생활할 권리를 가지며, 국가와 국민은 환경보전을 위하여 노력하여야 한다.

「국가인권위원회법」

　제2조(정의): 1. "인권"이란 「대한민국헌법」 및 법률에서 보장하거나 대한민국이 가입·비준한 국제인권조약 및 국제관습법에서 인정하는 인간으로서의 존엄과 가치 및 자유와 권리를 말한다.

한편, 현대사회에서 인간의 존엄성 가치를 어떻게 실현할 것인가에 대한 고민은 현재 에너지(전환) 이슈를 어떻게 이해하고, 바람직한 에너지전환 상태를 구현할 것인가에 대한 비교·분석 및 평가에 상당한 영향을 줄 수 있다. 따라서 에너지전환에 관한 공공 의사결정 과정에서 사회 구성원들의 가치와 우선순위에 대한 고민은 반드시 선행되어야 할 필요가 있다.

에너지(전환) 서비스에 대한 접근은 점차 시민 개개인이 시민적·정치적 권리를 넘어 경제적·사회적·문화적 권리를 향유할 뿐 아니라, 연대의 권리를 추구하는 데 영향을 미치는 핵심적인 조건으로 이해되고 있다. 예를 들어, 에너지(전환) 이슈와 상당한 연관성을 가지는 권리로, 적절한 생활수준을 영위할 권리, 신체적·정신적 건강을 영위할 권리(이상 경제적·사회적·문화적 권리), 자신의 발전에 유리한 환경에 대한 권리, 안정적이고 결집력 있는 사회에서 살 권리, 오염되지 않은 깨끗한 물과 공기, 식량에 대한 권리, 인류 공동의 유산으로부터 이익을 얻고, 그에 참가할 권리(이상 연대의 권리) 등을 들 수 있다(<표 4-1> 참조).

　　에너지전환정책은 개인적 수준에서 인간이라면 누구나 단순한 생존을 넘어 인간의 존엄성을 지키면서 인간다운 삶을 살아내는 데 중요한 역할을 할 수 있다. 또한, 집합적 수준에서 한 사회의 사회경제적 발전을 촉진하여 여타의 정치적, 경제적, 사회적, 문화적 조건을 개선하는 방식으로 인간다운 삶의 보장에 이바지할 수 있다. 이러한 관점에서 「에너지법」 역시 "국민경제의 지속 가능한 발전과 국민의 복리(福利) 향상에 이바지하는 것"을 그 목적으로 제시한다.

2. 에너지 안보

1) 에너지 안보 개념

　　에너지 안보(energy security)란, "언제나 충분한 양과 적정한 가격의 에너지 가용성"을 의미한다(Pronińska, 2007: 216). 역사적으로, 1940년대 당시 미국 대통령 프랭클린 루즈벨트(Franklin D. Roosevelt)가 에너지를 국가 안보의 필수적인 요소로 정의한 바 있다. 그러나 에너지 안보 개념이 본격적으로 대두된 배경으로는 1970년대 두 차례(1973년과 1979년)에 걸친 석유파동(oil crisis)을 들 수 있다. 특히, 1973년 당시 석유수출국기구(OPEC, Organization of the Petroleum Exporting Countries)가 석유 생산량을 줄이는 동시에 원유 가격을 인상한 결과, 대부분의 선진국 경제가 에너지 수급 문제로 인한 경제 불황을 겪게 되었다(Pant, 2010).

　　이상의 역사적 맥락에서 선진국 국가들은 에너지 안보와 관련한 몇 가지 원칙을 중요하게 고려하였다(Yergin, 2006). 예를 들어, 공급의 다양화(diversification of supply) 차원에서 에너지 공급원을 다양화함으로써, 에너지 시장의 안정화를 추구하였다. 다시 말해, 하나의 공급원으로부터 에너지 공급이 중단되었을 경우 발생할 수 있는 부정적 영향을 감소시키고자 하였다. 또한, 공급의 탄력성(resilience) 차원에서 에너지 공급의 중단에 따른 사회경제적 충격을 완화할 뿐 아니라, 이후의 에너지 공급 회복을 용이하게 하는 에너지 공급체계의 안보상의 여유를 마련하고자 하였다. 또한, 정치적, 경제적, 사회적 세계화가 진전됨에 따라, 에너지 안보 체계의 세계화, 그리고 이로 인한 전 세계적인 에너지 공급망의 보호에 대한 필요성 등에 대한 인식 역시 중요하게 지적되고 있다.

전통적 의미에서 에너지 안보 개념은 종종 에너지 공급체계와 긴밀하게 연관되며, 석탄, 석유, 천연가스 등과 같은 화석연료에 대한 접근성을 보장하는 것으로 이해되었다(von Hippel et al., 2011). 따라서 과거 에너지 안보 체계에서의 주된 초점은 석유나 천연가스 자원을 얼마나 확보·사용할 수 있는가였으며, 이러한 화석연료 공급이 중단되거나 공급가격이 급격하게 상승하게 되는 사회경제적 위험을 관리하는 것이 이의 핵심적인 목표였다. 그러나 에너지전환 이슈의 등장과 함께, 에너지 안보에 대한 이해는 점차 화석연료에만 국한된 것이 아니라 원자력 에너지이나 신·재생 에너지(new and renewable energy: 태양광, 풍력, 지열 등) 등과 같이 다양한 에너지 공급원까지 포함하는 것으로 확대되었다. 다시 말해, 다양한 에너지 공급원의 적극적 활용이 한 국가의 에너지 안보를 개선하는 데 기여할 수 있다는 사실에 주목하고 있다.

따라서 에너지전환정책에서 에너지 안보 가치는 기존의 화석연료에 더해 원자력 에너지, 신·재생 에너지 등을 포함한 다양한 에너지 공급원의 개발과 이용, 보급을 통해 충분한 양과 적정한 가격의 에너지 가용성을 확보하는 것을 의미한다. 여기에는 에너지 자원관리의 효율성뿐 아니라, 에너지(전환) 인프라의 신뢰성과 탄성력까지 포함하는 것으로 이해할 수 있지만(WEC, 2021), 공공가치 측면에서 에너지 안보는 주로 가용성(availability)과 가격 적정성(affordability) 등의 차원에서 논의된다(Edens, 2017).

2) 가용성

에너지 안보의 첫 번째 차원인 가용성은 단기적 관점과 장기적 관점 모두에서 에너지 안보를 제공하는 에너지 체계를 의미한다(Edens & Lavrijssen, 2019). 한 사회의 경제와 시장이 필요로 하는 충분한 양의 에너지 자원을 보장하는 능력을 의미하기 때문에, 에너지 안보의 가장 기본적인 요소로 이해된다(Sovacool & Dworkin, 2015).

가용성은 에너지 공급체계의 물리적, 기술적, 재정적 능력을 포함한다. 우선, 물리적 차원에서 특정 국가 또는 지역이 충분한 양의 에너지원을 공급할 수 있는가를 기준으로 에너지 공급능력을 평가할 수 있다. 기술적 차원에서 해당 국가 또는 지역이 에너지를 생산, 운송, 보존, 저장, 분배하는 데 필요한 기술적 해결책을 가지고 있는가를 판단할 수 있다. 재정적 차원에서 에너지 공급체계를 원활하게 작동·유지하고(예를 들어, 에너지 가치 사슬의 건전화와 다양화 등), 갑작스러운 에너지 공급의 중단에 대응할 수 있는 인프라를 갖추는 데 충분한 재정적 투자를 할 수 있는가 역시 가용성의 중요한 기준이 된다.

3) 가격 적정성

에너지 안보의 두 번째 차원인 가격 적정성은 경제적으로 효율성이 높을 뿐 아니라, 산업 경쟁력과 모든 에너지 소비자의 구매력을 지원하는 에너지 체계를 의미한다(Edens & Lavrijssen, 2019: 60). 가격 적정성의 현실적인 기준으로, 가난한 사람을 포함한 모든 사람이 에너지 서비스에 접근하기 위해 소득의 10% 이내로 해당 비용을 지불해야 한다는 기준이 제시된 바 있다(Sovacool & Dworkin, 2015).

가격 적정성은 단순히 사람들이 에너지를 구매·활용할 수 있는 낮은 가격만이 아니라, 에너지 소비자에게 과도한 재정적 부담을 주지 않는 에너지 요금까지 의미한다. 다시 말해, 안정성 차원에서 에너지 가격의 변동성이 최소화될 수 있도록 함과 동시에, 형평성 차원에서 가난한 가구가 그렇지 않은 가구에 비해 생활 필수적인 서비스에 불균형적으로 자신의 소득에서 더 많은 부분을 지출하지 않도록 한다는 점이 고려된다. 이의 이면에는 개별 소비자와 가구가 실질적으로 에너지(원)에 접근하고 이용할 수 없는 한, 높은 수준의 에너지 가용성도 사실상 무의미하다는 가정이 내포되어 있다.

3. 에너지 정의

1) 에너지 정의 개념

에너지 정의(energy justice)란, "모든 영역에 걸쳐 모든 개인에게 안전하고 저렴하며 지속 가능한 에너지를 제공하는 것"으로 이해할 수 있다(McCauley et

al., 2013). 기본적으로 에너지 정의 개념은 기존의 환경정의(environmental jus-
tice)와 기후정의(climate justice) 개념과 유사한 철학을 공유하는 것으로 이해할
수 있지만, 에너지 체계에 주된 초점을 둔다는 점에서 차이가 있다(이수민·김
현제, 2021).[1)

에너지전환정책에서 에너지 정의 가치는 에너지를 생산, 운송, 보존, 저
장, 분배하기 위한 에너지 체계의 전 과정에서 모든 개인에게 인종, 소득, 지
역 등과 상관없이 안전하고 저렴하며 지속 가능한 에너지를 제공하는 것을
의미한다. 공공가치의 측면에서 에너지 정의는 주로 지속가능성(sustainability)
과 형평성(equity) 등의 차원에서 논의할 수 있다.

2) 지속가능성

에너지 정의의 첫 번째 차원인 지속가능성은 지속 가능한 개발(sustainable
development) 개념, 즉 "미래 세대가 그들 자신의 필요를 충족시킬 수 있는 능
력을 위태롭게 하지 않으면서, 현재의 필요를 충족시킬 수 있는 개발" 차원에
서 이해할 수 있다(WCED, 1987). 이는 개발에 대한 절대적인 제한을 의미하는
것이 아니라, 현재의 기술과 사회적 필요가 환경적 자원에 부과하는 제한과
인간 활동의 영향을 흡수할 수 있는 생물권(biosphere)의 능력에 의해 부과되
는 제한을 시사한다.

에너지전환이라는 맥락에서 지속가능성은 천연자원의 지속 가능한 사용
을 보장하는 국가의 의무를 의미한다(Sovacool & Dworkin, 2015). 다시 말해,
국가는 그들의 천연자원에 대해 주권적 권리를 가지고 있을 뿐 아니라, 너무
빨리 고갈시키지 않을 의무가 있으며, 그들 또는 주변 국가들의 환경에 부당
한 피해를 초래하지 않아야 한다. 또한, 생태학자 Paul Hawken(1994: 139)은
"세상을 당신이 발견한 것보다 더 나은 상태로 남겨두고, 당신 원하는 것보다
더 많이 가져가지 말며, 삶이나 환경을 해치지 않도록 노력하되, 만약 그렇게
한다면 (그 피해에 대해) 보상하라"는 '회복적 경제를 위한 경제적 황금률'로
표현하기도 하였다.

---

1) 에너지 정의의 개념에 관한 구체적인 설명은 제5장 "에너지 정의"를 참조하길 바란다.

3) 형평성

에너지 정의의 두 번째 차원인 형평성은 에너지전환과 관련한 의사결정 과정에서 공공의 이익이 특정 개인 또는 집단에 불균형적으로 배분되어서는 안 된다는 가치를 의미한다. 일반적으로 현대국가에서 형평성 가치는 정부가 사회적 약자에게 특별한 정책적 배려를 통해 사회적 정의를 실현하고자 하는 목적을 담고 있다. 이의 이면에는 인간은 태어날 때부터 평등하다는 관념과 함께 실질적으로 평등한 대우를 받아야 한다는 규범적인 측면이 존재한다.

형평성은 세대 내 형평성(intra-generational equity)과 세대 간 형평성 (inter-generational equity)으로 구분하여 살펴볼 수 있다. 우선, 세대 내 형평성 은 분배적 정의의 관점에서 모든 사람이 최소한의 기본적 복지를 누리는 데 필요한 정치적, 경제적, 사회적, 문화적 자원에 대한 접근이 보장되어야 한다 는 원칙에 따라, 모든 사람이 에너지 서비스에 공정하게 접근할 권리가 있음 을 강조한다. 현재 시점에 다양한 공동체 간의 분배적 정의를 강조하는 세대 내 형평성과 달리, 세대 간 형평성은 현재 세대와 미래 세대 간의 분배적 정 의에 관한 것이다. 다시 말해, 미래 세대는 오늘날의 에너지 체계가 세계에 끼치는 피해에 방해받지 않은 채 좋은 삶을 누릴 권리가 있음을 의미한다. 이 를 위해 현재 세대는 과거 세대로부터 물려받은 것보다 더 나쁜 상태의 환경 을 미래 세대에게 물려주지 않도록 하는 도덕적 책임이 있음은 물론, 기후변 화의 예방과 사회 공동체의 적응(adaption)을 위한 전략적 투자에 대한 책임도 있다는 점을 지적한다(Sovacool & Dworkin, 2015).

III. 에너지전환과 이념

이념(ideology)이란 용어는 프랑스 철학자 앙투안 데스튀트 드트라시 (Antoine-Louis-Claude Destutt de Tracy, 1754-1836)가 사회적·정치적 환경을 개선하기 위한 "생각을 형성하는 과정에 관한 연구", 즉 "생각의 과학"(science of ideas)이라는 의미로 처음 사용한 것으로 알려져 있다. 한편, 칼 마르크스

(Karl Marx, 1818–1883)와 프리드리히 엥겔스(Friedrich Engels, 1820–1895)에게 이념은 '생각의 과학'이라기보다 특정 집단이 그들 자신을 정당화하기 위해 꾸며낸 거짓말(fabribation)로서 항상 사회지배계급의 이해관계를 반영한다 (Baradat & Philips, 2019: 10–11).

현대적 의미에서 이념에 대한 정의는 학자에 따라 상당한 차이가 있다. 그러나 바라다트와 필립스(Baradat & Philips, 2019)에 따르면, 일반적으로 이념은 다음의 다섯 가지 특성이 있다. 첫째, 이념은 정치적 개념이다. 둘째, 이념은 현재에 관한 관점과 미래에 관한 비전으로 구성된다. 셋째, 이념은 현재를 기술하고 더 나은 미래를 제시할 뿐 아니라, 더 나은 미래를 달성하기 위한 구체적인 방안을 처방한다는 점에서 행동 지향적이다. 넷째, 이념은 다수의 사람을 동원하는 데 사용된다는 점에서 대중을 향한다. 다섯째, 이념은 대중을 향하기 때문에, 보통의 사람이 이해할 수 있을 정도의 상당히 간단한 용어로 제시되며, 사람들이 이념상의 목적을 달성하도록 촉구하기 위해 동기부여적인 어조를 가진다.

이상의 이념에 대한 정의에 따르면, 이념은 에너지전환 정책과정에서 이해관계자들 간의 상호작용에 상당한 영향을 미칠 수 있다. 에너지전환 관련 의사결정과정에 참여하는 다양한 행위자들은 자신만의 이해관계를 가지고 있으며, 이러한 이해관계는 특정 이념에 의해 규정된다. 다시 말해, 이들 행위자는 특정 이념에 기초하여 기존 에너지전환정책의 목적이나 관련 상황에 대한 의미나 해석을 새롭게 공식화하거나 재구성하여 다른 행위자에게 전달함으로써, 자신의 이해관계를 달성하고자 한다. 에너지전환(정책)의 이념은 다음과 같다.

1. 환경주의/생태주의

1) 환경주의/생태주의의 발전 및 구분

에너지전환(정책)의 대표적인 이념으로, 환경주의(environmentalism)와 생태주의(ecologism)를 들 수 있다. 산업화 과정에서 나타난 환경파괴, 자연재해·재난, 그리고 재생 불가능한 천연자원 고갈 등의 문제가 인류에게 전 세계적인 위기를 가져올 것이라는 우려에 초점을 둔다는 점에서, 환경주의와 생태주의는 종종 유사한 용어로 사용된다. 그러나 인류가 직면한 전 세계적인 위기를 어떻게 이해하고, 대응하는가에 따라 분명한 차이가 있다. 하나는 보수적 환경주의(conservative environmentalism)로, 산업화 과정에 담겨있는 인간 중심주의 세계관을 그대로 견지하면서 에너지·환경 문제를 해결하고자 한다. 다른 하나는 진보적 생태주의(progressive ecology)로, 에너지·환경 문제의 해결을 위해 기존 산업문명의 생활양식과 사회제도의 근본적인 변화를 추구한다. 다만, 넓은 의미의 환경주의는 보수적 또는 전통적 환경주의와 진보적 생태주의 모두를 포괄하는 용어로 사용되고 있다는 점을 언급할 필요가 있다(한면회, 2010).

2) 환경주의

보수적 환경주의는 일반적으로 산업주의적 관점에서 에너지·환경 문제를 해결하고자 한다. 산업주의(industrialism) 관점에 따르면, 자연은 인간의 목적(주로, 경제적 성장)을 달성하기 위한 도구에 불과하기 때문에, 단지 자원의 보고(寶庫) 차원에서 인식될 뿐이다. 특히, 인간과 자연의 관계와 관련하여, 인간과 자연은 존재론적으로 다를 뿐 아니라, 인간이 자연보다 우월하다는 관점을 가진다는 점에서 보수적 환경주의는 인간 중심적 이원론에 기초한 것으로 이해할 수 있다(한면회, 2010).

환경주의적 관점은 에너지·환경 등과 관련한 전 세계적인 위기를 인류가 반드시 해결해야 할 문제로 파악하지만, 기존의 사회제도를 유지·활용하면서 이의 해결이 가능하다고 본다. 다시 말해, 기존의 사회제도가 가진 생태학적 한계를 인정하지 않은 채 에너지·환경 문제에 대한 기술관료적 관리를 통해 산업자본주의적인 발전의 지속을 추구한다. 이에 따라, 환경주의의 정책적 지침으로서 주로 경제적 성장이나 과학기술을 통한 문제 해결을 추구하는 '환경 관리주의'가 제시된다는 점이 특징적이다(구도완, 2006). 인간이 자연을 이용하여 경제적으로 풍요로운 삶을 영위하는 것이 당연하기 때문에, 에너지·환경 문제에 대한 경제적·기술적 해결이 가능할뿐더러, 이를 통한 새로운 자원의 창출 역시 가능한 것으로 이해한다.

다만, 보수적 환경주의는 다음과 같은 한계를 가진다(한면회, 2010). 첫째, 산업자본주의의 인간 중심적 이원론은 에너지·환경 문제가 발생하는 근본적인 원인과 밀접하게 연관되어 있음에도 불구하고, 이의 유지·활용에 대한 원천적으로 차단하지 않는다. 이 때문에, 에너지·환경 문제의 누적적 위기는 증폭될 수밖에 없다. 둘째, 경제적 성장을 통한 문제 해결을 추구하는 환경관리주의는 오히려 산업자본주의적 생산양식의 환경적 부담을 누적시킴으로써, 에너지·환경 문제를 더욱 악화시키는 결과를 낳을 수 있다. 셋째, 산업자본주의가 유지되는 한, 인간은 결코 무한한 경제성장을 포기하지 않을 것이기 때문에, 결국 성장의 한계에 직면하게 될 것이다. 생태경제학자 달리(Daly. 1993)가 지적한 바와 같이, 인간의 경제는 생물권 경제의 하위 영역에 속하기 때문에, 인간 경제는 한계를 가질 수밖에 없다.

3) 생태주의

진보적 생태주의는 경제적 풍요와 과학기술의 발전 속에서 에너지·환경 등과 관련한 전 세계적인 위기를 초래한 규범과 실천에 도전하는 이념으로, 기존의 사회제도를 유지하고자 하는 (좁은 의미의) 환경주의와는 차별점을 가진다. 생태주의 관점에 따르면, 에너지·환경 문제가 단순히 자연의 영역에만 머무르지 않고 사회적 문제로서 정치화되기 때문에, 기존의 정책과 제도의 변화 및 변혁이 요구된다(황진태·박배균, 2013). 일반적으로 생태주의 이념은 다음의 세 가지 가정을 공유한다(한면회, 2010). 첫째, 인간(사회)은 자연과 존재론적으로 구분되는 것이 아니라 유기적으로 연결되어 있다. 둘째, 인간에게 자연은 단순한 도구로서의 가치가 아니라 도구를 넘어선 가치를 가진다. 셋째, 자연은 인간의 무한한 성장을 수용하는 데 한계가 있다.

생태주의는 크게 근본생태주의(deep ecology), 사회생태주의(social ecology), 생태여성주의(ecofeminism) 등 세 가지 하위이념으로 구분할 수 있다. 우선, 근본생태주의는 에너지·환경 등과 관련한 전 세계적인 위기를 가져온 인간 중심적 세계관을 적극적으로 비판하면서, 인간과 자연의 조화와 공존을 모색하고자 한다. 다만, 인간의 이성과 문명에 대한 극단적인 혐오감으로 인해 인간의 인위적인 생산과 소비활동 모두를 거부하는 형태로 나타나기도 한다.

사회생태주의는 에너지·환경 관련 문제가 단순히 인간 대(對) 자연의 이분법적인 대립 구도가 아니라 기존 사회제도의 불평등성 또는 억압성에서 비롯된 것으로 본다. 사회생태주의의 대표적인 이론가이자 실천가인 머레이 북친(Murray Bookchin, 1998)은 그의 저서 『사회생태론의 철학(Philosophy of Social Ecology)』에서 "인간에 의한 자연지배는 인간에 의한 인간지배로부터 비롯된다"고 지적한다. 특히, 인간의 이성이 가져온 환경 파괴적 행위에 대해 비판적인 입장을 견지하면서도, 기술문명의 발달 속에서 도구화된 이성과 현실에 대한 종합적 판단과 성찰을 가능하게 하는 비판적 이성 간의 엄격한 분리를 통해 인간의 이성적 능력에 대한 믿음을 져버리지 않는다는 점에서 근본생태주의와 차별된다. 마지막으로, 생태여성주의는 자연의 억압과 여성의 억압이 밀접하게 연관된 문제라고 파악한다. 다시 말해, 남성 중심의 가부장적인 지배문화가 남성의 여성에 대한 억압뿐 아니라 인간의 자연에 대한 억압 및 파괴를 낳았다고 주장한다.

다양한 형태의 생태주의는 에너지·환경 문제를 둘러싼 오늘날의 정치적, 경제적, 사회적, 문화적 현실을 변혁하는 데 매우 중요한 이념적 기반으로 활용되고 있다. 그러나 산업자본주의 체제에서 정책적 지침으로 채택·적용하기에 현실적인 어려움이 있기 때문에, 이의 실천적인 정책 이념으로서 지속 가능한 발전(sustainable development)과 생태적 근대화(ecological modernization), 그리고 정의로운 전환(just transition) 등이 제시되고 있다(다만, '정의로운 전환' 개념에 관해서는, 제3장 참조). 지속가능한 발전과 생태적 근대화 개념은 모두 현재의 사회제도를 합리적으로 개선함으로써, 산업자본주의 체제를 보다 환경친화적으로 조성하고자 한다. 예를 들어, 정부가 기업의 환경오염 유발활동에 대한 환경세(eco-tax)를 부과하거나 저감활동에 대한 세제 혜택을 부여하는 방식을 활용함으로써, 에너지·환경 문제의 내재화(internalization)가 추구할 수 있다. 공급의 측면에서 기업은 생산 효율성을 추구하기 위해 환경오염 요인을 줄이고자 노력할 것이며, 수요의 측면에서 에너지 효율과 환경오염 저감을 위한 기술의 발전을 촉진할 뿐 아니라 재생 가능한 에너지 체제로의 전환에 긍정적으로 기여할 것이다(한면회, 2010).

생태주의 이념은 산업화와 근대화, 과학기술의 발전으로 인한 전 세계

적인 에너지·환경 위기에 대한 인식과 이를 해결하기 위한 급진적인 실천의
필요성을 제기하였다는 점에서 상당한 의의가 있다. 그러나 생태주의 역시
자연을 인간(사회)로부터 분리된 순수한 또는 신성한 대상으로 간주하는 인
간과 자연 간의 이분법적 인식론에 기초하고 있다는 점은 역설적이다. 또한,
인간－사회－국가와 자연 간의 복잡한 상호작용에 대한 충분한 설명을 제공
하지 못한다는 한계도 지적되고 있다(진종헌, 2009).

2. 신자유주의

신자유주의(neoliberalism)는 '자본의 세계화'(globalization of capital) 흐름에
기반을 둔 경제적 자유주의 중 하나로서, "사적 소유권, 자유시장, 자유무역의
특징을 갖는 제도적 틀 안에서 개인의 기업가적 자유와 기술을 자유롭게 함
으로써, 인간의 복리가 가장 잘 증진될 수 있다고 하는 정치경제적 실천에 관
한 이론"을 의미한다(Harvey, 2005: 2). 특히, 자유시장의 활성화와 경제에 대한
국가개입의 축소 등을 핵심 전제로 한다. 그러나 국가개입의 전면적 배제를
주장하는 고전적 자유주의와 달리, 신자유주의는 시장주의적 질서의 실행 및
유지를 위한 제도적 틀을 창출·발전하는 국가의 역할을 강조한다는 특징을
가진다. 특히, 영국의 마가렛 대처(Margaret Thatcher) 수상(1979－1990년)와 미
국의 로널드 레이건(Ronald Reagon) 대통령(1980－1988년)의 핵심적인 정책 기
조로 채택되면서, 당시 영국과 미국 정부는 규제철폐, 공기업의 민영화, 노동
시장의 유연화, 공공복지 축소 등의 신자유주의적 정책을 추진하였다(이근식,
2009).

에너지(전환)에 대한 신자유주의 논의는 자연(자원)의 시장주의적 관리와
통제 측면에서 살펴볼 수 있다. 예를 들어, 닐 스미스(Smith, 2006)의 '자본축적
전략으로서의 자연' 개념은 자연이 자본의 축적과정에 포섭되는 과정을 설명
하며, 여기에는 두 가지 방식, 즉 형식적 포섭과 실질적 포섭이 포함된다. 자
연의 형식적 포섭은 석탄, 석유 등과 같은 자연 자원의 생산이나 투입을 높임
으로써 경제성장 또는 자본축적을 추구하는 양적·외적 통제전략을 의미하는
반면에, 실질적 포섭은 유전자 조작 식품이나 대체에너지 등과 같은 새로운

기술과 제도를 개발·투입하고자 하는 기술적·질적 통제전략을 의미한다. 이에 따라, 신자유주의적 에너지전환정책은 태양열이나 태양광, 풍력, 조력 등 기존에 사용하지 않았던 에너지원의 투입(형식적 포섭)뿐 아니라, 석탄의 액화·가스화나 연료전지, 원자력 등 새로운 기술의 개발(실질적 포섭) 모두를 포함하는 것으로 이해할 수 있다.

한편, 카스트리(Castree,. 2008)는 스미스의 형식적 포섭과 실질적 포섭 개념을 보다 발전시켜 환경적 조정(environmental fix) 개념을 제시하였다. 환경적 조정이란, 자본이 경제성장을 지속하기 위해 환경의 포섭을 확대하거나 재조직화하는 것을 의미한다. 카스트리는 자연의 신자유주의화 과정에서 다음의 네 가지 유형의 환경적 조정이 나타난다고 주장한다. 첫째는 자연을 상품화와 시장화함으로써 자연(자원)과 생태계를 보호하고자 하는 전략이며, 둘째는 시장합리성 차원에서 자연환경에 대한 국가개입(통제)를 완화(탈규제)하는 전략이며, 셋째는 자연을 적극적으로 퇴락시킴으로써 자연을 포섭하는 전략이며, 넷째는 자연에 관한 국가의 규범적·재정적 책임을 민간영역이나 시민사회에 전가하는 전략이다.

에너지·환경 문제에 대한 신자유주의적 대처는 주로 시장, 효율, 안보 등과 같은 개념을 강조하는 방식으로 나타나며, 최근에는 시장환경주의(market environmentalism) 또는 녹색자본주의(green capitalism) 등의 이름으로 추구되고 있다(최병두, 2010, 2019). 특히, 시장환경주의는 "효율성과 환경보전의 목표를 조화시키기 위한 수단으로 시장제노를 자연자원의 관리에 적용"시키려는 주장이나 정책을 의미하는데(최병두, 2019: 113). 이러한 신자유주의적 접근은 비록 자연(자원)의 보호·보전이나 에너지·환경 문제의 해결이라는 명분을 제시할지라도, 문제의 해결 과정에서 자연을 사유화·상품화하여 자본축적의 수단으로 편입시키고자 한다는 점에서 많은 문제점과 한계를 가지는 것으로 볼 수 있다.

3. 발전주의

발전주의(developmentalism) 이념은 경제발전을 최우선 목표로 국가가 적극적으로 시장에 개입하는 것을 본질로 하는 발전국가(developmental state) 개념에 기초한다. 대표적인 발전국가론자인 찰머스 존슨(Chalmers Johnson)이 1982년 그의 저서『통산산업성과 일본의 기적(*MITI and the Japanese Miracle*)』에서 일본의 급속한 경제발전을 분석하는 데 처음 제시한 이래로, 한국, 대만, 싱가포르, 홍콩 등 동아시아 국가들의 경제발전을 설명하기 위한 용어로 사용되었다(Deyo, 1987; Woo, 1991; Woo−Cumings, 1999).

존슨(Johnson, 1982)의 발전국가 모형에 따르면, 일반적으로 다음의 네 가지 요소를 가진 것으로 이해할 수 있다. 첫째, 발전국가의 최우선 목표이자 과제는 경제발전이다. 경제발전이라는 목표를 달성하기 위해 어떠한 방식으로 국가가 경제(시장)에 개입하는가는 그렇게 중요한 사항이 아님을 분명히 하였다. 다만, 일본을 비롯한 동아시아 국가들의 시장개입은 대체로 국가 주도의 경제발전 체계를 마련하고, 국가 관료제가 민간 기업과 밀접한 관계를 갖는 방식이었다. 둘째, 발전국가의 정치체계는 국가 관료제가 효과적으로 공공정책을 수립·집행할 수 있도록 충분한 정치적 공간을 제공하였다. 셋째, 국가의 핵심 역할 중 하나로 시장(질서)을 형성·유지하는 것을 제시하였다. 여기에는 공공재정기구의 설치, 경제발전을 위한 조세제도의 활용, 국가에 의한 경제 방향성의 설정, 민간조직(예를 들어, 기업가협회 등)에의 권한 부여 등이 포함된다. 넷째, 정부 내에 경제발전을 위한 핵심 추진조직이 존재하였다. 예를 들어, 일본의 통산산업성(MITI, Ministry of International Trade and Industry)이나 한국의 경제기획원(1961−1994년) 등은 국가의 경제발전을 위한 종합계획의 수립·운용, 투자계획의 조정, 정부예산의 편성과 그 집행의 관리, 대외경제정책의 조정 등 경제와 관련한 사무 전반을 관장하였다.

그러나 1980년대 후반 이후 동아시아 국가들이 경험한 정치적, 경제적, 사회적 변화로 인해 과연 발전국가 모형이 여전히 유효한가에 대한 질문이 제기되었다. 다시 말해, 동아시아 국가들의 공공 의사결정 과정에서 발전주의 이념이 여전히 실질적인 영향력을 발휘하는가에 대한 의문이 나타났다. 한국의 경우, 1987년 정치적 민주화 이후 국가의 시장 및 시민사회에 대한 압도적 우위가 상실되었고, 1980년대와 1990년대를 거치면서 국제 자본시장에의 개방에 대한 압력이 증대되었으며, 정경유착으로 인한 부정부패와 방만한 기업 운영의 문제가 불거지는 등 내부적 환경의 한계와 외부적 환경의 변화에 기존의 발전국가체계가 효과적으로 작동하지 못한다는 점이 점차 명확해졌다. 결정적으로, 1997~98년 외환위기로 인해 한국을 비롯한 동아시아 발전국가의 제도적 기반은 점차 변형 또는 해체되기 시작하였다(문돈·정진영, 2014).

그럼에도 불구하고, 많은 학자들이 여전히 한국을 비롯한 동아시아 국가들의 공공 의사결정 과정에서 발전주의 이념이 유효함을 주장하고 있다. 특히, 한국의 에너지(전환) 정책과정에서 여전히 경제발전이 최우선 정책목표로 설정되는 데 상당한 영향을 주고 있다(Kalinowski, 2021; Kim & Thurbon, 2015). 예를 들어, 이명박 정부(2008–2013년)의 '녹색성장' 정책이나 문재인 정부 (2017–2022년)의 '그린뉴딜' 정책과 '재생에너지 3020 이행계획' 등에서 볼 수 있듯이, 정부가 에너지 시장에 적극적으로 개입함으로써, 에너지(전환) 목표를 추구하는 동시에, 에너지 시장의 경쟁을 촉진하고, 관련 국내 업체들의 시장 경쟁력을 보완하고자 하였다. 이러한 측면에서 한국을 비롯한 동아시아 국가들에서 에너지(전환)정책은 환경주의적 목표와 발전주의적 목표가 결합한 환경주의적 발전주의(environmental developmentalism) 또는 발전주의적 환경주의 (developmental environmentalism)가 나타나고 있다.

IV. 에너지전환과 이념, 가치의 미래

본 장에서는 에너지전환에 관한 공공의사결정 이면에 존재하는 다양한 가치(인권, 에너지 안보, 에너지 정의 등)와 이념(환경주의/생태주의, 신자유주의, 발전주의)에 대해 살펴보았다. 현재 한국사회가 미주한 탄소중립과 기후위기에의 성공적인 대응을 위해서 이러한 에너지전환 관련 가치와 이념을 이해·논의하는 것은 매우 중요한 과제 중 하나일 것이다. 이는 비단 이들 정책아이디어가 관련 공공정책을 결정·집행·평가하는 데 핵심적인 기준이 된다는 점

때문만이 아니다. 오히려 한 사회가 에너지전환을 추구·달성하기 위한 핵심적인 과제는 에너지전환의 방향과 필요성에 대한 사회 구성원 모두의 수용성을 높이는 것이며, 이는 에너지전환의 가치와 이념과 밀접하게 관련된다는 점을 지적할 수 있다. 다시 말해, 에너지전환의 성공 여부는 에너지(전환)의 기술적 변화를 추구하는 것뿐 아니라 이와 관련한 공공가치 및 이념에 대한 고민까지 포함하기 때문에, 에너지전환의 실현 가능성은 에너지전환을 어떠한 방식으로 추구하고 이용할 것인가에 관한 행동양식의 변화뿐 아니라, 사회 구성원 모두의 수용에 달려 있다. 따라서 가장 근본적인 수준에서 에너지전환을 주도하는 것은 에너지전환과 관련한 공공가치 및 이념에 기반한 사회적 우선순위의 변화라는 점을 염두에 둘 필요가 있다.

토론의 장

□ 토론1: 에너지전환을 둘러싼 가치/이념 충돌 간 충돌 문제
- 토론질문 1: 에너지전환 정책과정에서 인권, 에너지안보, 에너지정의 간의 가치 충돌 현상이 발생할 경우, 어떻게 해야 하는가?
- 토론질문 2: 에너지안보의 하위 가치인 가용성과 가격적정성 간의 또는 에너지정의의 하위 가치인 지속가능성과 형평성 간의 충돌 가능성은 없는가? 이들 하위 가치는 동시에 달성할 수 있는가?
- 관련자료

> *** WORLD ENERGY COUNCIL(World Energy Trilemma Index)**
> 에너지 트릴레마(Energy Trilemma) 개념은 세계에너지총회(WEC, World Energy Congress, WEC)에서 에너지(전환)정책의 세 가지 목표인 에너지 안보(energy security), 에너지 형평성(energy equity), 환경적 지속가능성(environmental sustainability)이 서로 충돌하여, 어느 하나의 목표를 선택해도 다른 문제에 빠지게 되는'에너지 삼중고' 현상을 의미한다. WEC는'에너지 트릴레마 지수'(Energy Trilemma Index)를 통해 개별 국가가 에너지(전환)정책을 결정하는 데 이상의 세 가지 목표에 대해 포괄적으로 고려하도록 하고 있다.
> 출처: https://www.worldenergy.org/transition-toolkit/world-energy-trilemma-index

□ 토론2: 한국 에너지(전환)정책의 이념
- 토론질문 1: 한국의 에너지(전환) 정책과정에서 가장 영향력 있는 이념은 무엇일까?
- 토론질문 2: 에너지(전환) 정책과정에서 이념은 왜 중요한가?
- 관련자료

> *** 대한민국 정책브리핑 (에너지전환 정책 & 「새정부 에너지정책 방향」 국무회의 의결)**
> 2010년대 후반부터 한국 정부는 다양한 에너지전환정책을 수립·추진하고 있다. 예를 들어, 문재인 정부(2017~2022년)에서는 2017년 8월 에너지전환정책 추진을 위한 에너지전환 국민소통TF를 구성한 이후, 에너지전환로드맵, 재생에너지 3020 이행계획, 수소경제로드맵, 제3차 에너지기본계획 등이 차례로 발표·제시되었다. 또한, 윤석열 정부(2022

년~현재)에서는 '새정부 에너지정책 방향'을 발표하면서, "기후변화 대응, 에너지 안보 강화, 에너지 신산업 창출을 통한 튼튼한 에너지 시스템 구현"이라는 비전을 제시하였다.

출처: https://www.korea.kr/special/policyCurationView.do?newsId=148864795;
https://www.korea.kr/news/pressReleaseView.do?newsId=156514926

참고문헌

구도완. (2006). 한국 환경운동의 담론: 낭만주의와 합리주의. 경제와사회, (69): 128－153.

머레이 북친. (1998). 사회 생태주의란 무엇인가: 녹색 미래로 가는 길(박홍규 옮김). 민음사.

이근식. (2009). 신자유주의: 하이에크, 프리드먼, 뷰캐넌. 서울: 기파랑.

이수민·김현재. (2021). 에너지 전환 과정에서의 에너지 정의 논의와 정책적 시사점. 울산: 에너지경제연구원.

진종헌. (2009). 경관연구의 환경론적 함의: 낭만주의 경관을 중심으로. 문화역사지리, 21(1): 149－160.

최병두. (2010). 신자유주의적 에너지정책과 '녹색성장'의 한계. 대한지리학회지, 45(1): 26－48.

최병두. (2019). 자본에 의한 자연의 포섭과 그 한계. 대한지리학회지, 54(1): 111－133.

한면희. (2010). 현실 녹색정책의 이념과 생태주의 사상. 동서사상, 8: 161－184.

황진태·박배균. (2013). 한국의 국가와 자연의 관계에 대한 정치생태학적 연구를 위한 시론. 대한지리학회지, 48(3): 348－365.

Baker, S., DeVar, S., & Prakash, S. (2019). *The Energy Justice Workbook*. Initiative for Energy Justice.

Bannister, F., & Connolly, R. (2014). ICT, public values and transformative government: A framework and programme for research. *Government Information Quarterly*, 31(1): 119－128.

Baradat, L. P., & Phillips, J. A. (2019). *Political ideologies: Their origins and impact* (13th ed.). London: Routledge.

Béland, D., & Cox, R. H. (2011). Ideas and politics. In Béland, D., & Cox, R. H. (eds.). *Ideas and politics in social science research* (pp. 3－20), Oxford: Oxford University Press.

Castree, N. (2008). Neoliberalising nature: the logics of deregulation and reregulation. *Environment and Planning A*, 40(1): 131－152.

Daly, H. E. (1993). Sustainable Growth: An Impossibility Theorem. In Daly, H. E. et al., eds. *Valuing the Earth: Economy*, Ecology, Ethics, Cambridge: The MIT Press.

Deyo, F. C. (ed.). (1987). *The political economy of the new Asian industrialism*. Ithaca, NY: Cornell University Press.

Edens, M., (2017). Public value tensions for Dutch DSOs in times of energy transition: a legal approach. *Competition and Regulation in Network Industries*, 18: 132-149.

Edens, M. G., & Lavrijssen, S. A. C. M. (2019). Balancing public values during the energy transition - How can German and Dutch DSOs safeguard sustainability? *Energy Policy*, 128: 57-65.

Harvey, D. (2005). *A Brief History of Neoliberalism*. Oxford: Oxford University Press.

Hawken P. (1994). *The ecology of commerce: a declaration of sustainability*. New York: Harper Collins.

Ingram, H., Schneider, A. L., & de Leon, P. (2007). Social Construction and Policy Design. In Sabatier, P. A. (ed.). *Theories of the Policy Process* (pp. 93-126). Colorado: Westview Press.

Johnson, C. (1982). *MITI and the Japanese miracle: the growth of industrial policy, 1925-1975*. Stanford University Press.

Kalinowski T. (2021). The politics of climate change in a neo-developmental state: The case of South Korea. *International Political Science Review*, 42(1): 48-63.

Kernaghan, K. (2003). Integrating values into public service: The values statement as centerpiece. *Public administration review*, 63(6): 711-719.

Kim, S.-Y., & Thurbon, E. (2015). Developmental Environmentalism Explaining South Korea's Ambitious Pursuit of Green Growth. *Politics & Society*, 43: 213-240.

McCauley, D. A., Heffron, R. J., Stephan, H., & Jenkins, K. (2013). Advancing energy justice: the triumvirate of tenets. *International Energy Law Review*, 32(3): 107-110.

McCauley, D., Ramasar, V., Heffron, R. J., Sovacool, B. K., Mebratu, D., & Mundaca, L. (2019). Energy justice in the transition to low carbon energy systems: Exploring key themes in interdisciplinary research. *Applied Energy*, 233-234: 916-921.

Pant, G. (2010). The future of energy security through a global restructuring. *South Asian Survey*, 17(1): 31-43.

Pronińska, K. (2007). Energy and security: regional and global dimensions. In Stockholm International Peace Research Institute, ed. *SIPRI Yearbook 2007* (pp. 215-240). Oxford University Press.

Schwartz, S. H., & Bilsky, W. (1987). Toward a universal psychological structure of human values. *Journal of Personality and Social Psychology*, 53(3): 550−562.

Smith, N. (2006). Nature as accumulation strategy. In Panitch, L., & Leys, C. (eds.). *Coming to Terms with Nature* (pp. 16−36). London: Merlin Press.

Sovacool, B. K., & Dworkin, M. H. (2015). Energy justice: Conceptual insights and practical applications. *Applied Energy*, 142: 435−444.

Vasak, K. (1977). Human Rights: A Thirty−Year Struggle: the Sustained Efforts to give Force of law to the Universal Declaration of Human Rights. *UNESCO Courier*, 11: 29−32.

Von Hippel, D., Suzuki, T., Williams, J. H., Savage, T., & Hayes, P. (2011). Energy se−curity and sustainability in Northeast Asia. *Energy policy*, 39(11): 6719−6730.

WCED. (1987). Our Common Future. World Commission on Environment and Development.

WEC. (2021). *World Energy Trilemma Index 2021 Report*. World Energy Council.

Weijnen, M. P. C., Lukszo, Z., & Farahani, S. (eds.). (2021). *Shaping an Inclusive Energy Transition*. Springer.

Woo, J., (1991). *Race to the swift: state and finance in Korean industralization*. New York: Columbia University Press.

Woo−Cummings, M. (ed.). (1999). *The Developmental State*. New York: Cornell University Press.

Yergin, D. (2006). Ensuring energy security. *Foreign Affairs*, 85(2): 69−82.

제5장

에너지전환과 공정

•

김진선

제5장

에너지전환과 공정

·

김진선

Ⅰ. 왜 '공정'을 논해야 하는가?

본 절(節)은 에너지전환으로 발생하는 '산업구조' 변화(예: 석탄화력발전 산업→신재생에너지 산업)에 초점을 두고, 그 과정에서 불가피하게 사회·경제적 타격을 받게 되는 전통 산업 '노동자들'을 위한 '공정'(公正, fairness)이 무엇인가를 논하고자 한다. 즉, 탄소중립으로 가는 길목에서 소수의 피해를 최소화하고, 지속 가능한 전환을 도모할 수 있는 묘책이 무엇일지 살펴본다. 이를 위해 공정의 일반론적 개념을 살펴보고, 국제기구 등에서 규범적 코드로 통용되고 있는 '공정한 전환'(Just Transition)을 소개함으로써 동 개념이 에너지전환 맥락에서 어떻게 적용될 수 있을지 탐색해본다.[1]

1. 공정의 개념

새로운 것 없는 '공정'이라는 키워드가 최근 우리 사회에 파장을 일으키고 있다. 그렇다면, 공정은 무엇인가? 공정은 문자 그대로 '한쪽으로 치우침 없이 공평하고 올바른 것'을 의미한다. 그러나 공정의 정의는 '무엇'이 공평하

---

1) 공정한 전환(Just Transition)은 학계, 노동 현장 등에서 '정의로운' 전환으로 번역되어 사용되기도 하나, 본 장(障)에서는 정부에서 정책용어로 활용하는 '공정한' 전환으로 통일하여 사용하고자 한다.

고 올바른가에 대한 해답을 제시해주지 않는다. 결과적으로 공동체가 나누어야 할 몫이 제한된 상황에서 '공정'은 한 사회가 처한 정치·사회적 맥락, 규범, 평가 대상/기준 등에 따라 다양하게 해석될 수밖에 없다. 한마디로 여기서 공정은 절대적 가치가 아닌 사회적으로 합의되는 '구성물'로 이해할 수 있는 것이다.

이렇듯, '무엇이 공정인가'라는 물음은 오랜 철학적 숙제였다. 다양한 학자들이 공정이 무엇인가에 답하기 위해 수많은 논쟁을 이어왔으며, 지금까지 논의된 공정의 개념은 크게 '분배적'(distributive) 차원과 '절차적'(procedural) 차원으로 구분해 볼 수 있다(Cook & Hegtvedt, 1983).

구체적으로 살펴보면 첫째, '분배의 공정성'은 한 사회의 자원, 기회, 책임(부담) 등을 배분하는 일련의 원칙(기준)으로서, 어떻게 '자원을 할당'(allocation of resources)하는 것이 바람직한가와 연결된다. 가령, '정의론'의 대표적 철학자 롤스(J. Rawls)는 '공정으로서의 정의'(justice as fairness)를 강조하며, 2가지의 원칙이 지켜질 때 그 사회는 분배적 공정성이 달성됐다고 정의한다. 즉, ① 먼저 모든 사람에게 '동등한 기회'를 보장하고, ② 그 이후 발생하는 차등적 결과를 '최소극대화'(maximin principle) 원칙에 따라 최소수혜자에게 최대의 이익이 돌아가도록 할 때 특정 분배의 기준은 정당화될 수 있다고 보는 것이다(Rawls, 1999).[2]

둘째, '절차의 공정성'은 분배의 결과뿐만 아니라, 분배가 이루어지는 '과정'이 정의로워야 함을 의미한다. '자유지상주의'를 강조하는 노직(Nozick)은 분배의 최종 결과에 따라 발생한 불평등에 대한 인위적인 정부의 조정(개입)을 반대한다. 즉, 개인이 특정 자원(기회)을 획득하는 '과정'이 정의로웠다면, '결과의 불평등'은 불가피하다고 보는 것이다. 또한, 동 관점은 보상의 결과를 결정하는 과정에 개인이 동등하게 참여하고 의견을 개진할 수 있다면, 이는 결과적으로 개인의 이익을 관철할 가능성이 크기 때문에 분배의 결과는 공정

---

2) 물론, 롤스(Rawls)의 무조건적 최소극대화 원리를 비판한 드워킨(Dworkin)은 동일한 상황에서 '공정'의 기준을 다르게 평가할 수 있다. 이외에 공리주의를 강조하는 밀(Mill), 벤담(Bentham) 등은 '최대 다수의 최대 행복'을 지향하며, 특정 대안이 사회 전체의 이익을 극대화할 수 있다면 그로 인한 일부 소수의 희생은 불가피하다고 말할 수도 있다.

해질 수 있다고 여긴다(곽영신·류웅재, 2021).

　이외에도 최근에는 절차의 공정성을 보완하는 개념으로서, '결과'의 공정성을 강조하는 목소리가 존재한다. 이는 과정의 공정함과 결과의 공정함을 분리해 생각할 수 없다는 전제하에, 절차의 공정성이 '형식'에 그치지 않도록 최종적인 결과의 공정함(불평등)도 함께 숙고해야 함을 강조한다. 소위 '수저계급론'이 말해주듯, 이제 우리 사회는 기회와 절차의 공정함만으로 결과의 공정함까지 달성할 수 없음을 내포하는 것이다.

　이상의 논의에 기초해 볼 때, '에너지전환 과정에서 '공정'은 어떻게 정의할 수 있을까?' 특히, '급속한 산업전환으로 야기되는 고탄소·노동 집약산업 근로자들의 고용 이슈를 어떻게 접근하고 해결해야 할 것인가?' 상기한 공정의 개념이 접목된 '공정한 전환'을 통해 본격적으로 탐색해보자.

2. 에너지전환과 공정: '공정한 전환'(Just Transition)

1) 공정한 전환의 개념과 역사

　공정한 전환(Just Transition)은 양립하는 '노동과 환경'의 문제를 극복하기 위한 노력의 일환으로 등장한 규범적 개념(normative concept)으로, 사회 구조의 급속한 전환이 일어날 때 그 '과정'과 '결과'가 모두 정의로워야 함을 의미한다(김현우, 2017; Harrahill & Douglas, 2019). 한마디로, 전환의 목표가 바람직할지라도, 그로 인한 소수의 희생과 결과의 불공정함이 정당화되지 않도록 제도적 기반이 마련되어야 함을 강조하는 것이다.

　이러한 공정한 전환의 기원은 오랜 시간 미국의 노동조합 지도자로 활동했던 토니 마조치(Tony Mazzocchi)로 거슬러 올라간다(ILO, 2018). 다양한 노동 현장에서 경험을 쌓은 그는 레이철 카슨(Rachel Carson)의 《침묵의 봄》을 읽고, 화학 살충제가 환경에 유해를 가한다면 그 제조업에 종사하는 현장 노동자들에게도 분명 해로울 것이라 보고 노동자들의 '건강권', '안전' 등에 관심을 기울이기 시작하였다(김현우, 2014; Leopold, 2007). 더하여, 그는 노동자의 권리뿐만 아니라, '환경'이 배제된 급속한 산업화 과정에서 자신들의 작업장이 환경을 위협하는 오염물질을 무분별하게 배출하고 있고, 이로 인해 지구온난화가 심각해지고 있다는 사실에 주목하였다. 즉, 환경의 가치를 인정하고 '독성 경제'에 의존해 온 산업의 녹색 전환을 지지하며, 그 과정에서 산업 "노동자와 지역 공동체가 새로운 삶을 찾을 수 있도록" 공정한 제도적 방안이 마련되어야 함을 강조한 것이다(이정희 외, 2021). 이러한 배경이 마조치(Mazzocchi)를 양립하는 '노동(일자리)'과 '환경'의 가치를 조화시키려고 한 선구자로 평가하는 이유이다(Leopold, 2007).

또한, 마조치(Mazzocchi)는 세계 2차 대전 직후 시행된 미국의 1944년 제대군인 원호법(GI Bill)과 1980년대 미국의 환경규제법 등에서 '노동자와 지역 공동체'를 위한 제도적 방안의 아이디어를 찾았다. 제대군인 원호법은 미국 정부가 전쟁에서 돌아온 재향군인이 일자리를 찾고 지역사회에 정착할 수 있도록 다방면의 사회·경제적 지원을 보장한 것으로서, 빠르고 안정적으로 미국 사회의 경제적 안정을 가져다준 것으로 평가되고 있다(김현우, 2017). 환경규제법은 1980년대 환경오염 주체에게 그에 응당한 책임을 부과하는 취지로, 오염물질 정화를 직접 수행하게 하거나 정화 작업에 대한 일정 비용을 정부에 상환하도록 규정하고 있었다.3)

상기한 아이디어에 착안하여, 마조치(Mazzocchi)는 환경에 위해를 가하는 산업을 친환경 산업으로 전환하는 미국의 환경 보호정책으로 인해 '실직' 위기에 놓인 노동자를 보호하기 위한 정책을 제안하였다. 즉, 일명 '노동자를 위한 슈퍼펀드'(Superfund for worker)로서, 특정 기금을 마련하여 오염산업 규제로 인해 발생하는 비용을 '노동자'뿐만 아니라 사회구성원 모두가 공정하게 분담하자는 논리이다(여형범, 2022). 이러한 일련의 마조치(Mazzocchi)의 활동은 추후 노동 분야 활동가들에 의해 '공정한 전환'이라는 이름으로 명명되었으며, 현재 우리가 사회·경제 구조 전반의 전환을 논할 때 '공정'을 가늠할 수 있는 규범적 척도로 활용되게 된 것이다.

---

3) EPA(United States Environment Protection Agency) 홈페이지(https://www.epa.gov/super-fund/what-superfund) 참조.

2) 에너지 정책에서의 '공정한 전환'

① 왜 공정한 전환인가?

지금의 에너지전환 과정에서 '공정한 전환'은 어떻게 적용 가능한가? 최근 우리 사회가 직면하고 있는 유례없는 '극한기후현상'(extreme climatic phenomena)은 '녹색경제(산업)'로의 이행을 촉구한다.[4] 오랫동안 경제성장의 주축을 이루었던 화석연료 의존산업에서 친환경 에너지로의 전환을 모색해야 하는 때인 것이다. 기후 위기의 시대, 한국 정부도 '2050 탄소중립' 비전을 선포하고, 온실가스 감축 등을 통해 '저탄소' 사회로의 전환을 준비하고 있다. 석탄화력발전소도 2034년까지 30기를 단계적으로 폐지한다는 방침이며, 내연기관차 중심의 자동차산업은 전기차로 차츰 전환될 것으로 예측된다.

이러한 기후변화에 대응하는 정부의 규제정책, 산업구조 변화 등은 전통산업 근로자들의 고용 위기를 증대하는 것으로 확인된다(Martinez-Fernandez, 2010). 현재 우리나라도 2018년 기준 '탄소 유발계수'가 높은 업종의 근로자 수가 약 314만 명으로 추정됨에 따라, 녹색 전환은 고용환경에 상당한 변화를 초래할 것으로 예상된다(김종진, 2022). 특히, 보호의 필요성이 높은 비정규직은 전체의 33.2%를 차지하는 것으로 나타나고 있어, 에너지 정책의 비용부담 집단으로 간주할 수 있는 사양 산업 '근로자'들을 위한 공정한 사회·제도적 대안이 무엇일지 고민해봐야 하는 이유이다. 즉, 환경과 공생할 수 있는 지속 가능한 삶으로의 산업구조 전환이 모두에게 불가피하다면, 전환과정에서 야기되는 비용(피해)은 누가 부담하는 것이 공정한가에 대한 논의가 필요한 것이다. 이때, 노동자들의 에너지전환 정책 '수용성'을 높이고 지속 가능한 산업으로 전환을 꾀할 수 있는 지렛대로서 '공정한 전환'을 고려해 볼 수 있다 (Harrahill & Douglas, 2019; ILO, 2015; Schulz, & Schwartzkopff, 2016). 마조치(Mazzocchi)의 제안처럼, 노동(일자리)과 환경이 대립하는 가치가 아닌, 상호

---

4) 극한기후현상(extreme climatic phenomena)은 "기온이나 강수량 등이 평년값을 크게 벗어난 상태이거나 일정 기준값보다 높거나 낮은 것을 의미"하며, "기후변화로 극한기후현상이 강해지거나 빈번히 발생하고 있으며 미래에 더 심화할 것으로 전망"된다(기후정보포털 홈페이지 참조).

연대를 통해 새로운 대안을 모색해 보는 것이다. 또한, '공정한 전환'을 포함한 정부 전환 계획은 정책 당사자들의 수용도를 높이고, 정책의 정당성을 확보할 수 있는 수단으로서도 활용 가치가 높다고 볼 수 있다.

표 5-1 탄소 유발 업종 노동시장 규모 및 현황(2018년 기준)

지역	구분	1그룹 (탄소배출 상위)	2그룹 (탄소배출 중간)	3그룹 (탄소배출 하위)
서울	노동자 규모	403천명	2,430천명	1,389천명
서울	1주일 노동시간	43.9시간	42.2시간	42.6시간
충남	노동자 규모	178천명	433천명	149천명
충남	1주일 노동시간	43.9시간	42.5시간	43.9시간
경남	노동자 규모	322천명	591천명	212천명
경남	1주일 노동시간	45.4시간	41.8시간	43.7시간
전북	노동자 규모	97천명	314천명	120천명
전북	1주일 노동시간	42.7시간	41.8시간	42.0시간

자료:오형나 외(2021); 김종진(2022)에서 재인용

② 공정한 전환의 다양한 접근

2000년대를 거치면서 다양한 국제기구의 노력으로 '공정한 전환'은 탄소중립을 위한 필수요소로 받아들여지기 시작하였다. 즉, 공정한 전환 담론은 "초기의 노동계 차원의 논의에서 벗어나, 환경·사회·경제적 차원의 국제적 담론으로 발전"하였으며, "환경 변화의 사회적·보건적 영향에 지속적인 관심을 가져온 다수의 국가·지역 단위의 노동조합"을 통해 점차 확산하였다(한빛나라, 2021: 207). 일례로, 국제노동조합연맹(ITUC)은 본격적으로 2008년 기후변화협약 당사국총회 개최에 맞춰 '공정한 전환'을 요구하는 성명을 발표하고,

이를 "기후변화에 맞서 싸우는 '특별한 접근'"으로 명명하였다(아나벨라 로젬버그, 2019: 53; 이정희 외, 2021: 38). 2009년 ITUC가 코펜하겐 기후변화협약 당사국총회에서 배포한 자료에 따르면, 공정한 전환은 다음과 같이 정의 내려진다.

"공정한 전환은 지속 가능한 사회로의 전환을 원활하게 하고, 모두를 위한 양질의 일자리와 생계를 유지할 수 있는 '녹색경제'의 가능성을 제안하는 노동조합운동과 국제사회가 공유하는 도구(수단)이다(ITUC, 2009)."

더불어, 국제노동기구(ILO)도 녹색일자리(Green Jobs)[5]와 공정한 전환 프로그램을 제안하고, 녹색경제가 일자리에 미칠 영향을 검토하고 공정한 전환의 필요성을 강조하였다(여형범, 2022). 이렇듯, 공정한 전환을 탄소중립 과정의 핵심과제로 관철하기 위한 국제기구의 노력은 2015년 '파리 기후변화협약'에 해당 의제를 포함하는 성과를 거두었다.

"국가적으로 정의된 개발 우선순위에 따라 노동의 공정한 전환과 양질의 일자리 및 양질의 일자리 창출 필요성을 고려하여야 한다(Paris Agreement, 2015)."

또한, 공정한 전환 담론은 국제노동기구(ILO), 유엔환경계획(UNEP), 국제사용자기구(IOE), 국제노동조합연맹(ITUC)이 공동 개발한 '녹색일자리 이니셔티브'(Green Jobs Initiative, 2009-2014)를 통해 확장해 나갔다. 이는 기회, 형평성 등의 가치를 통해 녹색경제로의 전환을 도모하는 것으로, 정부, 고용주, 근로자가 협력하여 양질의 녹색일자리를 창출함으로써 지속 가능한 공정한 전환을 실현하는 것을 의미한다.[6] 여기서 양질의 녹색일자리는 ① 에너지 및 원자재 소비를 줄이고, ② 온실가스, 폐기물 등의 배출을 최소화하며, ③ 생태

---

5) 녹색일자리는 공정한 전환을 통해 노동과 환경이 상호 공존할 수 있는 대안을 찾는 과정에서 등장한 개념으로서, 환경의 질을 보존하거나 복원하는 데 기여할 수 있는 양질의 일자리를 의미한다.

6) ILO 홈페이지(https://www.ilo.org/beijing/what-we-do/projects/WCMS_182418/lang--en/index.htm) 참조

계를 보호하고 복원할 수 있으며, ④ 기후변화에 영향받는 근로자들의 적응을 도울 것으로 기대한다. 이러한 흐름은 '일자리'에 국한한 공정한 전환 논의를 '기후변화 대응'에 초점을 두고, 지속 가능한 녹색경제, 다양한 이해당사자의 연대 등을 포함하는 사회적 과제로 전환하는 계기를 마련하였다.

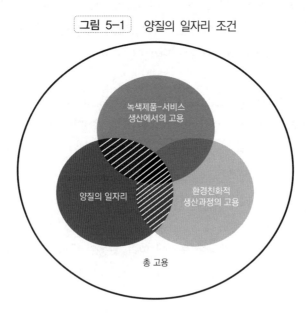

그림 5-1　양질의 일자리 조건

자료: 국제노동기구(ILO) 홈페이지 참조.

　　이후에도, 2018년 제24차 당사국총회(COP24)는 '연대와 정의로운 전환에 관한 실레지아 선언'을 채택하고, "노동자뿐만 아니라 지역사회와 다양한 이해당사자들의 연대"가 공정한 전환을 위해 중요함을 강조하였다(여형범, 2022). 2021년 제26차 당사국총회에서도 노동자들의 양질의 일자리 지원, 사회적 대화 등이 전제될 때 지속 가능한 전환을 추진할 수 있다고 보고 공정한 전환의 이행을 촉구하였다.

　　이렇듯, 공정한 전환의 다양한 접근은 에너지전환으로 인한 '승자와 패자'의 이분법적 논리를 벗어나, 전환으로 야기되는 혜택과 비용의 불평등을 정부, 민간기업, 근로자, 지역사회 등이 어떻게 협력하여 정의로운 결과를 만들어갈 수 있을지에 대한 실마리를 제공한다(Cha, 2020).

Ⅱ. 환경과 노동의 조화

본 절에서는 지금까지 논의한 공정한 전환을 구현하기 위해서 '무엇'을 해야 하는가에 대한 답을 찾고자 한다. 먼저, 다양한 국제기구에서 제안하고 있는 공정한 전환의 차원을 살펴보고, 독일의 사례를 간략히 추적해 봄으로써 '환경과 노동'의 가치가 공정한 전환을 통해 양립 가능한지를 모색해 보고자 한다.

1. 공정한 전환의 차원: 무엇을 고려해야 하는가?

1) 국제노동기구(ILO)의 공정한 전환

① 공정한 전환의 비전과 원칙

국제노동기구(이하, ILO)는 2013년 102차 회의에서 '공정한 전환'을 공식 의제로 채택하고, 지속 가능한 개발, 양질의 일자리, 녹색일자리 등을 구축하기 위한 다각도의 노력을 이어왔다. 2015년에는 선언적 규범의 '공정한 전환'을 '구체화'할 수 있는 일종의 가이드라인(guideline)을 제시함으로써, 각국 정책의 표본이 되고 있다.

구체적으로, ILO는 공정한 전환을 위한 11개의 비전을 제시하고 있다. 핵심 가치는 지속 가능한 개발을 위해 미래 세대와 현재 세대의 '필요'가 조화를 이루어야 한다는 것으로시, 이를 위해서는 전환과정에서 ① 양질의 일자리(decent work) ② 빈곤 퇴치(poverty eradication) ③ 환경적 지속가능성(environmental sustainability)이 고려되어야 함을 강조한다. 또한, ILO의 비전은 노동자의 '일자리 보장'뿐만 아니라, 확장적으로 지속 가능한 경제로의 전환을 통해 '공정한 전환'을 꾀하고자 함을 확인할 수 있다. 구체적인 비전은 다음의 <표 5-2>와 같다.

표 5-2 ILO의 공정한 전환을 위한 비전

1	양질의 일자리를 위한 4개의 과제-사회적 대화, 사회적 보호, 직장에서의 권리, 고용-는 지속 가능한 개발을 위한 필수 구성요소이며, 이는 포용적 성장을 위한 정책 중심에 있어야 한다.
2	지속 가능한 개발은 미래 세대가 자신의 필요를 충족할 수 있는 능력을 손상하지 않으면서 현재 세대의 필요가 충족될 때 가능하며, 경제·사회·환경 3가지의 차원이 상호 동등하게 다루어져야 한다.
3	공통의 글로벌 목적을 공유하되, 지속 가능한 개발을 위한 각국의 상황과 우선순위에 따라 활용할 수 있는 다양한 접근 방식, 모델, 도구가 있다.
4	환경적으로 지속 가능한 경제를 구축하기 위해 공정한 전환은 잘 관리될 필요가 있으며, 모두를 위한 양질의 일자리, 사회적 통합, 빈곤 퇴치 등의 목표를 달성하는 데 기여해야 한다.
5	양질의 일자리, 빈곤 퇴치 및 환경적 지속가능성은 21세기를 정의하는 3가지의 도전과제이다. 경제는 증가하는 세계 인구의 필요를 충족시킬 수 있을 만큼 생산적이어야 하며, 사회는 모두에게 양질의 일자리를 제공하고 불평등을 줄이며, 빈곤을 효과적으로 제거할 수 있을 만큼 포용적이어야 한다.
6	경제, 기업 및 일자리의 녹색화를 언급할 때는 지속 가능한 개발 및 빈곤 퇴치의 맥락에서 고려해야 한다.
7	경제의 녹색화는 사회적 목표를 달성할 많은 기회를 제공할 것이다. 이는 선진국과 개발도상국 모두에게 새로운 성장 동력이 될 것이며, 빈곤 퇴치 및 사회통합에 기여할 수 있는 양질의 녹색일자리를 창출할 잠재력을 가지고 있다. 또한, 경제의 녹색화는 불평등을 해결하고 회복력을 높이는 동시에 천연자원을 지속가능하게 관리하고 에너지 효율성을 높이며, 폐기물을 줄이는 능력을 향상시킬 것이다.
8	환경·사회적으로 지속 가능한 경제로의 전환은 일자리 창출, 일자리 향상, 사회정의 및 빈곤 퇴치를 위한 강력한 동인이 될 수 있다. 기업과 일자리의 녹색화는 혁신으로 이어지고, 회복력을 강화하며, 새로운 투자와 고용을 유지·창출하는 데 기여한다.
9	지속 가능한 개발은 이해당사자의 적극적 참여가 전제될 때 가능하다. 정부, 고용주, 근로자는 수동적인 방관자가 아닌, 현재와 미래 세대를 위해 환경을 보호하고 빈곤을 근절하며 지속 가능한 기업을 육성할 변화의 주체이다.
10	환경적으로 지속 가능한 개발을 위해서는 ILO와 회원국의 광범위한 노력과 활동이 필요하다. 이러한 맥락에서 ILO의 권한 내에서 협력, 정보 공유 및 공동행동은 가치가 있을 것이다.

11	우리는 환경과 개발에 관한 리우 선언(1992)에 명시된 공통적이지만 차별화된 책임의 원칙을 기억한다.

자료: ILO(2015). Guidelines for a just transition towards environmentally sustainable economies and societies for all. 참조

또한, ILO는 11가지의 비전을 실현하기 위한 7가지의 원칙을 제안한다. ⅰ) 첫째, 지속가능성에 대한 목표와 경로에 있어 '사회적 합의'의 중요성을 강조한다. 사회적 대화를 모든 수준의 정책 결정 및 실행을 위한 필수요소로 간주하고, '모든' 관련 이해관계자와 적절하고 지속적인 협의를 이어나갈 것을 권고한다. ⅱ) 둘째, 정책은 '일터'에서의 기본권을 존중하고 증진·실현할 수 있어야 한다. ⅲ) 셋째, 정책은 환경적 도전과 기회에 있어 성평등 측면을 고려해야 하며, 평등한 결과를 촉진하기 위해 노력해야 한다. ⅳ) 넷째, 경제, 환경, 사회, 교육/훈련 및 노동 전반에 걸친 일관된 정책은 환경적으로 지속 가능하고 포용적인 경제/사회로의 전환을 위한 환경을 조성해야 한다. ⅴ) 다섯째, 정책은 고용, 실직에 대한 사회적 보호, 기술개발, 단체교섭권 등의 권리를 보장해야 한다. ⅵ) 여섯째, "모든 것에 맞는 하나의 크기"(one size fits all)는 없음을 인지하고, 정책과 프로그램은 개발단계, 경제 부문, 기업 유형 및 규모를 포함한 국가의 특정 조건에 따라 설계되어야 한다. ⅶ) 일곱째, 지속 가능한 개발 전략을 위해 국가 간 국제협력을 촉진해야 한다.

② 공정한 전환을 위한 과제

여기서는 ILO가 제안한 '양질의 일자리'(Decent Work)를 위한 4가지 과제를 살펴보고자 한다. 양질의 일자리는 '양적' 성장 중심의 고용정책만으로 노동자의 삶의 질을 보장할 수 없으며, 노동의 '질'(quality)을 향상할 수 있는 정책적 지원 마련이 필요하다는 인식에서 비롯하였다(Han et al., 2018), ILO은 공정한 전환의 핵심과제로 부상한 일자리의 질적 향상을 위해 2013년 '양질의 일자리 의제'(Decent Work Agenda)를 채택하고, 전략적 목표로서 ① 사회적 대화, ② 사회적 보호, ③ 노동의 권리, ④ 적극적 노동시장 정책 등을 다음과 같이 제안하였다.

첫째, 사회적 대화(Social dialogue)이다. ILO은 지속 가능한 포용적인 전환

을 위해서는 다자간의 '사회적 합의'가 필수조건이며, 전환의 목표와 경로를 위해 모든 이해당사자가 사회적 대화에 참여할 수 있어야 함을 천명한다. 사회적 대화를 위한 공론의 장은 이해당사자에게 참여의 기회를 보장하고 협력을 촉진할 수 있는 수단으로서 기능함에 따라, 공정한 전환을 위한 강력한 지렛대로 작용할 수 있는 것이다(김진선·권향원, 2022). 사회적 대화를 측정할 수 있는 객관적 지표로는 노동조합 조직률, 사용자 조직률, 단체교섭 적용률, 협의체 유무 등을 예시할 수 있다(Harrahill & Douglas, 2019; ILO, 2013). 일례로, Harrahill & Douglas(2019)는 독일, 캐나다, 호주의 에너지전환 과정을 비교·분석한 결과, '사회적 대화'가 석탄 의존산업 근로자에게 미치는 영향을 예측하고 관리할 수 있는 최적의 도구임을 확인하였다. 반면, 사회적 대화가 활발히 이루어지지 않은 지역에서는 정부에 대한 불신이 생겼고, 지속 가능한 공정한 전환 가능성이 약해졌다고 평가하고 있다. 더하여, 유엔기후변화협약(UNFCCC)도 국가 차원에서 전환이 잘 관리되기 위해서는 정부, 고용주, 근로자 등의 이해관계자가 부문별 단체교섭 및 기타 다양한 형태의 사회적 대화에 참여할 수 있어야 한다고 강조한다.

둘째, 사회적 보호(Social protection)이다. 이는 산업구조 변화로 고용 위기에 놓인 근로자에게 직·간접적 소득 지원, 의료 및 사회복지서비스 등을 제공함으로써 전환으로 야기되는 불평등을 최소화하는 전략을 의미한다. 즉, 일련의 사회적 보호 조치는 기후변화에 대한 고용환경의 회복력을 강화하고 생산적이고 지속 가능한 고용보장으로 가는 가교역할을 한다고 이해할 수 있다(ILO, 2015). 대표적으로 Schulz, & Schwartzkopff(2016)는 독일의 경험을 토대로, '고용조정지원금'(adjustment money)은 실직 위기에 처한 근로자들을 보호하는 최소한의 사회 안전망이 될 수 있다고 주장한다.[7] 이외에 사회적 보호 조치는 기존 정부의 공적 보험 제도와 연계·강화할 수 있으며, 객관적 지표로는 공공사회 보장지출(GDP 대비 비율), 노령연금 수급 인구 비율 등이 활용

---

7) 독일의 고용조정지원금은 석탄·갈탄 광산 및 화력발전소 근로자(최대 4만 명 추산)에게 고용 관계 종료일 다음 날부터 최장 5년 동안 지급하는 기금으로, 재교육 및 신규 일자리로의 재배치 지원, 58세 이상 근로자의 조기 퇴직 보상, 조기 은퇴에 따른 연금 축소 보존 등을 위해 사용된다(에너지데일리, 2021.09.17.).

된다(ILO, 2013). 다만, 상기한 사회적 보호 제도는 소극적 조치로서, 에너지전환을 위한 노동자들의 피해를 줄이는 완충 역할을 할 수 있으나, 실질적으로 '고용의 질'을 담보하지는 못한다는 주장도 존재한다(e.g., Spencer et al., 2018). 사회적 보호 조치는 후술할 적극적 노동시장 정책 등과 병행되어야 시너지 효과를 볼 수 있음을 의미한다.

셋째, 노동의 권리(Rights at work)이다. 이는 노동자들이 일터에서 그들의 목소리를 정당하게 낼 수 있는 '법적 권리'로서, 결사의 자유, 단결권 및 단체교섭권, 차별을 당하지 않을 권리 등을 의미한다. 또한, 일터에서의 권리 존중은 '인간의 존엄성'을 위한 필수요소이며, 사회적 대화를 통해 사회·경제 위기를 극복할 수 있는 유용한 메커니즘이다(Olsen, 2010). Abraham(2017)도 과거 독일이 성공적으로 에너지 산업구조 전환을 이끌 수 있었던 요인은 '노동조합'이 정부 정책 결정 과정에 강력하고도 민주적으로 의견을 개진할 수 있었기 때문이라고 주장한다. 더하여, ILO(2018)도 필리핀 정부의 일방적인 광산 폐쇄를 막을 수 있었던 것은 국제 노동단체 등의 집중적인 캠페인이 있었기 때문이라고 평가한다. 이는 확고한 노동자의 권리가 보장될 때, 양질의 일자리를 위한 제1원칙인 사회적 대화가 가능하기 때문일 것이다.

넷째, 적극적 노동시장 정책(Active labour market policies)이다. 이는 녹색경제로 전환되는 과정에서 발생하는 실직 또는 실직 위기에 놓인 자들을 보호하기 위한 '적극적' 지원 정책을 의미한다. 가령, 일자리 창출을 통한 고용 기회 보상, 취업 알선 서비스 및 전·이직을 위한 교육 및 훈련프로그램 제공 등을 통해 실질적인 '고용가능성'을 높이는 것을 예시할 수 있다. 이때, 정부는 전환과정에서 노동시장의 변화하는 수요와 공급을 예측하고 기업과 근로자를 잇는 노동시장 정책을 고안해야 하며, 공공 고용서비스를 조정·강화하기 위한 적극적 노력을 수행해야 한다(ILO, 2015). 실제 독일의 특정 지역(NorthRhine Westphalia)은 직업훈련센터를 통해 80%의 재취업률을 달성한 것으로 알려졌다(Rosemberg, 2017). 이렇듯, 전환과정에 동등한 목소리를 낼 수 있는 사회적 대화의 장과 사회적 보호 조치 등이 궁극적으로 노동자들의 고용 접근성을 높이는 적극적 노동시장 정책과 결합할 때 공정한 전환에 더 가까워질 것으로 기대한다.

2) 유엔기후변화협약(UNFCCC)의 공정한 전환

① 에너지전환에 따른 고용시장의 변화

유엔기후변화협약(이하, UNFCCC)은 저탄소사회로의 전환은 '고용'에 긍정적 영향과 부정적 영향을 모두 미칠 수 있다고 보고, 2가지 측면이 함께 고려되어야 한다고 주장한다. 하나는 저탄소 산업과 서비스의 발전으로 인한 일자리의 '양적' 창출이며, 또 다른 측면은 화석연료 의존산업의 퇴역에 따른 일자리 축소 및 '질적' 하락을 말한다. 세부적으로 살펴보면, UNFCCC는 에너지 정책으로 인한 산업구조의 전환은 노동시장에 다음과 같은 '양적' 변화를 초래할 것으로 예측한다.[8]

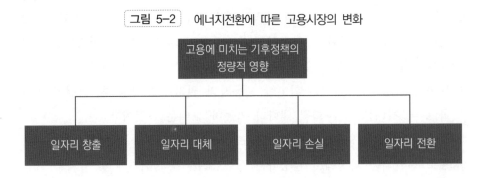

그림 5-2 에너지전환에 따른 고용시장의 변화

자료: UNFCCC.

첫째, 일자리 창출(Job creation)을 통한 새로운 노동시장의 수요 확대이다. 가령, 저탄소 집약산업, 기후변화 영향에 적응하고 회복력을 구축하기 위한 새로운 기반 시설 프로젝트 등을 예시할 수 있다.

둘째, 비교적 더 효율적인 산업으로의 일자리 대체(Job substitution)이다. 이는 화석연료에서 재생에너지, 내연기관 산업에서 전기자동차 생산 등으로의 점진적 또는 급진적 변화에 따른 것으로, 수행직무에 필요한 기술 등의

---

8) UNFCCC 홈페이지(chrome−extension://efaidnbmnnnibpcajpcglclefindmkaj/https://unfccc.int/sites/default/files/resource/Just%20transition.pdf) 참조

'요구사항'이 변경될 수 있음을 의미한다.

셋째, 특정 산업의 폐지로 인한 일자리 손실(Job elimination)이 발생할 수 있다. 즉, 대체 일자리 없이 산업현장에서 사라지는 것으로서, 주로 탄소 배출량이 높은 석탄 의존산업 등이 대표적이라 할 수 있다.

넷째, 친환경 방식으로의 일자리 전환과 재정의(Job transformation and re-definition)가 이루어질 수 있다. 대부분의 산업 부문은 작업장의 관행, 기술, 작업방식의 변화 및 재정의를 통해 기존 업무의 방식이 친환경적으로 전환될 가능성이 크다. 예를 들면, 비교적 친환경적이라고 평가할 수 있는 전기 자동차로의 생산 방식 변화, 새로운 기후에 적합한 농업 재배방식 변경 등이 있다.

상기한 4가지의 고용 전환 유형은 '공정한 전환'을 논할 때 주요 의제로 기능할 수 있다. 즉, 에너지전환으로 야기되는 해당 산업의 고용변화를 예측·고려해 볼 수 있으며, 이에 기초하여 '공정한 전환' 정책을 촘촘히 개발할 수 있는 것이다.

더하여, UNFCCC는 에너지전환 정책은 일자리의 양적 변화뿐만 아니라, 고용의 '질'을 높이기 위한 대안도 함께 포함돼야 한다고 강조한다. 이는 저탄소 경제로 전환하는 과정에서 창출·대체되는 일자리는 '양질'(decent)의 것이어야 하며, 적절한 소득, 사회적 보호, 안전한 노동환경, 직장에서의 권리, 사회적 대화 등이 보장되어야 함을 의미한다. 이러한 주장은 앞서 살펴본 ILO의 '양질의 일자리 의제'(Decent Work Agenda)와 결을 같이 한다.

② 공정한 전환의 원칙 및 측정 지표

UNFCCC는 공정한 전환을 위한 3가지의 원칙을 표방한다. 첫째, 선진국 당사자들은 역사적 책임을 인식하고, 공통의 책무를 다해야 하며, 국가별 능력에 따라 차별적인 책임을 완수해야 한다. 둘째, 기후변화에 대응하는 여러 조치가 국제무역에 대한 제한이나 부당한 차별을 낳아서는 안 된다. 이는 국가별 상황을 고려하여 기후변화에 취약한 당사국들에 대한 불이익이 발생하지 않도록 하기 위함이다. 셋째, 기후변화에 대한 대응은 사회 또는 경제개발과 통합적 차원에서 이루어져야 한다. 이와 더불어, 기후변화 대응책이 이행되는 과정에서 고려해야 할 사회적 책임의 핵심으로서, '지속 가능한 개발'에 따른 '노동력 전환'(transition of the workforce)을 천명하고 있다.

이상의 원칙 위에, UNFCCC는 공정한 노동력 전환을 측정할 수 있는 다음과 같은 6가지의 프로세스를 제안한다. 첫째, 기후변화 대응조치가 고용환경에 미치는 부정적 영향을 최소화하기 위한 노력이다. 이는 에너지전환 정책을 논할 때, 고용에 미치는 영향을 고려하여, 관련 노동자들의 특성 등이 정책에 반영돼야 함을 의미한다. 동 단계에서는 ① 정책 설계 과정에 '노동' 의제를 담당하는 부처가 참여해야 하며, ② 최상의 해결책을 찾기 위해 기획·재무 등을 담당하는 부처와의 긴밀한 협력이 전제되어야 한다. 또한, ③ 관련 이해당사자 간 사회적 대화를 위해 대화 메커니즘 및 구조가 생성·공식화되어야 한다. 이외도 ④ 에너지전환으로 인한 지역경제 변화에 대처하기 위해 지역 수준의 제도적·기술적 역량이 갖춰져야 하며, 기존 노동시장 데이터의 가용성 및 접근성을 확립·강화할 필요가 있다.

둘째, 공정한 전환 정책에 대한 조기 평가이다. 이를 위해서는 ① 평가를 위한 다양한 평가 방법이 구축되어야 하며, ② 개발도상국 등에 불리하지 않도록 해당 국가의 사회·경제적 조건과 우선순위에 대한 철저한 이해가 필요하다. 아울러, 부문별 영향의 정도를 파악하고 평가할 수 있는 충분한 데이터가 확보되어야 한다.

셋째, 협의와 사회적 대화이다. 기후변화 및 해당 정책에 가장 큰 영향을 받는 이해당사자 간의 '협의'와 '사회적 대화'는 공정한 전환 정책의 핵심이다. 즉, 사회적 대화를 통한 합의 방식은 정책의 수용도를 높일 수 있으며, 현재 기술과 새로운 기술의 간극, 또한 새로운 기술에 대한 기회, 수요, 잠재적 과제 등을 식별할 수 있기 때문이다. 동 단계에서는 공정한 전환의 정도를 ① 사회적 대화에 누가 참여하고 있는가? ② 사회적 대화의 결과가 의사결정에 어떻게 영향력을 미치는가 등을 통해 측정할 수 있다.

넷째, 훈련 및 기술개발이다. 에너지전환에 따른 새로운 시장의 등장은 그에 맞는 기술과 전문성을 요구하는 만큼, 녹색일자리에 대한 기술 훈련 및 교육 프로그램 등이 공정한 전환 정책에 통합될 필요가 있다. 특히, 고령의 노동자, 저숙련 근로자 등은 경쟁을 통한 노동 전환이 쉽지 않기 때문에 그들을 위한 표적 지원이 필요하며, 기술 등을 습득할 기회가 마련되어야 한다.

표 5-3 공정한 전환정책의 측정 지표

구분	측정 지표
고용환경에 미치는 부정적 영향 최소화	공정한 전환에 에너지전환으로 영향받는 노동자들과 관련한 조항이 포함되어 있는가?
	노동부가 정책 설계 과정 전반에 참여하고 있는가?
공정한 전환 정책에 대한 조기 평가	정책 영향의 정도를 평가할 수 있는 평가 방법이 구축되어 있는가?
	평가에 사용할 충분한 데이터가 확보되어 있는가?
협의와 사회적 대화	사회적 대화에 누가 참여하고 있는가?
	사회적 대화의 결과가 어떻게 의사결정에 영향을 미치는가?
훈련 및 기술개발	새로운 기술 습득 등을 위해 어떤 훈련이 필요한가?
	제공되는 훈련은 노동자의 필요 수요를 충족하고 있는가?
사회적 보호	사회적 보호는 노동자와 해당 가족의 필요를 충족하는가?
	사회적 보호에 대한 측정이 이루어지고 있는가?
사후 효과평가	전환은 성공적이었는가?
	시사점이 있는가?

자료: UNFCCC

더불어, Strietska-Ilina et al.(2011)은 새로운 에너지 정책 개발과정에 기술개발 및 훈련을 담당하는 부처와 환경부 간의 유기적인 협력이 이루어지지 않고 있음을 지적하며, 양자의 논의가 통합될 필요가 있음을 권고한다.

다섯째, 사회적 보호이다. 상기한 ILO의 공정한 전환에서 확인한바, 에너지전환으로 불가피하게 일자리를 잃게 되는 근로자들을 위한 사회적 보호 조치는 기후변화 대응 정책의 필수이다. 특히, 노동 전환의 취약계층인 비정규직 근로자들을 위한 다양한 사회적 보호 조치가 함께 포함되어야 한다. 사회적 보호는 ① 해당 조치가 노동자와 그들의 가족의 필요를 충분히 충족하고 있는지 ② 이를 측정할 수 있는 지표 등이 마련되어 있는지 등을 통해 평가할 수 있다.

여섯째, 사후 효과평가이다. 공정한 전환 정책이 집행된 이후, 과정과 결과를 진단함으로써 학습의 시간을 갖는 것은 매우 중요하다. 동 단계에서는 ① 공정한 전환 정책을 사전적으로 평가한 부분이 정확했는지, ② 평가에서 누락된 것은 없었는지, ③ 사회적 대화는 충분했는지, ④ 재교육 및 훈련을 위해 계획된 자원은 충분했는지 ⑤ 훈련과 기술 습득 등이 계획대로 이루어졌는지 등의 평가가 이루어질 수 있다.

3) EU의 공정한 전환 메커니즘[9]

EU는 2020년 1월 화석연료 의존도가 높은 지역이 지속 가능한 경제로 전환할 수 있도록 돕는 도구로서, '공정한 전환 메커니즘'(Just Transition Mechanism)을 제안하였다. 주요 내용은 2021년부터 2027년까지 가장 영향을 받는 지역에 550억 유로를 지원하고 2030년까지는 최소 1조 유로를 마련하여 친환경 정책을 추진하는 데 활용한다는 것을 골자로 한다(정흥준 외, 2021). 그들의 슬로건에서 알 수 있듯이, 공정한 전환 메커니즘은 전환과정에서 '누구도 뒤처지지 않도록'(leaving no one behind) 지원하는 '기금' 마련에 초점을 두고 있다.

공정한 전환 메커니즘의 기금 용도는 ① 노동자를 위한 '정의로운 전환 기금'(Just Transition Fund) ② 탈탄소화에 필요한 인프라 비용으로 사용되는 '정의로운 전환 투자'(InvestEU 'Just Transition') ③ 공공 부문의 노후건물 재건축 등 에너지전환 과정에 사용되는 '공공 부문 대출 지원'(A new Public Sector Loan Facility)이 있다. 이러한 기금은 공정한 전환을 위해, 노동자의 전·이직을 위한 재교육 및 훈련 비용, 사회적 보호 제도 지원, 탈탄소화를 위한 인프라 설치 비용 등으로 활용되게 된다. 이렇듯, 공정한 전환 메커니즘은 '성공적인' 공정한 전환을 위해 기금마련 등 재정적 지원이 뒷받침되어야 함을 시사한다.

---

9) EU 홈페이지(https://ec.europa.eu/info/strategy/priorities−2019−2024/european−green−deal/finance−and−green−deal/just−transition−mechanism_en · just−transition−platform) 참조.

이러한 공정한 전환 메커니즘을 통한 '기금' 지원은 집행위원회의 승인을 통해 이루어진다. EU 집행위원회는 지원받는 국가로부터 '공정한 전환 계획'을 수립하도록 하고 있으며, 그 과정에 중앙·지방정부뿐만 아니라, 모든 '이해당사자'가 함께 수립할 것을 요구하고 있다(The GreenTank, 2020; 여형범, 2022). EU 집행위원회의 공정한 전환 계획 작성 요구사항은 다음과 같다.

표 5-4 EU 집행위원회의 공정한 전환 계획 작성 요구사항

1	국가 차원의 전환 단계에 대한 로드맵
2	전환으로 인해 부정적 영향을 가장 크게 받는 지역을 확인하기 위한 근거
3	해당 지역이 직면하게 되는 문제들에 대한 평가(e.g., 일자리 상실, 지역발전 목표와 수요 등)
4	이런 문제들을 해소하기 위해 공정한 전환 기금이 만들어내는 기여 방안에 대한 설명
5	국가 차원의 전환 계획과 공정한 전환 기금 지원의 일관성 평가
6	계획의 실행, 모니터링, 평가를 위한 거버넌스 시스템 설명
7	기금 운영방안 설명
8	중소기업 외 지원에 포함하려는 기업이 있을 경우, 포함해야 할 기업의 목록과 지원 근거 제시
9	온실가스 감축을 위한 특정 활동에 투자하는 경우, 해당 투자를 지원해야 하는 근거 제시
10	제시된 계획과 EU 공정한 전환 메커니즘 및 관련 프로그램과의 시너지 효과

자료: 충청남도(2021); 여형범(2022)에서 재인용

2. 공정한 전환의 현주소: 환경과 노동은 양립가능한가?

본 항(項)에서는 간략히 독일의 사례를 통해 공정한 전환이 어떻게 구현되고 있는지, 정책 현장에서 환경과 노동의 가치가 양립 가능한지를 고민해보고자 한다.

독일은 2035년까지 전력수요의 100%를 재생에너지로 충당하는 국가 RE100을 선언하고, 에너지 자립도 강화, 환경보호 및 기후 대응에 박차를 가한다는 방침이다. 이러한 화석연료에서 재생에너지로 이동하는 과정은 불가피하게 화석연료 의존산업 노동자들의 고용불안과 저항을 유발할 수밖에 없다(Gürtler et al., 2021). 그렇다면, 독일은 지속 가능한 사회를 위한 에너지전환과 기후정의의 문제를 '어떻게' 효과적으로 관리하고 있을까? 크게 ① 사회적 대화와 ② 보상체계에 대해 살펴보도록 하자.

첫째, 독일은 '사회적 대화'와 '참여'를 통해 에너지전환의 지속가능성 및 정당성을 도모하고자 한 대표적 사례로 평가된다(정흥준 외, 2021; Gürtler et al., 2021; KLI-FES, 2022). 또한, 사용자 협회와 노동조합 간의 '사회적 대화'의 역사가 꽤 길며, '위원회'를 통한 공동 의사결정 방식은 정당 체제 안에 깊숙이 배태된 특성을 보인다(Brede, 2009). 대표적인 예로, 2016년 채택된 '기후 보호계획 2050'(Climate Action Plan2050, Klimaschutzplan 2050 KSP)은 연방정부, 자치단체, 관련 사용자 단체, 일반 대중 등 다수의 참여자가 함께 숙의의 과정을 통해 만들어낸 결과물이다(정흥준 외, 2021). 이뿐만 아니라, 탈석탄법(안)을 개정하는 과정에서도 연방정부는 관련 이해관계자(석탄광 지역 주지사 및 석탄광 기업, 화력 발전사 등)의 참여와 토론을 통해 최종 조율된 법안을 반영하고자 하였다(양의석, 2020).

2018년 독일은 본격적으로 '공정한' 탈석탄을 추진하기 위해 '성장·구조·변화·고용위원회'(Commission on Growth, Structural Change and Employment, 이하 '탈석탄위')를 구성하고, 에너지전환의 방향성 및 과제를 도출하고자 하였다. 여기서 우리가 주목할 것은 탈석탄위의 '구성'이다. 탈석탄위는 연방수상청 대표, 에너지 환경경제학자, 2명의 전직 장관이 공동위원장을 맡았으며, 에너지 부문 대표, 갈탄 광산 지역 대표, 사업계 대표, 환경단체 대표, 노동조합, 과학계 대표와 연방정부 구성 정당 대표 등 총 31명으로 구성되었다(정흥준 외, 2021). 특히, 노동조합은 독일노총, 공공노조, 독일 광산·화학·에너지산업 노조의 대표 총 3인이 참여하였다. 즉, 탈석탄위는 에너지전환으로 영향받는 다수의 이해관계자 간 '사회적 합의'를 통해 구조변화에 대응하고, 새롭고 미래 지향적인 일자리에 대한 구체적인 전망을 제공하고자 하였다.[10] 이렇듯, 탈석탄으로 인해 부정적 영향을 받을 수밖에 없던 다양한 이해당사자들의 공감을 도출할 수 있었던 것은 "사회적 공론화"가 전제되었기 때문이라는 평가이다(양의석, 2020). 탈석탄위의 정책 권고사항은 아래의 <표 5-5>와 같다.

표 5-5 독일 탈석탄위의 정책 권고사항(2019년)

부문	정책 권고사항
기후 보호	석탄화력발전 설비의 단계별 감축 및 폐지
	재생에너지 전원 비중 확대(2030년까지 65%)
	열병합 발전 추가 확충 및 지속 지원
	EU-ETS의 온실가스 배출권 할당 취소
에너지 시장·가격 안정화	전력가격 안정 보장 및 에너지 비용 지원(보상)
	에너지 집약 기술을 위한 ETS 전력가격 보상 시스템의 통합 및 지속적 연계 추진
에너지 공급 안전성 제고	에너지 공급 모니터링 신뢰성 제고
	에너지 공급 투사 프레임워크 구축·지원
	기존 예비전력 전원설비 활용, 전력 공급 안정성 확보
	열병합 발전 추가 확충 및 지속 지원
	가스 발전설비 신규 증설에 대한 신속한 승인 절차 추진
	탈석탄에 따른 여유 전력망(Grid) 대체 촉진
에너지 시스템 혁신 및 가격제도 개선	전력망, 전력시장 설비, 부문 간 결합(Sector Coupling) 및 혁신 잠재력 측정

---

[10] Commission on Growth, Structural Change and Employment. (2019). 「Final Report」 참조.

	전력망 확장 및 현대화, 수요 기반 최적화 추진
	에너지 가격 및 요금제도 개정
	EU-ETS 기반의 온실가스 가격 책정
지역 균형발전	부가가치 창출 및 일자리 점검
	석탄화력발전의 감축 및 폐지에 대한 사회적 책임 확대
	탈석탄 광산지역의 미래 에너지산업 지역으로서 전환 지원
	석탄 생산지역의 복구를 위한 기금 조성

자료: Federal Ministry for Economic Affairs and Energy(BMWi)(2019); 양의석(2020)에서 재인용

아래의 <그림 5-3>은 '위원회'의 구성과 활동이 이해관계자로부터 정당성 및 합법성을 확보하기 위해서는 어떻게 해야 하는지를 도식화한 것이다.

그림 5-3 공정한 전환을 위한 합법화 과정

둘째, 독일은 에너지전환으로 위기에 놓인 지역·산업·노동자들을 위해

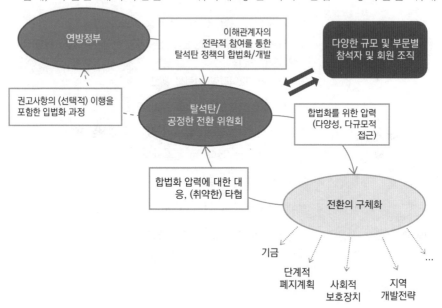

자료: Gürtler et al.(2021)

'보상체계'를 마련하였다. 대표적으로 연방정부는 고용을 상실하게 될 석탄·갈탄 광산 및 발전사 노동자에게 '고용조정지원금'(adjustment money, Anpassungsgeld)을 고용관계 종료일 다음부터 최장 5년까지 지급한다는 방침이다. 이는 연방정부 추산 최대 40,000명에 달할 것으로 예측되며, 규모는 약 48.1억 유로(약 6조 6,653억 원)에 이를 것으로 추산된다(양의석, 2020). 해당 지원금은 소득감축분 및 조기 은퇴에 따라 발생하는 연금 축소분에 대한 보전 등에 사용될 예정이다. 이외에도 "구조조정 수단 신설, 재교육/고용유지를 위한 프로그램 개발, 새로운 일자리 창출 등"을 통해 고용 전환으로 발생하는 노동자의 피해를 최소화하고자 노력하고 있다.

Ⅲ. 공정한 전환을 위한 정책과제: 한국의 공정한 전환[11]

한국은 2030년 '국가 온실가스 감축목표'(NDC, National Determined Contribution)를 2018년 대비 26.3%에서 40%로 상향 조정하고, 저탄소사회로 전환하기 위한 발돋움을 하고 있다. 특별한 이견 없이 정부 목표가 이행된다면, 불가피하게 '고탄소·노동집약 산업'의 정체와 축소가 예상된다. 특히, 탄소중립 이행과정에서 축소 또는 전환되는 에너지·제조 산업의 기업 퇴출, 근로자 실업, 지역경제 침체 등의 문제가 발생할 것으로 예측된다. 즉, 정부의 적절한 대응 방안이 마련되지 않을 경우, 신업구조 진환의 지연, 사회적 갈등, 노동시장의 양극화 등의 사회·경제적 비용이 발생할 수 있기에 선제적·체계적인 지원 방안 마련이 필요한 시점이다.

이러한 문제 인식을 배경으로, 정부는 2021년 「산업구조 변화에 대응한 공정한 노동전환 지원 방안(이하, 공정한 노동전환 지원 방안)」을 발표하고, '공정한 전환'을 위한 제도적 틀을 마련하였다. 공정한 전환에 대한 필요성은 에너지전환의 기본법인 '탄소중립기본법'에도 구체적으로 명시되어 있다.[12] 동

---

11) 관계부처 합동. (2021). 「산업구조 변화에 대응한 공정한 노동전환 지원 방안」 참조.
12) 탄소중립기본법 제2조 13. "정의로운 전환이란 탄소중립 사회로 이행하는 과정에서 직·간접적 피해를 입을 수 있는 지역이나 산업의 노동자, 농민, 중소상공인 등을 보호하여 이행

법은 기본원칙으로서, 탄소중립 사회로의 이행과정에서 피해를 볼 수 있는 취약계층을 위한 정의로운 보호적 조치가 필요함을 천명하고 있다(법 제3조 4.). 또한, '정의로운 전환'을 별도의 장(제7장)으로 구분하여 기후 위기 사회 안전망의 마련, 정의로운 전환 특별지구 지정, 국민 참여 보장, 협동조합 활성화, 정의로운 전환 지원센터의 설립 등을 규정하고 있다.

구체적으로 정부의 '공정한 노동전환 지원 방안'을 살펴봄으로써, 한국의 공정한 전환의 현주소를 확인해보자. 정부는 산업전환 과정에서 발생하는 기업·노동자·지역의 피해를 최소화하는 것을 정책의 지향점으로 삼고, ① 저탄소화에 따른 노동전환 지원 ② 사회적 대화 활성화 등을 정책과제로 제시하고 있다.[13] 이는 앞서 논의한 공정한 전환을 위한 요소 중, 사회적 보호, 사회적 대화, 적극적 노동시장 정책 등에 해당한다.

첫째, 저탄소화에 따른 노동전환 지원 방안이다. 이는 재직자의 역량강화·직무전환, 전직·재취업 준비 등을 지원함으로써, 근로자가 미래차·신재생에너지 등 신산업으로 이동할 수 있는 기반을 마련하는 것을 골자로 한다. 가령, 근로자가 신산업 직무전환 훈련을 받을 수 있도록 장기유급휴가 등을 제공한 기업 등에 인센티브를 강화하고, 대기업, 지역산단, 대학 등과의 협업을 통해 민간 중심의 체계적 훈련방안을 제공하는 등의 전략이 포함된다. 이뿐만 아니라, 근로자가 '재직 중'에 미리 전직을 준비할 수 있도록 근로시간단축, 재직자 전직지원 등의 방안을 모색하고 있다. 즉, 노동전환으로 인한 일자리의 공백을 최소화하기 위한 노력이라고 할 수 있다. 재취업지원으로는 전직훈련, 훈련 중 저금리 생계비 대부 지원, 창업지원, 그린일자리 전환 촉진 등이 있다. 아울러, 한국고용정보원 내에 노동전환 분석센터를 설치함으로써, 산업·지역별 고용전망을 상시 분석하고, 지속적인 노동전환 지원체계를 가동하기 위한 모니터링을 시행한다는 계획을 밝히고 있다.

둘째, 사회적 대화 활성화이다. 이는 산업전환 과정에서 관련 이해관계자

과정에서 발생하는 부담을 사회적으로 분담하고 취약계층의 피해를 최소화하는 정책방향을 말한다."

13) 이외도 디지털전환에 따른 노동전환 지원, 제도적 기반 마련 등에 대한 논의가 있으나, 본고에서는 에너지전환에 따른 노동전환에 초점을 두고 논의를 진행하고자 한다.

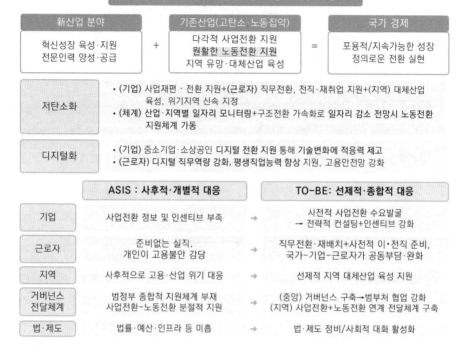

그림 5-4 정부의 공정한 노동전환 지원 정책과제

자료: 관계부처합동(2021). '산업구조 변화에 대응한 공정한 노동전환 지원방안' 참조

의 참여를 통해 사회적 공감대를 형성하고, 협력을 통해 당면한 문제를 풀어 가겠다는 의지의 표명이라 할 수 있다. 구체적으로 자동차, 석탄화력발전 등 산업별 위원회 구성, 지방노동관서를 중심으로 한 노사갈등 현황 모니터링 및 갈등관리 등에 대한 방안이 담겨 있다. 즉, 산업별 위원회에서는 산업구조 전환으로 야기될 수 있는 다양한 시나리오를 전망해 보고, 공정한 노동전환을 위한 논의 및 의견수렴 등의 역할을 담당하게 된다. 또한, 논의의 결과를 토대로 노사 간의 협력 원칙, 정부 지원 방안 등을 포함한 노사정 합의 도출을 도모한다. 다만, 현재까지 진행된 정부의 논의 과정을 살펴보면, 장기적 호흡으로 진행되어야 할 '사회적 논의'의 기간이 2~3개월에 불과하며, 관련 이해 당사자의 의견이 충분히 정책에 반영되지 못한다는 지적이 있다.

더불어, 정부는 '공정한 노동전환 지원 방안'이 원활하게 진행될 수 있도록 '노동전환 고용안정 지원금'을 마련하고, 저탄소·디지털 전환 사업주를 지원 대상으로 직무심화·전환·교육훈련·전직지원서비스 제공 시 교육비를 지원한다는 계획을 발표하였다. 지원 금액은 1인당 300만 원 범위에서 12개월 한도로 지원하며, 2022년도 총예산은 약 2,300명 지원을 목표로 51억 원이 책정되어 있다. 이외도 정부는 온실가스 감축, 신유망·저탄소 산업 생태계 조성, '공정한 전환' 등을 위해 2021년 '기후대응기금'을 신설·운영하고 있다. 2022년 기후대응기금의 예산은 총 2조 5,000억 원으로, 그 가운데 공정한 전환 명목으로 편성된 예산은 1,774억 원인 것으로 확인된다.

Ⅳ. 공정한 전환을 위한 전략과제의 모색[14)]

지금까지 공정한 전환의 정의, 요소, 해외사례 등을 토대로 에너지전환 과정에서 어떻게 '공정성'이 모색되고 담보되어야 하는지 살펴보았다. 마지막으로 본 절에서는 상기한 논의를 토대로 국내 공정한 전환이 성공을 거두기 위해 '무엇'을 더 고민해야 하는지 살펴보도록 하자. 정부가 추진하는 공정한 전환이 관련 이해당사자뿐만 아니라, 모두가 공감할 수 있는 방향으로 가기 위해서는 ① 체계적인 의사결정을 가능하게 하는 '플랫폼' 구성 ② 사회적 보호제도를 지원하는 충분한 기금마련 ③ 전환의 결과 공유 및 모니터링의 상시화 등의 노력이 필요하다.

첫째, 사회적 대화를 강화하고, 체계적인 의사결정을 가능하게 '플랫폼' 구성이 필요하다. 전술한바, 우리나라의 정책 결정 과정은 상대적으로 단기적·형식적으로 이루어지는 경향을 보인다. 탄소중립 이행방안을 논의하는 과정에서 탄소중립위원회와 탄소중립시민회의가 출범을 하였지만, 관련 이해집단의 의사를 충분히 개진할 만큼 대표성을 확보하지 못했다는 일각의 의견이 존재한다. 또한, 탄소중립위원회 보고서에 담긴 '공정한 전환'과 관련한 내용

---

14) 김진선·권향원.(2022); 정홍준 외.(2021)를 참조하여 연구자 재구성

에는 "화력발전소 폐지, 전기자동차로의 전환, 산업전환 등을 구체적으로 살펴보지 않은 채 기계적으로 탄소 배출량"을 줄이는 것만 담겼다는 지적이다 (정흥준 외, 2021). 독일의 사례에서 살펴본바, 전환 정책의 성공과 정당성을 확보하기 위해서는 관련 이해당사자가 충분히 포함된 '사회적 대화'가 전제되어야 한다(Harrahill & Douglas, 2019). 사회적 공감대를 형성하기 위한 대화의 노력은 절차적 요식행위에 그쳐서는 안 되며, 관련 집단의 대표성을 확보한 논의기구를 통해 활발하게 진행될 필요가 있다. 성공적으로 전환관리를 이끈 사례로 제시되는 네덜란드는 사회적 논의기구인 '플랫폼'을 통해 비전을 구체화·공유하고, 관련 이해당사자와의 숙의를 통해 전환경로를 탐색하고 개발한 것으로 평가되고 있다(이상준, 2019). 한국도 사회적 대화를 시작한 만큼, 중앙 또는 지역, 산업 분과별 플랫폼을 조성하고 전환으로 피해를 보는 관련 이해당사자들과 상생·협력할 수 있는 대안을 모색하기 위해 중지를 모을 때이다. 정흥준 외(2021)는 사회적 대화를 제도적으로 지원할 수 있는 법률 및 조례제정을 통해 실천적인 사회적 대화가 이루어져야 함을 강조한다.

둘째, 사회적 보호를 강화할 수 있는 밑거름인 '기금' 조성을 위해 다각도의 노력이 필요하다. 산업구조 전환으로 인해 전통 산업에서 신산업으로 옮겨가는 길목에는 불가피하게 일정 부분 '시간적 격차'가 발생할 수밖에 없다. 가령, 석탄화력발전소 폐쇄 시점과 신재생에너지 산업의 창출 시점은 완벽하게 일치할 수 없는 것이다. 그 과정에서 에너지 정책의 비용부담집단인 노동자, 지역사회, 산업계 등의 피해를 최소화할 수 있는 제도적 장치가 필요하며, 이를 안정적으로 지원하기 위해서는 재원 마련이 선결되어야 한다. 현재 우리나라는 직무전환 훈련, 재취업 지원, 기후대응기금 등을 통해 공정한 전환을 지원하고 있으나, 취약산업과 노동자를 위한 업종·직무전환 지원 예산은 전체 예산 대비 17%에 불과해 사회적 보호 조치가 충분하지 않다는 평가가 있다.[15] 또한, 지원 대상이 전직훈련 등의 서비스를 제공한 '사업체'에 한정하는 경우가 많아, 사회적 보호 제도의 실효성에 의문이 제기되는 상황이다. 이뿐만 아니라, 탄소배출권 제도를 통한 기금마련과 함께, '탄소세' 도입 등을 통

---

15) 한겨레.(2021.11.30.). "교도소쉼터, 산악열차…황당한 '기후대응기금'사업". 검색일: 2022.05.06.

해 기금마련 채널을 다양화할 필요가 있다는 목소리가 존재한다(정흥준 외, 2021). 이는 기후 위기 대응에 대한 책임을 사회 모두가 함께 짊어져야 한다는 취지로, 피해가 특정 대상에 국한하지 않고, 안정적으로 그들을 보호할 수 있는 재원 마련이 필요함을 의미한다. 이외에도 기금을 어떤 '용도'로, '누구'에게 제공할 것인지에 대한 논의도 함께 이루어져야 할 것이다.

셋째, 전환의 결과 공유 및 모니터링의 상시화가 필요하다. 전환의 과정에서 발생하는 모든 일을 완벽하게 예측하고 대안을 마련한다는 것은 쉬운 일은 아니다. 단계적으로 진행되는 전환의 과정을 '진단'하고, 상시적인 '모니터링'을 통해 위기 징후 포착 및 고용 전망을 할 필요가 있는 것이다. 우리나라도 '노동전환 분석센터'를 설치하고, 예상치 못한 구조전환 가속화 등으로 일자리 전환·감소 등의 전망이 포착될 시, 선제적으로 노동전환 지원체계를 가동하고 신속 대응한다는 방침이다(관계부처합동, 2021). 다만, 현재 단계적으로 화력발전소가 폐쇄 절차를 밟고 있음에도, 실제 전·이직을 경험한 노동자들을 대상으로 한 문제 진단 및 현황 파악 등은 이루어지지 않고 있는 것으로 확인되었다(김진선·권향원, 2022). 현장의 목소리를 통해 '공정한 노동전환 지원 방안'이 정교화될 필요가 있으며, 실태 파악에 기초한 지속적인 학습 및 환류를 통해 정책의 미비점을 보완해 갈 필요가 있다.

토론의 장

□ 토론1: 에너지전환과 공정(fairness)의 문제
- 토론질문: 정부는 2034년까지 석탄화력발전소 30기를 단계적으로 폐쇄한다는 방침이다.
- 질문1: 에너지전환으로 위기에 놓인 석탄의존 산업에 종사하는 근로자, 해당 지역 등을 위해 정부는 어떤 제도적 설계를 해야 하는가?
- 질문2: 공정한 전환의 원칙 가운데 가장 우선되어야 하는 것은 무엇인가?
- 관련자료

> ***석탄발전소 폐쇄시 최대 8000명 일자리 상실…정부 대책 나와야 (경향신문 2022.4.26.)**
> 2034년까지 석탄화력발전소 30기를 폐쇄한다는 정부 계획이 실현될 경우, 최대 8,000명 가량의 노동자가 일자리를 잃을 것으로 추정된다는 정부 연구용역 결과가 나왔다. 액화천연가스(LNG) 발전소로 일자리 전환이 되더라도 절반 이상은 실직이 불가피할 것으로 추정됐다. 그동안 석탄화력발전소 폐쇄에 따른 발전소 노동자들의 일자리 상실 우려는 지속 제기됐지만, 일자리를 잃게 되는 규모와 LNG 발전소로의 전환 가능 인원수가 구체적으로 나온 것은 이번이 처음이다. 기후위기 대응을 위해 '탈석탄'은 불가피한 세계적 흐름인 만큼, 그 과정에서 발생하는 고용불안을 최소화하기 위해 직무전환 교육 · 재취업 지원 등 정부의 더욱 적극적인 개입이 필요하다는 지적이 나온다.
> 출처: https://www.khan.co.kr/national/national-general/article/202204261917001

□ 토론2: 사회적 대화를 위한 조건
- 토론질문: 탄소중립위원회의 구성
- 질문1: 탄소중립위원회의 구성은 어떻게 이루어져야 하는지 논의해보자.
  (참조: https://www.2050cnc.go.kr/base/contents/view?contentsNo=4&menuLevel=2&menuNo=37)
- 관련자료

> 독일 연방정부는 2018년 6월 탈석탄위원회를 설립. 위원회는 4명(전 연방수상청 대표, 에너지 환경경제학자, 2명의 전직 장관)이 공동위원장을 맡고 에너지 부문 대표, 갈탄 광산지역 대표, 사업계 대표, 환경단체 대표, 노동조합, 과학계 대표와 연방정부 구성 정당 대표 등 총 31명으로 구성

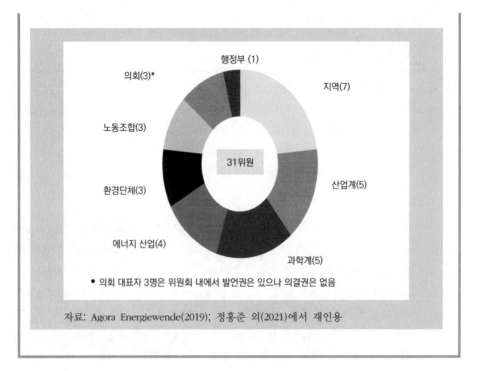

행정부 (1)
의회(3)*
지역(7)
노동조합(3)
산업계(5)
환경단체(3)
31위원
에너지 산업(4)
과학계(5)

● 의회 대표자 3명은 위원회 내에서 발언권은 있으나 의결권은 없음

자료: Agora Energiewende(2019); 정흥준 외(2021)에서 재인용

참고문헌

곽영신·류웅재. (2021). 불평등 사회 속 공정 담론의 다차원성: 청년 공정 관련 신문사설에 대한 비판적 담론분석. 「한국언론학보」, 65(5): 5−45.

관계부처합동. (2021). 산업구조 변화에 대응한 공정한 노동전환 지원 방안.

김종진. (2022). 정의로운 전환 논의 전망과 대응 과제 검토: 중앙·지방정부 법제도 및 정책과제를 중심으로. 국회입법조사처 「기후위기 대응 정의로운 전환」 시리즈 세미나 발표자료.

김진선·권향원. (2022). 전환정책에 따른 사회적 위험, 그리고 정당성 관리: 에너지 전환 정책을 중심으로. 「국정관리연구」. 17(4): 39−68.

김현우. 정의로운 전환: 21세기 노동해방과 녹색전환을 위한 적록동맹 프로젝트. 나름북스.

산업통상자원부. (2020). 제9차 전력수급기본계획(2020_2034).

산업통상자원부. (2021). 정의로운 에너지전환을 위한 폐지 석탄발전소 활용방안 연구. 산업통상자원부 용역보고서.

성시영·정용덕. (2012). 한국에서의 공정성 문제 제기 요인. 「사회과학연구」, 23(2): 93−114.

양의석 (2020). 독일 연방정부의 脫석탄정책 이행 상황 분석과 시사점, 에너지경제연구소

여형범. (2022). 정의로운 전환의 개념과 사례. 「열린충남」 94호.

이상준. (2019). 에너지 전환 추진에 있어 정부의 역할과 한계: 전환이론 관점을 중심으로. 에너지경제연구원 기본연구보고서.

이상호. (2022). 자동차산업 대전환기 정의로운 전환은 어떻게 가능한가?. 노동과희망.

이정필·권승문. (2019). 탈석탄과 정의로운 전환: 충남을 중심으로. 한국환경사회학회 2019년 봄 학술대회 자료집.

이정희·한재각·박제성·오상봉·김형수·이상호·이유나. (2021). 「기후위기와 일의 세계」. 한국노동연구원 보고서.

정흥준·김주희·채준호. (2021). 탄소중립과 정의로운 전환: 해외사례를 통해 본 한국에의 시사점. 한국노동조합총연맹 보고서.

충청남도. (2021). 노후석탄화력발전소의 단계적 폐쇄와 친환경에너지(발전소) 전환 타당성 연구(2차년도): 충청남도 정의로운 전환 전략과 과제.

한빛나라. (2021). 에너지 전환에서의 '공정한 전환'에 관한 글로벌 담론의 동향. 「동향과 전망」. 111: 203−234.

Abraham, J. (2017). Just transitions for the miners: Labor environmentalism in the Ruhr and Appalachian coalfields. *New Political Science,* 39(2): 218−240.

Abraham, J. (2019). Just transitions in a dual labor market: Right wing populism and austerity in the German energiewende. *Journal of Labor and Society,* 22(3): 679−693.

Brede, F. (2009). Politikberatung im Vergleich: Royal Commissions und deutsch e Expertenkommissionen. *Zeitschrift für Kanada−Studien,* 29: 31−46.

Brecher, J. (2015). A superfund for workers. Dollars & Sense, November/December, 20ff.

Cha, J. M. (2020). A just transition for whom? Politics, contestation, and social identity in the disruption of coal in the Powder River Basin. *Energy Research & Social Science,* 69: 101657.

Cook, K. S., & Hegtvedt, K. A. (1983). Distributive justice, equity, and equality. *Annual review of sociology,* 217−241.

Cunniah, D. (2010). Preface, climate change and labour: the need for a "just transition". *International Journal of Labour Research,* 2(2): 121−123.

Gürtler, K., Beer, D. L., & Herberg, J. (2021). Scaling just transitions: Legitimation strat− egies in coal phase−out commissions in Canada and Germany. *Political geography,* 88: 102406.

Harrahill, K., & Douglas, O. (2019). Framework development for 'just transition'in coal producing jurisdictions. *Energy Policy,* 134: 110990.

ILO. (2015). Guidelines for a just transition towards environmentally sustainable econo− mies and societies for all.

ILO. (2018). Just transition towards environmentally sustainable economies and societies for all. International Labour Organisation.

ITUC(2009). A Just Transition: A fair pathway to protect the climate.

Leopold, L. (2007). The man who hated work and loved labor. Chelsea Green Publishing.

Martinez−Fernandez, C., Hinojosa, C., & Miranda, G. (2010). Greening jobs and skills: labour market implications of addressing climate change. 8 February 2010, working document, CFE/LEED, OECD.

OECD. (2017). Just Transtion. JUST TRANSTION CENTRE.

Olsen, L. (2010). Supporting a just transition: The role of international labour standards. *International Journal of Labour Research,* 2(2): 293.

Rosemberg, A. (2010). Building a just transition: The linkages between climate change and employment. *International Journal of Labour Research*, 2(2): 125.

Rosemberg, A. (2017). Strengthening just transition policies in international climate governance. *The Stanley Foundation*, 4.

Rotmans, J., Kemp, R., & Van Asselt, M. (2001). More evolution than revolution: tran–sition management in public policy. foresight.

Sovacool, B. K., & Dworkin, M. H. (2015). Energy justice: Conceptual insights and practical applications. *Applied Energy*, 142: 435–444.

Schulz, S., & Schwartzkopff, J. (2016). Instruments for a managed coal phase–out. German and International Experiences with Structural Change.

The GreenTank. (2020). Just Transition: History, Development and Challenges in Greece and Europe.

UNFCCC. Just Transition of the Workforce, and the Creation of Decent Work and Quality Jobs.

제2부

에너지전환정책과 거버넌스

제6장

에너지전환 거버넌스

•

권향원

에너지전환 거버넌스

·

권향원

Ⅰ. 에너지 거버넌스의 대두 배경은 무엇인가?

오늘날 에너지 정책의 패러다임은 공급자 중심에서 수요자 중심으로 방향성을 전환하고 있다.

과거 한국의 에너지 정책에서는 공급자로서 정부당국의 주도적인 역할이 강조되었다. 당시 에너지 정책은 국가의 경제성장이라는 관점에서 산업정책의 일환으로 여겨졌을 뿐 아니라, 적정가격 유지를 통한 보편적인 공공서비스의 성격에서 이해되었기 때문이다. 이에 국가 내에서 산업 및 공공서비스로서 에너지가 갖는 공공성의 가치가 높게 평가되었고, 정부당국이 갖는 독점적인 권한과 기능이 갖는 타당성이 높게 평가되었다. 이에 전력 공급계획의 수립, 전력 인프라의 구축, 계층제적 집행으로 이어지는 활동에서 정부가 지배적인 역할을 담당하는 공급 위주의 정책방향이 주로 견지되었다(이상준·김비아, 2019: i).

그러나 이러한 정부주도 공급자 중심의 접근은 점점 그 유효성을 도전받게 되었다. 과거의 에너지 정책은 "효율적이고 안정적인 공급"이라는 비교적 단일하고 선명한 목표를 기조로 하였으나, 오늘날에는 다양한 목표들을 동시에 고려해야 하는 일종의 복합목표의 정책환경이 다음과 같이 대두되었기 때문이다.

① 첫째, 최근 에너지 정책의 방향이 기후변화대응 및 다양한 수요의 대응 및 관리 등으로 변화되고 있다(임기추, 2016: 229). 만약 에너지 수급의 효율성과 경제성의 가치만을 추구한다면, 화력이나 원자력 등의 발전설비가 갖는 유용성을 여전히 강조할 수 있을 것이다. 그러나 기후 온난화로 촉발된 전 지구적인 이상 기후와 해수면 상승 등의 문제로 인하여, 전 세계 195개국이 파리기후변화협정(Paris Agreement)을 채택하는 등 국제사회의 환경에 대한 기조 변화가 가시적이다. 뿐만 아니라, 시민사회 역시 보다 좋은 삶의 질과 건강에 대하여 고양된 요구를 가지고 있다. 이러한 정책환경의 변동은 에너지 정책에 있어서 다양한 목소리와 이해관계를 반영할 필요성을 높이고 있으며, 효율성과 경제성에 경도된 계층제적인 접근 방법의 유효성에 대하여 의문을 제기하고 있다.

② 둘째, 에너지 정책과 관련하여 관련된 정부기관 간의 정책조정의 필요성이 증대되고 있다. 에너지 정책과 관련한 정부 내의 관할권을 살펴보면, 기관 간 상충되거나 중복되는 영역이 많이 확인된다. 가령 탄소 배출권 관련 정책의 경우, 탄소배출권 관련하여 배출권 거래제의 도입 및 확대를 추진하는 환경부, 규제는 가급적 유예하고 적용범위를 좁히되 과학기술의 발전을 통해 탄소배출의 저감을 추구하는 산업부, 그 외 특별한 이해관계를 가지고 있는 국토해양부나 농림부 등 다양한 정부기관들이 관련한 업무상의 관할권과 접근논리를 가지고 있음을 알 수 있다. 따라서 이를 종합적인 관점에서 조율하고 조정하여 접근할 필요성이 대두되며, 특히 이러한 과정에서 이해관계자들의 참여와 간여의 의미가 강조되고 있다(이광희, 2022: 137).

③ 셋째, 에너지 체계를 중앙집중 전력체계에서 지역분산 방식으로 전환해야 한다는 필요성이 대두된다 (김창훈, 2020). 중앙집중 전력 체계는 중앙화된 전기 생산자와 공급자가 전기망을 통해 소비자들에게 전기를 제공하는 방식을 의미한다. 하지만 이러한 중앙전력 체계는 전력 생산이 집중되어 있기 때문에 전력 공급 시스템이 안정적이지 않을 수 있으며, 생산량 추정의 오류로 인하여 과생산 혹은 저생산이 발생하는 등 수급과 가격의 변동성을 야기할 수 있다. 더하여 전력이 생산되는 곳과 소비되는 곳 사이에 거리가 있기 때문에 전력 손실이 발생할 수 있다. 이러한 문제에 대응하기 위하여, 대안적

인 접근으로 지역분산 전력 체계가 제안되고 있다. 지역분산 전력 체계란, 지역기반의 전기 생산 및 공급을 통해 생산과 소비 간의 거리를 줄이는 방식을 의미한다. 지역분산 전력체계는 중앙집중 전력체계에 비하여 설비가 상대적으로 소규모이고, 친환경의 속성을 지녀 지역 생태계를 지키며, 수요에 대한 대응이 탄력적인 장점이 있다. 한편 지역분산 방식으로의 전환이 성공적이기 위해서는 지역민의 참여와 간여를 통해 전력체계 구축, 운영, 수요산출 등에 대한 대응성을 제고 할 필요성이 강조된다.

④ 넷째, 에너지 시민성(energy citizenship)을 가진 이들의 참여 욕구가 증대되고 있다(Ryghaug et al., 2018). 에너지 시민성이란 에너지 정책과 관련된 시민의 역할과 책임을 의미한다. 특히 전통적인 화석 에너지에 대한 의존도를 감소시키고, 저탄소 신재생 에너지 자원을 이용하고, 에너지 절감과 에너지 효율성을 극대화 할 수 있는 시민의 역할을 강조한다. 에너지 시민성이 높은 참여자들은 에너지 정책과 관련된 이슈에 관심을 가지고, 정부의 정책에 참여하고자 하며, 자신의 에너지 소비 패턴을 개선하고자 노력하는 모습을 보인다. 이렇게 에너지 시민성을 지닌 참여자들의 대두로 인하여, 정부의 정책환경에 있어서도 변화가 나타나고 있다. 가령 과거의 에너지 정책은 정부가 거시적인 에너지 수급량을 예측 및 공급하는 방식으로 진행되었다. 하지만 에너지 시민성의 대두로 인하여, 오늘날의 에너지 정책은 정부가 여러 개의 기업이나 조직과 함께 재생 에너지 자원의 공동생산과 소비, 전력 거래 등을 통해 에니지 징책을 기획하거나, 에너지 설감 사업 및 시민 스스로 설립한 에너지 협동조합(energy consortium)에 대한 정부 지원을 시행하는 등 다양한 사업을 포함하는 개념으로 확장되고 있다.

요컨대 에너지 정책의 과업환경은 공급자 중심에서 수요자 중심으로 전환되고 있다. 이 과정에서 정부주도의 하향식 접근에서 정책과정에서 다양한 참여자들의 참여와 간여가 나타나는 상향식 접근으로의 변동이 확인된다. 이에 따라 정책의 수립, 시행, 개선의 과정에서 정부, 시민, 산업계, 전문가, 정보기관 등 다양한 참여자들이 협력하여 에너지 정책을 추진하는 제도화 된 구조로서 에너지 거버넌스(energy governance)의 필요성이 대두되고 있다. 이러한 맥락적 이해를 배경지식으로, 본 장에서는 에너지 거버넌스의 개념과 현실의 사례를 검토하였다.

Ⅱ. 에너지 거버넌스의 이해

1. 거버넌스의 개념

거버넌스(governance)에 대해서는 바라보는 관점에 따라 다양한 개념화가 이루어져 왔다. 그리고 이들을 가로지르는 공통분모로부터 "공적인 의사결정 과정 및 집행과정에서 공공뿐 아니라 다양한 민간 참여자들의 참여와 간여를 제도화 한 것"이라는 정의를 이끌어 낼 수 있다(Ostrower & Stone, 2006). 요컨대 거버넌스는 공공정책의 과정 속에서 공공과 민간이 참여와 간여를 통한 상호협력이 이루어질 수 있도록 제도화된 조직구조라고 할 수 있다. 공공조직 관리의 관점에서 거버넌스 개념은 정부가 정책과정의 문호를 바깥에 있는 시민에게 개방한다는 점에서 시사점을 갖는다. 전통적으로 정부의 의사결정은 관료나 전문가의 책임 권한에 있었다. 그러나 정보화와 민주화로 인하여 시민사회의 역할이 증대되고, 신자유주의 세계화를 통해 정부의 권한과 기능의 일부가 기업부문으로 이전되는 추세가 나타남에 따라, 거버넌스로의 이행이 동력을 얻게 되었다.

이러한 권한과 기능의 이전은 통치(governing) 양식의 변동을 설명하기 위한 대안적인 모형(model)을 필요로 하게 되었는데, 거버넌스는 바로 이러한 필요에 대응하는 개념이라고 할 수 있다. 이에 대하여 Pierre & Peters(2000)는 다음의 <표 6-1>과 같은 분석틀을 제시하여 소위 통치의 전통모형과 거버넌스 모형을 상호비교하고 있다.

표 6-1 통치의 전통모형과 거버넌스 모형의 비교

구분	(통치의) 전통 모형	(통치의) 거버넌스 모형			
		시장적	신축적	참여적	탈(내부)규제
문제	전근대적 권위	독점성	영속성	계층제	내부규제
조직개혁	계층제	분권화	가상조직	평면조직	–
관리개혁	직업공무원제, 절차적 통제	성과급, 민간부문의 기법	가변적 인사관리	(참여적 관리) 전사적 품질관리(TQM), 팀제	관리재량권 확대
정책결정 개혁방안	정치, 행정의 구분	시장기제로 대체	임시고용 제도 활용	계층제 축소	기업가적 정부
공익의 기준	안전성, 평등	저비용	저비용 조정	참여, 협의	창의성 활동주의

자료: Pierre & Peters(2000)의 재구성

　　현재 거버넌스라는 용어가 일반적으로 통용되고 있으나, 이전에는 유사한 현상에 대하여 협치(協治), 국정관리, 국정운영, 네트워크 관리, 공치(共治) 등 다양한 용어가 활용되었다. 거버넌스의 대표적인 특질로 다음의 다섯 가지를 들 수 있다(Harpham & Boateng, 1997; 서혁준·김서용, 2014).

　　① 첫째 특질은 시민참여이다. 시민참여는 정부와 거버넌스를 구분하는 가장 현저한 특질이라고 할 수 있다. 정책수립과 시행과정에서 시민의 참여는 정책의 효과적 수립과 시행, 그리고 시민의 정책에 대한 인식개선 등을 위하여 중요한 의미를 갖는 것으로 이해된다. 시민참여를 통해 시민은 정책수립과 시행과정에 참여할 수 있고, 정책에 대한 인식과 참여감을 높일 수 있다. 또한 정책과정의 투명성을 높여 정책의 공정성과 적극성을 개선할 수 있다.

② 둘째 특질은 거버넌스가 결과보다 과정을 강조한다는 점이다. 거버넌스는 이해당사자가들이 상호작용과 의사소통을 통해 사회문제를 해결해 가는 "과정 자체"의 의미를 강조한다. 이는 정책의 공정성을 개선하고, 정책의 지속가능성을 확보하기 위한 방안으로서 정책의 절차적 합리성(procedural rationality)을 중요하게 여긴다. 기존의 정부 행동방식이 결과와 성과를 보다 강조하는 경향을 보였다면, 거버넌스는 그 과정을 중시한다는 점에서 차이를 갖는다고 할 수 있다.

③ 셋째 특질은 숙의를 통한 합의지향성을 중시한다는 점이다(Ansell & Gash, 2008). 이는 정책과정에서 모든 구성원 또는 이해관계자가 참여와 숙의를 통해 함께 수용할 수 있는 결정 또는 해법에 도달하는 것을 목표로 하는 의사결정 방법을 중시한다. 이 접근법은 소수의 당사자만이 동의하는 것 보다 모든 당사자가 지지할 수 있는 결정에 도달하는 것이 더 낫다는 생각에 기반하고 있다. 합의 지향적인 정책과정에서 참여자들은 공동의 관심사와 목표를 식별하고 해결하기 위하여 협력한다. 이 과정에서 모든 당사자의 요구를 충족시키는 합의에 도달하기 위하여 그룹토론, 협상 및 중재 등 다양한 소통기법을 활용할 수 있다. 이는 이해 관계자 사이에 높은 수준의 다양성이 있거나 이해관계가 높고 갈등을 최소화하고 모든 당사자가 결과에 만족하는지 확인하는 것이 중요한 상황에서 자주 사용된다. 이는 비록 효율성 측면에서 다른 의사결정 방법보다 느릴 수 있지만, 일반적으로 더 지속가능하고 상호 수용 가능한 결과에 도달할 수 있는 것으로 이해된다.

④ 넷째 특질은 자발적인 상호작용을 중시한다는 점이다. 거버넌스의 맥락에서 자발적인 상호작용이란 어떠한 강압이 아니라 상호합의와 상호존중에 기반하여 이루어지는 상호작용을 의미한다. 이는 개인과 조직이 협업과 협력을 통해 의사결정을 내릴 수 있게 하는 기반이 되므로 거버넌스의 중요한 측면으로 여겨진다. 거버넌스 내에서 자발적인 상호작용이 중시되는 데에는 다음과 같은 몇 가지 이유가 있다. 우선 한 가지 이유는 참여자 및 이해관계자 간의 신뢰와 협력을 촉진할 수 있다는 점이다. 이들이 자발적으로 함께 일할 수 있을 때 신뢰관계를 구축하거나 미래에 효과적으로 함께 일할 가능성이 더욱 커질 수 있다. 이는 보다 응집력 있고 조화로운 사회를 만드는 데 도움

이 될 수 있으며, 더하여 보다 효과적이고 효율적인 의사결정으로 이어질 수 있다. 또 다른 이유는 자발적인 상호작용은 개별적으로 해결하기 어려운 복잡한 문제에 대한 해결책을 찾기 위한 집단지성을 제공하여 준다는 점이다. 이는 혁신과 진보를 촉진을 위한 양분으로 작용할 뿐 아니라, 더욱 강력하고 탄력적인 협업공동체를 구축하는 데에 도움이 될 수 있다.

　⑤ 다섯째 특질은 네트워크(network)이다. 구조로서 거버넌스는 국가, 시민사회, 기업 등 다양한 참여자들이 서로 연결되어 있는 행위자 간의 네트워크로 해석된다(Bingham et al., 1997). 네트워크 구조 속에서 권력과 의사결정 권한은 분산되어 단일 개인이나 그룹에 집중되지 않고 다양한 구성원 간에 분산된다. 요컨대 권한은 계층적 또는 중앙 집중식 구조가 아닌 상호작용의 역학관계 안에서 공유된다고 할 수 있다. 네트워크의 속성을 지닌 거버넌스 즉 네트워크 거버넌스(network governance)는 다양한 형태를 취할 수 있고, 정부기관, 비영리 조직, 기업, 시민단체 등 다양한 그룹을 유기적으로 포함할 수 있다. 이는 높은 수준의 불확실성, 급격한 변화 또는 갈등상황 등 전통적인 계층 구조에 적합하지 않은 문제상황에서 사용된다. 하지만 일단의 학자들은 거버넌스의 구조 측면에서 거버넌스가 반드시 네트워크 구조 일변도로 이루어져 있는 것은 아니라고 주장한다(Jessop, 2009; Hill & Lynn, 2005). 이를 통해 거버넌스의 구조가 정부주도의 위계성을 상대적으로 높게 강조하는 '계층제형', 정부기능의 일부를 기업에 위탁하기 위한 목적을 갖는 '시장중심형' 등 거버넌스 속에서 정부가 갖는 권한과 기능에 띠리 구분될 수 있다는 관점을 제시하고 있다.

표 6-2   거버넌스 구조의 유형

유형	시장중심형	네트워크형	계층제형
조직기반	계약, 재산권	보완적 강점	고용관계
행위자 관계	독립적	상호이익적	의존적
조직의 목적	이윤	상호이익	경력
조직의 수단	가격	관계	루틴
조직의 모드	경쟁	경쟁과 협조	협조
통제	수평적	수평적 및 수직적	수직적
조정	수평적	수평적 및 수직적	수직적
갈등해결	법정, 거래	신뢰, 평판	행정명령, 감독
신축성	높음	중간	낮음

자료: van Dijk(2006)

요컨대 거버넌스는 정부권한의 상대적인 분점 및 약화를 설명하는 데에 유효한 개념이라고 할 수 있다. 하지만 일부 학자들은 거버넌스 개념이 설명력에 있어서 몇 가지 제약을 가지고 있다고 비판하고 있는데, 아래와 같은 사례를 예시할 수 있겠다.

첫째, Bell & Hindmoor(2009)는 거버넌스 개념이 국가의 권위와 조정 가능성이 약화되고 있는 것처럼 묘사하고 있으나, 현실에서는 국가의 역할이 여전히 유효하다고 비판한다. 이들은 거버넌스는 정책과정의 일부 영역에서 제한적으로 확인되는 현상임에도 불구하고, 이를 일반적이고 전체적인 것으로 확대해석함으로써 현실부합성이 낮다고 본다. 그리고 국가의 관점에서는 거버넌스가 정책의 민주적 정당성을 얻기 위하여 모색되는 하나의 정책수단으로서 역할을 갖기도 한다는 점을 지적하며, 거버넌스의 활용이 역설적으로 정부의 영향력의 광범위한 확대와 침투를 의미할 수도 있음을 언급하고 있다. 다만 이러한 비판은 메타거버넌스의 논의를 통해 어느 정도 접근이 되고 있는 것으로 판단된다.

둘째, 유사 개념과의 혼란 문제이다(배봉준·김주환, 2022: 28−30). 거버넌스는 정책을 둘러싸고 있는 다양한 참여자들의 관계구조 및 상호작용에 초점을 두고 있다. 이는 한편 정책네트워크, 이슈네트워크, 코포라티즘(corporatism), 민관협력파트너십(PPP, public−private partnership), 상호작용적 정책결정, 협력적 공공관리, 상호작용적 정책결정, 정책 공동생산 등 다양한 개념들과 중첩되거나 연관된다. 이들은 모두 정책과정에서 다양한 이해관계자의 참여와 간여를 지시하고 있기 때문이다. 뿐만 아니라 기업의 지배구조 역시 일반적으로 거버넌스(governance)라는 용어로 통칭된다(Bradley et al., 1998). 따라서 우리가 사용하고 있는 거버넌스라는 용어의 경계와 외연이 다소 흐릿하다는 인상을 지우기 어렵다. 이러한 개념적 흐릿함은 거버넌스 방법을 실무에 적용하는 상황에서 일정 부분 혼란을 야기할 수 있다.

2. 에너지 거버넌스

에너지 거버넌스(energy governance)란, 에너지의 생산, 분배, 소비 과정을 관할 및 감독하기 위해 마련된 거버넌스 체계를 의미한다. 이는 에너지 분야에 특정하게 마련된 거버넌스 개념을 뜻한다고 할 수 있으며, 에너지 정책과 관련된 정부, 발전소, 에너지 기업, 시민단체, 고객 등 다양한 이해관계자들의 참여와 간여를 바탕으로 한다.

에너지 거버넌스는 수준(level)에 따라 일반적으로 다음과 같이 구분된다(Dobravec et al., 2021).

그림 6-1 에너지 거버넌스의 3수준 다층구조

1) 지역수준(local level)

지역사회 또는 도시 수준에서 구축된 에너지 거버넌스를 의미한다. 주로 지역사회의 요구사항과 문제를 식별하고 해결하기 위해 협력하는 지역당국, 에너지 기업, 및 이해관계자를 포함한다. 지역수준에서의 에너지 거버넌스는 에너지 소비자가 에너지 생산에 참여하면서 에너지에 대한 민감성을 높이고, 이를 통해 수요를 관리 및 강화함으로써 에너지 소비와 생산의 간극을 줄여가기 위한 노력의 일환으로 정의되기도 한다. 유사한 맥락에서 지역의 여건을 반영하기 위한 에너지 절약, 재생에너지로의 전환 등 에너지 효율 증진을 위한 노력의 일환으로 정의되기도 한다. 전자는 수요에 대응성을 후자는 에너지 효율성을 각각 강조한다는 점에서 양자는 다소 간의 차이를 보이기도 한다. 그러나 이들은 모두 물리적 장소 기반인 지역 단위를 강조하고 있으며, 이러한 장소 맥락에서의 에너지 자립을 강조하고 있다는 공통점을 갖는다.

지역수준의 에너지 거버넌스는 중앙정부가 주도하여 왔던 에너지 정책의 나침반을 지방으로 돌리고자 하는 흐름을 반영하고 있다. 최근 광역자치단체를 비롯하여 기초자치단체들이 조례 제정 및 지역 에너지 계획 수립에 있어서 지역 에너지 거버넌스의 활용을 늘이고 있는 추세에 있다. 이러한 흐름 속에서 증대된 에너지 시민성을 바탕으로 한 시민의 참여와 간여가 나타나고 있다. 이는 단기적이고 협소한 지역 에너지 정책을 극복하고, 장기적이고 사회적이며 환경적 요소를 아울러 고려한 '지속가능성'을 방향성으로 하고 있다는 점에서 기존의 에너지 정책이 지닌 정향성과 차이를 갖는다. 이에 따라 참여하는 시민의 자발적인 실천을 바탕으로 한 에너지 절약 등이 정책의제로 새롭게 추가되고 있는 모습이 확인되기도 한다.

2) 국가수준(national level)

국가 수준에서 국경 내 국가정책과 관련하여 구축된 에너지 거버넌스를 의미한다. 국가 수준에서 에너지 정책의 기획, 설계, 집행, 규제, 평가 등의 목적을 가지고 마련되는 것이 일반적이며, 정부의 각 부처별 혹은 정부기관 간 상충되거나 중복되는 영역에 대한 수평적인 정책조정의 필요성에서 활용되기도 한다(임기추, 2016:227).

에너지 정책분야에서의 국가수준 거버넌스는 에너지 수급, 기후변화대응, 친환경 에너지로의 전환 등의 정책에 있어서 기존 계층적 권위를 바탕으로 하는 정부업무의 수행방식에서 벗어나는 것을 목적으로 하고 있다. 이를 위해 중앙정부가 산업계 및 시민단체 등 다양한 이해관계 주체들과의 네트워크 및 상호작용을 구성하여 공동의 목적을 달성하는 정책조정체계를 구축하고 운영하는 모습을 보이고 있다. 즉 국가수준의 에너지 거버넌스는 국가수준의 정책과정과 관련성을 갖는다고 할 수 있다. 국가수준의 에너지 거버넌스가 기획과정에서 국토전반을 아우르는 정책목표나 정책의 틀을 제시하는 역할을 수행하는 경우, 이러한 방향성은 지역수준 에너지 거버넌스의 의사결정에도 영향을 미치게 된다. 따라서 국가수준 거버넌스는 지역수준 거버넌스의 상부에서 집합적인 영향력을 행사하는 메타거버넌스(meta-governance)의 성격을 가지기도 한다. 다른 한편, 국가수준 거버넌스는 지역수준 거버넌스의 우수사례(best practice)를 수집하고 다른 지역으로 확산하는 채널의 역할을 수행하기도 한다. 이 경우 국가수준 에너지 거버넌스는 혁신과 지식이 공유되고 확산되는 플랫폼으로서의 기능을 지니게 된다. 이에 더하여, 국가수준 거버넌스는 국가 내의 비합리적인 법적 규제를 개선하거나, 법제 간 모순과 상충을 극복하기 위한 규제 거버넌스로 작동하기도 한다.

3) 국제수준(international level)

전 세계 수준의 에너지 거버넌스를 의미한다. 여기에는 에너지 정책을 조정하고 글로벌 에너지 문제를 해결하기 위해 노력하는 국제 에너지 기구(IEA, International Energy Agency) 및 UN과 같은 국제기구가 포함된다.

신상윤(2018:234)에 따르면, 국제수준에서 에너지 거버넌스라고 불릴 수 있는 체제가 실질적으로 형성된 계기는 1970년대 석유파동이었다. 중동의 주요 석유수출국들이 에너지의 공동수급 및 가격조정을 목표로 형성한 석유수출국기구(OPEC, Organization of the Petroleum Exporting Countries)에 공동대응하기위하여, 석유수입국들이 국제에너지기구(IEA, International Energy Agency)를 설립한 것을 시초로 보고 있는 것이다. 이후 국제수준에서 에너지를 둘러싼 의제가 다양해지게 되었고, 각각의 이슈에 대응하기 위하여 다른 에너지 거버넌스 체제도 추가로 형성되기 시작하였다. 이에 따라 국제에너지포럼(IEF, International Energy Forum), 국제에너지포럼(IEF, International Energy Forum), 국제재생에너지기구(IRENA, International Renewable Energy Agency) 등 다양한 국제기구들이 에너지 거버넌스 체제로서 등장하였다. 이후 국제사회가 가장 초점을 두고 있는 의제는 기후변화에 대한 대응강화로서, 2015년 12월 체결된 파리기후변화협정(Paris Agreement)은 이에 대한 역사적인 단초를 제공하였다. 해당 협정은 선진국과 개도국을 아우르는 다수의 국가가 합의하였으며, 실제 구속력을 가지는 협정이라는 점에서 의의를 갖는다고 할 수 있다. 이에 향후에는 '기후변화에 관한 정부 간 협의체(IPCC, Intergovernmental Panel on Climate Change)와 유엔기후변화협약 등 기후변화와 관련한 국제수준의 거버넌스 및 원칙에 대한 위상이 점차 향상될 것을 전망할 수 있겠다.

우리가 에너지 거버넌스라고 말할 때에는 위와 같은 다수준을 통칭하거나 특정한 수준의 거버넌스를 특정하여 의미하는 것이 일반적이다(Kim, 2016). 이들은 서로 독립적으로 작동하기도 하고, 한 수준이 다른 수준에 영향을 미치며 상호작용하기도 한다. 가령 국제수준에서 도출된 협약과 원칙이 국가의 정책에 영향을 미치고, 연이어 지역수준의 의사결정에도 작용을 가하게 되는 상황을 예시할 수 있을 것이다. 다른 한편, 지역의 혁신노력이 중앙의 정책의

제에 영향을 미치거나, 특정 국가의 에너지 정책이나 환경문제가 국제사회의 위기의식을 자극하여 국제규범의 제정과 개정으로 이어지는 상황도 아울러 예시할 수 있다. 이렇게 다수준의 중첩된 에너지 거버넌스는 서로 유기적으로 상호작용하는 동역학을 내포하고 있으며, 동시에 개별 수준에서도 독자적이고 주도적인 영향력을 갖는다는 점을 특징으로 들 수 있다.

Ⅲ. 에너지 거버넌스의 사례

에너지 거버넌스를 수준(level)에 따라 지역수준, 국가수준, 국제수준으로 구분한 앞의 분류를 따를 때, 현실에서 확인되는 사례로서 아래와 같은 것을 들 수 있다.

1. 지역수준 에너지 거버넌스의 사례: '서울시 원전 하나 줄이기 실행위원회'

지역수준에서 확인되는 에너지 거버넌스의 대표 사례로 2012년에 시작된 서울시의 '원전하나줄이기 정책' 및 이와 연계된 '원전하나줄이기 시민위원회' 및 '실행위원회'를 들 수 있다(최승국·최근희, 2021). 서울시는 2010년대에 에너지 전환정책에 착수하면서 전력 자립률은 증대하되, 온실가스 배출률은 감축하는 것을 핵심지표로 설정하고, 이러한 정책목표를 달성하기 위한 실행조직으로 '시민위원회'와 '실행위원회'를 구성하였다. 애초 명목상으로는 '시민위원회'가 공식적인 거버넌스 조직으로 설정되었으나, 실제 운영상으로는 '실행위원회'가 오히려 활발하게 권한과 기능을 행사하였다. 가령, 최승국·최근희(2021)에 따르면, '시민위원회'는 임기 6년 동안 약 4회의 회의실적이 확인된다. 반면 '실행위원회'는 6년간 380회가 넘는 각종 토론회와 회의를 진행하는 등 활발한 활동성과가 관측된다.

그림 6-2 '원전 하나 줄이기' 추진체계

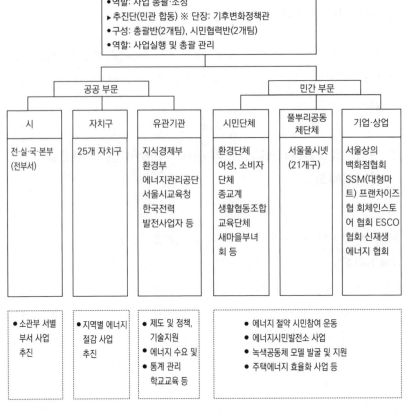

원전 하나 줄이기 시민위원회
시장, 시민단체·기업·종교계·여성계·교육계·문화계 – 25
인(공동위원장: 시장, 민간 2)

추진본부
▶실행위원회 ※공동위원장: 기후환경본부장·민간1인
●구성: 시민단체·기업·종교·교육·언론·문화계, 시 간부
  등 45인
●역할: 사업 총괄·조정
▶추진단(민관 합동) ※ 단장: 기후변화정책관
●구성: 총괄반(2개팀), 시민협력반(2개팀)
●역할: 사업실행 및 총괄 관리

공공 부문

시	자치구	유관기관
전·실·국·본부 (전부서)	25개 자치구	지식경제부 환경부 에너지관리공단 서울시교육청 한국전력 발전사업자 등

●소관부 서별 부서 사업 추진

●지역별 에너지 절감 사업 추진

●제도 및 정책, 기술지원
●에너지 수요 및
●통계 관리 학교교육 등

민간 부문

시민단체	풀뿌리공동 체단체	기업·상업
환경단체 여성, 소비자 단체 종교계 생활협동조합 교육단체 새마을부녀 회 등	서울풀시넷 (21개구)	서울상의 백화점협회 SSM(대형마트) 프랜차이즈 협 회체인스토어 협회 ESCO 협회 신재생 에너지 협회

● 에너지 절약 시민참여 운동
● 에너지시민발전소 사업
● 녹색공동체 모델 발굴 및 지원
● 주택에너지 효율화 사업 등

자료: 이강준 (2015: 156)

표 6-3 원전하나줄이기 실행위원회 활동현황

구분	분과회의	포럼·토론회	기획·자문회의	전체회의	기타	계
2012년	4	-	-	3	-	7
2013년	22	2	-	1	5	30
2014년	18	3	-	3	13 (위원장회의)	37
2015년	51	-	3	1	-	55
2016년	47	7	10	1	11 (에너지공사소위)	76
2017년	53	6	21	2	-	82
2018년	74	8	5	1	13 (미니태양광소위)	101
계	239	26	39	12	42	388

자료: 최승국·최근희(2021: 233)

실행위원회는 실행과제에 따라 에너지 생산분과, 에너지 절약분과, 에너지 효율화분과, 효율화·절약분과, 공동체·복지분과, 소통분과, 산업·일자리분과, 교육·일자리분과, 교육·시민소통분과, 일자리분과, 총괄분과 등 11개의 하위 분과로 구성되어 있었다. 각 분과는 실행과제의 주제별 주요 논의내용을 의제로 설정하고, 각 의제에 대한 분과회의, 컨퍼런스, 포럼 등을 운영하며, 참여자들의 숙의와 소통의 장을 확대하였다.

표 6-4 원전하나줄이기 실행위원회 주요 활동사항

분과명	회의	주요 논의 내용	기간
에너지 생산분과	50회	• 원전하나줄이기 생산분야 주요 추진과제 점검 • 햇빛발전소 추진 방안 마련 • 미니태양광 보급 활성화 방안 마련 • 태양광보급 활성화를 위한 제도개선 방안: 서울형FIT 도입, 공공부지 임대 규정 개선, 기후변화기금 개선 • 태양광 외 재생가능에너지원 발굴 • 서울에너지공사 설립 지원 • 서울에너지포럼 기획 • 소규모 용역과제 진행	2012.8 – 2019.2
에너지 절약분과	6회	• 시민네트워크 구성방안 • 원전하나줄이기 절약사업 계량화 방안	2013.5 – 2013.12
에너지 효율화분과	6회	• 에너지 효율화 방안 및 사업 점검 • 건물에너지 진단 개선 방안	2012.8 – 2013.12
효율화·절약 분과	43회	• BRP활성화 방안 • 교통분야 에너지절약 • 에너지 다소비 사업자 관리 개선 • 도시재생과 에너지 연계방안 • 에코마일리지 추진 현황 점검 • 서울에너지포럼 기획 • 소규모 용역과제 추진	2014.11 – 2019.2
공동체·복지 분과	41회	• 에너지복지 정책 점검 • 에너지 빈곤층 지원 방안 • 에너지 복지조례 제·개정 작업 • 에너지복지시민기금 점검 • 에너지자립마을 활성화 방안 • 서울에너지포럼 기획 • 소규모 용역과제 추진	2014.11 – 2019.2

소통분과	2회	• 원전하나줄이기 시민소통 방안	2013.8 - 2013.12
산업·일자리 분과	23회	• 에너지 일자리 창출 방안 • 사회적기업 지원 방안 • 에너지클리닉 서비스 추진계획 • 서울 에너지설계사 운영방안	2014.12 - 2016.10
교육·일자리 분과	4회	• 교육·일자리분과 역할과 과제 • 교육사업 추진 계획	2017.2 - 2017.5
교육·시민소통분과	19회	• 원전하나줄이기 홍보 방안 • 원전하나줄이기 홈페이지 보완 • 원전하나줄이기 시민소통단 운영방안 • 서울에너지포럼 기획 • 소규모 용역과제 추진	2017.6 - 2019.2
일자리분과	21회	• 원전하나줄이기 일자리 성과 점검 에너지 부분 중간지원 조직 사례 청년 일자리 발굴 방안 서울에너지포럼 기획 소규모 용역과제 추진	2017.6 - 2019.2
총괄분과	54회	• 원전하나줄이기 추진 방향 점검 • 원전하나줄이기 사업성과 평가 • 국제에너지컨퍼런스 기획 • 서울에너지포럼 추진 방향 점검 • 서울에너지공사 추진 과정 점검 • 지역에너지전환 공동선언 추진 • 분과별 활동 공유 및 조정	2015.1 - 2019.3

자료: 최승국·최근희(2021: 234-235)

'원전하나줄이기 실행위원회'는 이렇게 정책목표의 수립 및 기획, 정책대안의 설계, 집행과정의 점검, 사업성과 평가, 정책대안 연구, 홍보, 법률 재개정 및 규제 등 다양한 기능을 수행하였다. 서울특별시가 발간한 '2017년 에너지 백서'에 따르면, 원전하나줄이기 사업에 대한 약 2년 간(2012.4.~2014.6)의 성과를 결산한 결과, 에너지 생산부문에서는 26만TOE(63%), 에너지 효율화

부문에서는 87만TOE(78%), 그리고 에너지절약 부문에서 91만TOE(190%)를 달
성하여 애초의 목표치를 조기에 달성한 것으로 확인되었다.

표 6-5 원전하나줄이기 1단계 성과 (2012.4.~2014.6.)

(단위: 천 TOE)

구분	목표	달성성과			
		계	'12년	'13년	'14년 6월
합계	2,000	2,040	331	921	788
에너지 생산	410	260	35	78	147
에너지 효율화	1,110	869	145	328	396
에너지 절약	480	911,	151	515	245

자료: 2017년 에너지백서; 최승국·최근희(2021: 231)의 재인용

　　이러한 성과는 다른 자치단체로 확산되어, 2015년 발표된 '카본프리 아일
랜드 제주'와 '경기도 에너지비전 2030', 2017년 '충남 에너지 전환 비전 2050'
등 다양한 정책의제로 이어진 것으로 파악된다. 이후 '충남 당진의 에너지 민
관 거버넌스' 등의 모델은 시민토론을 바탕으로 그린뉴딜 정책을 제안하고,
전국 첫 에너지 센터를 설치하는 등 시민참여를 기반으로 한 에너지 거버넌
스의 롤모델로 평가되고 있다.[1]

2. 국가수준 에너지 거버넌스의 사례: '신고리 원전 공론화 위원회'

　　한국에서 에너지 정책의 전환을 위해 정부가 시민참여 기반의 거버넌스
구조를 형성하고 운영한 주요한 사례 중 하나로 '신고리 원전 5·6호기' 가동
중지를 결정하기 위하여 문재인 정부가 2017년 10월에 구성한 '신고리 원전

---

1) https://www.korea.kr/news/policyNewsView.do?newsId=148888333

공론화 위원회'를 들 수 있다(김길수, 2018).

　　2017년 6월 19일 '신고리 1호기 영구정지 선포식'에서 문재인 대통령은 탈핵시대로 나아갈 것을 정책기조로 천명하였다. 그리고 당시 건설 중인 신고리 5·6호기는 시민참여를 바탕으로 한 공론조사 및 사회적 합의를 통해 공사 재개의 여부를 결정하겠다고 선언하였다. 이에 공론화위원회와 시민참여단이 구성되고, 한국의 역사상 처음으로 정책적 의사결정을 위해 공론화 조사(deliberative polling)가 실무에 적용된 사례를 남기게 되었다. 공론화 조사 결과 시민참여단은 "탈핵의 기조를 유지하되 신고리 5·6호기 공사는 재개할 것"이라는 결정을 내리게 되었고, 정부는 2017년 10월 24일 이러한 시민참여단의 결정을 수용하였다.

표 6-6 여론조사와 공론조사의 차이

구분	여론조사	공론조사
개념	순간적인 인식수준 진단	1차 조사 → 학습·토론 → 2차 조사
방법	전화, 우편 웹 사이트 등 매체 활용 수동적 참여	과학적 표본추출기법 학습과 토론 필수, 능동적 참여
결과	고정된 선호의 단순 취합	학습과 토론을 거쳐 선호변경
장점	많은 수의 시민을 대상으로 의견수렴	학습과 토론을 통한 신중한 의사결정
단점	비교적 단순하고 피상적인 의견수렴 대표성과 정확성 결여	비용과 시간 소요 복잡한 절차, 적은 표본 집단 집단 내 다수의견 동조현상 발생

자료: 김선희(2006: 131); 김길수(2018: 207)에서 재인용

공론조사는 공식적으로 선정된 시민참여단을 대상으로 한 숙의적 학습과 토론을 통해 이들의 의견변동 추이를 분석하고, 이에 따른 결과를 정책적 의사결정에 반영하는 거버넌스 기반의 의사결정 활동을 의미한다. 주창자인 Fishkin(1991)에 따르면, 이렇게 학습과 토론, 그리고 이에 기반한 의견조사에 기반한다는 점에서 공론조사는 전통적인 여론조사와는 개념적으로 구분된다.

이러한 공론조사의 개념을 실무에 적용하기 위해서는 관리주체의 명확화 및 제도와 운영방식에 대한 설계가 사전적으로 이루어질 필요가 있었다. 이에 2017년 6월 문재인 대통령은 국무회의 안건으로 이를 상정하였고, 국무회의를 통해 '신고리 5, 6호기 문제 공론화 계획'이 확정되었다. 확정된 계획은 당시 홍남기 국무조정실장이 기자회견을 통해 발표하였다. 해당 계획의 골자는 다음과 같았다.

① 첫째, 공사가 진행 중인 신고리 원전 5, 6호기는 공사를 일시중단한다. 이러한 공사 일시 중단은 공식적으로 주무 기구인 한국수력원자력 이사회의 결정에 따라 시행된다.

② 둘째, 국무총리실이 공론화위원회 구성의 주체로서 역할을 담당하며, 공론화위원회는 10인 이내의 위원으로 구성된다. 이를 위해 「신고리 5·6호기 공론화위원회 구성 및 운영에 관한 규정」을 공무원 훈령으로 별도로 마련하였으며, 이는 공론화위원회의 기능(제2조), 구성(제3조), 위원장의 직무(제3조) 등 위원회의 권한, 기능, 구성 등에 대한 상세한 정의를 담았다.

③ 셋째, 공론화위원회는 약 3개월의 기간 동안 상황에 적합한 공론조사 방식의 설계를 수행한다.

④ 넷째, 설계된 공론조사 방식에 맞추어 시민배심원단을 위촉하고, 이들을 대상으로 공론조사를 수행하여 최종 공사중단 여부를 결정한다.

주지한 계획안을 바탕으로 설계된 공론화 조사의 절차는 다음과 같았다.

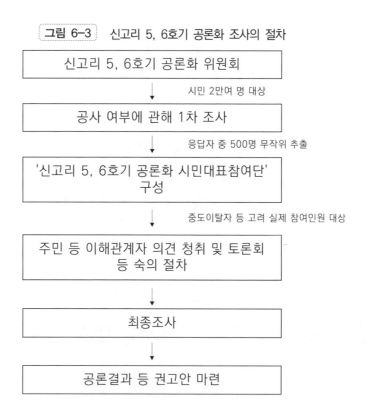

그림 6-3 신고리 5, 6호기 공론화 조사의 절차

신고리 5, 6호기 공론화 위원회

↓ 시민 2만여 명 대상

공사 여부에 관해 1차 조사

↓ 응답자 중 500명 무작위 추출

'신고리 5, 6호기 공론화 시민대표참여단' 구성

↓ 중도이탈자 등 고려 실제 참여인원 대상

주민 등 이해관계자 의견 청취 및 토론회 등 숙의 절차

↓

최종조사

↓

공론결과 등 권고안 마련

공론화 조사 절차에서 중심적인 역할을 수행한 것은 공론화위원회이다. 위원회는 공론화 조사 절차의 구체안에 대한 설계뿐 아니라, 공론화검증위원회의 분과위원회를 두어 공론화 절차의 공정성과 객관성을 검증하는 역할을 아울러 수행하였다. 또한 이해관계자 간 소통을 위해 이해관계자 소통협의회를 두기도 하였다. 더하여 연구와 조사 기능을 부가하여, 산하에 법률분과, 조사분과, 숙의분과, 소통분과 등의 분과위원회를 마련하였다.

시민참여단은 공론화위원회의 제2차 정기회의(2017.7.27.)에서 마련된 기준에 따랐다. 이에 전국 19세 이상의 국민을 지역, 성, 연령의 기준으로 층화한 후 비례 배분한 20,000명을 무작위 추출하여 1차 표본을 구성하였다. 이후 건설재개에 대한 판단과 인구통계학적 특성에 대하여 다시 한 번 비례배분하여 층화 무작위 추출하는 방식으로 시민참여단을 구성하였다. 이들 약 20,000명 중 시민참여단 참가 의향을 밝힌 응답자 5,981명을 대상으로 체계적 추출

방법을 통해 500명을 확정하였는데, 이들을 대상으로 한 2017년 9월 16일의 오리엔테이션에 총 478명이 참여하여 2차 조사가 실시되었다.

이들 시민참여단에게는 이러닝(e-learning) 시스템을 통해 신고리 5, 6호기 공론화를 둘러싼 핵심 쟁점에 대한 양측의 주장이 동영상 강의자료로 제공되었다. 해당 강의자료는 객관성과 공정성 확보를 위해 전문가를 통한 검토를 받았고, 이러한 과정과 결과는 공론화위원회의 검수를 거쳤다.

이러한 선행학습을 바탕으로 시민참여단은 약 2박 3일간 진행된 종합토론회의에 참여하였다. 종합토론회는 총론토의, 쟁점토의1(안전성/환경성), 쟁점토의2(전력수급 등 경제성), 종합토의(최종선택과 사회적 수용성) 등의 주제로 나누어 구성되었으며, 각 세션별로 집중적인 숙의가 수행되었다.

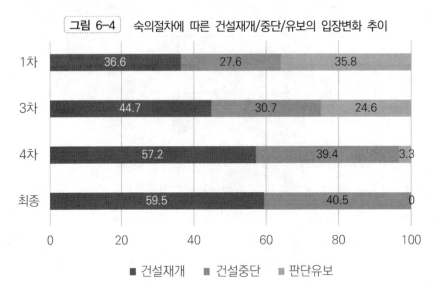

그림 6-4　숙의절차에 따른 건설재개/중단/유보의 입장변화 추이

자료: 김길수(2018: 216)

숙의절차에 따른 입장변화 추이는 <그림 6-4>에서 확인할 수 있다. 이를 통해 숙의절차가 거듭될수록 '건설재개'를 지지하는 입장이 증가하는 모습을 확인할 수 있고, '판단유보'의 입장이 지속적으로 감소하는 패턴이 관측된다. 결과적으로 최종 숙의절차 이후 건설재개의 입장이 59.5%, 건설중단의

입장이 40.5%를 기록함으로써 과반이 넘는 참여자가 건설재개의 입장을 견지
하게 되었다.

3. 국제수준 에너지 거버넌스의 사례: 기후변화에 관한 정부 간 협의체(IPCC)

기후변화의 문제는 국제사회의 공조와 협력을 바탕으로 할 때에만 실
효적인 대응이 가능하다고 전망할 수 있다. 이에 기후변화의 문제에 공동
대응하기 위하여 UN은 산하에 '기후변화에 관한 정부 간 협의체'(IPCC,
Intergovernmental Panel on Climate Change)(이후 IPCC)를 두고, 국제사회 공동의
대응을 이끌어 내기 위한 국제수준의 에너지 거버넌스로 권한과 기능을 부여
하고 있다. 이는 1988년에 유엔환경계획(UNEP, United Nations Environment
Programme)과 세계기상기구(WMO, World Meteorological Organization)에 의해 공
동으로 설립되었는데, 2022년 현재 약 195개국이 회원국으로 참여하고 있다.
특징적인 것은 IPCC가 2015년 10월 제6대 의장으로 한국인인 이회성을 선임
하였으며, 이후 뛰어난 리더십으로 국제공조를 이끌어 낸 공로로 2019년 세계
영향력 있는 인물 100인에 선정되기도 하였다는 점이다.

그림 6-5 IPCC 로고

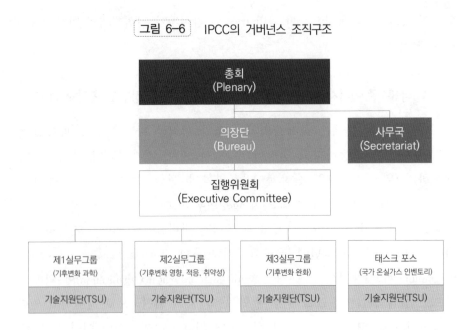

그림 6-6 IPCC의 거버넌스 조직구조

자료: http://www.climate.go.kr/home/cooperation/lpcc.php

　　IPCC는 조직구조상 회원국의 총회를 중심으로 한다. 그리고 간사조직으로 의장단(의장 1인을 포함한 총 34인)을 주축으로 하는 집행위원회와 사무국이 구성되어 있다.

　　집행위원회는 3개의 '실무그룹'(working group)과 '국가온실가스 인벤토리 테스크포스'을 분과에 두고 있다. 각 분과는 별도의 주제를 바탕으로 구성되었으며, 기후변화의 과학적, 기술적 평가를 수행하여 별도의 발간자료를 발행한다. 가령, 제1실무그룹(WG I)은 기후변화의 과학적 근거에 대한 보고서를 발간하고, 제2실무그룹(WG II)은 기후변화 영향, 적응, 취약성 등의 주제에 대한 보고서를 발간하며, 제3실무그룹(WG III)은 기후변화 완화에 대한 보고서를 발간한다. IPCC 집행위원회가 발행하는 종합보고서는 3개 실무그룹이 발간한 보고서 및 특별보고서의 핵심내용을 통합 및 평가한 내용을 담게 된다. 각 실무그룹은 기술지원단(TSU, Technical Support Unit)에 의해 지원을 받게 되는데, 기술지원단은 사무국과 같은 지원 역할을 수행한다.

IPCC는 전 세계 과학자가 참여 및 발간하는 IPCC 평가보고서(AR, Assessment Report)를 주요 산출물로 발간하며, 이는 기후변화의 과학적 근거와 정책방향을 제시함으로써 유엔기후변화협약(UNFCCC)에서 정부 간 협상의 근거자료로 활용된다. 지금까지 발간된 평가보고서의 발간연도 및 주요 영향은 다음과 같다.

- 제1차 평가보고서('90) → 유엔기후변화협약(UNFCCC) 채택('92)
- 제2차 평가보고서('95) → 교토의정서 채택('97)
- 제3차 평가보고서('01)
- 제4차 평가보고서('07) → 기후변화 심각성 전파 공로로 노벨평화상 수상
 (엘 고어 공동 수상)
- 제5차 평가보고서('14) → 파리협정 채택('15)
- 제6차 평가보고서('22)

그림 6-7 IPCC의 대응을 위한 우리나라 전문가 포럼의 역할구조

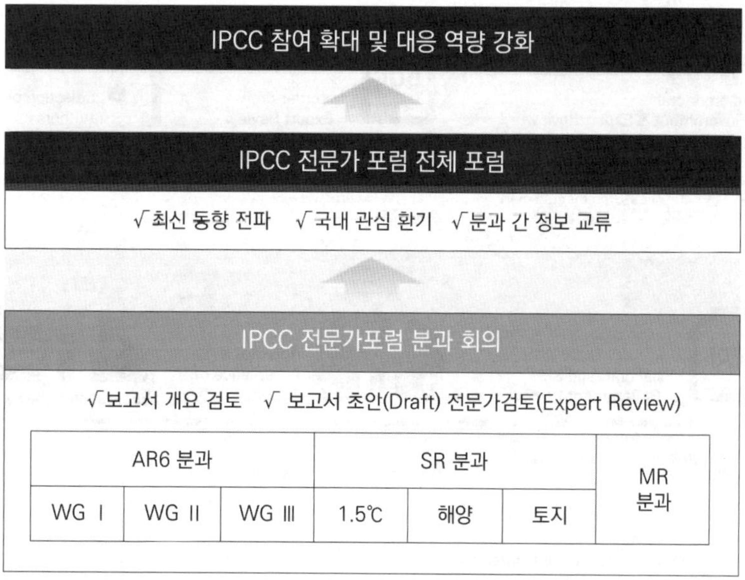

IPCC 참여 확대 및 대응 역량 강화					
IPCC 전문가 포럼 전체 포럼					
√최신 동향 전파　　√국내 관심 환기　　√분과 간 정보 교류					
IPCC 전문가포럼 분과 회의					
√보고서 개요 검토　　√ 보고서 초안(Draft) 전문가검토(Expert Review)					
AR6 분과			SR 분과		MR 분과
WG Ⅰ	WG Ⅱ	WG Ⅲ	1.5℃	해양	토지

자료: http://www.climate.go.kr/home/cooperation/lpcc.php

한국은 IPCC 대응을 위하여 국내 전문가 포럼을 운영하고 있으며, 특히 기상청이 IPCC 주관부처로서 전문가 포럼의 구성 및 운영의 주무를 담당하고 있다. 국내 전문가 포럼은 IPCC 제6차 평가보고서(AR6)에 집필진으로 실제 참여하여 일부파트에 대한 보고서 작성을 수행하였다. 기상청이 밝히고 있는 IPCC 보고서 작성절차는 다음의 <그림 6-8>과 같다.

그림 6-8　IPCC 보고서 작성 절차

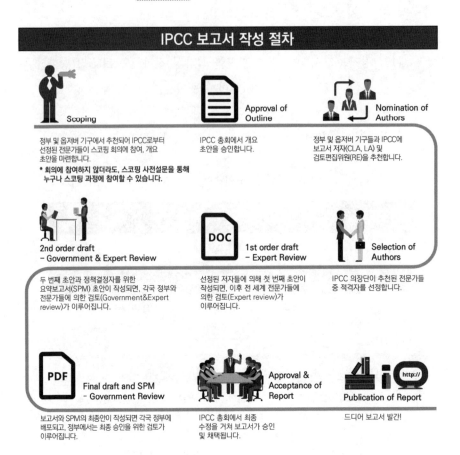

자료: http://www.climate.go.kr/home/cooperation/lpcc.php

Ⅳ. 에너지 거버넌스의 과제

에너지 정책 분야에서는 전통적인 정부중심 공급주도 방식의 정책체제의 한계를 인식하고, 이해관계자와 수요자 중심의 에너지 거버넌스로의 전환이 이루어지고 있다. 이러한 소위 거버넌스로의 전환은 국제수준, 국가수준, 지역수준과 모두 연계되어 있는 다층적인 변동이라고 할 수 있으며, 지속가능한 에너지 정책 체계를 구축하는 것을 목표로 삼는다는 공통점을 지닌다. 장기적으로 에너지 전환 정책이 이러한 목표를 달성하여 안착하기 위해서는 국내외 에너지 거버넌스의 배경, 구조, 여건 등에 대한 명확한 이해를 바탕으로 정부의 변동하는 권한과 기능에 대한 통찰을 필요로 한다고 할 수 있다. 이에 본장에서는 에너지 거버넌스에 대한 개념적인 이해와 더불어, 국제수준, 국가수준, 지역수준 각각의 실제 거버넌스 사례를 시론적으로 검토하였다. 다만 검토된 것들 외에도 다양한 수준과 유형의 규제 거버넌스 등 다양한 사례들을 확인할 수 있는바, 독자는 새롭고 다양한 사례에 대한 탐색을 통해 지면의 한계를 넘어서기 위한 주체적인 심화학습을 수행할 것을 권한다.

토론의 장

□ 토론1: 공론화를 둘러싼 쟁점

- 다음 글은 박태순 사회갈등연구소 소장이 '현안과 정책' 199호에 기고한 글의 일부이다.

> "이번 공론화는 공론조사란 단일한 방식을 사용하였으며, 이전의 유사 사례에 비하여 진
> 행의 완성도와 절차에 대한 신뢰성 면에서 분명한 진전이 이루어졌으며, 찬반을 넘어 그 결
> 과를 수용하는 국민의 성숙한 태도가 돋보였다. 이번 공론화는 장기간 진행된 신고리 5,6
> 호기 갈등해소에 종지부를 찍게 하였을 뿐 아니라, 국민에게 민주주의를 학습할 수 있는 공
> 간을 제공하였다는 점에서 의미가 있다. 또한 대통령과 정부가 공약 폐지에 따른 정치적 부
> 담에서 벗어날 수 있는 명분을 획득하게 되었다는 것 또한 중요한 효과라고 볼 수 있다.
> 　그러나 이번 공론화는 몇 가지 점에서 한계를 보였다. 공론화가 정치적 딜레마를 해소
> 하기 위한 목적에서 출발하였으며, 공론화를 공론조사와 등치시키면서 이 과정에서 국회,
> 이해관계자, 전문가가 소외되었고, 공론조사에 지나친 의미부여가 오히려 핵심 이슈를 정치
> 적으로 변질시키는 원인으로 작용하기도 하였다. 또한 찬반과 수-대결에 의한 결정 방식에
> 따른 부작용도 우려된다. 원전 축소 시기와 방법은 원전 갈등의 핵심 이슈이다. 신고리
> 5,6호기 재개여부를 묻는 질문에 원전축소 항목을 부가하고 이 비율이 높다고 해서 마치
> 원전 축소에 대한 공감대가 형성된 것처럼 발표하는 것은 과도한 해석이다. 원전 축소에
> 대해서는 별도의 사회적인 논의가 필요한 사항이다."

- 토론질문 1: 신고리 5, 6호기를 둘러싼 공론화 위원회 운영사례를 통해 향후 논쟁적인
  에너지 정책의제에 대하여 공론화 위원회를 적용하는 방안에 대한 찬반의 입장을 정하
  는 경우, 자신이 선택한 입장을 보증하는 근거는 무엇인가?
- 토론질문 2: 위원회의 의사결정이 타당성을 가지기 위해서는 참여자의 대표성을 확보하
  는 일이 매우 중요하다고 할 수 있다. 그렇다면 '신고리 원전 공론화 위원회'의 경우 참
  여자 대표성 측면에서 어떻게 판단하는가? 해당 사례에서 대표성을 높이기 위하여 어떠
  한 아이디어와 방안이 모색되었는가?

□ 토론2: 지역중심의 재생에너지 확대 이슈

- 토론질문 1: 최근 지역 중심의 재생에너지 확대를 위해 주민 참여형 거버넌스 기반의
  사업을 수행하는 지자체가 늘어나고 있는 추세에 있다. 이렇게 중앙이 아닌 지방의 역

할이 강조되는 상황에 대한 찬반의 입장을 정하는 경우, 자신의 입장은 무엇인가? 그리고 보증하는 근거는 무엇인가?

- 토론질문 2: 지자체에서 수립한 지역을 기반으로 한 에너지 전환 계획을 조사해보자. 조사한 계획이 지향하는 주요 정책 목표와 내용은 무엇인가?

참고문헌

김길수. (2018). 신고리 5·6호기 공론조사 사례연구. 한국자치행정학보, 32(2), 205－224.

김선희. (2006). 공론조사기법: 학습과 토론을 통해 공론 확인하기. 「국토」. 295: 128－138

김창훈. (2020). 분산전원 정책의 지역 차원 구현 방안 연구. 에너지경제연구원 기본연구보고서 20－03

배봉준·김주환. (2022). 공론화결정의 정책네트워크 특성 비교연구: 신고리 5·6 호기사례와 제주 녹지국제병원사례. 행정논총, 60(1), 61－101.

서혁준·김서용. (2014). 지역에너지 거버넌스 구축요인 분석. 지방행정연구, 28(4), 283－312.

신상윤. (2018). 글로벌 에너지 거버넌스 변화에 따른 에너지 외교 전략. 전략연구, 25(1), 233－259.

이강준. (2015). 박원순 서울시장의 에너지정치와 시민참여 거버넌스. 경제와 사회, 107, 140－172.

이상준·김비아. (2019). 에너지 전환 추진에 있어 정부의 역할과 한계: 전환이론 관점을 중심으로. 에너지경제연구원 기본연구보고서 19－04.

이광희. (2022). 효과적인 정책조정을 위한 국정운영시스템 혁신방안. 경제인문사회연구회 협동연구총서 22－10－01.

임기추. (2016). 주요국의 에너지정책 거버넌스의 사례와 정책제언. 에너지공학, 25(4), 226－235.

최승국·최근희. (2021). 에너지전환 정책의 거버넌스 과정 연구: 서울시 원전하나줄이기 실행위원회를 중심으로. NGO연구, 16(3), 219－257.

Ansell, C., & Gash, A. (2008). Collaborative Governance in Theory and Practice. Journal of Public Administration Research and Theory, 18(4), 543－571.

Bell, S., & Hindmoor, A. (2009). Rethinking governance: The centrality of the state in modern society. Cambridge University Press.

Bingham, L. B., Nabatchi, T., & O'Leary, R. (2005). The new governance: Practices and Processes for stakeholder and citizen participation in the work of government. Public Administration Review, 65(5), 547－558.

Bradley, M., Schipani, C. A., Sundaram, A. K., & Walsh, J. P. (1998). The Purpose and Accountability of the Corporation in Contemporary Society: Corporate Governance at a Crossroads. In Law and Contemporary Porblems (pp. 9−86). Durham, N.C.: School of Law Duke University.

Dobravec, V., Matak, N., Sakulin, C. et al. (2021). Multilevel governance energy planning and policy: a view on local energy initiatives. Energ Sustain Soc 11, 2

Fishkin, James S. (1991). Democracy and Deliberation. Yale University. 김원용 옮김. 「민주주의와 공론조사」. 서울 : 이화여자대학교 출판부

Harpham, T., & Boateng, K. A. (1997). Urban governance in relation to the operation of urban services in developing countries. Habitat international, 21(1), 65−77.

Hill, C. J., & Lynn Jr, L. E. (2005). Is Hierarchical Governance in Decline? Evidence from Empirical Research. Journal of Public Administration Research and Theory, 15(2), 173−195.

Jessop, B. (2009). From governance to governance failure and from multi−level gover−nance to multi−scalar meta−governance. In The Disoriented State: Shifts in Governmentality, Territoriality and Governance (pp. 79−98): Springer.

Kim, H. (2016). An analysis of Seouls energy transition from an integrated multilevel governance perspective. 공간과 사회, 56, 354−384.

Ostrower, F., & Stone, M. M. (2006). Governance: Research Trends, Gaps, and Future Prospects. In W. W. Powell & R. Steinberg (Eds.), The Nonprofit Sector: a Research Handbook (2nd ed.). New Haven, CT: Yale University Press.

Pierre, J., & Peters, B. G. (2000). Governance, Politics and the State (정용덕, 권경환, 권성욱, 김귀영, 김철, 오시영, 유영철, & 최성락, Trans.): Palgrave Macmillan.

Ryghaug, M., Skjølsvold, T. M., & Heidenreich, S. (2018). Creating energy citizenship through material participation. Social studies of science, 48(2), 283−303.

Van Dijk, J. (2006). The network society: Social aspects of new media. Thousand Oaks: Sage.

제7장

에너지전환과 제도

·

김공록 · 김진선 · 김소희 · 김민정 · 전세혁 · 김미리

에너지전환과 제도

·

김공록 · 김진선 · 김소희 · 김민정 · 전세혁 · 김미리

Ⅰ. 변화를 넘어 전환의 시대로

최근 우리 사회에서 가장 주목받고 있는 용어는 디지털 트랜스포메이션(Digital Transformation)과 에너지 전환(Energy Transition)일 것이다. 정보통신기술의 발전에 따른 자동화와 지능화는 우리의 생활 방식은 물론 일하는 방식에 새로운 접근을 도입 하도록 압박하고 있다. 에너지 전환은 기후변화에 따른 문제가 점차 심각해지자 이를 해결하기 위해서 국제사회가 노력하고 있는 변화이다. 산업화 이후 인간의 생활은 점차 좋아지고 있지만 지구는 점차 악화되고 있다 기후변화는 더 이상 미래가 아닌 현재 진행형인 문제이며 국제사회도 각 개별국가에게 보다 책임 있는 정책을 추진하도록 촉구하고 있다. 디지털 변혁이나 에너지 전환은 각 학문 분야에서 사용되는 용어이지만, 두 용어가 함의하는 것은 기존의 방식을 엎고 구조적이며 근본적인 변화이다. 또한 현대사회가 보다 복잡해지고 있고 그에 따라 개별정부는 다양한 정책분야의 협력을 통해서 문제를 해결하고 있다. 기존에는 단일의 정책목표 또는 문제를 해결하기 위한 정책 대안을 마련하였지만 사악한 난제들이 증가하는 상황에서는 정부간 그리고 정책 간의 협력이 필요하다. 변화를 넘어 전환의 시대에서 정책은 어떻게 변동하고 있는지를 설명해보자.

II. 에너지 전환과 제도

1. 제도의 의의

신제도주의는 1980년대 초에 당시 사회과학의 지배적인 논의였던 행태주의(behavioralism)의 한계를 제시하면서 등장한 사회과학의 새로운 패러다임이다. 신제도주의 접근방법은 연구자의 학문적 뿌리에 따라서 역사적 제도주의, 합리적 선택 제도주의 그리고 사회학적 제도주의로 구분된다(Hall & Talyor, 1996). 우리는 일상에서 '정책'과 '제도'를 혼용해서 사용한다. 그러나 신제도주의적 관점에서 제도는 정책과는 다르다.

역사적 제도주의 학파의 대표적 학자인 Hall(1984& 1992)은 제도는 "정치와 경제 각 부문에서 개인들 간의 관계를 구조화시키는 공식적인 규칙, 순응절차, 표준화된 관행"이라고 정의하고, 이를 크게 광의의 수준, 중범위 수준, 그리고 협의의 수준으로 세분화하여 개념화하였다(하연섭, 2011). 먼저 광의의 수준은 가장 포괄적인 수준으로 민주주의와 같은 정치제도, 자본과 노동의 일반적인 관계를 설명하는 경제 제도 등이 해당된다. 중범위 수준에서는 국가와 사회 집단 간의 관계를 말하며 이 수준에서는 국가 간 정책의 차이를 설명하는 변수가 된다. 예를 들어 노동조직의 구조, 관료제의 조직 행태, 그리고 정당체계 등이 포함된다. 마지막으로 가장 미시적 수준에서는 공공조직의 표준화된 관행, 규정, 절차 등이 해당된다. 이처럼 역사적 제도주의에서 '제도'는 개인행위와 행위자 간의 상호작용을 제약하고 규정하는 제도의 영향력과 제도의 관계적 측면을 강조하고 있다. 일반적으로 역사적 제도주의는 행위자와 거시적 구조 간의 관계를 중심으로 하는 중범위 수준의 제도를 연구대상으로 하고 있다(하연섭, 2011; 45)

합리적 선택 제도주의는 경제학적 논의를 바탕으로 하고 있다. 합리적 선택제도주의에서는 제도는 "개인 간 상호 편익을 증진시키기 위한 교환과 협력을 하도록 강제하는 장치(Weingast, 2002)"이다. 경제학적 관점에서 개인은 자신의 효용을 극대화하기 위해서 노력하는데 이는 사회적 차원에서 공유재의 비극이나 무임승차와 같은 부정적 결과를 초래하기도 한다. 이처럼 개인적 차원의 효용추구가 사회적인 비효용으로 연결되지 않도록 소위 게임의 규칙을 만드는 것을 제도라고 본다. 합리적 선택 제도주의에서 제도는 개인 간 상호작용의 영향을 미치는 원인이 되기도 하고 이를 해결하기 위한 결과로 제도변화에 관심을 두고 있다(하연섭, 2011: 85-90)

사회학적 제도주의에서 제도는 역사적 제도주의와 합리적 선택 제도주의와는 다르다. 합리적 선택 제도주의에서 제도는 자신의 효용을 극대화하기 위한 의식적인 산물이지만, 사회학적 제도주의에서 제도는 인간 활동의 결과이지만 의도한 것은 아니다. 사회적 제도주의에 대표적인 학자인 DiMaggio와 Powell(1991)은 Campbell(1996)의 합리적 선택제도주의는 결과성의 논리이지만 사회적적 제도주의는 적절성의 논리라고 비교하였다. 또한 역사학적 제도주의는 제도의 구조적 측면이나 인간 활동의 제약요인이지만, 사회적 제도주의에서 제도는 문화적 상징적인 것이다.

사회학적 제도주의에서 제도는 선택이 아니라 인지대상이라고 할 수 있다. 역사적 제도주의에서는 정책과 제도의 구분이 혼용되듯이 사회학적 제도주의에서는 문화와 제도 간의 구분이 매우 어렵다. 사회학적 제도주의에서 제도는 범위가 폭넓지만 사회구성원에게 수용되어야만 한다는 점에서 엄격하다고 할 수 있다(Nichols, 1998; 하연섭, 2011). 사회학적 제도주의에서는 제도는 물리적 실체가 없으며 인지적 · 문화적 · 차원에서는 존재한다. 또한 사회학적 제도주의에서 제도화(institutionalized)란 사회적 질서나 문화가 당연시되어 자율적 방식으로 재생산되는 과정을 말한다(Meyer, Boli & Thomas, 1994; Jepperson, 1991; 하연섭, 2011)

이처럼 사회학적 제도주의는 역사적 제도주의와 합리적 선택 제도주의와 비교할 때 제도의 개념을 광범위하게 적용하고 있으며, 공식적 · 비공식적 규칙뿐만 아니라 인간행위의 상징과 인지를 모두 포함한다.

이처럼 신제도주의는 어떤 분파인지에 따라서 제도에 대한 정의가 다르지만 다음과 같은 공통점이 있다(Lowndes, 1996; Peters, 1999; 하연섭, 2011, 285) 첫째, 제도는 사회의 구조화된 측면이다. 둘째, 제도는 개인의 행위를 제약하고, 제도적 맥락 하에서 개인의 행위는 규칙적이다. 신제도주의적 관점에서 개인은 원자화된 주체라기보다는 제도 속의 객체라는 점이 강조된다. 셋째,

제도는 개인 간 상호작용의 결과로 변화할 수 있다. 따라서 제도는 개인의 행위에 영향을 미치는 독립변수이지만, 개인 간 상호작용에 따라 변화하는 종속변수이다. 넷째 제도는 공식적인 규칙과 법률과 같은 공식적 측면과 규범과 관습 등의 비공식적 측면을 포함한다. 마지막으로 일단 형성된 제도는 안정성을 가지고 쉽게 변화하지 않는다.

2. 신제도주의와 정책 변화

현대 사회에서 정부는 그 경계가 점차 흐릿해지고 다양한 이해관계자들과 함께 정책을 수립, 결정 및 집행하고 있다. 정부와 민간부문 및 정부와 시민사회 간의 경계가 모호해지고 상호의존성이 높아짐에 따라 정책은 더 이상 정부 영역 내에서 설명하기가 어려워지고 있다(배웅환, 2005). 정책에 영향을 주는 요인으로 정치사회적 제도가 등장하면서 신제도주의적 관점에서 제도변화에 대한 논의가 활발하게 이루어지고 있다.

역사적 제도주의의 초기 논의에서 살펴보면, 제도변화는 전쟁이나 경제 공황 등의 외부적 충격에 의해서 발생한다고 하였다. 제도는 안정적이고 지속되려는 관성을 갖추고 있기 때문에 이러한 특성을 깨뜨릴 수 있을 만한 강력한 외부적 충격이 필요하다는 것이다. 역사적 제도주의에서는 정치적 · 경제적 위기가 새로운 사회관계와 제도를 형성하는 역사적 전환점(historical junctures)에 관심이 높다(Ikenberry, 1988; 하연섭, 2011). Kranser(1984 & 1988)는 이를 중대한 전환점(critical junctures)이라고 지칭하고 이 전환점을 계기로 제도가 변한다고 주장했다. 이 관점에서는 제도가 중대한 전환점을 기준으로 기존의 제도와 다른 새로운 제도로 변화하게 되는 단절된 균형(punctuated equilibrium)이 발생한다는 것이다. 하지만 특정시점 이후에도 여전히 이전의 제도가 유사하게 유지되는 것을 설명할 수 없었다(campbell, 1997). 또한 제도변화는 급변하기도 하지만 점진적 변화에 대한 변화도 간과되었다.

최근 역사적 제도주의 관점에서는 기존의 제도가 새로운 제도에 영향을 미친다는 경로의존(path dependence)을 개념을 강조한다. 다시 말해서 기존 제도와 전혀 다른 새로운 제도가 출현하는 것이 아니라 기존 제도의 틀에서 새로운 제도를 형성하는 제도변화를 설명하였다. 경로의존은 외부적 요인보다는 내부적 요인으로 권력관계의 불균형으로 인해서 발생한다는 점을 제시하며 제도는 외부적 영향과 함께 내부적 요인의 중요성도 강조되고 있다.

합리적 선택 제도주의 관점에서 제도변화는 개인의 합리적 선택에 의한 것이다. 개인은 자신의 편익을 최대화하기 위해서 새로운 제도를 만들 수 있다는 것이다. 제도변화의 주체는 개인이며 개인의 편익을 극대화하기 위해서 새로운 제도를 변화하는 것이고 이는 아주 의도적인 과정이라고 하였다(peter, 1999) 이러한 가정을 바탕으로 대표적으로 거래비용이론(transaction cost theroy)와 North의 제도변화론이 있다. 거래비용론에 따르면 제도란 개인간의 교환관계에 대한 계약이다. 다시 말해서 교환방식에 대한 규칙이 제도이다. 개인은 다른 규칙으로 얻게 되는 편익이 규칙변화에 소요되는 비용보다 크다면 새로운 규칙을 받아들이면서 제도변화가 발생한다(Knight, 2001; 하연섭, 2011) 두 번째는 North(1990)의 논의이다. North는 제도와 조직을 엄격히 구분하고 조직을 분석단위로 연구하였다. 조직은 교환관계에서 상대적 가치를 높이기 위해서 제도변화가 발생한다고 하였다. 조직의 상대적 가치를 높이기 위해서 새로운 제도를 도입하는 것이기 때문에 조직의 외부적 요인보다 내부적 요인의해서 제도변화가 발생한다고 하였다. 예를 들어서 조직은 경쟁에서 살아남기 위해서 기술투자 등의 노력이 제도변화를 일으킨다는 것이다.

사회학적 제도주의의 제도변화는 합리적 선택 제도주의와 정반대의 논리를 가지고 있다. 제도변화는 도구성의 논리가 아니라 적절성의 논리에 따라 이루어진다고. 사회학적 제도주의에서는 새로운 규범이 정당성을 획득하고 이를 받아들이는 과정에서 제도변화가 발생한다는 것이다. 사회학적 제도주의는 합리적 선택 제도주의의 논의처럼 어떻게 행동하는 것이 나의 이익을 극대화할 것인가가 아니라 지금까지 해오던 방식, 즉 관행을 따르는 선택하는 과정이 제도변화가 발생하는 제도화라고 한다.

Berger와 Luchmann(1966)은 "인간은 사회의 산물이다"라는 명제를 제시하면서 제도화란 사회 내의 습관화된 행위가 개인 간 상호 전형화(reciprocal typification of habitualized action)되는 과정이라고 하였다(하연섭, 2011). 개인뿐만 아니라 조직의 구조와 행태가 공유되는 과정에 대한 연구는 DiMaggio와

Poweell(1983)이 대표적이다. DiMaggio와 Poweell(1983)은 조직의 정당성과 생존 가능성을 높이기 위해서 사회적으로 적절하다고 인정되는 구조로 변하게 된다고 설명했다. 이 논의에 따르면 비슷한 기능이나 서비스를 제공하는 등의 유사한 환경에 속해있는 조직은 조직의 형태와 구조가 동형화된다 하였다. DiMaggio와 Poweell(1983)은 동형화의 다음의 세 가지 유형으로 설명하였다 (하연섭, 2011). 첫째 강제적 동형화이다. 이는 조직이 의존하고 있는 다른 조직으로부터 압력에 의해서 조직행태가 유사해지는 것이다. 예를 들어 중앙정부의 개편에 따라 지방자치단체의 조직개편이 이루어지는 것을 말한다. 모방적 동형화는 조직이 선망하는 다른 조직을 모방하여 닮아가는 과정을 말한다. 이는 해당 분야에서 가시적인 성공을 이룬 조직의 구조와 행태를 모방하는 경우가 해당된다. 마지막으로 규범적 압력이다. 규범적 압력은 전문성을 바탕으로 해당분야의 전문가들이 제시한 규범을 공유하고 수용하는 경우를 말한다.

전통적 사회학적 제도주의는 새로운 규범이 당연시 되는 과정보다는 반대로 기존의 제도가 당연시되지 않는 현상에 초점을 두었다. 이를 탈제도화 (deinstitutionalization)라고 한다. 탈제도화는 제도의 지속성에 대한 반대개념으로 등장하였으며 안정적이고 견고한 제도가 정당성이 약해지는 이유에 대해서 논의하였다. Oliver(1992)는 탈제도화는 기능적, 정치적 그리고 사회적 압력에 의해서 나타난다고 하였다(하연섭, 2011: 154-155). 기능적 압력은 제도화된 관행이 더 이상의 유용성이 사라진 상태를 말하며, 정치적 압박은 제도화된 관행에 대한 정당성이 약화된 상황을 말하며, 사회적 압박은 조직환경의 급격한 변화로 인해서 조직내외부의 규범에 대한 갈등이 발생했을 때를 말한다.

3. 에너지전환과 제도변화

에너지 전환 시대에는 다양한 문제를 해결하기 위해서 정책을 도입되고 있다. 각 정책이 보다 효과적으로 집행되기 위해서는 정책이 통합되어 공동의 목표를 위해서 각 분야의 정책이 전략적으로 추진되어야 한다. 각 정책을 동시에 추진하다보면 현실적인 한계에 부딪히게 된다. 각 정책마다 목표와 이해관계자가 다양하다면 정책 내 갈등은 정책 간 갈등으로 확산될 것이고 우리는 어느 문제도 해결하지 못한 채 갈등만이 산재한 사회에서 미래를 맞이하게 될 것이다. 이처럼 다양한 이해관계 속에서 자발적인 조정이 가능할 수 있도록 하는 것이 정책목표에 대한 거시적 합의를 이루어야 한다. 또한 여기에서 우리는 이러한 질문을 고민해보아야 한다. 기후변화 즉 지구의 온도 상승 속도에 적절하게 대응하기 위한 에너지 전환은 적시에 이룰 수 있을 것인가. 우리사회는 전 지구적인 이 문제를 해결하기 위해서 적절한 시간 안에 삶의 방식을 변화시킬 수 있는 것인가.

성공적인 에너지전환정책을 추진하기 위한 정책적 함의를 도출하기 위해 신제도주의적 관점에서 제도변화를 살펴보았다. 정책환경이 더욱 불확실하고 급변하여 정부가 홀로 문제에 대응하는 것은 불가능한 상황이다. 민간부문, 기업, 시민단체, 전문가 등의 다양한 행위자와 교류하며 함께 대안을 고려해야 한다. 이처럼 정책과정이 더 이상 정부 영역 안에서 이루어지지 않고 국제적, 사회적, 정치적, 문화적 요인을 포함한 거시적 관점에서 논의할 필요가 있다. 이를 위해 신제도주의적 관점에서 설명하는 제도변화 논의를 살펴보았다. 보다 빠른 제도적 변화를 이루기 위해서 산업적, 기술적, 사회적 노력은 물론 시민의 인식변화도 필요하다. 하지만 기후변화의 위험은 실질적으로 겪지 않으며 체감하지 못할 것이다. 지금도 이례적인 폭설과 폭염 가뭄 등이 발생하고 있지만, 그러한 뉴스를 접할 때만일 뿐 행동변화까지 유인하기는 다소 어렵다.

미국 텍사스의 와인농상에는 포도나무 앞에 장미가 한 그루씩 심어져 있다 이 장미는 포도의 상태를 감지할 수 있는 조기경보시스템이다. 포도나무와 장미가 비슷한 습성이 있어서 포도나무까지 피해가 입기 전에 장미나무에서 먼저 나타나기 때문에 포도나무를 예방할 수 있다는 것이다(문명재, 2011) 정부는 기후변화에 대응한 에너지전환에 필요한 제도변화를 추진하는 동시에 정부가 늦지 않게 대응할 수 있는 경보시스템을 마련해야 한다. 현재 해양이나 산 등의 자연에서 발견할 수 있는 다양한 변화를 시민에게 인식하고 시민의 참여와 정책적 지지를 이끌어낼 수 있어야 하겠다.

Ⅲ. 에너지전환과 제도로서의 계획과 법

1. 에너지전환과 제도, 계획, 법

에너지전환정책의 추진하기 위해서 정부는 다양한 노력을 하고 있다. 하지만 시민은 에너지전환정책을 체감하고 있는가. 이를 위해서 시민과 이해관계자에게 보다 직접적인 영향을 미치는 국가기본계획, 법령, 그리고 지방자치단체 조례를 살펴보고, 각각의 쟁점과 과제를 살펴보고자 한다.

에너지전환정책으로 녹색성장, 신재생에너지, 탄소 중립 등의 용어는 한 번씩은 접해보았겠지만 시민이 보다 실질적으로 이 문제를 고려하기 위해서는 이 질문에서부터 시작되어야 한다. "내가 지금 쓰는 이 전기는 어떻게 오게 된 것인가"라는 질문이다. 결국 에너지전환정책은 에너지원에 대한 복잡하고 어려운 논의를 넘어 결국 전기를 생산해서 시민이 사용할 수 있도록 해야 한다. 물론 갑작스런 더위와 추위에도 난방시설을 사용할 수 있어야 하며, 교통수단, 산업 및 상업 시설을 이용할 때에도 갑작스러운 정전 없이 안정적으로 전기가 공급되어야 한다. 그렇다면, 이 전기는 누가 만들고, 무엇으로 만들고, 어느 경로로 오는지에 대해서 고민해 본 적이 있는가. 예전에는 동네마다 전봇대가 높게 있었다. 마치 가로등처럼 서 있던 전봇대 사이를 복잡한 전선이 걸쳐있어서 전봇대 사고로 인한 정전도 종종 있었다. 지금은 전봇대가 예전보다 엄청 줄었고, 신도시에서는 전봇대를 찾기 힘들다. 그럼 전기는 어떻게 우리에게 오고 있는가? 우리가 쓰는 이 전기는 지구를 구하고 있는가?

본 장에서는 에너지전환정책의 이행체계로서 국가기본계획과 법제도를 살펴보고 쟁점과 과제를 논의하고자 한다. 이를 위해 전기·전력과 관련된 법제 중에서 다음의 제도를 선정하였다. 에너지기본계획과 전력수급 기본계획, 신재생에너지 기본계획과 재생에너지 3020계획, 전기사업법, 전원개발촉진법, 송·변전 설비 주변지역의 보상 및 지원에 관한 법률, 전원개발에 관한 특례법, 발전소주변지역 지원에 관한 법률, 기후위기 대응을 위한 탄소중립·녹색성장기본법, 신에너지 및 재생에너지 개발·이용·보급 촉진법을 살펴보고 마지막으로 지방자치단체의 조례에 대한 쟁점도 제시하고자 한다.

2. 에너지 기본계획

1) 의의와 변화

우리나라는 에너지기본계획을 통해 에너지 안정성을 도모하고 있다. 에너지기본계획은 우리나라 에너지 정책과 관련된 최상위 법정계획으로, 2008년 제1차 에너지기본계획이 수립되었다.

에너지기본계획은 저탄소녹색성장기본법 제41조를 법적 근거로 하며, 20년을 계획기간으로 5년마다 수립·시행되고 있다. 에너지기본계획은 우리나라의 중·장기 에너지 정책 철학과 비전, 목표와 추진전략을 제시하며, 에너지 분야를 총망라 하는 종합계획으로써 원별·부문별 에너지 계획의 원칙과 방향을 제시한다.

현재 우리나라는 제3차 에너지기본계획 단계에 있으며, 2019년 6월 4일 국무회의에서 심의, 확정되었다. 제1차 에너지기본계획은 2008년~2030년, 제2차는 2014년~2035년, 제3차는 2019년~2040년을 계획기간으로 한다.

에너지기본계획은 우리나라에서 에너지와 관련된 하위 계획들의 기준이 되며, 에너지수요와 공급 전망, 에너지 확보와 공급 대책, 기술개발 및 인력양성 계획 등이 포함한다. 에너지기본계획의 개요에서 밝히는 계획의 범위는 다음과 같다.

표 7-1 에너지기본계획의 주요내용

저탄소 녹색성장 기본법 제41조 제3항
1. 국내 외 에너지 수요와 공급의 추이 및 전망
2. 에너지의 안정적 확보, 도입·공급 및 관리를 위한 대책
3. 에너지 수요목표, 에너지원 구성, 절약 및 에너지 이용효율 향상
4. 신·재생에너지 등 환경친화적 에너지의 공급·사용을 위한 대책
5. 에너지 안전관리를 위한 대책
6. 기술개발, 전문인력 양성, 국제협력, 자원개발, 에너지 복지 등

2) 쟁점과 과제

쟁점은 정권별로 기본계획이 변화한다는 점이다. 한국의 에너지기본계획은 5년 주기로 수립되며, 대통령의 임기 역시 5년을 주기로 한다. 에너지기본계획은 당대 대통령의 임기 중에 발표되며, 정권의 변화시기에 대선공약 등 기존 에너지기본계획에 대한 변화가 나타난다. 즉, 한국의 에너지기본계획은 정권별로 정치적 영향을 받거나, 각 정당 및 정부의 이념과 정책에 따라 달라지는 경향을 보인다.

에너지정책과 기본계획은 기본적으로 에너지자립과 안정적 공급, 에너지 절약과 효율적 에너지 사용을 기조로 수립·추진된다. 이에 더하여 국제적 기후변화 논의나 에너지 논의 등에 따라 세부 목표나 에너지원에 대한 방향성이 변화하는 것이다.

이러한 에너지기본계획과 정권별 에너지정책의 방향에서 현재 주요 쟁점은 다음과 같다. 정권의 변화에 따라 정치적 이념과 정책방향이 달라지며, 에너지기본계획의 방향성과 추진체계가 변화된다. 이러한 변화는 에너지 관련 산업과 관련 업계, 기관, 공무원 등 사회전반의 전환 체계 변화를 의미한다. 이는 단순히 5년주기의 기본계획 발표시기에 변화하는 것이 아닌, 정권교체 시기와 맞물려 5년보다 짧은 주기로 산업과 추진체계, 지향점의 변화를 발생시키며, 사회적 피로도와 전환비용을 유발할 수 있다는 문제점이 있다. 이와 관련한 에너지기본계획에 대한 쟁점은 집권 정당에 따라 에너지 정책의 지향점이 달라진다는 것이다. 역대 정권별 에너지 정책의 지향점은 각 정당이나 정부의 이념을 추구하는 경향을 보였다. 주요 기조는 앞서 언급한 바와 같이 공급의 안정성과 에너지자립, 효율적 사용과 절약 등이지만, 집권 정당에 따라 신재생에너지와 원자력발전, 화석연료 등의 세부사항에 대한 추진방향의 차이를 보였다.

이러한 정권별 차이점은 대표적으로 다음과 같은 분야에서 나타난다. 신재생에너지 개발 및 보급 비중 변화, 원자력 발전 비중의 변화, 에너지 민주화 기조 변화, 에너지자립을 위한 기조 변화 등이 대표적인 쟁점이 될 수 있으며, 이는 정권별로 중요시하는 경향이 다르게 나타나고 있는 것이다. 향후

표 7-2 제1~3차 에너지기본계획 주요 과제

	1차 에너지기본계획 10대 이행 과제	2차 에너지기본계획 6대 정책과제	3차 에너지기본계획 5대 중점 추진과제
시기	2008년~2030년	2014년~2035년	2019년~2040년
해당 정권	16대(노무현)-17대(이명박)-18대(박근혜)	18대(박근혜)-19대(문재인)	19대(문재인)-20대(윤석렬, 4차)
주요 과제	1. 에너지 사용 효율의 개선 2. 에너지 시장의 효율과 및 합리적 가격체계 구축 3. 신재생에너지 개발·보급 확대 및 성장동력화 4. 원전의 공급능력 및 국민 이해기반 확충 5. 해외자원개발 역량 확충 6. 에너지의 안정적 공급 7. 기후변화 대응 역량 강화 8. 에너지기술혁신을 통한 차세대 에너지 산업 육성 9. 에너지 산업 해외 진출 10. 에너지복지·에너지안전 사회구현	1. 수요관리 중심 에너지 정책 전환 2. 분산형 발전시스템 구축 3. 환경, 안전과 조화 모색 4. 에너지 안보 강화와 안정적 공급 5. 원별 안정적 공급체계 구축 6. 국민과 함께 하는 에너지 정책추진	1. 에너지정책 패러다임을 소비구조 혁신 중심으로 전환 2. 깨끗하고 안전한 에너지 믹스로 전환 3. 분선형·참여형 에너지 시스템 확대 4. 에너지산업의 글로벌 경쟁력 강화 5. 에너지전환을 위한 기반 확충

윤석열정부 5대 에너지정책 방향(2022~)

1. 실현가능하고 합리적인 에너지 믹스의 재정립

2. 자원·에너지 안보 확립

3. 시장원리에 기반한 에너지 수요 효율화 및 시장구조 확립

4. 에너지 신산업의 수출산업화 및 성장동력화

5. 에너지 복지 및 에너지정책의 수용성 강화

에너지기본계획과 에너지정책에는 이러한 정권별 추구하는 경향의 차이로 인해 발생하는 산업과 추진체계의 피로도와 전환비용을 고려한 정책적 일관성 확보가 필요하다.

3. 전력수급기본계획

1) 의의와 변화

에너지기본계획은 우리나라 에너지의 에너지 관련 하위 법정계획에 직접적인 영향을 미친다. 하위 법정계획 중, 전력수급기본계획, 해외자원개발기본계획, 신재생에너지기본계획, 에너지이용합리화계획, 에너지기술개발계획, 석유비축계획 등을 주요 하위 계획으로 볼 수 있다.

그 중, 특히 중요한 하위계획은 전력수급기본계획으로, 중장기 전력수요전망 및 이에 따른 전력설비 확충을 위해 전기사업법 제25조 및 시행령 제15조를 근거로 한다. 이 계획은 15년을 계획기간으로 하며, 2002년 제1차 전력수급기본계획을 시작으로 2년 주기로 산업통상자원부 장관이 수립한다. 현재는 제10차 전력수급기본계획이 2023년 1월 13일 공고되었으며, 계획기간은 2022년~2036년에 해당한다.

표 7-3 전력수급기본계획 수립절차

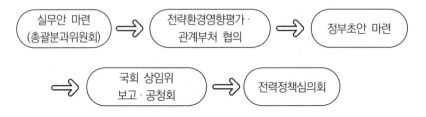

전력수급기본계획은 에너지안보를 위해 안정적인 전력수급을 최우선 과제로 하며, 경제성(비용효율성), 환경성(온실가스 감축), 안정성을 함께 고려한다. 제1차 전력수급기본계획에서는 전력망 보강과 전력시장 개편 등 전력수급 기반의 강화를 주요 내용으로 하며, 이전 계획과 차이점은 다음과 같다.

표 7-4 10차 전력수급기본계획 방향 및 차이점

〈8, 9차 전력수급기본계획〉	〈10차 전력수급기본계획〉
탈원전 및 탈석탄 신재생에너지 중심의 에너지 전환 (원전↓, 석탄↓, 신재생에너지↑)	실현가능하고 균형잡힌 전원믹스 원전의 활용, 적정 수준의 재생에너지 (원전↑, 석탄↓, 신재생에너지↑)

2) 쟁점과 과제

전력수급기본계획은 지속가능한 에너지정책과 중장기적 발전방향과 관련이 있다. 즉, 국가차원의 에너지 안정성과 지속가능한 에너지정책 추진에 중요한 의의가 있다. 전력수급기본계획에는 에너지 사용량과 공급량을 예측하고 생산방식과 운영체제에 대한 계획이 포함되는데, 이 계획들은 지속가능성 확보와 연관된다. 또한, 전력 생산 기반의 발전방향을 제시하여 생산시설의 선진화 및 대체 에너지 확대 등 국가의 에너지 산업 발전 및 에너지 안보에 기여한다. 이러한 관점에서 도출되는 쟁점은 다음과 같다.

표 7-5 전력수급기본계획과 쟁점

탄소중립정책과 발전선호도 변화	에너지 인프라 개발
전력 수급 안정성과 기술	시민참여와 정보공개

먼저 탄소중립과 발전선호도 변화는 일반적으로 신재생에너지의 확대로 기대된다. 신재생에너지는 환경문제 등을 이유로 확대의 필요성이 제기되지만, 상대적으로 높은 비용때문에 국민의 부담 및 경제적 차원에서 에너지 안보 등이 함께 논의되어야 한다. 즉, 대체에너지 확대에 대한 예산과 에너지

비용 부담 완화를 위한 기술개발 및 정책적 논의를 쟁점으로 볼 수 있다.

둘째, 향후 에너지 생산과 관련된 전망은 생산시설의 문제나 이상현상으로 에너지 부족문제를 직면할 가능성이 있으며, 이는 국가적 위기로 이어질 수 있다. 즉, 전력생산시설의 안정적 운영 및 에너지의 안정적 수급과 관리에 대한 적극적 대안이 필요함을 의미하며, 이를 고려한 향후계획 수립에 쟁점이 있다. 또한, 원자력이나 화력발전 같은 기저발전과 달리 신재생에너지의 전력수급 안정성은 기술과도 관련이 있는데, 현재는 저장장치(ESS)와 같은 기술개발과 보급을 주요 쟁점으로 볼 수 있다.

셋째, 에너지 인프라의 확보와 개발이 필요하다. 이에 대한 방향은 정치적 방향에 기인하기도 하지만, 인프라 확보 및 개발의 중요성은 변하지 않는 과제이다. 기존 화력발전소의 폐쇄와 같은 변화에 대한 논의가 지속됨에 따라 신재생에너지로의 전환과 관련된 부지선정, 시공, 운영, 송·배전, 저장시설 등과 같은 인프라에 대한 논의가 필요하다. 여기에는 국가·정부차원의 정책방향과 이에 따른 규제, 환경적 문제, 의사결정과정 등이 주요 고려사항이 되며, 행정적 절차와 부지지정, 보상체계 등 해결해야 할 문제들이 존재한다.

넷째, 시민의 참여와 정보 공개 차원의 쟁점이 있다. 전력수급기본계획은 국민의 삶과 관련된 중요한 계획이기 때문에 국민의 참여 및 의견 수렴이 필요하다. 이는 앞선 세가지 쟁점과 함께 고려되어야 하는 사안으로, 정부의 정책방향이나 현재 기술상태, 미래 가치와 효용 등에 대한 이해와 참여가 필요하다. 즉. 국가적 차원의 대응과 계획의 수립, 실행에 대하여 투명한 정보 공개와 의사결정 과정에 대한 참여를 보장하는 것이 중요하다.

4. 신재생에너지 기본계획과 재생에너지 3020계획

1) 의의와 변화

신재생에너지 기본계획은 에너지부문의 최상위 계획인 '에너지기본계획'과 연계하여 신·재생 에너지 기술개발 및 이용·보급 촉진을 위한 목표와 과제를 제시한다. 특히, 신재생에너지 기본계획은 신재생에너지 분야의 중장기 목표 및 이행방안을 제시하는데 의의를 갖고 있다.

신재생에너지 기본계획은 「신에너지 및 재생에너지 개발·이용·보급 촉진법」 제5조(기본계획의 수립)에 의거하여, 에너지원을 다양화하고 에너지의 안정적인 공급, 에너지 구조의 환경친화적 전환 및 온실가스 배출의 감소를 추진하여 환경의 보전과 국가 경제의 건전하고 지속적인 발전 및 국민복지의 증진에 이바지함을 목적으로 한다.

신재생에너지 기본계획은 2014년 이후로 기본계획 수립주기가 5년으로 명문화되었고, 이에 따라 10년 이상의 계획기간을 5년마다 수립·시행한다. 제1차 기본계획은 2001년~2003년, 2차 기본계획은 2003년~2012년, 3차 기본계획은 2009년~2030년, 4차 기본계획은 2014년~2030년, 5차 기본계획은 2020년~2034년을 계획기간으로 한다.

수립절차는 관계 중앙행정기관의 장과의 협의 후 신·재생 에너지 정책 심의회를 통해 심의가 진행되며, 계획의 범위는 7가지로 구성된다.

표 7-6 제5차 신재생에너지 기본계획의 범위

1. 신·재생에너지원별 기술개발 및 이용 · 보급 목표
2. 총 전력생산량 중 신·재생에너지 발전량 목표
3. 온실가스 배출 감소 목표
4. 신·재생에너지 기술수준의 평가와 보급전망 및 기대효과
5. 신·재생에너지 기술개발 및 이용·보급에 관한 지원 방안
6. 신·재생에너지 분야 전문인력 양성 계획
7. 직전 기본계획에 대한 평가

역대 신재생에너지 기본계획은 신재생에너지 보급과 산업육성을 위한 추진전략 제시 등을 주요 내용으로 다룬다. 특히, 신재생에너지 보급 측면에서 양적 확대와 공급 및 의무화에 중점을 뒀다는 특징을 갖고 있다. 제5차 신재생에너지 기본계획은 신재생에너지 보급·시장·수요·산업·인프라 5대 혁신을 바탕으로 저탄소 사회·경제로의 이행을 가속화하는 것을 목표로 한다. 기존계획 대비 5차 신재생에너지 기본계획의 방향 및 차이점은 다음과 같다.

표 7-7 기존계획 대비 5차 신재생에너지 기본계획 방향 및 차이점

기존계획(1~4차)		제5차 계획('20~'34)
신재생에너지 양적 확대에 중점, 계통안정성 등 감안 부족 공급·의무화 측면에 중점(RPS, FIT 등) 신에너지(수소분야)에 대한 고려 미흡		계통 수용성 증대를 위한 시스템 구축 수요·자발적 확산 보완(RE100, 자가용 촉진 등) 수소산업 생태계 육성 포함

제5차 신재생에너지 기본계획은 역대 신재생에너지 기본계획에서 강조한 보급 측면과 함께 신재생에너지 확대로 발생할 수 있는 여러 도전과제 해결을 위한 계통 보강과 시스템 구축 측면의 세부 과제 등을 제시했다는 특징을 갖고 있다(공지영, 2021). 역대 신재생에너지 기본계획의 주요 내용은 다음과 같다.

2016년 국내의 재생에너지 보급 현황은 발전량의 7.0%, 설비용량의 12%를 차지하였고, 독일이나 영국, 프랑스 등 주요국과 비교했을 때에도 재생에너지 발전 비중이 현저하게 낮은 상황이었다. 원별 구성도 폐기물과 바이오 위주인 상황 속에서 재생에너지 보급 확대 등의 필요성이 제기되었다.

이에 2017년 12월 산업통상부는 재생에너지 3020 이행계획(RE3020)을 발표하였다. 해당 계획은 2030년까지 우리나라 전체 전력생산량 대비 20%를 풍력과 태양광 등 순수 재생에너지로 공급하는 것을 골자로 한다. 즉, 2030년 재생에너지 발전량 비중은 20%로, 신규설비 95% 이상을 태양광이나 풍력 등 청정에너지로 공급하고자 하며, 국민의 참여를 통한 에너지체제 전환을 목적으로 한다. 특히, 신규설비 95% 이상의 청정에너지 공급은 8차 전력수급기본

표 7-8 역대 신재생에너지 기본계획 주요 내용

구분		1차	2차	3차	4차	5차
	계획명	대체에너지 기술개발, 보급 기본계획	제2차 신재생에너지 기술개발 및 이용보급 기본계획	제3차 신재생에너지 기술개발 및 이용보급 기본계획	제4차 신재생에너지 기술개발 및 이용보급 기본계획	제5차 신재생에너지 기술개발 및 이용보급 기본계획
	계획 기간	'01~'03년(3년)	'03~'12년(10년)	'09~'30(22년)	'14~'30(17년)	'20~'34(15년)
목표*	1차 E비중	'03년까지 2%	'11년까지 5%	'30년까지 11%	'30년까지 14.3%	해당없음
	최종 에너지 기준**	해당없음				'34년까지 13.7%
	전력 비중	해당없음	'11년까지 7%	'30년까지 7.7%	'30년까지 21.6%	'34년까지 25.8%
	온실 가스 감축	해당없음		'30년까지 누적 11억 tCO$_2$	'30년까지 누적 9.9억 tCO$_2$	재생에너지 보급을 통해 '34년까지 6,900만 tCO$_2$
정책	보급	• FIT 도입 • 공공기관, 학교 등 설치의무화 추진	• 지역에너지 사업 추진 • '12년까지 태양광 10만호, 연료전지 1만호 추진 • 소규모발전사업 지원	• 그린홈 100만호 추진 • 민간건물 인증제 도입 • RPS 도입 발표 폐자원 및 바이오매스 재생에너지화 강화	• 한국형 FIT 도입 발전소 온배수 등 신규에너지원 발굴 • 태양광 대여사업 신규추진	• 계통 수용성 증대를 위한 시스템 구축 • RPS 시장 효율성 제고 • 자가용 설비 등 신규 수요 확보전략 추진
	R&D	3대 중점분야 (태양광·풍력·연료 전지) 집중지원	• 3대 중점분야 (태양광·풍력·연료 전지) 집중지원 • 기타 에너지원 R&D 실시	• 3단계 로드맵 제시(~'30) • 에너지절약·IT 연계 기술개발 전략 • 산업화 중점기술 개발	• 보급확대 적정기술 중점개발 • 실증R&D 강화	• 신재생 원별 유망분야 R&D 지원 강화 • 혁신기업 육성
	계획의미	최초 계획으로, RT 등 신규제도 제안	중기계획으로 신규 보급 및 인프라 구축 프로그램 제안	• 상위 계획과 연계 세부 시나리오 제시 • 시장기능 강화 방안 제시	• 민관파트너십 기반 시장 생태계 조성 • 에너지전환 비전 반영	• 제3차 에너지기본계획과 연계 • 신재생에너지 중장기 목표 및 이행방안 제시

* 제1차~제4차 기본계획에서는 목표에 비재생폐기물의 범위 포함
** 국제 추세와 비교 용이성을 위해 1차 에너지 비중에서 최종에너지 기준으로 변경
자료: 산업통상자원부(2020) 인용 및 재구성

계획에서 2030년 발전비중 20%를 달성하려면 약 약 48.7GW의 신규설비가 필요한 것으로 파악한 비중이며, 정부는 신규 설비용량의 95% 이상을 태양광(30.8GW)과 풍력(16.5GW)으로 공급한다는 목표를 제시하였다.

그림 7-1 재생에너지 3020 이행계획(안)

자료: 산업통상자원부

보급목표를 이행하기 위한 다섯 가지 방안을 구성하였는데, 첫째 국민참여 확대이다. 도시형 자가용 태양광이나 소규모(100kW 이하) 사업지원 및 협동조합을 통한 참여 활성화, 농촌지역 태양광 활성화 등을 통해 국민들이 손쉽게 태양광 사업에 참여할 수 있는 환경을 조성하고자 한다. 둘째, 지자체 주도의 계획입지제도를 도입하여, 수용성과 환경성을 사전에 확보하고 개발이익은 공유하고자 한다. 셋째, 대규모 프로젝트 추진으로, 주민수용성과 환경성을 고려한 대규모 프로젝트를 단계적으로 추진한다. 1단계는 2018년부터 2022년까지로 민간과 공공기관이 제안한 프로젝트 중 5GW 규모 프로젝트에 집중추진하며, 2단계는 2023년~2030년까지로 대형 발전사의 RPS 의무 비율을 단계적으로 상향 조정하여 대규모 프로젝트로 적극 유도한다. 넷째, 재생에너지 확대를 위한 보급여건 개선으로 제도개선이나 지자체 역량 강화를 통해 재생에너지 확대기반을 마련하고자 한다. 다섯째, 환경을 고려한 재생에너지 확대는 폐기물이나 우드펠릿 발전비중 축소 등 환경을 고려하여 재생에너지를 확대하는 것을 의미한다.

2) 쟁점과 과제

2014년 9월 제4차 기본계획 발표 이후, 2017년 12월 재생에너지 3020 이행계획이 수립함에 따라 이를 반영한 제4차 신재생에너지 기본계획의 수정계획을 수립하였다. 제4차 신재생에너지 기본계획은 2030년까지 1차 에너지의 14.3%, 발전량 중 21.6%를 신재생에너지로 공급한다는 목표를 제시하였고, 2020년 발표된 제5차 신재생에너지 기본계획은 환경 보호와 지속 가능한 에너지 공급 등 신재생에너지 분야의 중장기 목표 및 이행방안 제시에 중요한 의의가 있다.

신재생에너지 기본계획이 갖는 쟁점은 크게 다섯 가지로, 첫째, 목표 설정 관련 세부 지표의 변화이다. 5차 신재생에너지 기본계획부터는 국제 추세와 비교의 용이성을 위해 1차 에너지 기준을 최종에너지 기준으로 변경하거나, 국제기준에 맞게 신재생에너지 법령개정에 따른 재생에너지 범위에서 비재생폐기물 제외 등 변화가 나타났다. 국제 간 비교도 중요하기는 하나, 국내의 신재생에너지 실태 파악이 가장 우선적이다. 2050 탄소 중립 정책이 저탄소 사회로의 전환이라는 이상적인 목표만을 제시되고 있는 가운데 추진전략이나 수단이 현실에 맞지 않다는 비판이 제기되고 있다. 정책의 적절성 검증과 명확한 방향성 제시가 필요하며, 기본계획 역시 체계적인 목표 설정, 구체적인 추진전략이나 수단들의 연계 및 관리가 필요하다.

둘째, 보급과 공급에 지나치게 집중하고 있다는 점이다. 역대 신재생에너지 기본계획은 공통적으로 보급 측면에서 양적 확대와 공급 및 의무화에 중점을 두고 있다. 그러나 지나친 신재생에너지 보급 목표는 안정성이나 경제성 문제를 간과할 수 있다. 장기적인 관점에서 신재생에너지 보급 목표와 대응방안, 향후 추진전략들을 구체적으로 어떻게 이행할 것인지에 대한 심층 분석이 필요하다.

셋째, 지역사회 범위와 수용 문제이다. 신재생에너지 발전소는 풍력 발전소, 태양광 발전소 등 다양한 형태로 구축되는데, 발전소를 설치할 때 지역사회의 수용성 문제를 어떻게 해결할 것인지에 대한 구체적인 방안 마련이 필요하다. 지역사회 수용 문제의 이해관계자 범위 설정, 중앙정부, 지방정부, 전문가, 지역주민 등 다양한 이해관계자들과의 교류의 기준 제시 등 다양한 지역사회 수용 문제에 대해 고민해볼 필요가 있다.

넷째, 정책의 일관성 문제이다. 역대 신재생에너지 기본계획에서는 신재생에너지의 초점이 계속해서 변화하고 있다. 4차 신재생에너지 기본계획에서는 신에너지인 수소에 대한 고려가 미흡했다는 한계를 갖고 있고, 이에 5차 신재생에너지 기본계획에서는 수소산업 생태계 육성을 포함하였다. 정부의 신재생에너지 정책의 비일관성은 신재생에너지 산업에 대한 투자와 개발을 불안정성을 초래할 수 있으므로, 중장기적 비전과 계획을 통해 정책의 방향을 검토할 필요가 있다.

다섯째, 지속가능한 신재생에너지 발전 문제이다. 신재생에너지 발전시설을 건설할 경우, 환경오염이나 생태계 파괴 등 환경 문제에 직면하게 된다. 제주도는 기상학적으로 바람이 많이 불기 때문에 풍력 에너지 발전을 하기에 유리하다. 이에 따라 해상 풍력 발전이 지속적으로 이루어지고 있는데 반해 제주도에 서식하고 있는 남방큰돌고래를 포함하여 다양한 생태계 파괴 등 환경 문제에 직면하여 갈등이 첨예하게 이루어지고 있다. 환경보전이라는 이상과 그걸 실천하기 위한 행동 사이에 발생하는 모순이나 갈등을 일컫는 녹녹갈등과 탄소를 줄이기 위해 모든 것을 희생해도 된다는 사고방식인 기후파시즘 문제를 어떻게 해결할 것인지 논의가 필요하다.

5. 전기사업법

1) 의의와 변화

「전기사업법」은 에너지사업에 관한 법률 중 하나이다. 에너지사업은 정부의 허가, 등록 등과 같은 사업규제를 받는다. 에너지의 특성상 안정적인 공급이 필수적인데 공급역량이 불안정한 경우 사용자의 심각한 불편과 피해가 야기될 수 있기 때문이다. 이에 에너지 분야의 경우 대체로 정부의 허가나 등록 등의 규제를 하고 있다. 규제는 진입규제, 행위규제, 퇴출규제로 구분될 수 있으며 정부의 허가나 등록제도 등은 진입규제라고 할 수 있다. 행위규제는 사업 활동에 대한 규제이다. 발전사업자가 직접 소비자에게 전기를 판매하는 것을 금지하는 규제나 전기판매사업자가 요금을 직접 결정하지 못하는 등의 규제가 이에 해당한다. 퇴출규제는 법이 정한 사항을 위반한 경우 정부가 허가를 취소할 수 있도록 하는 등 사업에서 퇴출시키는 규제를 의미한다.

에너지사업법 중 「전기사업법」은 전기사업에 관한 내용을 규율하고 있으며, 전기사업이란 발전·송전·배전·전기판매사업 및 구역전기사업을 포함하는 사업이다. 발전사업은 전기를 생산하고 이를 전력시장에서 전기판매사업자에게 공급하는 것을 목적으로 한다. 전기를 생산하는 에너지원에 따라 석탄발전, 석유발전, 원자력발전 등 종류가 구분될 수 있으나 「전기사업법」에서 에너지원에 따른 유형을 구별하지는 않고 있다. 송전사업은 생산된 전기를 배전사업자에게 송전하는 데 필요한 설비를 설치하고 관리하는 것을 주요 목적으로 한다. 배전사업은 송전된 전기를 전기사용자에게 배전하는데 필요한 설비를 설치하고 운용하는 것을 목적으로 한다. 전기판매사업은 전기사용자에게 전기를 공급하는 것을 목적으로 하는 사업이다.

현행 「전기사업법」은 2018년 6월 개정으로 전기신사업을 신설하여 기존 전기사업과 전기신사업을 구분하고 있다. 전기신사업이 기존 전기사업과 구분되는 것은 전기사업이 정부의 허가를 필요로 하는데 반해 전기신사업은 등록의 대상이 되는 사업이라는 점이다. 전기신사업에는 전기자동차충전사업 및 소규모전력중개사업이 있다. 전기자동차충전사업은 전기자동차에 전기를 유상 공급하는 것을 목적으로 하는 사업을 의미하며, 소규모전력중개사업은 소규모 재생에너지 설비나 신에너지, 전기저장장치, 전기자동차 등에서 생산되거나 저장된 전력을 전력시장에서 거래하는 것을 목적으로 하는 사업을 의미한다.

「전기사업법」은 법률 제953호로 1961년 1월 31일 제정되고 이듬해 1월 1일 시행되었다. 「전기사업법」 제정은 전기사업의 건전한 발달과 공공복리 증진을 목적으로 한다. 이를 위해 전기사업자는 상공부장관의 허가를 받도록 규정함으로써 제정 당시부터 진입규제제도를 도입하였다. 전기사업자는 정당한 사유 없이 전기공급을 거절할 수 없도록 하였다. 또 전기사업의 양도나 합병 시에도 상공부장관의 허가를 받도록 했다. 이후 현재까지 이루어진 주요개정으로 1999년 2월 8일 개정 및 1999년 8월 9일 시행, 2000년 12월 23일 개정 및 2001년 2월 24일 시행, 2018년 6월 12일 개정 및 2018년 12월 13일 시행을 들 수 있다.

주요개정을 중심으로 「전기사업법」의 변화를 살펴보면 다음과 같다. 1997년 12월 30일 새롭게 개정된 「전기사업법」에서는 환경친화적 전력수급 내용을 포함하였다. 방사성폐기물의 관리사업을 한국전력공사가 수행하도록 하였고, 원자력 발전원료 제조 및 공급자에게 장기적인 원자력발전연료 제조 및 공급계획을 작성하여 통상산업부장관의 승인을 얻도록 했다. 장기전력수급계획에는 환경관리에 관한 사항, 수요관리, 기술개발, 발전용연료 수급에 관한 사항 등을 포함하도록 했다. 기존에 장기전망, 전기설비계획, 투자계획만을 고려하도록 한 것에서 벗어나 환경친화적인 전력수급을 반영한 개정이 이루어졌다.

1999년 2월 8일 개정에서는 특정전기사업제도를 도입하였다. 자가발전설비 보유기업의 진입규제를 완화하여 전력산업 경쟁을 촉진하고자 하였다. 또 다른 주요 개정 사항은 선택공급약관제도의 도입이다. 기존 법률에서 전기판매를 독점하고 있는 일반전기사업자는 전기공급규정을 정하여 인가를 받도록 되어 있었으나, 개정법률은 전기공급규정을 전기공급약관으로 개편여 사적 계약임을 분명히 하고 있다. 이는 소비자의 선택권을 확대한 것이다.

2000년 12월 23일 개정에서는 전기사업을 발전, 송전, 배전, 전기판매사업을 세분화하였고 전력거래가 경쟁에 의해 이루어지도록 전력시장제도를 도입하였다. 기존에 일반전기사업은 한국력공사가 발전부터 판매까지 독점하고 있는 구조였다. 이를 일정한 요건을 갖춘 법인이면 누구나 전기사업을 할 수 있도록 전환하였다. 전기사업이 막대한 투자가 소요되는 국가 기간산업임을 고려하여 전기위원회의 심의를 거치고 산업자원부장관의 허가를 받도록 규정하였다.

2018년 6월 12일 개정에서는 기존 전기사업과 구별되는 사업에 대한 규정을 도입하였다. 전기자동차충전사업과 소규모전력중개사업이 그것이다. 전기자동차충전사업은 전기자동차에 전기를 유상공급하는 것을 목적으로 하는 사업이며, 소규모전력중개사업은 신에너지와 재생에너지 설비, 전기저장장치 등 소규모전력자원에 대한 모집 및 관리, 전력시장을 통한 거래를 하고자 하는 사업으로 산업통상자원부에게 등록하여 할 수 있게 하였다.

표 7-9 전기사업법 주요 개정사항

개정	시행	주요 개정사항
1996.12.30	1997.7.1	환경친화적 전력수급 반영
1999.2.8	1999.8.9	특정전기사업의 도입, 선택공급약관제도 도입
2000.12.23	2001.2.24	전기사업의 경쟁체제 도입
2018.6.12	2018.12.13	전기신사업의 도입

2) 쟁점과 과제

전기사업법과 관련하여 다음과 같은 쟁점들이 있다. 첫째, 전기판매시장의 개방에 대한 찬반논의가 존재한다. 전기판매사업은 허가사업이므로 「전기사업법」의 허가 요건을 갖춘 사업자만 전기판매사업을 수행할 수 있다. 그러나 실제 우리나라의 전기판매사업자는 한국전력공사이다. 전기신사업 도입으로 전력판매시장에 민간이 참여할 수 있도록 한 최근의 개정이 전기판매사업 개방의 첫 시도라고 할 수 있다. 전기신사업은 전기판매사업과 비교할 때 사업수행요건이나 사업의 양수·승계 요건, 사업준비기간, 약관유효기관 등에서 완화된 규제를 받는다. 전기판매사업의 개방과 관련하여 전기신사업 도입으로 특정 분야에 한정하여 소규모로 민간에 개방을 시작하고 시장 반응이나 민간 참여 확대의 장·단점을 살핀후 그 폭을 확대하고자 하는 과정 중에 있다(이종영, 2021). 그러나 이에 대하여 찬·반 논쟁이 있다. 전기판매시장 개방 찬성의 입장에서는 전기판매시장 개방의 필요성에 대해 다음을 제시한다. 전력소비 효율성 제고, 소비자의 선택권 확대 기여, 중·장기적 전기요금 인하에 기여, 국제적인 기준과 추세에 맞출 필요성 등이다. 반면, 전기판매시장 개방 반대론자는 전기요금과 직결되는 사안인 만큼 한국전력공사가 독점적으로

운영하여 규모의 경제를 통해 전기요금 수준 낮출 필요성, 낙후 지역의 안정적 전기공급, 농수산업용 전기요금에 대한 안정적 공급 등을 이유로 반대하고 있다. 전기판매시장 개방과 관련하여 이러한 상반된 입장을 다각적으로 고려할 필요가 있다. 민간에 대한 전기판매 개방은 세계적 추세로서 장기적 관점에서 볼 때 지향해야 할 방향이기는 하나 그 과정에서 피해가 최소화될 수 있도록 하는 추가적인 법적 보호 조치가 이루어질 필요가 있다.

둘째, 계통관리 체계에서의 주요 가치의 충돌문제가 존재한다. 전기사업법에서 주로 강조하는 가치는 전기공급의 안정성과 효율성이다. 우리나라에서는 전력계통 관리가 한국전력거래소에 집중되어 있어 에너지 수급 불안정 시 책임과 비난이 집중되는 구조를 보이고 있기 때문에 이러한 안정성과 효율성이 보다 강조되기도 한다. 신재생에너지 등 새로운 에너지원 생태계의 건전한 발전을 위해서는 안정성 관점에서의 수급 균형 관리 뿐 아니라 유연성과 투명성을 강조한 계통관리 체계가 중요하다는 점이 지적되고 있다. 수급 균형 유지의 관점에서 안정성만을 고려할 경우 다양한 에너지 시민과 지역공동체의 수요 및 필요가 반영되기 어려울 수 있기 때문이다.

셋째, 에너지 생산자의 재산권 침해의 문제이다. 공적인 이유로 에너지 과잉생산 등을 방지하기 위한 출력제한 시 에너지 생산자의 재산권이나 영업권에 피해가 갈 수 있음에도 이에 대한 보상 규정이 마련되어 있지 않다는 점도 문제로 지적되고 있다(선지원, 2023). 신재생에너지를 통한 전기생산자가 에너지 시장에서 공급활동은 하도록 하면서 출력제한에 따른 손실보상 규정이 없는 것도 문제일 수 있지만, 에너지 수급 균형을 위한 조치라는 점에서 불가피한 측면이 있어 이에 대한 논의와 제도적 보완이 필요하다.

넷째, 기술적 대안 활용 유인 부재의 문제이다. 현재의 계통관리에서는 안정성이 우선적으로 고려되고 있어 안정성에 문제가 생기지 않는 경우 다른 기술적 대안을 채택할 유인이 발생하지 않는다(선지원, 2023). 데이터 분석을 통해 전력 수요와 신재생에너지에 의한 전기 생산량을 분석하고 계통운영할 필요성이 있으나 제도적 강제나 유인책이 부재하다. 이에 따라 신재생에너지 사업자의 경우 일방적인 출력제한을 요구받을 수밖에 없어 문제가 된다. 전기사업법에서 기술적 대안을 채택하도록 하는 제도적 유인책이 필요하다.

6. 전원개발촉진법(구 전원개발에 관한 특례법)

1) 의의와 변화

전력 수급의 '안정성'은 오랜 정책적 과제이다.[1] 특히, 깨끗한 에너지원으로의 전환은 필연적으로 공급의 불안정성을 안고 있어, 에너지의 안정적 확보를 위한 대처방안이 요구된다. 이와 같은 맥락에서 「전원개발촉진법」은 "전원개발사업을 효율적으로 추진함으로써, 전력 수급의 안정을 도모"하고자 제정되었다(제1조).[2]

1978년 12월 제정된 「전원개발에관한특례법」에서 출발한 동(同) 법은 경제성장과 더불어 급증한 전력수요를 충족하기 위해, 신속한 전원설비 확충 및 건설입지 확보 등을 주요 골자로 구성되었다. 즉, 전원개발사업 실시계획의 승인(제5조), 다른 법률과의 관계(제6조), 토지수용(제6조의 2), 관계 행정기관의 허가 사항에 관한 협의(제7조), 공공시설의 우선 설치(제13조) 등의 내용을 담고 있다.

「전원개발촉진법」은 현재까지 총 6번의 개정 과정을 거쳤다. 구체적으로 살펴보면, 초기의 개정 사유는 '안정적 전력 수급'을 위한 전원개발사업의 '효율적 추진'에 맞춰져 있다. 중화학공업 중심의 경제성장, 국민 소득증대 등은 연평균 70% 이상의 전력수요 급증이라는 결과를 낳았고, 이에 대처하기 위해 사업추진 '절차의 간소화' 등이 논의되었다. 이를 통해, 사업의 원활한 추진이 도모되었고, 동법은 전력의 안정적 공급을 통해 1970년대 전력산업의 중흥기를 이끌었다는 평가를 받는다.

이후, 전원설비 설치 등으로 일정 재산권 또는 권익을 침해받는 지역/지역민을 위한 '의견청취' 제도가 도입되기 시작하였다. 2004년 처음으로 전원개발사업 실시계획의 승인 또는 변경승인을 얻고자 하는 경우, 신청 전 주민

---

1) 「제10차 전력수급기본계획」도 에너지 안보, 재생에너지의 변동성, 계통 불안정을 이유로 '전력 수급의 안정성'을 최우선 과제로 제시하고 있다.
2) 여기서 전원개발사업은 전원설비를 설치·개량하는 사업 또는 설치 중이거나 설치된 전원설비의 토지 등을 취득하거나 사용권원을 확보하는 사업(동법 제2조)을 말하며, 전원개발사업자는 「전기사업법」에 의해 허가를 받은 '발전사업자', '송전사업자', 「방사성폐기물 관리법」에 따른 방사성폐기물 관리사업자를 의미한다(동법 제3조).

및 관계 전문가 등의 의견을 듣도록 명문화하고 그 의견이 타당하다고 인정하는 때에는 실시계획에 반영하도록 하였다. 또한, '밀양 송전탑' 건설 과정에서 발생한 갈등이 기폭제가 되어, 2016년 '주민공청회' 등의 의견수렴 장치가 추가되었다.[3] 구체적인 법의 연혁은 아래의 <표 7-10>에 요약하였다.

표 7-10 전원개발촉진법 연혁

시행 일자	제·개정 이유
1979.01.01	• 지속적인 경제성장, 국민 소득증대 등에 따라 전력수요가 연평균 70% 이상 급증 • 전원설비의 계속적인 확충과 신속한 건설이 요망되나 건설입지 확보 상의 많은 제약과 번잡한 인·허가 절차 및 막대한 자금 소요로 원활한 전원개발추진 곤란 • 전원개발사업을 효율적으로 추진하고자 제정
1997.03.31	• 전원개발사업실시계획에 대한 협의절차 개선 • 전원개발사업실시계획의 승인 시에 인·허가가 의제되는 사항을 정비·보강함으로써 전원개발사업의 효율적 추진 도모
2004.07.01	• '전원개발에관한특례법'에서 '전원개발촉진법'으로 법률 제명 변경 • 과거 보상이 이루어지지 않고 설치된 송전선로 선하용지((線下用地)) 등에 대하여 보상하는 사업을 전원개발사업에 포함 • 주민 등의 의견청취 조항 신설
2009.07.31	• 전원개발사업 시행에 따른 지역주민 등의 의견수렴 방법의 개선 • 전원개발사업 실시계획의 승인 또는 변경승인으로 의제되는 허가 대상 추가 • 전원개발사업 실시계획의 승인 또는 변경승인으로 의제된 인·허가 등에 따른 행위에 대한 절차 간소화
2016.07.28	• 산자부 장관이 전원개발사업 실시계획의 승인 또는 변경승인을 하려는 경우, 사전에 해당 전원개발사업구역 관할 시장·군수 또는 자치구청장의 의견을 청취하도록 함 • 주민이 공청회 개최를 요구하면 공청회를 개최하도록 함 • 원전 부지에 관한 사전승인 의제 조항 삭제

---

3) 밀양 송전탑 사건은 2000년 1월 제5차 장기전력수급계획에 따라, 신고리원자력발전소에서 생산한 전력을 경남 창녕군 북경남 변전소까지 수송하기 위해, 765kV의 송전선로를 밀양에 건설하려다 빚어진 한전과 밀양 주민 간의 갈등 사례를 의미한다. 오랜 시간 정부-한전-주민의 갈등이 지속되었으며, 2013년 해당 거주민의 극단적 선택은 법 개정 등이 이루어지는 기폭제가 되었다.

2021.12.26	• 전원개발사업자가 중앙토지수용위원회의 수용·사용 재결을 받은 경우, 토지의 지상 또는 지하 공간의 사용에 관한 구분지상권의 설정 또는 이전 등기를 단독으로 신청할 수 있도록 함

2) 쟁점과 과제

「전원개발촉진법」은 폭발적으로 증가한 전력수요에 대응하고 국민경제 발전에 이바지한 측면이 인정된다. 다만, 법이 제정된 시대와 현재의 여러 사회·경제적 요건이 변화함에 따라, 법의 현실 정합성을 높이기 위한 쟁점과 향후 과제가 무엇인지 살펴보는 작업이 요구된다.

동법의 쟁점은 첫째, 발전사업자에게 부과되는 '권한의 적정성'이다(허상군, 2014). 해당 법 제6조에 따르면, 전원개발사업자가 실시계획의 승인 또는 변경승인을 산업통상자원부 장관으로부터 받은 경우, 다른 법률에서 필요한 인·허가, 면허, 결정, 처분 등을 받은 것으로 갈음하고 있다. 급성장하는 산업경제를 뒷받침하는 데 필요했던 전력시설이 현재는 보편적 서비스가 되었고, 충분히 법의 목적을 달성했음에도 해당 규정이 적정한가에 대한 의문이 제기되는 것이다. 특히, 밀양 송전탑 갈등의 법적 근거로 「전원개발촉진법」이 주목을 받으면서 해당 법의 폐지 논의까지 이어진 바 있다.[4] 해당 규정이 관련 행정기관, 지방자치단체, 지역주민의 의견을 충분히 반영할 수 있는 절차를 간소화함으로써, 갈등의 소지가 된다는 이유이다. 현재까지도 갈등이 전개되고 있는 '소들섬' 송전탑 사례도 동법의 '인허가 의제' 규정으로 지역 특성을 잘 알고 있는 지자체의 의견을 청취할 기회가 배제되었다는 평가를 받는다. 충청남도 당진 우강면에 있는 소들섬은 철새 군락지로서, 야생생물 1~2급 개체들이 서식하는 곳으로 송전탑 건설이 발표되자 인근 지역민과 환경단체는 반대 의사를 밝히고 법적 분쟁을 이어왔다. 또한, 환경부와 당진시가 뒤늦게 야생동물 보호구역으로 지정하면서, '생태적 가치'와 추가 공사비 등으로 인한 '경제성' 논리가 대립하고 있다. 이러한 문제 인식하에, 충청남도는 '22년 송·

---

4) 2015년 3월 우원식 의원은 더는 법의 실효성이 없음을 주장하며, '전원개발촉진법 폐지법률안'을 대표 발의하고, 「전기사업법」에 따라 전원개발사업이 실시되도록 할 것을 제안하였다.

변전설비 입지 선정을 위해 '주민대표'와 '관계 전문가'가 참여하도록 명문화하는 법규 개정을 건의하였다.

둘째, 의견수렴 절차의 충분성이다(백옥선, 2017). 법 제5조의 2에 따르면, 전원개발사업자는 실시계획의 승인 단계에서 대상 사업의 시행으로 영향을 받게 되는 지역의 주민 및 관계 전문가의 의견을 듣게 되어 있다. 다만, 청취한 의견이 "타당하다고 인정"할 때 이를 실시계획에 반영하도록 규정하고 있어, 의견반영 여부의 판단 주체가 전원개발사업자가 된다는 한계가 존재한다(법 제5조의 2 ②). 또한, "주민 등이 공청회의 개최를 요구하면 공청회를 개최"하도록 하고 있어, 사전에 실시계획 수립 단계에서 충분히 주민 의사가 반영되지 못하는 구조적 한계를 띠고 있다. 대표적으로 전술한 밀양 송전탑 사건은 '의견수렴 절차'가 부실했다는 평가를 받는다. 2000년 10월 사업 계획단계, 2001년 1월 경과지와 변전소 부지 선정 과정 등 초기 계획단계부터 주민들의 의사가 충분히 반영되지 못했다는 지적이다(이선우·홍수정, 2012). 사업 초기 설명회를 개최하였으나, 실질적으로 송전선로가 지나는 지역민의 참석은 0.6%에 불과했다는 조사도 있다.[5]

셋째, '신·재생에너지발전' 시설의 적용 여부이다. 신·재생에너지 발전이 '전력산업수급기본계획'에 포함된다면, 「전원개발촉진법」에 적용을 받게된다. 즉, 동법 제6조에 의해 인·허가 상의 특례를 받게 되는 것이다. 다만, 일각에서는 원자력, 화력 등 대규모의 장기사업을 대상으로 제정된 특례를 적용받으면 별도의 개별 인·허가를 받는 것보다 장기간이 소요된다는 불편이 제기되고 있다. 해당 법에 따르면, 전원개발사업도 「환경영향평가법」 제9조 1항 3에 따라 '전략환경영향평가'의 대상이 되는바, 충분한 주민 수용성을 확보하지 못한 채 사업이 추진될 경우, 환경영향평가를 통과하지 못할 것이라는 이유이다.[6] 반면, 해당 법에 적용을 받을 경우, 개발사업자에게 인·허가 특례가 부과됨에 따라 충분한 주민 의견수렴 과정이 생략될 수 있다는 일각의 지

---

5) 한겨레. (2013.12.13.). "밀양주민 2명 죽음 뒤엔…부실한 송전탑 설명회". 검색일: 2023.02.12
6) 이러한 문제 인식하에, 환경부는 현재 풍력 등 신재생에너지의 환경영향평가 적용대상 규모를 화력, 원자력 등의 10배 수준으로 규제 완화하여 실시하고 있다.

적도 있다.[7] 즉, 신·재생에너지가 갖는 사업의 성격, 환경적 특성 등을 고려하여 원자력, 화력 등의 대규모 발전소와 다른 인·허가 절차 개선방안이 마련되어야 할 것이다.

7. 송·변전설비 주변지역의 보상 및 지원에 관한 법률

1) 의의와 변화

「전원개발촉진법」은 전원개발사업자에게 부과되는 과도한 권한과 적절한 보상체계 미흡으로 '갈등'의 요인이 된다는 일각의 비판이 있었다(김동련, 2015; 백옥선, 2017). 공익적 관점에서 안정적 에너지 공급을 우선함에 따라, 지역민의 일방적 희생과 갈등으로 인해 사회적 거래비용을 양산했다는 지적이다.

「송·변전설비 주변지역의 보상 및 지원에 관한 법률(이하, 송전설비주변법)」과 「발전소주변지역 지원에 관한 법률(이하, 발전소주변지역법)」은 이상의 문제를 해결하기 위해 제정되었다. 즉, 송·변전설비 또는 발전소 주변지역에 대한 '지원·보상'을 통해, ① 전력 수급의 안정 ② 원활한 전원 사업추진 ③ 지역사회 발전을 도모한다는 취지이다.

먼저, 「송전설비주변법」은 전력산업의 필수적 시설인 '송·변전설비'의 설치로 인해 발생하는 주변지역의 잠재적 사고위험, 경관 훼손, 지가 하락 등의 피해를 보상·지원할 수 있는 법적 근거를 마련하고자 제정되었다. 동법은 보상·지원의 대상이 되는 송변전설비 주변지역 설정(제2조), 재산적 보상 및 주택내수 청구(제4조, 제5조), 지원사업계획(제7조), 지원사업의 종류(제8조), 재원과 지원금의 결정(제10조) 등의 내용을 담고 있다.

2014년 7월 제정 이후의 변화 과정은 다음과 같다. 첫째, 2017년 10월 일부개정법률안은 「발전소주변지역법」 등의 지원사업 대상 지역과 중복되는 경우, 동법의 지원 대상에서 일괄적으로 배제되도록 명시한 규정을 삭제하는 내

---

7) 소규모의 신재생에너지 발전소의 경우, 중앙정부의 발전사업허가를 받은 이후, 별도의 지자체 개발행위 허가를 받는 과정에서 이해관계자의 의견이 반영되어왔다. 그러나 전원개발촉진법 적용대상이 된다면 특례조항(제6조)으로 인해 그런 절차가 생략될 가능성이 크다는 지적이다(전기신문, 2017.08.31).

용을 포함한다. 즉, 각 법의 지원 사항이 다름에도 지원 대상에서 제외하도록 규정한 조항을 삭제하고, 송전선로와 발전소로 인하여 피해를 보는 주민들에게 정당한 지원이 이루어질 수 있도록 하였다. 둘째, 전력수급기본계획 등에 맞추어, 기존 76만 5천 볼트, 34만 5천 볼트 송전선로·변전소로 한정되었던 지원 대상 지역을 50만 볼트로까지 확대하였다. 셋째, 주민 의사에 부합한 지원사업이 추진될 수 있도록 법 규정을 완화하였다. 가령, 지원금 총액의 100분의 50 범위에서 시행하도록 규정하고 있는 주민지원사업을 주민 합의 전제하에, 100분의 50을 넘기도록 함으로써, 지원사업의 원활한 추진을 도모하고자 하였다.

표 7-11 송전설비주변법 연혁

시행 일자	제·개정 이유
2014.07.29	송·변전설비 설치로 발생하는 잠재적 사고위험, 경관 훼손, 지가 하락 등의 피해 보상 및 지원을 위한 명확한 근거 마련
2017.10.31	'발전소주변지역법' 등 타 법률과 중복되는 대상 지역의 보상 제외 규정 삭제
2020.05.05	• 송전선로 주변지역 추가 • 전력수급기본계획 및 장기송변전설비계획에 따라 50만 볼트 송전선로 도입 예정 • 50만 볼트 송전선로 주변지역에 대한 보상 및 지원사업 법적 근거 조항 추가
2022.02.18	• 현행 지원사업은 주민지원사업과 마을공동사업, 주민복지사업, 소득증대사업, 육영사업 등으로 구분 • 직접 지원에 해당하는 주민지원사업은 지역별 지원금 총액의 100분의 50 범위 안에서 시행하도록 규정 • 따라서 공동사업 추진이 물리적으로 어려운 경우, 직접 지원받는 주민지원사업만으로 추진을 원해도 불가능한 실정 • 주민 전체가 합의한 경우, 지역별 지원금 총액의 100분의 50을 넘는 주민지원사업을 시행할 수 있도록 개정
2023.07.04. (예정)	주택매수 등 청구지역에 해당되는 경우, 사업자에게 주택 및 대지의 매수 또는 주거환경개선 비용 지원 중에 하나를 선택·청구할 수 있도록 개정

2) 쟁점과 과제

송·변전설비, 발전소 등이 우리 사회에 가져다준 여러 편익은 부인할 수 없으나, 그로 인해 받은 해당 지역민의 직·간접적 피해에 대한 보상의 적정성 등은 여전히 의문으로 남아있다. 또한, 해당 법의 시행에도 불구하고, 송·변전설비, 발전소 등에 대한 주민 수용성은 여전히 낮다는 평가이다.[8]

「송·변전설비주변법」의 쟁점은 다음과 같다. 첫째, 송전선로 주변지역에 대한 '정의'이다. 현행법은 송전선로 주변지역을 "전압이 34만 5천 볼트 이상인 지상 송전선로가 지나가는 선하(線下) 지역 인근"으로 규정하고 있다(제2조 2). 해당 규정에 따르면, 15만 4천 볼트 송전선로는 지원 대상에서 제외됨에 따라, 지역 간 형평성, 갈등의 문제를 야기하고 있다. 즉, 528개의 송전선로 중 45%에 해당하는 15만 4천 볼트 송전선로는 지원 근거가 없어 피해에 대한 책임 범위를 어디까지로 해야 하는지에 대한 논쟁이 존재한다. 또한, 「송·변전설비주변법」에서 규정하고 있는 보상금 지원범위(1,000m)와 한전의 특수 보상 지원 범주(1,450m)가 상이해 보상금 지원범위를 둘러싼 지역 간 갈등이 심화할 수 있다.

둘째, 지역민이 체감할 수 있는 실질적인 보상안 마련이다. 개정 전 동법은 주민지원사업(전기요금, 난방비 등 지급)과 마을공동지원사업(주택개량·편의시설 건립 등)으로 구분하고, 주민지원사업은 지원금 총액의 50%를 넘지 못하도록 하였다. 다만, 지역민의 고령화, 지리적 특성 등으로 마을공동지원사업의 필요성이 없는 곳들이 있어, 지원사업의 만족도가 떨어졌었다. 이러한 문제로 지역주민이 합의할 경우, 100% 직접 지원이 가능하게 함으로써, 제도의 유연화를 꾀하였다. 또한, 보상 범위의 확대가 이루어졌다. 현행법에서는 피해가 발생한 경우, 재산적 보상, 주택매수 청구권 등이 인정되나, 조망권 침해 등으로 인한 주택 가치 하락 등은 피해로 인정되지 않고 있다(제2조 3). 개정안이 통과됨으로써, 주택매수 청구지역에 해당하면 기존의 주택매수 청구 또

---

8) '21년 기준, 산업통상자원부와 한국전력이 추진하겠다고 밝힌 송·변전망 구축 26개 사업 중, 18개의 사업이 준공 완료됐어야 함에도, 실제 이행된 곳은 5곳에 불과하다는 지적이 있다(전자신문, 2021. 10.12.).

는 주변 환경 개선 비용을 청구할 수 있도록 규정되었다. 이렇듯, 송·변전설비 건설 사업에서 보상 '수준', 보상금 사용범위 등에 대한 갈등은 빈번히 발생해 왔다(이선우·홍수정, 2012).

이와 더불어, 「송·변전설비주변법」과 「발전소주변지역법」은 '손실보상'에 대한 지원법적 성격이 강해, 법률간/구성원간/지역간 갈등을 심화하는 촉매제가 된다는 지적돈 있다(김동련, 2015). 지속적으로 논한바, 전원개발사업은 인프라 구축을 통해 전력의 안정적 공급을 최우선으로 한다. 제10차 전력수급기본계획에서도 발전설비 확대, 전력수요 증가 등을 반영한 전력계통 확충을 주요 과제로 선정하고 있다. 다만, 여전히 주민 수용성은 큰 숙제이다. 해당 주변지역의 범위, 보상 수준, 기준의 유연화, 형평성에 맞는 지원제도 등에 대한 진지한 고민이 필요한 시점이다.

8. 발전소주변지역 지원에 관한 법률

1) 의의와 변화

다음으로 「발전소주변지역법」은 전원개발사업으로 인해 발전소 주변지역에 발생하는 환경공해, 안전성 문제, 주변지역 주민의 집단 민원 반발 등에 초점을 두고, 이를 해소하기 위한 대안으로 발전사업자와 지역사회와의 협력적 관계를 조성하고 지원하기 위한 목적으로 제정되었다. 즉, 이를 통하여 발전소 등의 낮은 수용성을 극복하고, 지역민이 체감할 수 있는 정책적 보조·지원사업을 강화하고자 하였다. 동법의 핵심 내용은 주변지역지원사업심의위원회 등의 설치(제3조), 지원사업의 종류(제10조),[9] 지원금의 사용·관리(제16조), 지역주민의 우선 고용(제17조) 등이다.

「발전소주변지역법」은 오랜 역사를 지닌다. 1990년 제정된 이후, 10여 차례의 개정이 이루어졌으며, 주민 요구와 지역 실정에 부합하는 지원사업을 시행하기 위한 내용이 부가되었다. 주요 변화를 살펴보면 첫째, 발전소별 지원사업에 관한 장기계획을 수립·시행하게 함으로써, 체계적이고 효과적으로 주

---

9) 지원사업의 종류는 기본지원사업(주변지역 개발, 주민복지 지원사업), 특별지원사업, 홍보사업 등이 있다.

변지역의 개발을 지원하고자 하였다. 둘째, 별도로 운영되던 방사성폐기물관리시설의 주변지역에 대한 지원사업이 동법으로 흡수되었으며, 장기계획 수립 시, 시장·군수 또는 구청장과 협의하도록 하는 규정이 신설되었다(1997.4.1. 개정). 셋째, 현행 반지름 5㎞ 이내의 육지 및 섬 지역으로 규정된 주변지역의 범위를 일부 확대하였다. 예를 들어, 최근 증가하고 있는 해상풍력발전소의 경우, 해안에서 멀리 떨어져 있어 기존 법 규정 적용 대상에서 제외되는 문제가 있었다. 즉, 해상풍력발전소로 인해 야기되는 어업구역의 축소, 통항 불편 등의 피해를 보상할 수 있는 적절한 규정 마련이 이루어진 것이다.

구체적인 법의 연혁은 아래의 <표 7-12>에 요약하였다.

표 7-12 발전소주변지역법의 연혁

시행 일자	제·개정 이유
1990.01.01	• 발전사업자에게 지역사회와의 협력관계를 조성하도록 함으로써, 집단민원 해소와 발전소 건설입지의 원활한 확보, 전력의 안정적 공급을 도모하고자 제정
1995.07.01	• 발전소별 지원사업에 관한 장기계획 수립·시행 • 전기요금보조사업, 주민복지지원사업, 특별지원사업, 기업유치지원사업 등을 추가하여 지원사업의 종류를 다양화함
1997.04.01	• 방사성폐기물관리시설의 주변지역에 대한 지원사업을 동법으로 흡수 • 방사성폐기물관리시설 주변지역의 지원사업에 대한 장기계획을 수립하고자 하는 경우, 당해 지역 관할 시장·군수 또는 구청장과 협의하도록 함
2001.02.24	• 전력산업 구조개편에 의해 한국전력공사가 다수의 발전사업자 등으로 분할 • 발전소주변지역 지원사업의 촉진을 위하여 설치된 주변지역지원사업기금이 전기사업법에 의한 전력산업기반기금에 통합 • 이에 따라 발전소주변지역 지원사업의 시행과 관련한 규정을 이에 맞도록 조정
2006.01.01	• 효율적 운영을 위하여 지원사업 종류 통합 • 지원사업을 중단 및 중단에 따라 미집행된 지원금 회수 근거 마련
2012.01.01	• 주변지역 범위에 조력발전소의 주변지역 추가 • 지원금의 관리 방법 개선 및 지원사업에 대한 평가제도 도입 • 발전사업자의 지역 소재 기업 우대근거 신설
2015.05.04	• 투명한 지원사업을 위해 지원사업계획, 선정기준, 선정 결과 및 사후정

	산 결과 등을 인터넷 홈페이지 등을 통해 공개하도록 규정
2020.08.05	• 주변지역의 범위 확대 • 해안에서 멀리 떨어져 건설되는 해상풍력발전소에 대한 지원 범위 추가
2021.04.21	• 지원사업의 원활한 시행을 위하여 지원사업 신청에 대한 사항을 법률에 규정 • 전력산업기반기금에서 지원사업을 위하여 지원되는 금액의 결정기준을 주기적으로 재검토하도록 함
2023.05.15. (예정)	• 지방자치단체가 발전소 주변지역 지원사업의 시행 및 지원금 관리를 위하여 설치·운영하는 특별회계가 법률에 따라 의무적으로 설치·운용되는 특별회계임을 명확히 규정

2) 쟁점과 과제

「발전소주변지역법」을 둘러싼 쟁점은 다음과 같다. 첫째, 주변지역의 물리적 '정의'이다. 동법은 '주변지역'의 범위를 "발전기가 설치되어 있거나 설치될 지점으로부터 반지름 5km 이내의 육지 및 섬 지역이 속하는 읍·면·도의 지역"을 말한다(제2조). 이로 인해 해당 반경에 포함되지 않은 인근 주민들의 사업 범위 확대에 대한 요구는 지속적으로 이어져 왔다. 이외에 해안과 멀리 떨어져 건설되는 해상풍력발전소의 경우 피해 범위를 설정할 수 있는 명확한 규정이 없어, 인근 주민의 어업구역 축소, 통항 불편 등의 피해에 적절히 대응하지 못했다는 비판이 있었다. 일부 의견이 반영되어, 해당 사항은 2020년 2월 개정되었다. 피해 지역의 범위를 확대한다는 것은 전기요금 인상 등과 연계되어 있어, 피해의 '객관적 조사'를 통해 5km 경계 지역에 예외 조항 등을 두는 것도 하나의 방안이 될 수 있을 것이다(권오택·신만중, 2017).

이뿐만 아니라, 5km 주변지역에 대한 법리는 해당 지역 내 주민 간 갈등의 소지가 되기도 한다. 일례로, '평택화력발전소'가 위치한 장안면이 동법에 따라 지원금 사용처를 기존의 8개 리에서 면 전체(5km 이내)로 확대하면서 인근 주민들의 항의가 이어졌다.[10] 발전소로 인한 환경·건강상의 피해를 가장 크게 받는 주민과 상대적으로 피해를 덜 입는 지역 간의 '형평성' 문제가 남아

---

10) 화성신문. (2017.06.21.). "발전소주변지역 지원 놓고 '장연면−주민 간' 갈등 고조". 검색일: 2023.02.12.

있는 것이다. 5km라는 물리적 경계로 명확히 보상 범위를 구분할 수 있을지, 해당 지역 내에서 '형평성'의 가치는 어떻게 해결할 것인지에 대한 다각도의 모색이 필요하다.

둘째, 보상의 적정성 및 범위의 문제이다. 발전소별 지원사업에 관한 장기계획을 수립하고, 다양한 지원사업을 시행하고 있으나 보상의 사각지대가 존재한다. 일례로, 현행법에서는 발전소의 '건설'로 주거를 이전하게 되는 경우만 '이주대책'이 지원될 뿐, 발전소의 분진, 미세먼지 등으로 건강상의 피해가 발생해도 지원할 근거가 부재한 상황이다.[11] 더불어, 원자력발전소 가동 중단 기간은 주변지역 범위에서 배제되는 문제이다. 현행법 하에서는 장기간 원전이 정지될 경우, 주변지역 주민을 위한 소득증대사업, 의료·상하수도 시설 확충 등의 공공·사회복지사업, 기업 유치 지원사업 등이 중단되어, 주변지역 경제활동이 침체하는 문제가 제기된다. 현재 원자력발전 사업자의 '귀책사유'로 가동이 중단되는 경우, 평균 발전량을 적용하여 지원사업을 지속하는 개정안이 발의되어 있다('22년 12월).

9. 기후위기 대응을 위한 탄소중립 및 녹색성장 기본법

1) 의의와 변화

2015년 파리협정은 국제사회에게 자발적으로 온실가스 감축 목표를 수립하고 이를 이행할 의무를 촉구하였다. 이에 대응하여 한국은 국제사회의 기후위기 대응 전략에 맞추어 2020년 7월 그린뉴딜 정책을 발표하고 2020년 10월에 2050년 탄소중립목표을 선언하고 2021년 「기후위기 대응을 위한 탄소중립 및 녹색성장 기본법(이하 탄소중립기본법)」을 제정하였다. 이 법의 목적은 현재 세대와 미래세대의 삶의 질을 높이고 생태계와 기후체계를 보호하며 국제사회의 지속가능발전에 이바지 하기 위한 것으로 세부적으로 다음과 같은 목표

---

11) 2022년 12월 "주민 지원사업의 시행자는 발전소 가동으로 인하여 심각한 건강상·환경상 피해를 입은 주변지역 주민에 대하여 대통령령으로 정하는 바에 따라 이주대책을 수립·실시하도록 의무화함으로써 발전소 주변지역에서 장기간 거주한 주민과의 갈등을 해소하고 발전소 운영에 대한 수용성을 제고(안 제15조의2 신설)"함을 목적으로 법안이 발의된 상태이다.

표 7-13 기후대응체계 변화과정

	이명박정부 (2008-2013)	박근혜정부 (2013-2017)	문재인정부 (2017-2022)
목표	• 녹색성장 국가전략 • 2020년 BAU대비 30% 감축	• 2030년 BAU대비 37% 감축 (국내 25.7%, 국외 11.3%)	• 국내감축 상향조정 (국내 25.7%→32.5%) • 2050탄소중립 선언
법제	• 저탄소녹색성장기본법 제정 (2010)	• 저탄소녹색성장기본법 개정	• 기후위기 대응을 위한 탄소중립 및 녹색성장 기본법 제정(2021)
조직·기구	• 녹색성장위원회 • 온실가스종합정보센터	• 녹색성장위원회 격하 • 녹색성장기획단 폐지 • 온실가스종합센터 소속 변경	• 국가기후환경회의 신설 • 2050탄소중립위원회 신설
정책방향	• 경제성장과 환경보호를 융합한 녹색성장	• 창조경제, 기후관련 아이디어는 부재	• 탈원전, 신재생에너지 확대, 탄소중립
주요 정책	• 온실가스·에너지 목표 관리제 • 온실가스배출권거래제 • 신재생에너지보급	• 온실가스 배출권거래제 1차 기간 시행 • 저탄소차 협력금제도 시행 6년연기	• 재생에너지3020이행 계획 • 그린뉴딜 • 온실가스 배출권거래제 제2기할당

자료: 김상훈(2021: 283) 재편집

로 한다. 첫째, 기후위기의 심각한 영향을 예방하기 위해서 온실가스 감축 및 기후위기 적응대책을 강화하고 둘째, 탄소중립 사회로의 이행과정에서 발생할 수 있는 경제적·환경적·사회적 불평등을 해소하며 셋째, 녹색기술과 녹색산업의 육성·촉진·활성화를 통하여 경제와 환경의 조화로운 발전을 도모하고자 한다(탄소중립기본법 제1조)

우리나라는 기후위기를 대응하기 위해서 정부는 다양한 정책과 법제도를 도입해오고 있다. 이명박 정부는 2008년 광복절 경축사에서 "저탄소 녹색성장"이라는 용어를 비중 있게 제시하면서 국가발전의 패러다임으로 등장하였다. 이를 위해 2010년 저탄소녹색성장 기본법을 제정하고 국가적인 기후위기

대응체계를 수립하였다. 그 후 온실가스 감축의 상향적 목표 설정에 대한 요구와 기후위기에 대한 적응과 이행과정에서 발생할 수 있는 사회적 피해 및 손실을 최소화하고 나아가 녹색기술의 발전과 경제와 환경의 조화로운 발전을 추진하기 위한 새로운 국가대응체계를 구축하기 위해서 저탄소녹색성장기본법을 폐지하고「기후위기 대응을 위한 탄소중립 및 녹색성장 기본법」(이하 탄소중립기본법)을 제정하였다.

2) 쟁점과 과제

첫째, 탄소중립기본법의 실효성과 탄소중립의 개념을 둘러싼 쟁점이다. 국내에서 기본법의 기능에 대한 다양한 논의가 이루어지고 있다. 기본법은 제도·정책 등에 관한 기본원칙 및 기준 등에 관하여 정하고 있는 법률을 지칭하고 있지만 탄소중립기본법과 같이 행정부의 기본법에 대한 지위와 기능에 대해서는 학계에서도 논쟁적이다(이준서, 2021). 탄소중립기본법은 탄소중립이라는 정책목표를 위한 원칙과 기준을 제시하고, 관련된 주요 시책을 종합화하는 기능이 있다. 그러나 범부처적 정책에 대한 기본법이기 때문에 실질적인 이행이 이루어지기 위해서는 각 시책별 담당부처의 계획 수립 및 집행이 연계되어야 한다.

탄소중립기본법은 기존의 법제에도 영향을 미친다. 이준서(2021)에 따르면, 탄소중립기본법 제정에 따라 영향을 받는 법제는 3가지 유형이 있다. 첫째는 탄소흡수원 유지 및 증진에 관한 법률이나 배출권거래법과 같이 탄소중립기본법을 근거로 제도를 운용하게 되는 경우, 두 번째는 환경영향평가법과 같이 기본계획이나 시책을 통해 정책연계가 된 경우, 세 번째는 국가기후변화적응센터, 녹색구매지원센터 등과 같이 탄소중립기본법을 지원하기 위한 기관 및 조직 설치와 관련된 법이다. 이와 같이 관련 법제에 대한 연속적인 제·개정이 이루어진 후에야 실질적인 정책목표를 추진할 수 있을 것이다.

탄소중립기본법에서는 기후위기와 관련한 다양한 용어를 정의하고 있다. 그 중에서 가장 핵심적이라고 할 수 있는 탄소중립에 대한 개념에 대해서 논의할 필요가 있다. 탄소중립기본법에서는 탄소중립이란 대기 중에 배출·방출 또는 누출되는 온실가스의 순배출량이 0이 되는 상태를 말한다고 하고 있다

(탄소중립기본법 제2조). 또한 동일 조문의 5호에서는 온실가스를 이산화탄소(CO_2), 메탄(CH_4), 아산화질소(N_2O), 수소불화탄소(HFCs), 과불화탄소(PFCs), 육불화황(SF_6) 및 그 밖에 대통령령으로 정하는 물질을 말한다라고 규정하며 이산화탄소외의 여러 물질을 포함되어 있다. 그러나 IPCC(기후변화에 관한 정부간 협의체, Intergovernmental Panel on Climate Change)에서는 탄소중립은 온실가스 중에서 이산화탄소의 순배출을 제로화하는 운동이며, 기후 중립이란 6대 온실가스 모두의 순배출을 제로화하는 것이다(김익, 2021) 탄소중립기본법의 탄소중립은 IPCC의 기후중립을 의미한다고 할 수 있다. 탄소중립기본법은 국내법이지만 거시적으로 국제사회와 함께 추진하는 정책으로 그 기준이나 용어 정립에 있어서 국제적 기준을 고려할 필요가 있다.

둘째, 탄소중립정책과 에너지믹스와 관련된 쟁점이다. 문재인정부는 2050 탄소중립 달성을 위해서 에너지 탄소중립혁신전략을 수립[12]하였다. 이 전략은 화석연료 및 원자력 중심의 중앙집중형 공급방식에서 재생에너지 등의 소규모 분산자원으로 에너지 전환을 추진하였다. 이후 윤석열 정부는 새정부 에너지 정책방향을 수립하고 실현가능하고 합리적인 탄소중립 계획 및 에너지 믹스를 재설정하였다. 윤석열정부는 2030 원자력에너지 발전비중을 30% 이상 확대하고 재생에너지 보급 목표는 합리적 수준에서 재설정하겠다고 밝혔다.

에너지믹스는 단기간에 이루어지는 정책이 설립과 수립까지 장기적인 시각으로 접근해야 하는 것이다. 에너지 탄소중립을 위해서 원자력에너지를 포함시킬경우에 고준위 방사성 폐기물 시설을 확보, 한국형 녹색분류체제 결정과정의 투명한 정보공개 등이 고려되어야 한다. 원자력 에너지를 운용하기 위해서 가장 시급히 해결해야 하는 문제가 폐기물 처리시설을 확보하는 것이다. 하지만 기존의 방사성폐기물처리장 입지선정에서 극심한 사회적 갈등이 유발되어 왔고 고준위의 방사성 폐기물 처리장 선정은 더욱 어려울 것으로 예상된다. 또한 한국형 녹색분류체제는 지속가능한 친환경적인 경제활동의 범위를 정하는 것으로 해당 산업이 친환경 사업인지를 분류하는 기준이다. 이는 녹색투자(green investing)를 받을 수 있는 기준이 되는 중요한 지표이다.

---

12) 관계부처 합동, 「에너지 탄소중립 혁신전략」, 2021.12.10.

그림 7-2　탄소중립기본법과 에너지정책

2020.12.07.	「2050 탄소중립」 추진전략
2020.12.10.	대한민국 탄소중립 선언
2021.09.24.	「기후위기 대응을 위한 탄소중립·녹색성장 기본법」 제정
	・ 전 세계에서 14번째로 2050 탄소중립과 2030 국가 온실가스 감축목표(NDC) 법제화
2021.10.18.	상향된 「2030 국가 온실가스 감축목표(NDC)」
	・ 2030년까지 2018년 온실가스 배출량 대비 40% 감축
	「2050 탄소중립 시나리오」
	・ A안 : 화력발전 전면 중단, 전환부문 온실가스 배출량 '0'
	・ B안 : LNG화력발전 일부 유지, 전환부문 온실가스 배출량 잔존
2021.12.10.	「에너지 탄소중립 혁신전략」
	・ 탄소중립을 위한 에너지 분야 중장기 비전과 정책과제 수립
2022.03.22.	「기후위기 대응을 위한 탄소중립·녹색성장 기본법」 시행
2022.07.05.	「새정부 에너지정책 방향」
	・ 에너지 안보와 탄소중립 목표 달성을 위한 에너지 정책 중요성 강조
	・ 새로운 에너지 정책 목표와 방향 설정
2022.10.26.	「탄소중립 녹색성장 추진전략」
2022.12.(예정)	「제10차 전력수급기본계획」 확정
	・ 원전과 재생에너지를 균형있게 활용하여 2030 NDC 상향안 목표 달성
2023.03.(예정)	「국가 탄소중립 녹색성장 기본계획」 수립
	・ 탄소중립 이행을 위한 국가전략 및 부문별·연도별 대책 마련

자료: 이승만(2022: 4) 재인용

　　셋째, 지역주도의 탄소중립정책 실현과 관련된 쟁점이다. 탄소중립기본법은 기존의 저탄소녹색성장기본법과 비교하여 지방자치단체에 많은 역할을 부여하고 있다. 예를 들어 온실가스감축인지 예산제도(법 24조)는 기후변화에 미치는 영향을 분석하는 재정 및 예산이며, 온실가스 종합정보관리체계(법 36조) 구축은 자치단체는 매년 지역별 온실가스 통계 산정·분석 등을 위한 정보 및 통계를 작성하는 것이다. 또한 정의로운 전환 특별지구(법 48조)는 탄소중립사회로의 이행 과정에서 고용환경, 사회적·경제적 환경 등이 급격히 변화되거나 변화가 예상되는 지역을 선정하여 해당 지역의 기업 및 소상공인에 대한 고용안정 및 사업 등에 대한 지원, 실업예방과 실업자 생계유지 및 재취업지원, 신산업 육성 및 투자 유치를 위한 지원 등 탄소중립 이행 과정에서 발생할 수 있는 피해를 최소화하기 위한 활동이다.

표 7-14 탄소중립기본법과 저탄소녹색성장법 간의 지방자치단체 역할

역할	「탄소중립기본법」	「녹색성장법」
'지방 탄소중립 녹색성장 기본계획' 수립	시·도, 시·군·구	시·도
'지방탄소중립녹색성장위원회' 구성·운영	시·도, 시·군·구	시·도
'온실가스감축인지 예산제도' 추진	시·도, 시·군·구	X
'지방 기후위기 적응대책' 수립	시·도, 시·군·구	X
'지역 기후위기 대응사업' 추진	시·도, 시·군·구	X
'정의로운전환 지원센터' 설립	시·도	X
'탄소중립 지원센터' 설립	시·도, 시·군·구	X
'탄소중립 지방정부 실천연대' 구성	시·도, 시·군·구	X
'지역기후대응기금' 설치	시·도, 시·군·구	X
'탄소중립이행책임관' 지정	시·도, 시·군·구	X

자료: 윤필환(2022) 재인용

　　지방자치단체가 탄소중립기본법에서 부여된 역할을 수행하기 위한 충분한 예산과 인력등의 역량을 확보하였는지에 대한 논의가 필요하다. 탄소중립기본법의 취지를 고려할 때 지방자치단체가 탄소중립정책의 이행에 필요한 적절한 역량을 확보하기 위해서 중앙정부의 지원이 필요하다. 지방자치단체의 기본계획이나 전략 수립을 위한 가이드라인을 개발 및 배포하거나 각 지역에서 온실가스 데이터를 수집할 수 있도록 관련 기술 및 데이터센터를 구축하고 지자체 간의 집행과정을 공유하여 학습할 수 있도록 정보공유플랫폼 등을 마련해야 할 것이다.

10. 신에너지 및 재생에너지 개발·이용·보급 촉진법
(약칭: 신재생에너지법)[13]

1) 의의와 변화

「신에너지 및 재생에너지 개발·이용·보급 촉진법」은 에너지 정책의 추진을 위한 법률의 하나로 볼 수 있다. 이 법률은 제1조(목적)에서 명시하고 있는 바와 같이, 기술개발 및 이용·보급 촉진과 신에너지 및 재생에너지 산업의 활성화를 통하여 에너지원을 다양화하고, 에너지의 안정적인 공급과 에너지 구조의 환경친화적 전환 및 온실가스 배출의 감소를 추진하고자 제정되었다. 이를 통해 환경을 보전하고, 국가 경제의 건전하고 지속적인 발전 및 국민복지의 증진에 이바지하고자 하는 목적을 가지고 있다.

신재생에너지법은 제정된 목적을 달성하고자 하는 차원에서, 즉, 신재생에너지에 관한 기술개발 추진 및 관련 산업의 경쟁력 강화를 위한 지원 근거를 마련하고 있다는 측면에서 의의가 있다. 이 법이 갖는 의의를 좀 더 확장해 본다면, 신재생에너지의 개발과 보급을 촉진하여 기후변화에 대응하고 온실가스 배출 감소에 기여한다는 점과 에너지원을 다양화하는 노력 및 국내 자원을 이용하여 에너지를 생산한다는 측면에서 에너지 안보에 기여할 수 있다는 점을 들 수 있다.

오늘날 '신재생에너지법'으로 불리는 법령의 변천 과정을 살펴보면 다음과 같다.

표 7-15 신재생에너지법 변천 과정

개정	시행	주요 개정사항
1987.12.04	1988.01.01	대체에너지 개발 촉진법
1988.05.12	1988.05.12	대체에너지 개발 촉진법 시행령

---

13) 「신에너지 및 재생에너지 개발·이용·보급 촉진법(약칭: 신재생에너지법)」 [시행 2022. 11. 15.] [법률 제19040호, 2022. 11. 15., 일부개정]

1997.12.13	1998.06.14	대체에너지 개발 및 이용·보급 촉진법
1998.07.16	1998.07.16	대체에너지 개발 및 이용·보급 촉진법 시행령
2003.01.03	2003.01.03	대체에너지 개발 및 이용·보급 촉진법 시행규칙
2004.12.31	2005.07.01	신에너지 및 재생에너지 개발·이용·보급 촉진법
2005.08.31	2005.08.31	신에너지 및 재생에너지 개발·이용·보급 촉진법 시행령
2005.10.13	2005.10.13	신에너지 및 재생에너지 개발·이용·보급 촉진법 시행규칙

　　탄소중립 대응 및 안정적인 에너지 전환(탄소중립 시나리오, NDC 목표 달성 등)을 위해 신재생에너지에 관한 관심 및 보급을 위한 노력이 확대되면서 관련 법과 시행령도 관련 내용의 변화를 반영하며 여러 차례 개정되었다.[14] 2023년 2월 말을 기준으로, 적용되고 있는 법령은 다음과 같다.

표 7-16 신재생에너지 관련 법·시행령 개정사항

법령	일부개정	시행
신에너지 및 재생에너지 개발·이용·보급 촉진법 [법률 제19040호]	2022.11.15.	2022.11.15
신에너지 및 재생에너지 개발·이용·보급 촉진법시행령 [대통령령 제32315호]	2022.01.04	2022.01.04
신에너지 및 재생에너지 개발·이용·보급 촉진법시행규칙 [산업통상자원부령 제448호]	2022.01.21	2022.01.21

---

14) 신재쟁에너지법은 시행령, 시행규칙을 포함해서, 전부개정·타법개정·일부개정 된 법안이 총 87개에 해당한다.

해당 법령의 제정과 전부개정 된 시점을 기준으로 하여 현재까지의 변화에 대해 핵심적으로 살펴보고자 한다. 먼저, 1987년 12월 4일에 제정된「대체에너지개발촉진법」은 대체에너지의 기술개발을 종합적으로 추진하기 위해 필요한 사항을 규정[15]하여 에너지원의 다양화를 도모하고자 제정되었다.

이후, 기후변화에 관한 국제연합기본협약이 발효되고, 태양에너지 등 일부 대체에너지가 기술개발의 성과로 상업화됨에 따라서 환경친화적인 대체에너지의 이용 및 보급을 촉진하기 위해 1997년 12월 13일에「대체에너지 개발 및 이용·보급 촉진법」으로 전부개정 되었다. 기존에는 대체에너지 기본계획에 기술개발에 관한 사항만 포함하도록 하였으나 대체에너지 이용·보급에 관한 사항도 기본계획에 포함하도록 개정되었고, 대규모 에너지 관련 사업자에 대한 투자 권고대상에 대체에너지의 이용·보급에 관한 사항을 포함시키는 등 대체에너지 이용·보급 촉진을 위한 시범사업을 적극적으로 추진하여 관련 사업 육성에 기여하고자 하는 부분들이 많이 반영되었다.

2004년 12월 31일에 전부개정 된「신에너지 및 재생에너지 개발·이용·보급 촉진법」은 다양한 에너지원의 개발 및 환경친화적인 에너지 구조로의 전환 추진이라는 해당 법의 입법취지에 부합하도록 법의 제명을 변경하였다. 신에너지 및 재생에너지 보급목표를 원활하게 달성하고 신·재생에너지 기술개발과 사업화 지원, 신·재생에너지설비 설치전문기업 등록제 신설 등을 통해서 관리 및 지원을 강화하고 기존에 제도적으로 미비한 부분(예: 수입 신·재생에너지의 적용 배제, 신·재생에너지기술의 국제표준화 등)을 보완하는 형태로 개정하였다.

이외에「신에너지 및 재생에너지 개발·이용·보급 촉진법」의 최근 5년간 일부개정 된 내용 중 주요 사항을 살펴보면 다음과 같다. 먼저, 2019년 1월 15일 일부개정(법률 제16236호, 2019년 10월 1일 시행) 된 내용에서는 재생에너지의 정의 중 '폐기물에너지'를 정의하는 데 있어, 비재생폐기물로부터 생산된 것이 제외되게 되었다. 2020년 3월 31일 일부개정(법률 제17169호, 2020년 10

---

15) 해당 법령에서 대체에너지는 태양에너지·바이오에너지·풍력·소수력·연료전지·해양에너지·폐기물에너지 등으로 규정되었다. 대체에너지의 기술개발에 관한 기본계획 및 연도별 실행계획을 수립하여 추진하도록 하는 부분 등을 내포하고 있다.

월 1일 시행) 된 내용에서는 신·재생에너지정책심의회 심의 대상에 관계 법령의 정비 등 제도 개선에 관한 사항을 추가하고, 계약방식, 임대기간 등 국유재산·공유재산의 신·재생에너지설비 관련 특례 조항을 정비하였다. 또한 정부지원을 받아 설치된 신·재생에너지 설비 등에 대한 시공자의 사후관리를 의무화하여 사후관리 시스템에 관한 미비점을 개선하고자 하였다. 2020년 10월 20일 일부개정(법률 제17533호, 2021년 4월 21일 시행)된 내용에서는 신·재생에너지 발전소의 주민 수용성을 높이고 상생협력을 촉진하기 위하여 지역주민 참여에 관한 내용과 인센티브 제공에 관하여 법률상 근거를 마련하고자 하였다. 2021년 4월 20일 일부개정(법률 제18095호, 2021년 10월 21일 시행)된 내용에서는 정부가 재생에너지 보급 촉진을 위해 2030년까지 재생에너지 비중을 20%로 높이고자 하는 '재생에너지 3020'정책을 발표하였으나, 기존의 법령은 신·재생에너지의 의무공급량을 총 전력생산량의 10% 이내의 범위에서 대통령령으로 정하도록 규정하고 있어 이를 '총 전력생산량의 25% 이내'로 상향 조정하여 의무공급 비율을 높일 수 있도록 하였다. 마지막으로 2022년 11월 15일 일부개정(법률 제19040호, 2022년 11월 15일 시행)된 내용에서는 신에너지 및 재생에너지의 기술개발 및 이용·보급 촉진과 관련 산업의 활성화 등에 관한 산업통상자원부장관 권한의 일부를 위임할 수 있는 지방자치단체의 장의 범위에 특별자치시장을 추가하여 책임과 권한을 명확히 하고자 하였다.

2) 쟁점과 과제

지금까지 「신에너지 및 재생에너지 개발·이용·보급 촉진법」에 관하여 살펴본 바와 같이, 그동안 국제적 협약이나 정책목표 설정의 변화, 주요 이슈나 제도상 한계에 대한 논의를 바탕으로 여러 차례 법이 개정되어 왔음을 확인할 수 있었다. 앞서 법령의 '변화' 부분에서 소개한 내용은 신재생에너지법에서 이슈화되었거나 기존 제도의 한계로 지적되면서 보완의 필요에 대한 요구가 반영된 결과이기 때문에 주목할만하다. 다시 말해, 신·재생에너지에 관한 정의, 기술개발 및 이용·보급에 관한 사항, 국제사회의 기준을 고려한 기술 표준화에 관한 내용이나 정책목표의 반영 등은 현재까지도 주요하게 고려되어야 할 사항이라 볼 수 있다.

특히 「2050 탄소중립 시나리오」 및 「2030 온실가스 감축목표(NDC) 상향」에 따라 신재생에너지 확대의 필요성이 계속해서 강조되고 있고, 관련 기술혁신을 통한 재생에너지 비용 인하와 경쟁력 강화(예: 태양광 고효율화 등) 등을 추진하고 있어, 이에 관한 정책적·제도적 차원의 논의와 실무적 차원에서의 논의 모두 활발하게 이루어지고 있다. 그렇기 때문에 에너지부문 최상위 계획에 해당하는 《에너지기본계획》과 10년 이상을 계획기간으로 5년마다 수립·시행하는 《신재생에너지 기본계획》의 정책목표와 주요내용을 신재생에너지 분야의 쟁점과 연결하여 생각해 볼 필요가 있다.

《제5차 신재생에너지 기본계획(2020-2034)》은 신재생에너지 분야의 중장기 목표를 이행해나갈 제도적 기반이라는 점에서 신재생에너지 부문에 관한 주요 정책과제를 담고 있다. 계획의 범위는 크게 7개 주제로 정리되는데, ① 신·재생에너지원별 기술개발 및 이용·보급 목표, ② 총 전력생산량 중 신·재생에너지 발전량 목표, ③ 온실가스 배출 감소 목표, ④ 신·재생에너지 기술수준의 평가와 보급전망 및 기대효과, ⑤ 신·재생에너지 기술개발 및 이용·보급에 관한 지원 방안, ⑥ 신·재생에너지 분야 전문인력 양성 계획, ⑦ 직전 기본계획에 대한 평가와 같다. 제4차 기본계획 수립('14.9) 이후, 1차 에너지[16] 및 발전량[17] 모두 신재생에너지 비중 목표치를 초과 달성('19년 기준)하였는데, 온실가스 감축 목표가 높게 잡혀있다는 점을 고려하여 기존 정책 추진사

---

16) 제4차 기본계획 수립 이후, 1차 에너지 기준 신재생에너지 비중 목표 및 실적:
   <참고> 1차 에너지 기준 신재생에너지 비중 목표 및 실적

구분	'19년 목표	'19년 실적	차이
신재생에너지	6.0% (18,405)	6.2% (18,796)	0.2%p
재생에너지	5.4% (16,547)	6.0% (18,089)	0.6%p
신에너지	0.6% (1,857)	0.2% (707)	−0.4%p

   *( ) : 생산량으로 단위 천toe

17) 제4차 기본계획 수립 이후, 발전량 기준 신재생에너지 비중 목표 및 실적:

구분	'19년 목표	'19년 실적	차이
신재생에너지	9.4% (57,067)	9.8% (57,342)	0.4%p
재생에너지	8.5% (51,649)	9.2% (54,026)	0.7%p
신에너지	0.9% (5,418)	0.6% (3,318)	△0.3%p

   *( ) : 발전량으로 단위 GWh, 목표에 비재생폐기물이 포함됨에 따라 실적도 비재생폐기물 포함

항 및 결과에 대한 평가와 향후 정책추진계획에 대한 전략 수립을 더욱 견고하게 해야 할 것이다. 《제5차 신재생에너지 기본계획(2020－2034)》의 주요 특징을 도식화하면 다음 <표 7－17>과 같다.

표 7－17 기존계획 대비 제5차 신재생에너지 기본계획의 주요 특징

기존 계획(1~4차)		제5차 계획('20~'34)
신재생에너지 양적 확대에 중점, 계통 안정성 등 감안 부족	⇒	계통 수용성 증대를 위한 시스템 구축
공급·의무화 측면에 중점 (RPS, FIT 등)	⇒	수요·자발적 확산 보완 (RE100, 자가용 촉진 등)
신에너지(수소분야)에 대한 고려 미흡	⇒	수소산업 생태계 육성 포함

+ (추가) 탄소중립 시대의 도전과제
① 획기적 잠재량 확충·개발방식 혁신, ② 기술한계 돌파 ③ 전력계통 대전환, ④ 그린수소 확대 및 에너지시스템 통합

《제5차 신재생에너지 기본계획(2020－2034)》은 신재생에너지 보급·시장·수요·산업·인프라 5대 혁신을 바탕으로 저탄소사회·경제로의 이행을 가속화하는 것을 목표로 하고 있다. 이 계획에서는 기존 신재생에너지 기본계획에서 고려가 부족했던 전력계통, 재생에너지 수요, 신에너지(수소) 등에 관한 내용 역시 보완되었다. 5대 혁신을 비롯한 관련 정책과제(위 <표 7－17>에서 '탄소중립 시대의 도전과제' 내용에 해당)를 이행하는 데 있어 현재의 한계는 무엇인지에 대한 정확한 분석이 선행되어야 할 것이다. 이종영(2021)은 신재생에너지 보급 확대를 위한 제도 개선에 관하여 9가지 사항을 정리하였다. ① 신재생에너지 등 분산에너지 활성화 촉진법 제정의 필요성, ② 신재생에너지 등 분산에너지 활성화를 위한 기본계획 수립, ③ 일정 규모 미만의 재생에너지 발전사업자는 한국형 통합발전소를 통해 전력거래를 하도록 하는 근거 마련, ④ 신재생에너지 등 분산에너지 설비 설치 의무화 제도, ⑤ 배전망의 신

재생에너지 등 분산전원 수용력 강화, ⑥ 신재생에너지 등 분산에너지 확대 및 공정성 확보를 위해 배전감독원 설립, ⑦ 신재생에너지 등 분산에너지 확대를 위한 전력계통영향평가제도 도입, ⑧ 신재생에너지 등 분산에너지 활성화를 위한 특화지역의 지정과 운영, ⑨ 해상풍력발전 인·허가 절차 간소화가 이에 해당한다. 해당 주제는 제도적 차원에서의 논의나 보완이 좀 더 필요한 이슈들에 해당하므로 향후 신재생에너지 관련분야 활성화 과정에서 숙의하고 검토하는 과정이 필요할 것이다.

토론의 장

□ [다큐 인사이트] 기후위기 특별기획 4부작 붉은 지구 - 2부 침묵의 바다
(https://www.youtube.com/watch?v=Z9F_o51B6Rs)

- 토론질문: 기후변화에 따른 환경변화가 우리에게 주는 경고메시지를 찾아보자. 환경은
우리에게 말을 하지 못한다. 우리가 그들의 변화를 탐색해야 한다. 우리 주위에서 경각
심을 높일 수 있는 경고사인이 무엇인가.

참고문헌

공지영·조상민. (2021). 제5차 신재생에너지 기본계획 주요 내용에 관한 검토. 한국태양
에너지학회 학술대회논문집, 154−154.

권오택·신만중. (2017). 발전소 주변지역 지원사업의 합리적 개선방안에 관한 연구.「공
공사회연구」, 7(2): 180−204.

김남철. (2014). 송·변전설비 주변지역 주민지원의법적 문제와 개선방안.「법학연구」,
24(3): 71−104.

김동련. (2015). 주변지역 지원법제들에 대한 입법정책적 검토.「일감부동산법학」, 11:
141−180.

김은미·손주연·이찬구. (2018). Hogwood와 Peters의 이론을 적용한 여성과학기술인력
육성·지원정책 변동 분석. 한국행정논집, 30(2): 411−436.

김 익. (2021) 넷제로(Net−zero)의 의미와 활용 국내IP 활동동향보고, 환경부·한국환경
산업기술원

마경희. (2007). 성 주류화(gender mainstreaming)에 대한 비판적 성찰. 한국여성학, 23(1):
39−67.

배웅환. (2001) 환경변화, 제도변화, 그리고 정책변화: 신제도주의 접근방법을 중심으로,
행정논총 39(2): 103−139

배유일. (2010). 불확실성하의 정책이전, 확산 그리고 제도변화: 정책 아이디어를 중심으
로. 국정관리연구, 5(2): 95−117.

백옥선. (2017). 에너지사업 계획절차 관련법제 정비방안.「토지공법연구」, 79: 385−422.

산업통상자원부. (2004). 신·재생에너지 보급촉진을 위한 특별법 제정 연구: 대체에너
개발 및 이용·보급촉진법 개정을 포함한 법제도개선을 중심으로.

_____. (2014). 제2차 에너지기본계획.

_____. (2014). 제4차 신·재생에너지기본계획.

_____. (2017). 재생에너지 3020계획.

_____. (2017). 제8차 전력수급기본계획.

_____. (2019). 제3차 에너지기본계획.

_____. (2000). 제9차 전력수급기본계획.

_____. (2020). 제5차 신·재생에너지 기술개발 및 이용·보급 기본계획.

_____. (2023). 제10차 전력수급기본계획.

선지원 외. (2023). 신·재생에너지 생태계 개선을 위한 법제연구. 기후솔루션.

성지은·송위진. (2008). 정책 조정의 새로운 접근으로서 정책 통합: 과학기술혁신정책을 중심으로. 기술혁신학회지, 11(3): 352-375.

손혁상·박영선. (2012). 한국의 원조와 비원조 정책간의 '개발을 위한 정책일관성(PCD)'에 관한 비판적 고찰. 국제정치논총, 52(3): 375-401.

_____. (2012). 한국의 원조와 비원조 정책간의 '개발을 위한 정책일관성(PCD)'에 관한 비판적 고찰. 국제정치논총, 52(3): 375-401.

안형기·양승일. (2006). 신행정수도 건설정책과정의 이론적 해석: Hogwood와 Peters의 정책동태론의 관점. 「한국지역개발학회지」, 18(3): 81-100.

양승일. (2011). 지역개발정책의 변동에 관한 유형 분석: 싱행정수도건설정책에 대한 수정된 Hogwood와 Peters의 이론 적용. 「지방행정연구」, 25(1): 157~188.

_____. (2014). 「정책변동론: 이론과 적용」. 박영사

_____. (2015). 정책변동유형흐름모형의 검증 분석: 4대강 정비사업을 중심으로. 「한국행정학보」, 49(2): 507~530.

염재호 (1994) 국가정책과 신제도주의 「사회비평」 제11권: 10-33

오영석. (2017). 갈등관리수단으로서 지원제도에 대한 주민인식-송·변전설비 주변지역 지원제도 도입 사례. 「법과 정책연구」, 17(2): 349-372.

유 훈. (2009). 「정책학원론」. 법문사.

이선우·홍수정. (2012). 송·변전설비 건설 갈등 해소를 위한 과정과 선택: 밀양 765kV 송전선로건설 관련 갈등조정위원회 운영사례를 중심으로. 「한국정책과학학회보」, 16(2): 183-212.

이승만. (2022) 에너지 안보 탄소중립을위한 원자력 산업의 역할 및 과제: 에너지 정책방향 검토와 에너지 산업 전망 중심으로, 「국회입법조사처」 2022. 12.29 274호

이왕재. (2008). 기후변화 정책의 주류화 접근. 「현대사회와 행정」, 18(3): 165-189.

이종영. (2021). 「에너지법학」. 서울: 박영사.

정정길·이시원·정광호·최종원·정준금. (2017). 「정책학원론」. 대명출판사.

하연섭. (2011). 「제도분석:이론과 쟁점」. 다산출판사.

Baden, Sally & Anne Marie Goetz. (1998). "Who needs [sex] when you can have [gender]?: Conflicting discourses on gender at Beijing", edited by Cecile Jackson and Ruth Pearson, Feminist Visions of Development: Gender Analysis and Policy. Routledge.

Berger, Peter L.and Luckmann Thomas, (1966 The Social Construction of Reality. A

Treatise in the Sociology of Knowledge. New York: Anchor Books.

Campbell. (1996). theories of institutional changes in the postcommunist contest in John L. Campbell and Ove K Pederson (eds) Legacies of change 3−26 New York:Aldine de Gruyter.

Campbell, John L. (1997). "Mechanisms of evolutionary change in economic governance: interaction, interpretation and bricolage." in Lars Magnusson and Jan Ottosson (des) Evolutionary Econonmics and Path Dependence, 10−32 Cheltenham: Edward Elgar Chapters

Christopher Pollitt & Geert Bouckaert. (2009). Continuity and Chande in Public Policy and Management. Edward Elgar.

Corner, Lorraine. (1999). Capacity Building for Gender Mainstreaming in Development, UNIFEM East and Southeast Asia Regional Office, Technical Paper.

DiMaggio, P., & Powell, W.W. (1983). The iron cage revisited institutional isomorphism and collective rationality in organizational fields. American Sociological Review, 48, 143−166.

_____. (1991). Introduction in Walter W. Powell and Paul J. DiMaggio (eds.) The New Institutionalism in Organizational Analysis 138. chicago: University of Chicago Press.

Hall, P. A. (1993). Policy Paradigms, Social Learning and the state: The Case of Economic Policy making in Britain. Comparative Politics. 25(3): 275−296.

Hall, P. A., & Taylor, R. C. R. (1996). Political Science and the Three New Institutionalisms. Political Studies, 44(5): 936−957.

Hall. P. A. Hilary Land, Roy parker and Adrian Webb. (1975). Change, Choice, and Conflict in Social Policy. London: Heinemann Education Books, Ltd.

Hogwood, B. & Peters, B. G. (1983). Policy Dynamics, New York: St. Mar−tin's Press.

Jacquot, S. 2010. "The Paradox of Gender Mainstreaming: Unanticipated Effects of New Modes of Governance in the Gender Equality Domain." West European Politics 33(1): 118−135.

Jepperson, Ronald L. (1991) Institutional, Institional Effects and Intititionalism in Walter W. Powell and Paul J. DiMaggion(eds) The New Institutionalim in Organizational Analysis 143−63 Chicago: University of Chicago Press .Jordan, A., and A. Lenschow. 2010. "Environmental Policy Integration: A State of the Art Review." Environmental Policy and Governance 20 (3): 147−158.

Jordan, A., and A. Schout. (2008). The Coordination of the European Union: Exploring the Capacities of Networked Governance. Oxford: Oxford University Press.

Knight Jack. (2001). explaining the rise of Neoliberalism: The Mechanisms of Insitutional Change in John L. Campbell and Ove K. Pederson (eds) The Rise of NEoliberalism and Institutional Analysis 27−50 Princeton: Princeton University Press.

Krasner, Stepghen D. (1984). Approaches to the State: Alternative Conceptions and his− torical Dynamics, Comparative Politics 16: 223−46.

_____. (1986). Sovereignty: An Institutional Perspective Comparative POlitical Studies 21(1): 66−94.

Meyer, John W, John Boli, and George M Thomas. (1994). Ontology and rationalization in the Western Cultural Account in W. Richard Scott and John W. Meyer (eds.) Institutioanl Environments and organziation: Strutural complexity and individualism 9−27, Thousand Oaks: Sage.

Michael Howlett & M.Ramesh. (1998). Policy Subsystem Configurations and Policy Change: Operationalizing the Postpositivist Analysis of the Politics of the Policy Process. Policy Studies Journal. 26(3): 466−481.

Moyhnihan, D. P. (2008). *The Dynamics of Performance Management: Constructing Information and Reform.* Washington, D.C.: Georgetown University Press.

Nichols, Pulilp s 1998 Forgotten linkages: historical institutionalism and sociological in− stitiutionlism and analysis of the workd trade orgmazation

North, D. C. (1990). Institutions, institutional change and economic performance: Cambridge university press.

Oates, Wallace E. (1985). Searching for Leviathan: An Empirical Study. *American Economic Review,* 75(4): 748−757.

OECD DAC. (2005). "Development Co−operation Report 2001," DAC Journal. pp. 27−28.

Peters, B.G. (1999). Institutional Theory in Political Science: The New Institutionalism. London:Pinter.

Rees, Teresa. (1999). "Mainstreaming Equality" edited by Sophie Watson and Lesley Doyal, Engendering Social Policy, Buckingham: Open University Press.

Richard Rose. (1976). Models of Change The Dynamics of Public Policy: A Comparative Analysis. Beverly Hills: SAGE Publications Ltd.

Tosun, J., & Lang, A. (2017). Policy integration: Mapping the different concepts. Policy studies, 38(6): 553−570.

True, Jacqui. (2003). "Mainstreaming Gender in Global Public Policy",International Feminist Journal of Politics, 5(3): 368−396.

UN. (1995). Beijing Declaration and Platform for Action.

Visseren−Hamakers, I. (2015). "Integrative Environmental Governance: Enhancing Governance in the Era of Synergies." Current Opinion in Environmental Sustainability 14: 136−143.

Walby, Sylbia. (2005a). "Gender Mainstreaming : Productive Tensions in Theoryand Practice", ocial Politics, 12(3): pp.321−343.

Walby, Sylvia. (2005b). "Introduction : Comparative Gender Mainstreaming in a Global Era", International Feminist Journal of Politics, 7(4:), pp.453−470.

Weingast, Barry R. (2002). Rational Choice Institutionalism In Ira Katznelson and Helen V. Milner (eds) Political Science: the State of the Discipline, 660−92, New York W.W. Norton&Co.

에너지전환과 정부역할

•

윤창근

제8장

에너지전환과 정부역할

·

윤창근

I. 에너지전환에서 정부의 역할은 무엇인가?

에너지 전환은 세계적 의제이며, 세계 각국은 에너지 전환을 선택이 아닌 필수 과제로 인식하고 관련 정책을 개발 및 추진하고 있다. 그러나 에너지 전환은 상당한 비용과 시간이 소요될 뿐만 아니라 에너지 전환 과정에서 사회적 갈등이 촉발되기도 한다. 에너지 전환이 추구하는 지속가능한 에너지의 생산과 소비는 현재 에너지 시스템의 쇠퇴를 의미하며, 따라서 기존 시스템의 저항과 반발, 그리고 기존 시스템과 신규 시스템 간의 대립과 충돌이 발생할 개연성이 크다.

에너지 전환은 장기적 관점에서 지속적이고 일관적으로 추진되어야 하는 과제이다. 국가 차원의 종합 계획과 세부 과제 등을 수립 및 추진할 역량이 요구된다. 또한, 에너지 전환 과정에서 겪게 될 사회적 갈등을 관리 및 조정할 수 있는 역량도 요구된다. 종합하면, 에너지 전환을 위한 정부의 역할은 대체 불가능하며, 성공적인 에너지 전환을 위해서는 정부의 의지와 투자, 그리고 적극적 역할이 필요하다. 본 장은 에너지 전환을 준비 또는 추진 중인 해외 사례를 통해 에너지 전환의 성공을 위해 요구되는 정부 역할에 대해 살펴보고자 한다.

Ⅱ. 시스템 관점에서 에너지전환

1. 에너지전환의 특징

기후변화, 특히 이상 기후의 심각성이 고조됨에 따라 에너지 전환은 전 지구적 의제로 부각되었다. 세계 각국은 온실가스 등 환경 오염 배출량이 적은 에너지를 생산 및 소비하기 위한 에너지 시스템을 구축하기 위해 준비하고 있다. 에너지 전환의 특징은 탈탄소화(Decarbonization), 분산화(Decentralization), 디지털화(Digitalization) 등 3가지로 요약된다(EY, 2019).

탈탄소화는 에너지 생산 및 소비 과정에서의 탄소 배출을 감축하거나 무 배출하기 위한 모든 과정을 의미한다. 탈탄소화는 세계적 의무이다. 2018년 12월 개최된 제24차 유엔기후변화협약 당사국 회의(COP24)는 선진국 및 개발 도상국 모두에게 탄소배출 감축을 위한 동일한 책임과 의무를 부여하였다. 이에 따라 세계 각국은 저탄소 에너지의 생산과 소비를 촉진하기 위한 계획을 수립 및 추진하고 있다. 예를 들어, 독일은 에너지 전환(Energiewende) 계획, 영국은 청정 성장 전략(Clean Growth Strategy), 중국은 에너지발전 13.5계획을 수립하여 추진 중이며, 한국 역시 재생에너지 3020 이행계획을 수립하는 등 탈탄소화에 동참하고 있다.

그림 8-1 에너지 전환의 특징

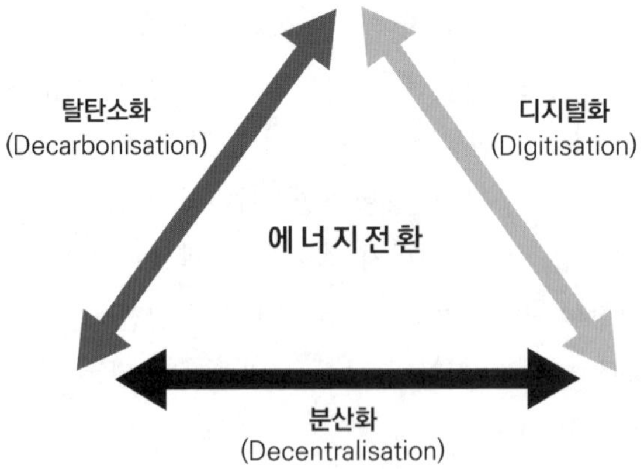

탈탄소화
(Decarbonisation)

디지털화
(Digitisation)

에 너 지 전 환

분산화
(Decentralisation)

자료: 이상준(2019)

분산화는 전력시스템의 분산화를 의미한다. 기존 전력 시스템은 대형발전소에서 생산된 전력을 전국 단위의 송배전망을 통해 공급한다. 그러나 분산형 전력 시스템은 소규모 발전 설비를 운영하고 인근 지역에 전력을 공급하는 방식으로서, 전력의 생산과 소비 지역이 밀착되어 있다. 분산형 시스템은 전력망 확충의 비용을 절감할 수 있을 뿐만 아니라, 수요지 근처에서 전력을 생산하기 때문에 잉여 전력 해소와 전력계통 안정화에 기여한다.

디지털화는 빅데이터와 인공지능, IoT, 디지털 트윈, 블록체인 등 4차 산업혁명 기술을 활용하여 에너지 관련 데이터의 수집 및 분석, 그리고 예측을 수행하고, 이를 통해 에너지 생산과 소비의 효율성, 그리고 전력망 관리와 운영의 효율성을 제고한다.

2. 에너지전환과 시스템 전환론

ICT로 대표되는 첨단 과학기술의 발전은 정치, 문화, 경제, 제도 등 다양한 사회적 요소들과 공진화(co-evloution)한다. 특히, 과학기술의 급격한 발전은 사회 시스템의 공진화 압력과 수준을 높이며, 이는 기존 시스템의 지속가능성의 하락과 변화를 초래한다.

에너지 전환의 필요성은 최근의 의제가 아니다. 예를 들어, 염화플루오린화탄소(CFCs)의 남용에 의한 지구 오존층 파괴, 탄소 배출 증가로 인한 지구 온난화 등은 수십 년 전부터 지구적 화두였다. 그러나 당시 지속가능한 에너지를 위한 과학적 토대는 성숙되지 못했으며, 에너지 전환을 위한 실질적인 행동까지 시간적 괴리가 발생하였다.

에너지 전환은 기존 화석 연료에서 지속가능한 에너지로 전환을 의미하며, 이는 기술과 함께 사회 전반의 시스템 전환이 수반된다. 즉, 에너지 전환의 대상이 되는 청정 에너지원 및 관련 기술 외에 정치, 문화, 경제 등 다양한 차원에서 사회적 변화가 요구된다. 무엇보다도 에너지 전환은 특정 과학과 기술 등 개별 요소에 의해 실현될 수 있는 영역이 아니다. 지난 수백년간 인류 문명과 밀접한 연관성을 맺은 화석 연료로부터 벗어나 탈탄소를 위한 청정 에너지원으로의 전환은 기술적 뒷받침 외에 사회적 수용성 역시 필수 과제이

다. 이를 위해서는 시스템 전체의 혁신을 통해 에너지 전환의 성공을 이끌어
내야 한다.

시스템 전환은 준비-시작-가속-안정화 등 4단계로 구성된다. 준비
(pre‒development) 단계는 기존 시스템에서 변화는 외견상 보이지 않지만 내
부적으로는 동태적 평형 상태로서, 향후 시스템 전환을 위한 동력을 응집하는
단계이다. 시작(take‒off) 단계는 시스템 전환을 위한 동력이 발휘되는 단계로
서, 시스템의 변화가 가시적으로 시작된다. 가속(acceleration) 단계는 시스템의
구조 변화가 구체화되는 단계로서, 혁신 이론에서 언급되는 학습, 확산, 제도
적 체화 등이 이뤄진다. 마지막 안정화 단계는 시스템 전환의 수준이 높아짐
에 따라 변화 속도가 하락하고, 새로운 시스템에서 평형 등 안정을 이루는 단
계이다.

그림 8-2   에너지 전환의 특징

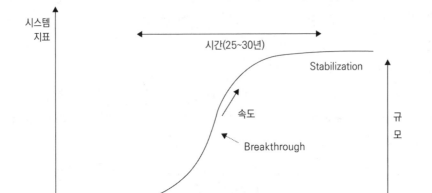

자료: 이상준(2019)

에너지 전환은 현재 가속화 단계에 접어들고 있다. 에너지 전환의 당위
성과 필요성에 대한 지구적 합의와 에너지 전환을 달성하기 위해 구체적 계

획과 정책이 수립되었고 있다. 이제는 계획의 실천을 통해 에너지 전환을 실현하는 가속화 단계의 성공적 이행이 중요하다. 그러나 가속화 단계는 변화의 속도와 수준이 매우 높기 때문에, 기존 시스템의 반발과 저항, 그리고 집행 중인 에너지 전환 정책/계획의 현실성, 경제성, 타당성 등 다양한 차원에서 비판과 수정 요구가 증가할 것이다.

성공적인 에너지 전환을 위해서는 에너지 시스템 전환의 가속화 단계에서 발생 가능한 사회적 갈등을 관리 및 조정하고, 에너지 전환 정책/계획을 수정 및 보완할 수 있는 역량이 중요해진다. 이러한 역량을 민간에 기대하는 것은 현실적으로 불가능하다. 즉, 시스템 전환론 관점에서 에너지 전환을 위한 정부의 역할은 대체 불가능하며, 신속하고 성공적인 에너지 역할을 위해서는 정부의 역할은 필수적이다.

Ⅲ. 에너지전환을 위한 정부 역할 사례

1. 미국의 에너지전환

1) 에너지전환의 상황적 맥락

미국 에너지 전환은 정권에 따라 변동이 심한 편이다. 오바마 행정부 (2009~2017)는 기후 변화 대응 정책을 적극 추진하였으며, 특히 화석연료 소비 감축을 위해 노력하였다. '기후변화 대응 계획(CAP, Climate Action Plan)'을 통해 기존의 석유, 가스, 원자력 외에 청정 에너지(clean energy)의 생산과 소비를 강조하는 '포괄적 접근(all of the above)' 전략을 채택하였다.[1] 구체적으로 살펴보면, 온실가스 감축을 위해 탄소 배출량이 상대적으로 적은 재생에너지 및 가스화력 발전의 비중을 증대시키는 목표를 설정하였다.

트럼프 행정부(2017~2021)에서 미국의 에너지 전환 정책은 그 기조가 정반대로 돌아섰다. 고용 창출과 경제성장 촉진을 위해 셰일 가스 등 화석에너

---

1) 오바마 행정부는 포괄적 접근 전략을 통해 기후변화 대응을 위한 탄소배출 감축 외에 에너지 자립 강화와 청정에너지 산업 발전을 목표를 동시에 추구하였다.

지 개발 확대를 추구하였으며, 이를 위해 화석연료 관련 규제를 철폐하고 국제기후변화 활동에서 기존 입장을 번복하였다. 2017년 8월 미국 트럼프 행정부는 유엔기후변화협약(UNFCCC)에 파리협정 탈퇴 의향서를 제출하였고, 2020년 11월 공식 탈퇴하였다.

그러나 2021년 1월 출범한 바이든 행정부는 미국 에너지 전환 정책의 기조를 탈탄소 및 지속가능한 에너지로 재설정하였다. 바이든 행정부는 취임 즉시 트럼프 행정부가 단행한 환경 규제 완화조치의 적정성을 검토하는 행정명령을 단행하였다. 또한, 공약으로 내세운 탄소 중립(Net-zero)을 실현하기 위해 2050년까지 탄소중립 달성을 위한 부문별 감축 방안의 법제화를 공식화하였다. 단기적으로 첫 임기 종료 시점인 2025년까지 미국의 온실가스 감축 목표를 설정하였다.

미국의 에너지 전환은 정권 교체 등으로 인하여 부침이 있었으나, 바이든 행정부는 에너지 전환을 적극 추진하고 있다. 또한, 최근 급증하는 이상기후와 자연 재난으로 인해 미국 사회에서 에너지 전환의 흐름은 갈수록 강화될 가능성이 크다.

2) 에너지전환 현황

바이든 행정부는 에너지 전환의 당위성과 필요성을 미국 사회에 내재화하는 작업을 진행하고 있다. 전임 트럼프 행정부가 탈퇴한 파리협정에 2021년 4월 재가입하였으며, 국제사회의 온실가스 감축 운동에서 미국의 리더십을 회복 중이다.[2]

또한, 바이든 행정부는 미국 사회 전반에서 온실가스 감축을 추진하고 있다. 이를 위해 에너지 가격에 환경비용이 포함되도록 가격제도를 합리화하고, 환경건전성(Environmental integrity)을 도입하였다. 또한, 기후변화 및 에너지 관련 법제도 강화를 추진 중이다. 예를 들어, 기업 평균연비 제도(Corporate Average Fuel Economy, CAFE Standards)를 통해 미국 내 판매되는 신차의 평균 연비 기준을 기존 36mpg에서 54.5mpg로 상향 조정하였으며, 연비 기준을 달

---

2) 미국은 세계 이산화탄소 배출 중 약 13%를 차지하고 있다. 미국의 탈탄소 의지와 동참은 이산화탄소 배출 감축을 위한 지구적 노력의 핵심 축이라고 볼 수 있다.

성하지 못한 기업에게는 과태료를 부과하였다. 이외에도 청정수자원법(Clean Water Act)과 청정대기법(Clean Air Act) 등 전임 트럼프 행정부가 완화한 환경 규제를 강화하였다. 바이든 행정부의 에너지 전환 규제 강화는 정권 교체와 상관없이 미국 사회가 온실가스 감축을 일관적으로 추진할 수 있는 제도적 기반으로 평가받고 있다.

바이든 행정부의 부문별 에너지 전환 정책 중 주요 의제는 ①화석에너지 위주의 기존 정책 탈피, ②발전 부문에서 탈탄소화, 그리고 ③신재생 에너지 보급·확대 및 친환경 에너지 기술 개발이다. 첫째, 바이든 행정부는 기존 트럼프 행정부가 추진한 화석에너지의 개발·이용을 철회하였으며, 오히려 화석

표 8-1 미국 바이든 행정부의 에너지 전환 정책 현황

바이든 행정부의 에너지 전환 정책 기조	
탄소중립: 청정에너지 시스템으로 전환	
정책 방향	**정책 목표**
▣ 에너지효율 강화 - 에너지효율 증진을 통한 에너지 수요 증가 억제 및 감축 ▣ 청정에너지 보급·확대 - 재생에너지(해상풍력, 태양광, 수력, 바이오 등) 및 원전·수소 기반 CO_2-free 전원 개발·확충 - 청정에너지 보급·확대를 위한 재정정책 (감세, 재정지원 등) 강화 ▣ 신에너지기술 개발·적용 확대 - 수소 생산·공급역량 확대: 그린 수소(Green Hydrogen) 공급을 통해 발전 부문의 연료전환 추진 - 전력망 및 에너지 저장기술 고도화 ▣ 청정에너지 기술 수출국가로 위상 정립 - 차세대 에너지기술(소형모듈형원자로 등) 및 탈탄소기술 수출 국가로 발전	▣ 기후변화대응 및 청정에너지 체제로 전환 ○ (추진체계 개편) 연방정부가 온실가스 감축 주도 ○ (연방규제 제도정비) 온실가스 배출규제 강화 - CAFE Standards 개정: 기업의 평균 자동차 연비기준 강화 - 청정수자원법(Clean Water Act) 및 청정대기법(Clean Air Act) 강화 - Federal Land Lease Rules 강화 ○ (온실가스 감축 목표의 법제화): 제도적 안정성 제고 - 2050년: 청정경제 실현 및 탄소중립 - 2035년: 발전부문의 탄소중립 설정

자료: 에너지경제연구원(2021) 재구성

에너지 개발과 지원을 중단하였다. 구체적으로 살펴보면, 북극 국립야생동물 보호구역(ANWR) 및 대륙붕 수역 수자원의 영구적 보호를 위해 화석에너지 개발을 제한하였으며, 화석 에너지 개발을 위해 추진되었던 연방 국유지 임차 허용 확대, 화석에너지 개발에 대한 재정지원, 미국산 석유·가스의 해외시장 확보 지원 등을 폐기하였다.

둘째, 바이든 행정부는 발전부문에서 탈탄소화 정책을 적극 추진하였다. 2015년 오바마 행정부의 청정전력계획(CPP)보다 한층 강화된 탈탄소화 계획 을 수립하였다.[3] 바이든 행정부가 제시한 목표는 2035년까지 발전부문에서 탄소중립을 달성하는 것이었다. 이를 위해 2030년까지 육상 풍력을 2배로 확 대하고, 신재생에너지 전원의 활용도를 제고하기 위하여 전력망의 분산화 및 연계성 강화를 위한 투자를 약속하였다. 또한, 바이오연료의 생산을 2배로 확 대하는 등 기존 화석에너지의 대체 에너지원을 발굴하기 위한 국가적 투자도 계획하였다.

셋째, 화석에너지에서 탈피하기 위해서는 에너지 수요를 감당할 수 있는 대체 에너지원의 발굴 및 개발이 필수적이다. 2050년 탄소 중립 및 2035년 발 전부분 탄소중립을 공약한 바이든 행정부는 신재생에너지의 보급 및 확대를 적극 추진하였다. 바이즌 행정부는 신재생에너지의 보급 및 확대를 위해 4년 간 2조 달러를 투자할 계획이다. 또한, 민간의 친환경 에너지 투자를 유인하 기 위한 인센티브 제도(예, Production Tax Credit and Investment Tax Credit for Wind)를 도입하였다(Department of Energy, 2021). 바이든 행정부는 친환경 에너 지기술 개발을 위한 정부 투자도 강화하였다. '신재생에너지 및 온실가스 감 축 기술 R&D'에 10년간 4천억 달러의 투자를 계획하였으며, 청정에너지 R&D 추진 거버넌스를 정비하기 위하여 고등과학연구기관(ARPA-C)를 창설하였다. 바이든 행정부가 제시한 청정에너지 기술은 차세대 베터리 개발, 소형 원자 로, 냉매 기술, 제로에너지 건물기술 및 그린 수소 생산 기술 등이다.

---

3) 오바마 행정부 이후 출범한 트럼프 행정부는 전임 행정부의 '청정전력계획'을 폐기하고, 대신 '적정 청정에너지 계획(ACE)'을 대체 수립하였다.

3) 에너지전환을 위한 정부 역할

미국의 에너지 전환 정책은 최근 상당한 변동성을 보이고 있다. 기후변화 대응에 적극적이었던 오바마 행정부의 정책은 후임 트럼프 행정부에 의해 부정되었다. 심지어 트럼프 행정부는 자국의 경제 성장을 위해 화석에너지의 적극적인 개발과 이용을 정책 목표로 설정하는 등 에너지 전환의 세계적 흐름에서 이탈하기도 하였다. 그러나 2021년 정권 교체를 통해 출범한 바이든 행정부는 기후변화 대응 정책의 기조로 복귀하였으며, 오바마 행정부보다 더욱 강력하게 에너지 전환을 추진하고 있다.

에너지 전환 정책의 부침이 심했던 미국의 사례는 정부 역할의 중요성을 보여준다. 정부의 의지에 따라 에너지 전환의 여부 및 정책 속도가 결정된다. 에너지 전환을 국가적 의제로 설정하고, 관련 정책과 로드맵을 수립하며, 소요 예산을 확보하는 등 에너지 전환의 전 과정에서 정부의 역할은 필수적이다.

에너지 전환의 성공을 위해서는 장기적 관점에서 지속적인 정책 추진이 필요하다. 그러나 미국의 에너지 전환 정책 사례는 정권이 교체될 때마다 전임 행정부의 에너지 정책이 철회될 수 있음을 보여준다. 즉, 에너지 전환은 대외 환경 변화에 취약하다. 정부의 역할은 에너지 전환 정책의 동력을 확보하는 것 외에 정책의 일관성을 유지하기 위해서도 필수적으로 요구된다.

2. 독일의 에너지전환

1) 에너지전환의 상황적 맥락

독일의 에너지 전환은 상당한 역사를 갖고 있으며, 단순히 화석에너지로부터의 탈피만을 지향하지 않는다. 1970년대 2번의 오일 쇼크를 경험하고, 미국과 소련에서 발생한 원전 사고(1979년 미국 스리마일 원전 사고, 1986년 소련 체르노빌 원전 사고)를 경험한 독일에서는 친환경 에너지에 대한 관심이 높아졌다. 위험성 외에도 화석에너지에 의한 대기 오염 및 기후 변화가 갈수록 심각해짐에 따라 독일은 다른 선진국보다 먼저 친환경 에너지로 전환을 준비하였다. 일례로, 1986년 독일 정부는 환경 친화적 에너지 생산 방식에 대한 인증 제도 및 전력 생산을 위한 청정 에너지 자원 지원 정책을 수립하였다.

그림 8-3   1970년대 이후 독일의 재생 및 원자력 에너지 현황

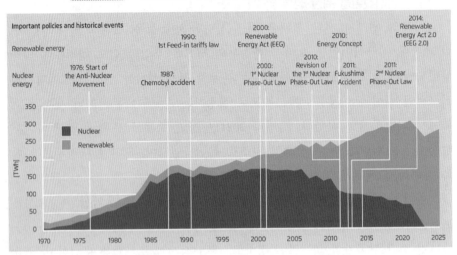

자료: Agora Energiewende(2015a)

    독일의 에너지 전환은 경제적 관점에서 이해가 필요하다. 대다수 유럽국가와 마찬가지로 독일은 주요 에너지의 수입 의존도가 매우 높으며, 이는 장기적 관점에서 독일 경제에 부정적 영향을 미칠 우려가 있다. 즉, 에너지의 안정적 수입을 위해서는 에너지 수출 국가에 의존할 수밖에 없고, 이는 대외 환경 변화에 대한 독일 경제의 취약성을 높인다. 또한, 급증하는 독일 국내의 에너지 수요에 대응하기 위한 에너지 수입량의 증가는 독일 경제의 건전성을 훼손할 수 있다.

    1980년대부터 청정에너지 생산 및 개발에 투자한 독일은 에너지 전환의 다양성을 보여준다. 화석에너지 소비로 인해 배출되는 온실가스 및 이로 인한 기후변화의 심각성을 인지한 독일은 21세기 초 저탄소 정책을 추진한다. 이 과정에서 독일은 원자력에너지를 에너지 전환을 위한 과도적 수단으로 상정하였다. 21세기 초 당시에는 저탄소의 경제성이 낮았으며, 고비용의 저탄소 에너지의 사회적 수용성은 기대하기 어려웠다. 따라서 저탄소 에너지의 경제성을 확보하기 위한 시간을 벌기 위해 원자력에너지를 임시 대체 에너지원으로 상정한 것이다. 그러나 2011년 발생한 일본 후쿠시마 원전 사고로 인하여

독일은 원전 폐쇄를 결정하였으며, 이로 인해 청정에너지로의 전환을 가속화하였다.

2) 에너지전환 현황

1980년대부터 독일은 청정에너지에 대한 투자를 시작하였으나, 에너지전환은 2000년대부터 본격화된다. 2010년 에너지 전환을 실현하기 위한 구체적이고 장기적인 에너지 정책인 '에너지 개념'을 발표한다. 독일 정부의 에너지 개념은 2050년까지 장기적 전략과 로드맵을 수립과 시행을 포함한다. 이를 위해 독일 정부는 부처 협력 형태의 에너지 전환 거버넌스를 정립하였다. 경제기술부(Federal Ministry for Economy and Technology)가 에너지 정책 방향을 설정하고, 재무부(Federal Ministry of Finance), 환경·자연 보존 및 원자력 안전부(Federal Ministry for the Environment, Nature Conservation, and Nuclear Safety)외 14개 에너지 관련 부서가 협력하여 정책을 집행하는 등 에너지 전환을 국가 핵심 과제로 추진하였다.

독일은 1999년부터 생태적 에너지세(ecological energy tax: eco-tax)를 부과하고 있으며, 이를 통해 화석에너지 가격에 환경 오염 비용을 반영하였다. 또한, 화석에너지를 대체하기 위한 에너지원 개발에 국가적 노력을 기울였다. 2010년 독일 정부는 재생에너지 중심의 에너지 공급 체계를 2050년까지 구축하기 위한 '에너지 전환(Energiewende)'을 확정하였다. 이 외에도 재생에너지 자원의 개발을 촉진하기 위해 발전차액지원제도(FIT, Feed-in-Tariff), 재생에너지원 의무할당제도(RSP, Renewable Energy Standard Portfolig), 이산화탄소 배출권 거래 시장 등 다양한 정책 수단을 개발하였다.

한편, 일찍부터 에너지 전환을 시작한 독일은 에너지 전환을 장기적 전략으로 다루고 있다. 즉, 기존 화석에너지를 청정에너지로 전환하기 위해서는 시간과 함께 전략적 접근이 필요하다. 에너지 전환 과정에서 발생하는 비용을 독일 경제가 감당할 수 있는 범위 내로 관리하고 있으며, 이를 통해 에너지 전환에 대한 사회적 합의와 정책 추진 동력을 유지한다. 예를 들어, 에너지 전환에 대한 독일 사회의 합의는 거의 변함이 없다. 2000년대 이후 독일 집권 정치 세력은 일관적으로 에너지 전환을 추진하였다. 또한, 재생에너지의 비중이 증가함에 따라 불가피한 전기 요금 인상에도 불구하고 독일 국민 대다수는 압도적 비율로 에너지 전환을 지지하고 있다(이상준, 2019; Kuittinen & Velte, 2018).

그림 8-4 독일 에너지 전환의 세부 목표

	2020	2025	2030	2035	2040	2050
Reduction in GHG emissions (compared with 1990)	40%		55%		70%	80-95%
Increase in share of RES in gross electricity consumption		40-45%		55-60%		At least 80%
Reduction of primary energy consumption (compared to 2008)	20%					50%
Reduction in gross electricity consumption	10%					25%
Share of electricity generation from CHP plants	25%					
Reduction of energy use in transport sector (against 2005)	10%					40%

자료: Agora Energiewende(2015b)

독일은 2018년 탈석탄위원회(Coal Exit Commission)의 설립 및 운영을 통해 에너지 전환의 강력한 의지를 천명하였다. 독일은 질 좋은 석탄 자원이 풍부한 국가이다. 2011년 기준 세계 8위의 석탄 생산국이며, 갈탄은 세계 1위 생산국이다. 석탄은 화석 연료 중 발전 단가가 낮다. 풍부한 석탄 자원을 갖고 있는 독일에서 석탄 발전의 비중은 높은 편이다. 2011년 기준으로, 독일 발전 설비 중 석탄·갈탄은 약 28%이며 발전량 기준으로 석탄·갈탄은 42%를 차지한다(김봉금, 2013).

2018년 설립된 탈석탄위원회는 정부, 의회, 산업계, 노동계, 환경단체 등의 대표자로 구성되었으며, 기후변화 대응과 에너지 전환을 위해 석탄·갈탄 화력발전소의 폐쇄 의제를 다루는 사회적 합의 기구이다. 2019년 탈석탄위원회는 2038년까지 탈석탄을 달성하기 위한 '탈석탄 시행방안'을 도출하였다. 해당 방안에 따르면, 독일은 2022년까지 최소 12.5GW의 석탄·갈탄 화력발전을 폐지하고, 2030년까지 25.6GW의 석탄·갈탄 화력 발전을 폐지하는 단계적 로드맵을 제시하였다.

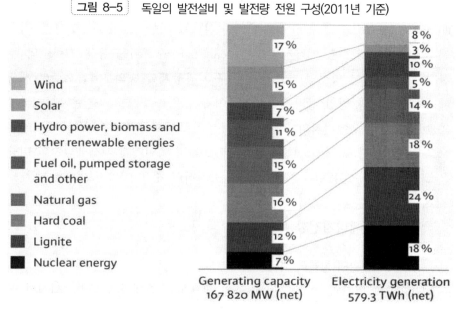

그림 8-5 독일의 발전설비 및 발전량 전원 구성(2011년 기준)

자료: 김봉금(2013)

3) 에너지전환을 위한 정부 역할

독일은 1980년대부터 에너지 전환을 지속적으로 추진하였다. 그러나 독일 에너지 전환 정책의 일관성은 결과론적 해석이다. 독일 정부의 강력한 정책 의지와 독일 국민의 압도적 지지에도 불구하고 독일 에너지 전환은 내부적으로 비판과 회의에 종종 직면하였다. 원자력에너지를 에너지 전환을 위한 과도기적 수단으로 사용하려던 독일 정부의 계획은 2011년 후쿠시마 원전 사고로 인하여 철회되었으며, 이 과정에서 석탄 발전의 비중이 증가하였다. 2012년 독일의 총 발전량에서 석탄과 갈탄이 차지하는 비중이 19.1%와 25.6% 이며, 이는 전년 대비 0.6%와 1% 증가한 수치이다. 뿐만 아니라 재생에너지의 높은 가격이 독일 경제의 경쟁력을 저하시킬 수 있다는 비판이 나오기도 하였다.

에너지 전환에 대한 비판과 우려에도 불구하고, 독일이 에너지 전환을 지속적으로 추진할 수 있는 배경에는 독일 정부가 있었다. 특히, 재생에너지의 확대를 위한 정책이 흔들림 없이 추진되었으며, 화석에너지 비중을 줄이기 위한 국가적 노력 역시 지속되었다. 예를 들어, 신재생에너지법(Renewable Energy Source Act)을 통해 신재생 에너지 확대를 위한 법·제도적 기반을 지속적으로 강화하였으며, 에너지산업법(Energy Industry Act)을 통해 전력망의 분산화 및 전력망 운영사업자의 전력망 구축 공동계획을 의무화함으로써 재생에너지의 전력망 진입 장벽을 낮췄다. 이와 같은 노력으로 독일은 다른 국가와 비교하여 재생에너지의 비중이 획기적으로 증가하였으며, 주요 에너지원으로 부각되었다(Kühne & Weber, 2018).[4] 2014년 독일에서 재생에너지의 비중은 27.4%였으나, 2018년에는 약 40%로 증가하여 주요 에너지로 자리잡았다.

3. 중국의 에너지전환

1) 에너지전환의 상황적 맥락

기후변화 위기와 전 지구적 대응의 필요성이 증대됨에 따라, '세계의 공장'이라는 명성을 갖고 있는 중국의 역할이 주목받고 있다. 2021년 5월 6일 미국 리서치·컨설팅 업체인 로듐 그룹(Rhodium Group)의 발표에 의하면, 2019년 중국의 온실가스 배출량은 전 세계 총량의 27%를 넘는다. 배출량 2위는 미국이며, 전 세계 배출량의 11%를 차지한다. 배출량 3위와 4위는 인도와 유럽연합(EU)이며, 각각 전 세계 배출량의 6.6%와 6.4%를 치지하고 있다. 뿐만 아니라 중국의 온실가스 배출량 증가 속도는 매우 가파르다. 2019년 중국의 온실가스 배출량은 1990년 대비 3배 증가하였으며, 2020년 코로나 팬데믹 동안 대부분의 국가들에서 온실가스 배출량이 감소한 것에 반해 중국은 온실가스 배출량은 1.7% 증가했다(Rhodium Group, 2021).

---

4) 독일의 에너지 전환 과정에서 석탄 발전 비중이 증가한 적이 있으며, 현재도 여전히 석탄 발전 비중이 높은 편이다. 그러나 재생에너지의 확대 보급은 지속적으로 추진되었으며, 현재 재생에너지는 독일 에너지의 주요 원천으로 자리잡았다. 재생에너지 확대로 인해 전력망 안정성이 저하될 수 있는 우려는 이제 독일에게는 해당되지 않는다.

그림 8-6　중국의 온실가스 배출량 현황 (1990-2019)

Source: Rhodium Group, UNFCCC. Includes emissions and removals of land-use, land-use change and forests (LULUCF). Excludes international aviation and marine bunkers. Includes six Kyoto gases using AR4 GWP values. *OECD includes OECD members as of 2019 and includes all EU member states.

자료: Rhodium Group(2021)

　　기후변화에 대한 전 지구적 대응을 위해 중국의 온실가스 감축은 필수임에도 불구하고, 경제성장이 최우선인 중국에게 온실가스 감축은 병행이 쉽지 않다. 2015년 체결된 파리 협약을 살펴보면 온실가스 배출에 대한 중국의 양가적 입장이 잘 드러난다.[5] 예를 들어, 한국, 영국, 프랑스는 2030년까지 온실가스 배출량을 2017년 대비 각각 24.4%, 68%, 55% 감축할 것을 목표로 제시하였다. 반면에, 중국은 2030년 이전에 온실가스 배출 정점(peak year)을 달성하고, 이후 온실가스를 감축하는 것을 목표로 제시하였다.

　　경제성장을 위해 온실가스 배출량 감축에 다소 소극적이던 중국은 이후 급격한 입장 변화를 보인다. 2018년 중국 생태환경부가 공개한 「중국 경제 생태생산총액 합산 발전 보고서 2018」에서 중국은 환경오염이 더 이상 경제성

---

5) 파리협약은 2020년 만료되는 교토의정서를 대신하여 2021년 1월부터 발효되며, 종료 시점이 없다. 파리협약은 산업화 이전과 비교하여 지구의 평균 온도 상승 폭을 2도 아래로 억제하고, 1.5도를 넘지 않도록 노력하는 것을 목표로 제시하고 있다. 이를 위해 협약 당사국들은 스스로 정한 감축목표(NDC)를 5년마다 제출하고 이행사항들을 점검한다.

장을 위한 불가피한 선택이 아님을 공식 천명한다. 해당 보고서에 따르면, 2015년 환경 오염에 따른 중국의 경제 손실은 2조 위안(약 330조 원)이며, 생태 파괴 비용은 6,300억 위안(약 104조원)으로 집계되었다. 즉, 환경 오염은 천문학적 경제 손실을 초래하며, 지속가능한 경제성장을 위해서는 환경 오염 방지가 전제되어야 함을 인지한다.

기후변화 대응을 위한 중국의 의지는 정책을 통해 확인 가능하다. 2017년 중국 시진핑 국가주석은 금융리스크, 빈곤퇴지와 함께 환경오염 감소를 중국이 직면한 '3대 전투'로 선포하였다. 그리고 2018년 생태환경부를 출범시키는 등 환경 보호를 위한 국가 역량과 관리체계를 개선하였다.

2) 에너지전환 현황

중국은 산업적 관점에서 재생에너지의 개발과 발전에 상당한 노력을 기울이고 있다. 2005년 '재생에너지 산업 발전 지도 목록'을 발표하였으며, 2006년 1월에는 「재생에너지법」을 공표하였다(조정원, 2019). 중국의 재생에너지법은 중국 내 전력망 기업들의 재생에너지 이용 전력 의무 구매, 재생에너지 전용 기금 설치, 재생에너지 발전소의 송전선 접속 지원을 규정하고 있다(원동아, 2011: 40).

중국의 재생에너지 촉진 정책은 2000년대 초반부터 기후변화에 대응하기 위한 전 지구적 움직임에 동참하는 효과도 갖고 있다. 그러나 기후변화 대응을 위해서는 온실가스 감축이 필수적임에도 불구하고, 중국의 온실가스 배출량은 2000년대 들어 급격히 증가하였다. 중국의 온실가스 감축을 위한 본격적 움직임은 2015년 파리협약 체결 전후로 나타난다. 2014년 11월 중국 정부는 '에너지 발전 전략 행동계획(2014~2020년)'을 발표한다. 에너지 발전 전략 행동계획의 4대 전략은 에너지 절약, 자국 내 에너지 공급, 저탄소·녹색, 과학기술 혁신이다. 4대 전략 중 에너지 절약과 저탄소·녹색 전략을 통해 중국은 2020년까지 석탄 소비 총량을 약 42억톤으로 감축하고, 1차 에너지 중 비화석 에너지 비중을 15%로 높이고, 석탄 소비 비중은 62% 이내로 억제하는 것을 목표로 제시하였다(유동헌·이대연, 2014).[6]

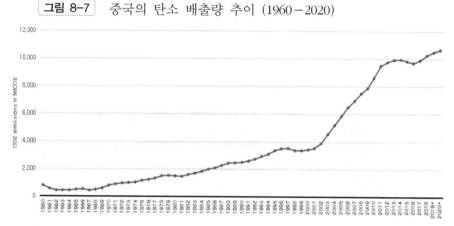

그림 8-7 중국의 탄소 배출량 추이 (1960－2020)

자료: 대외경제정책연구원(2022)

2017년 4월 중국 정부는 '에너지 생산과 소비 혁명 전략(2016－2030)'을 발표하고, 2030년까지 기후 변화 대응 및 에너지 전환을 위한 장기적 발전 전략을 제시하였다. 해당 전략을 살펴보면, 중국은 2030년까지 에너지 소비 총량을 60억tce(석탄환산톤)으로 제한하고, 비화석에너지와 천연가스의 비중을 각각 20%와 15%까지 제고하는 등 기존 화석에너지를 청정에너지로 대체할 것을 장기 목표로 제시하였다.

기후변화에 대한 중국의 대응은 더욱 적극적으로 변모한다. 2020년 9월 UN 회의에서 중국 시진핑 주석은 '2030년 이전 탄소 배출 정점', '2060년 이전 탄소 중립 달성'을 대외적으로 선언하였으며, 2021년 10월 중국 국무원은 탄소중립 실현을 위한 방안으로 「탄소 배출 정점 및 탄소중립 달성 업무 의견」과 「2030년 이전 탄소 배출 정점 행동방안」 등을 발표하였다.

탄소 배출을 위한 중국은 에너지 효율 및 탄소 배출 총량을 규제하고, 탄소 배출량이 많은 산업의 구조조정을 추진한다. 에너지 소비가 많은 석탄, 전력, 철강, 비철금속 등 13개 업종의 신규 진입을 억제하고, 에너지 다소비 산

---

6) 중국은 전 세계 소비량의 절반을 차지하고 있으며, 연간 석탄 소비량은 2004년 20.8억톤에서 2013년 36.1억톤으로 증가하였다. 엄밀히 말하면, 중국의 '에너지 발전 전략 행동계획'의 목표는 석탄 소비량 억제가 아니라 증가 속도의 둔화이다.

업에 대한 전기요금 기준을 상향하였으며, 에너지 소비 및 탄소 배출을 특별
점검하였다.

표 8-2 중국의 2060년 탄소중립 정책 로드맵

시기별 목표	2025년 탄소중립 정책 기반 조성	2030년 탄소 배출 정점	2060년 탄소중립 달성
GDP 단위당 에너지 소모 감축량	(2020년 대비) 13.5%	대폭 감소	–
GDP 단위당 탄소 배출 감축량	(2020년 대비) 18%	(2005년 대비) 65% 이상	–
비화석에너지 소비 비중	20% 내외	25% 내외	80% 이상
삼림피복률	24.1%	25% 내외	–
삼림축적량	180억㎥	190억㎥	–
풍력, 태양광 발전설비량	–	1,200W 이상	–

자료: 대외경제정책연구원(2022)

탄소 배출 감축을 위한 산업 구조조정의 경우, 2025년까지 단위 공업 부
가가치당 이산화탄소 배출량 18% 감축, 연매출 2,000만 위안(한화 약 37억원)
이상 공업 기업의 부가가치당 에너지 사용량 13.5% 감축 등을 목표로 제시하
였다. 또한, 철강, 시멘트, 판유리 등 에너지 다소비 산업에서 과잉 생산을 방
지하기 위해 생산량 관리를 추진할 방침이다.

이 외에도, 교통·운송 분야에서 탄소 배출을 줄이기 위해 화물 운송에서
철도의 비중을 높이고, 전치가·수소차 등 신에너지 차량 보급을 확대 추진하
고 있다. 또한, 건설 분야의 경우, 도시 지역 신축 건물의 녹색 인증 실시, 신
축 공공기관 및 공장 옥상에 태양광 설치 50% 달성 등 건축물의 에너지 효율
제고 및 재생에너지 사용 확대를 추진 중이다.

3) 에너지전환을 위한 정부 역할

기후변화에 대한 중국의 대응은 타 선진국과 비교하여 다소 소극적이다.
경제성장에 방점을 둔 국가 정책 속에서 중국은 점진적인 탄소중립 전략을

통해 국제사회의 요구와 압력에 대응하고 있다. 즉, 중국의 기후변화 대응을
위한 에너지 전환 정책은 국가 거버넌스 차원에서 포괄적으로 다뤄지고 있으
며, 정책 의사결정 과정에서 중국 정부는 주도적 역할을 수행하고 있다. 다른
국가들에서도 정부의 리더십은 목격되고 있으나, 중국의 경우에는 정부의 역
할이 절대적이다. 시민사회와 비영리조직 등 사회적 차원에서 에너지 전환이
논의되고 있는 서구권과는 달리, 중국은 정부 주도의 하향식 정책을 통해 에
너지 전환이 추진되고 있다.

　　중국에서 정부가 민간을 압도하는 상황을 감안하면, 정부 주도의 에너지
전환 정책은 효율성과 신속성에서 강점을 보인다. 상대적으로 서구 국가들보
다 에너지 전환과 기후변화 대응이 늦었지만, 정책 전환과 과감한 목표 제시
를 통해 빠르게 에너지 전환을 추진 중이다. 그러나 에너지 전환은 에너지를
소비하는 국민의 수용성도 함께 고려되어야 한다. 석유와 천연가스 대부분을
해외에서 수입해야 하고, 화석연료에 대한 의존이 높으며, 경제성 측면에서
화석 연료를 대체할 에너지원이 부족한 상황에서 중국 정부의 에너지 전환
정책에 대한 시민사회의 참여는 여전히 의문이 남는다. 에너지 전환에 따른
에너지 비용 상승의 충격을 내재화하는 것이 현실적으로 쉽지 않으며, 이러한
불리한 여건이 정부의 주도적 역할에 대한 기대를 높이는 요인으로 작용한다.
그러나 정부 주도의 에너지 전환은 에너지 소비 패러다임을 실현할 중국 사
회의 참여를 이끌 유인기제가 부족하며, 이는 역설적으로 정부 정책의 효율성
과 신속싱을 상쇄시키는 부삭용을 내재하고 있다.

Ⅳ. 에너지전환과 한국 정부

1. 한국의 에너지전환 정책 현황

　　기후변화 대응을 위해 세계 각국은 탄소 중립(Net-zero)을 선언하고, 이
를 위해 에너지 전환을 서두르고 있다. 2020년 한국은 '2050년 탄소중립 선언'
및 '2050 탄소중립 비전'을 선포하였으며, 이를 위해서는 국가 온실가스 배출

량의 85%를 차지하는 에너지 부문에서 탄소 중립을 달성하는 것이 핵심 과제이다.

그러나 에너지 전환은 새로운 정책이 아니다. 환경 오염에 따른 기후 위기는 이미 20세기 중반부터 논의되기 시작했으며, 에너지 전환을 위한 구체적 행동은 2000년대 본격화되었다. 한국은 제17대 정부(2008~2013)에서 저탄소 녹생성장을 국정기조로 제시하여 온실가스 감축을 위한 신재생에너지 보급이 추진되었다. 제18대 정부(2013~2017)에서는 에너지 효율 향상을 국가 정책과제로 설정하였다. 그러나 제17대 정부와 제18대 정부는 온실가스 감축 외에 에너지 비용의 상승 억제 역시 포기할 수 없는 국정 가치였다. 그 결과 제17대 정부와 제18대 정부에서 1차 에너지 중 석탄과 원자력이 차지하는 비중이 2008년 40.9%에서 2015년 41.9%로 증가하였다(에너지경제연구원, 2020).

정권 교체를 통해 출범한 제19대 정부(2017~2022)는 2017년 12월 발표한 「제8차 전력수급 기본계획」에서 30.3%인 원자력 발전과 45.4%인 석탄 화력 발전의 비중을 2030년까지 각각 23.9%와 36.1%까지 감축할 것을 대외적으로 선언하였다. 그러나 비록 이전 정부와는 다르게 원자력·석탄 발전 비중 감축을 선언했지만, 기후변화 대응과 이를 위한 에너지 전환에 대한 정부 의지에

표 8-3 한국의 발전 현황과 석탄화력발전 계획

〈국내 에너지원별 발전량〉

발전원	2016년 (TWh)		2017년 (TWh)		증감률
원자력	162	30.0%	148	26.8%	-8.4%
석탄화력	214	39.6%	238	43.0%	+11.4%
천연가스	121	22.4%	123	22.2%	+1.6%
신재생	23	4.2%	28	5.0%	+21.3%
기타	21	3.9%	16	2.9%	-22.2%
합계	540	100.0%	553	100.0%	+2.4%

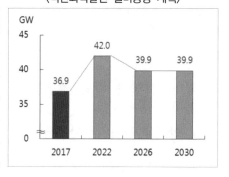

〈석탄화력발전 설비용량 계획〉

자료: 현대경제연구원(2018)

의문이 제기되었다. 민간 경제연구소인 현대경제연구원(2018)의 연구에 따르면, 환경적 비용과 편익을 고려한 석탄 화력 발전의 바람직한 목표는 2022년까지 30.1% 감축으로 분석되었으나, 제19대 정부의 석탄 화력 감축 목표는 이에 한참 미치지 못했다. 심지어「제8차 전력수급 기본계획」중 2030년까지 석탄화력 발전의 비중을 36.1%로 감축하려는 계획은 온실가스 배출량의 감축이 아니라 오히려 증가를 의미하며, 이는 에너지 전환의 정책 목표와 배치된다.

2. 에너지전환을 위한 정부의 역할

기후변화가 초래할 지구적 위기에 인식은 최근 급격히 바뀌고 있다. 먼 미래의 문제가 아니라 현재 진행형인 문제로 인식하고 있으며, 이를 해결하기 위한 즉각적인 대응의 필요성에 대한 공감이 확산되고 있다. 특히, 기후변화의 핵심 원인으로 지목받는 온실가스 감축이 시급하며, 이를 위해서는 온실가스 배출량이 많은 기존 화석에너지를 청정에너지로 대체하는 시스템 전환이 요구된다. 그러나 에너지 전환은 사회적 갈등과 함께 천문학적 비용이 수반되며, 따라서 에너지 전환 과정에서 정부의 역할이 요구된다.

미국과 독일, 그리고 중국의 사례는 에너지 전환이 국가 정책 차원에서 이뤄지고 있음을 보여줌과 동시에, 에너지 전환 과정에서 정부의 의지와 역량의 중요성을 강조하고 있다. 에너지 전환에 대한 정부의 의지가 없거나 부족하면, 에너지 전환이 온전히 추진되기 어렵다. 미국 트럼프 행정부의 파리 협약 탈퇴와 환경 규제 완화는 정부의 의지에 따라서 에너지 전환 정책 기조가 뒤바뀔 수도 있음을 보여준다.

에너지 전환의 성공 사례로 자주 언급되는 독일의 경우, 사회 내부적으로 에너지 전환을 둘러싼 갈등이 지속되고 있다. 에너지 전환의 속도와 수준을 낮추려는 목소리가 여전히 나오고 있으며, 기존 화석 연료에 대한 의존을 낮추는 과정에서 에너지 가격 상승 및 독일 산업 경쟁력의 하락에 대한 우려도 존재한다. 그럼에도 불구하고 독일 정부는 일관성 있게 에너지 전환을 추진하고 있다.

중국은 중앙정부가 주도하는 하향식 정책의사결정을 통해 에너지 전환을 추진하고 있으며, 에너지 전환에 대해 소극적이라는 대외적 비판을 해소하기 위해 노력 중이다. 중국의 에너지 전환에서 정부의 주도적 역할과 권위적 리더십은 에너지 전환 정책의 효율성과 신속성을 제고하는 효과를 갖는다. 즉, 에너지 전환에 대한 사회적 합의 과정을 생략 또는 단축함으로써 정책의 속도를 높이고, 중앙정부의 권위와 통제력을 통해 정책 추진 동력을 강화한다. 그러나 중국 정부의 에너지 전환 정책은 기후변화 대응의 임계치를 초과했는지에 대한 근본적 의문이 제기된다. 또한, 중국 정부의 최근 에너지 전환 정책은 경제 성장을 위해 등한시했던 에너지 전환에 대한 국제사회의 압력과 요구가 일부 반영되었다.

종합하면, 에너지 전환을 위한 정부의 역할은 정책 기획과 집행 과정에서 의사결정뿐만 아니라, 에너지 전환을 둘러싼 사회 내외부 갈등 요인들을 적절히 관리하고, 중장기적 관점에서 에너지 전환을 일관성있게 추진하기 위한 정책 동력을 유지하기 위한 역량이 필요하다. 즉, 에너지 전환을 위한 정부의 역할은 대체불가능하며, 에너지 전환의 성공을 위해서는 정부의 정책 의지와 역량이 전제되어야 한다.

 토론의 장

□ 토론1: 에너지 전환과 에너지 안보

- 아래 〈그림 8-8〉을 보면, 한국의 에너지 의존도는 2000년대 이후 감소 추세이지만, 2021년 92.8%로 여전히 높다. 뿐만 아니라 한국은 세계에서 10번째로 에너지를 많이 쓰는 국가이며, 1인당 최종에너지 소비 부문에서는 4위, 1인당 전력 소비에서는 3위를 기록했다. 즉, 한국은 에너지 다소비 국가이며, 에너지 대부분을 해외에 의존하고 있다.

그림 8-8 한국 에너지 의존도 현황

자료: 에너지통계월보 2022년 2월 자료(에너지경제연구원, 2022.05)

- 토론질문 1: 기후위기 극복을 위한 에너지 전환이 전 세계적 관심을 받고 있다. 에너지 전환은 에너지 공급 체계를 화석연료 및 원자력 기반의 지속불가능한 방법에서 벗어나 재생에너지를 이용한 지속가능한 방법으로 바꾸는 것을 의미한다. 에너지 다소비 국가 인 한국에서 에너지 전환을 위해서는 전환 기간을 충분히 확보해야 한다. 만약 전환 기 간이 충분히 주어지지 않는다면, 에너지 전환과 함께 에너지 소비량 감소의 병행이 불 가피하다. 에너지 전환을 위해 한국이 선택해야 할 전략은 무엇인가?

- 토론질문 2: 에너지 안보란 '한 국가가 경제적이며 신뢰할 수 있는 에너지를 환경과 조 화를 이루며, 증가하는 사회 · 경제 및 군사적 필요를 뒷받침하기에 충분한 공급의 확보' 를 의미한다. 특히, 한국처럼 에너지 다소비 국가이며 에너지 의존도가 높은 국가에게

안정적인 에너지 안보는 핵심적인 생명선이다. 에너지 전환과 에너지 안보가 상충할 때, 정부의 우선적 정책 가치는 어디에 둬야 하는가?

- 토론질문 3: 에너지 형평성은 적정한 가격과 공정한 책정에 따른 보편적 접근성을 의미한다. 에너지 사용의 비용 부담이 큰 사회적 취약계층에 대한 에너지 지원과 보조 등이 대표적인 에너지 형평성 제고 방안이다. 에너지 전환은 친환경적인 재생에너지의 확산을 위해 화석연료 및 원자력의 경제성을 희생하며, 불가피하게 에너지 비용 상승을 초래한다. 에너지 전환과 에너지 형평성 중 정부가 중점을 둬야 할 가치는 무엇이라고 생각하는가?

참고문헌

김봉금. (2013). 독일 에너지 전환 정책의 추진 배경 및 전망. 세계 에너지시장 인사이트, 제13-22호.

대외경제정책연구원. (2022). 중국의 탄소중립 정책 주요 내용 및 전망. 세계경제 포커스, 제5권 제2호.

이상준. (2019). 에너지전환 추진에 있어 정부의 역할과 한계: 전환이론 관점을 중심으로. 에너지경제연구원.

에너지경제연구원. (2020). 2020 에너지통계연보.

_____. (2021). 미국 바이든 행정부 출범: 기후변화·에너지정책 변화 영향과 우리나라 대응. 에너지 현안 브리프., 2021년 3월(비정기).

원동아. (2011). 한·중 신재생에너지 정책 비교와 시사점. 경제현안분석, 제61호. 국회예산정책처.

유동헌·이대연. (2014). 중국 석탄소비 증가세 둔화 원인과 영향. 세계 에너지시장 인사이트, 제14-35호.

조정원. (2019). 중국의 에너지 전환. 김연규(편), 한국의 에너지 전환: 관점과 쟁점. 파주, 경기: 한울 아카데미.

현대경제연구원. (2018). 에너지전환 정책의 실효성 제고 방안: 환경비용·편익을 반영한 시뮬레이션 분석. VIP 리포트, 제727호.

Agora Energiewende. (2015a). Understanding the Energiewende: FAQ on the ongoing transition of the German power system. (https://www.agora-energiewende.de/fileadmin/Projekte/2015/Understanding_the_EW/Agora_Understanding_the_Energiewende.pdf). 접속일: 2022.10.10.

Agora Energiewende. (2015b). Report on the German Power System. (https://www.agora-energiewende.de/fileadmin/Projekte/2014/CP-Deutschland/CP_Germany_update_1015_web.pdf). 접속일: 2022.10.10.

Department of Energy. (2021). Production Tax Credit and Investment Tax Credit for Wind.(https://windexchange.energy.gov/projects/tax-credits). 접속일: 2022.10.10.

Kuittinen, H., and D. Velte. 2018. Mission-oriented R&I Policies: In-depth Case Studies. European Commission. (https://op.europa.eu/en/publication-detail/-/publication/e

1b18a5b−2cbd−11e8−b5fe−01aa75ed71a1/language−en). 접속일: 2022.10.10.

Kühne, O., and F. Weber. (2018). Conflicts and negotiation processes in the course of power grid extension in Germany. *Landscape Research*, 43(4): 529−41.

Rhodium Group. (2021). China's Greenhouse Gas Emissions Exceeded the Developed World for the First Time in 2019.(https://rhg.com/research/chinas−emissions−surpass−developed−countries/). 접속일: 2022.1010.

에너지전환과 정책수단

•

서인석

제9장

에너지전환과 정책수단

·

서인석

Ⅰ. 에너지전환에서 정책수단의 논의는 왜 필요할까?

탄소중립의 상황에서 다양한 에너지 활용은 중요한 전제이다. 특히, 에너지전환의 방식은 국제 및 국가의 맥락과 무관하지 않다. 국제사회의 중요한 가치, 그리고 국가가 추구하는 주요 목적은 각 국가가 가진 맥락에 따라 선택되고 집행되게 된다. 즉, 국가 및 사회의 이데올로기가 변화할 때 에너지 전환 또한 발생할 여지가 있다. 에너지 전환의 맥락에서 어떤 정책수단이 바람직한지에 대해 논의가 필요한 이유이다.

정책수단의 논의는 많은 학자들에 의해서 다루어지고 있는 주제이지만, 가장 이론적으로 대표되는 학자는 Vedung(2003)이다. 그가 제시한 정책수단의 유형은 이론 및 실무적으로 중요한 지침이 되고 있다. 에너지정책 역시 정책수단 유형으로 설명될 수 있고, 필요에 따라 적합한 정책수단이 고려될 수 있다.

한국 역시 에너지정책이 다양하게 다루어져왔다. 에너지정책은 정부기조에 따라 선택되고, 변화되어왔다. 이러한 변화가 정책수단의 이론적 유형에 따라 분류되고 설명이 될 수 있다. 이하에서는 정책수단의 이론적 의의, 유형, 그리고 한국적 맥락에서 사례를 중심으로 살펴보고자 한다.

Ⅱ. 정책수단의 의의 및 유형

1. 정책수단의 의의

1) 정책수단의 정의

일반적으로, 정책은 가장 중요한 선택이며(Lasswell, 1951: 5), 정권의 목적
가치와 수단을 투여한 계획이다(Lasswell, 1971). 목표와 실천적 대안(Wildavsky &
Pressman, 1979)의 구성으로 바라보기도 하고, 바람직한 사회를 이룩하기 위해
정부기관이 수행한 정책목표 및 정책대안의 설정(정정길, 1999)으로 논의되기도
한다. 주목할 것은 선행연구들의 공통적인 정책에 대한 정의에 있어 정책을 구
성하는 핵심적 요소는 '정책목표', '정책수단'으로 이해될 수 있다는 점이다.

그래서, 정책목표는 정책결정 체제의 기본적인 목적(박상원, 2012: 114)이
며, 이 목적에 의해 최적의 정책수단은 선택 및 결정된다. 보통 목적은 추상
적 성격을 지니는 경우가 많아 정책수단 선택은 어려움에 직면하기도 한다.
정책수단은 실무현장에서 적용되어야 할 구체성을 지녀야 하기 때문이다. 추
상적인 정책문제와 구체적인 정책도구를 매칭시키는 정책수단의 결정이 중요
하다(최세경, 2015: 62-63).

표 9-1 정책수단의 정의

연구자	정의
Doern & Phidd(1983)	정책행위자가 특정 목적을 달성하기 위하여 사용하는 모든 것
Hood(1986)	정책효과성을 높이기 위해 주로 의존하는 자원 또는 변화를 주기 위해 설계되었던 수단들의 조합
McDonnel & Elmore(1986)	정부가 정책환경을 변화시키기 위한 정부개입 수단
Kettle(1987)	정부가 정치적 문제를 해결하기 위해 사용하는 수단 또는 도구
Schneider & Ingram(1997)	공적 문제를 해결하기 위하여 정책대상집단의 행동을 변화시키려는 의도를 가진 정책설계의 요소들

Vedung(1998)	정부가 사회변화에 영향을 미치기 위하여 활용하는 기법(techniques)
Salamon(2002)	공적문제에 접근하기 위하여 집합적 행동이 구조화 되는 판별 가능한 방법
Howlett & Ramesh(2003)	정책집행을 위하여 정부가 사용가능한 실제장치 또는 도구
Howlett(2005)	국가권위의 활용 혹은 의도적 제한을 수반하는 거버넌스 기법
전영한(2007b) &전영한·이경희 (2010)	정책목표 달성을 위해서 정부가 의도적으로 활용하는 수단
하연희·문명재 (2007)	정부가 정책집행을 위해 사용 가능한 실재적인 수단 혹은 장치
권혁주(2009)	특정시점의 패러다임하에서 정부가 선택할 수 있는 정치적 성격을 띤 수단 조합
LeGales(2016)	국정운영자와 국민의 관계를 표현하는 가치중립적이지 않은 방식

자료: 서인석·박재희(2022) 재정리

　'정책수단'이라는 개념은 태생적으로 기술적이고, 실용적인 하나의 기법으로(Vedung, 1998; Howlett, 2005), 미시적인 수준에서 정책문제의 해결책 역할을 한다(Bardach 1977; Salamon, 1981). 국내외 문헌을 살펴보아도 정책수단은 정책목적을 달성하기 위하여 정부가 활용하는 수단(전영한, 2007; 김연수·강민아, 2016), 정부가 정책집행을 위해 사용 가능한 실재적인 수단 혹은 장치(하연희·문명재, 2007), 정책행위자가 특정 목적을 달성하기 위하여 사용하는 모든 것(Doern & Phidd, 1992), 공적 문제를 해결하기 위하여 정책대상 집단의 행동을 변화시키려는 의도를 가진 정책설계의 요소들(Schneider & Ingram, 1997), 정부기관이 사회 안녕을 지키고 사회변화에 영향을 미치거나 혹은 예방하기 위하여 권력을 행사하는 일련의 기법들(Vedung, 2007), 공적 문제를 접근하기 위하여 집합적 행동이 구조화되는 판별 가능한 방법(Salamon, 2002)으로 정의하고 있다. 또한 Howlett(2005)은 '정책수단'을 국가의 권위와 의식적 한계를 포함하는 통치 기술로 바라보고 있다. 이러한 이론 자체의 태생적 실용성으로 인해 정책수단에 대한 논의가 학자들에게 소외되던 시절이 있었다(Halpern et al. 2014). 그러나, Salamon(2002), Harpern et al.(2014), LeGales(2016)등에 의해 정책 수단과 도구이론에 대한 심도 있는 논의와 반성이 계속되어 왔고, 이것은 결국 정책 수단에 대한 이론의 정교화로 이어졌다(Lee & Seo, 2019). 국내에서도 정책수단에 관해 전영한(2007a; 2007b), 김태은(2008), 권혁주(2009), 전영한·이경희(2010)등에 의해 이론적 논의가 진행되어 왔다(서인석 외, 2021: 275-276). 이러한 논의에서 공통적으로 확인되는 사항은 정책수단은 정책도구나 장치(device)보다 범위가 더 큰 것으로 간주된다는 점이다.[1] 정책수단은 실용주의적 관점에서 정책목표 달성을 위해 필요한 경우 정당성, 효율성 등에 따라 정책수단의 변화를 가져올 수 있다.

2) 정책수단의 유형 및 도구

① 정책수단 유형의 다양성

정책수단의 다양한 정의만큼 정책수단의 유형 역시 다양하게 제시되어왔다. 크게는 권력 및 자원의 배분에 따라 구분되거나(Hood, 1986; McDonnel & Elmore, 1986; Schneider & Ingram, 1997; Vedung, 1998; Howlett, 2005; LeGales, 2016) 직접/간접 방식(Kettle, 1987; Salamon, 2002; 전영한, 2007; 하연희·문명재, 2007; 전영한·이경희, 2010)에 따라 구분하기도 한다.

최근의 연구들은 직접 및 간접적 방식으로 다양한 정책수단을 정의하고 있다. 다양한 정책수단들을 정리하기에 적합한 방식으로 이해되기 때문이다. 그럼에도 불구하고 이론적으로 견고하고 함축성을 지닌 프레임워크는 채찍(stick), 당근(carrot), 설득(sermos)으로 받아들여지고 있다. 즉 정책수단의 정의나 유형이 학자들 간 시각차를 보여주지만(이유현, 2020), 여전히 정책수단 유형에 있어서는 Vedung et al(1998)의 정책수단 유형이 이론적으로 가장 대표되고 있다. 특히, 정책수단을 당근(carrot), 채찍(stick), 설득(sermon), 혼합(hybrid) 등 추상적 개념화를 통해 이론적 지위를 획득하였고, 이후 많은 연구들이 이론적 개념으로 활용해오고 있다.

---

1) 개념적으로 정책장치(policy device) < 정책도구(policy tool) < 정책수단(policy instrument)으로 범위설정이 가능하다. 다만 전영한·이경희(2010)는 정책수단과 정책도구의 학술적 차이를 구분하는 것이 크게 의미 있는 작업은 아니라고 보았다(이유현, 2020).

표 9-2 정책수단의 유형 및 도구

연구자	정책수단 유형	도구(적용방식)
Doern & Phidd(1983)	–	자율규제, 권고, 보조금, 규제, 조세, 공기업
Hood(1986)	중심형	정보의 수집 및 제공, 권고, 홍보, 수수료 및 문의
	권위형	명령 및 통제 규제, 자기규제, 기준목표 설정 및 규제위임, 자문 위원회 및 컨설턴트
	재원형	보조금 및 대출, 사용자 요금부과, 세금 또는 증세, 이해관계집단 펀딩조성
	조직형	직접조달, 가족/커뮤니티/자원봉사조직, 시장, 정부재조직
McDonnel & Elmore(1986)	명령, 유인, 역량강화, 체제개혁	–
Schneider & Ingram(1997)	권위, 유인, 상징, 역량구축, 학습촉진	–
Vedung(2003)	채찍(규제방식)	지침, 규제방침 등 간접규제(긍정)
		직접규제(부정)
	당근(경제적 수단)	보조금 등의 정책지원(긍정)
		세금, 비용, 물리적 제재(부정)
	설득(정보)	촉진 및 격려(긍정)
		경고(부정)
	혼합	–
Howlett & Ramesh(2003)	정보제공, 설득, 정부지출, 규제, 공적공급	–
Howlett(2005)	중심형, 권위형, 재원형, 조직형(Hood와 동일)	정보제공, 조직 또는 이익집단 신설, 평가, 행정지연
LeGales(2016)	정당성-정치관계에 따른 정책수단의 유형을 구분	입법과 규제, 경제와 예산, 합의와 인센티브 제공, 정보와 커뮤니케이션, 시민사회의 모범 사례
Kettle(1987)	직접적 수단, 간접적 수단	–
Salamon(2002)	13개 수단, 직접적/간접적으로 분류	–

전영한(2007)& 전영한·이경희 (2010)	직접규제	인·허가 및 법적의무부과 규칙 등
	간접규제	자율규제, 규제집행의 위탁계약(기술검정/승인 등), 파트너십규제, 반성적규제, 규제다원주의
	직접유인	조세지출, 보조금/부담금, 직접대출/지급보증, 정부 정보제공 및 교육훈련, 기술지원 등
	간접유인	바우처, 민간은행의 금융지원, 위탁계약에 의한 공공서비스 제공
하연희·문명재 (2007)	직접도구	정부직접 공급, 정보제공
	간접도구	사회적 규제, 보조금, 조세지출, 정부보험, 민감보험

자료: 서인석·박재희(2022) 재정리

② 대표적 정책수단: Vedung의 3유형 이론과 근거

Vedung et al(2003)의 이론적 구분은 몇 가지 전제에 기반한다. 정책수단의 이론적 접근의 가장 핵심은 적용가능한 유익하고(fruitful), 함축적(parsimonious)인 스키마(scheme)가 된다(Louise et al., 2003: 249). 이를 구분할 수 있는 여러 가지 기준 중 Vedung의 담론은 정치권력(political power)에 기준한다. 즉, 정책수단의 유형은 정부권위(authoritative force)의 맥락에서 사회화 과정의 주된 국가 이데올로기, 정치행정적 방향이 선택과 관련될 수 있다.

구체적으로, 정책수단은 정부가 사회 변화를 지원하고 영향을 미치거나 방지하기 위해 권력을 휘두르는 일련의 기술이라고 볼 수 있다. 공권력이 추구하는 목적달성을 위해 정책수단은 신중하게 선택되고 형성되어야 한다. 환경 보호, 주택 및 농업 등의 정책영역에서 효과적이고 합법적인 정책프로그램이 적용되고 있는데, 이는 다양한 정책수단의 혼합일 수도 있다. 핵심은 정책입안자들이 정책수단에 대해 이해할 수 있다면, 더 나은 정책수단 조합을 결정할 수도 있을 것이다. 적절한 조합을 선택하는 문제는 전략적 정치 계획에서 가장 복잡하고 중요한 문제 중 하나이기 때문이다(Vedung et al., 2003: 21).

그렇다면 어떤 유형의 정책수단이 조합되는 것인가? 어떤 유형의 정책수단을 정책입안자들이 이해해야 하는 것인가. 이에 대해 Vedung et al(2003)은 크게 3가지 구분된 유형(Threefold Typology)를 제안하였다. 우선, 규제

(regulation) 정책수단이다. 규제는 공식화된 규칙과 지시를 통해 사람들에게 영향을 미치기 위해 정부 기관이 취하는 조치로, 규제의 대상자가 이 규칙과 지시에 따라 행동하도록 강제한다. 여기서의 규제가 의무적 성격의 규칙, 명령, 지시, 규범, 표준 및 법적 조항 등을 모두 포함하는 것이라기 보다는 개인 또는 개인이 행사할 수 있는 재량에 대해 국가가 부과하는 제한(Stone, 1982: 10)으로 이해하는 것이 적합하다.

　둘째, 경제적(economic) 정책수단이다. 경제적 정책수단은 현금 또는 현물 등의 자산을 지원하거나 회수하는 등의 방식이다. 경제적 수단은 돈, 시간, 노력 및 기타 가치 측면에서 특정 행위 추구의 경제적 가치를 높이거나 낮추는 역할을 한다. 물론 규제(regulation)와 달리 정책의 대상자는 이를 수행해야할 의무는 없다. 경제적 도구는 해당 정책의 이해관계자들이 스스로 선택할 수 있는 자율성이 부여된다.

표 9-3 Vedung et al(2003) 정책수단의 의미

정책수단	의미 및 내용
규제(regulation) 수단	공식화된 규칙과 지시를 통해 사람들에게 영향을 미치기 위해 정부 기관이 취하는 조치로, 규제의 대상자가 이 규칙과 지시에 따라 행동하도록 강제
경제적(economic) 수단	현금 또는 현물 등의 자산을 지원하거나 회수하는 등의 방식으로, 돈, 시간, 노력 및 기타 가치 측면에서 특정 행위 추구의 경제적 가치를 높이거나 낮추는 기능을 수행
정보(information) 수단	지식의 전달, 합리적인 주장의 전달 및 설득을 통해 사람들에게 영향을 미치려는 시도로써 제공되는 정보는 당면한 문제의 속성, 사람들이 실제로 문제를 처리하는 방법, 주도적 상황을 변화시키기 위해 취할 수 있는 조치(measure), 그리고 이 조치를 정책대상자가 채택한 이유 등을 포함

셋째, 정보(information) 정책수단이다. 세 번째 유형인 정보(Information)는 "도덕적 설득" 또는 권고라고도 하며 지식의 전달, 합리적인 주장의 전달 및 설득을 통해 사람들에게 영향을 미치려는 시도이다. 제공되는 정보는 당면한 문제의 속성, 사람들이 실제로 문제를 처리하는 방법, 주도적 상황을 변화시키기 위해 취할 수 있는 조치(measure), 그리고 이 조치를 정책대상자가 채택한 이유 등을 포함한다. 그러나 정부가 의도하는 방향의 행태를 조장할 수 있는 지식의 이전이나 설득력 있는 추론(reasoning)에 한정되어 제공된다.

이상의 3가지 정책수단은 각각 촉진적 방식과 제재적 방식으로 구분하여 논의될 수 있다. 우선, 채찍(stick)으로써 규제수단을 촉진/제재로 살펴보면, 촉진적 방식에는 사전계획 및 지침 등이 해당될 수 있다. 제재적 방식에는 사후규제 등을 통해 집행과정의 문제를 패널티(penalty)를 부과할 수 있다. 둘째, 당근(carrot)으로써 경제적 수단을 촉진/제재로 살펴보면, 촉진적 방식에는 보조금 등이 해당될 수 있다. 제재적 방식에는 세금, 비용, 물리적 장애물[2] 등이 해당된다.

표 9-4 정책수단의 유형 및 도구

정책수단	촉진적 방식(Affirmative)	제재적 방식(negative)
규제(채찍)	사전계획 및 지침 등	사후규제
경제적 수단(당근)	보조금 등	세금, 비용, 물리적 장애물
정보(설득)	홍보, 촉진 등(encouragement)	경고 등(warnings)

자료: Vedung et al(2003: 250) <그림 11.1>을 Chataway et al.(2006: 177)의 <표 1>에서 재인용

마지막으로, 설득(sermon)으로써 정보수단을 촉진/제재로 구분하면, 촉진적 방식에는 독려하거나 홍보해주는 방식이 해당될 수 있다. 제재적 방식에는 '경고(warning)'를 통해 제어하는 방식이 있을 수 있다.

---

2) 물리적 장애물(physical obstacles)은 물리적 대상을 제한하는 경우로 예를 들어 '탄소배출' 등을 제어하는 경우이다. 탄소배출권 거래에 대한 비용을 통해 권한을 일정부분 배분하게 된다.

이상의 정책수단은 더 구체적으로 세분화될 수 있을 것이다. 특히, 이론적 관점과 그에 대한 구체적 방식들이 열거될 수 있다. 나아가, 해당 방식 중 에너지 정책으로 분야를 한정할 때 사용되고 있는 에너지 정책수단을 살펴볼 수도 있다. 이하에서는 이처럼 정책수단의 유형을 구체적으로 살펴보고 에너지 정책과의 관련성을 논의한다.

Ⅲ. 정책수단의 유형과 에너지 정책

규제, 경제 및 정보 수단으로의 구분의 기초는 정책대상자에게 부과되는 제약의 정도이다. 제약(constraint)의 일반적인 개념은 또한 세 가지 주요 유형 각각 내에서 하위 범주를 식별하고 정렬하는 데 사용할 수 있다. Woodside(1986: 787)는 각 정책수단 유형의 관련된 제약 수준에 따라 하위 유형이 제시될 수 있다고 언급한 바 있다. 실제로, 세 가지 광범위한 유형 각각의 이러한 차이점은 정책수단 자체의 차이만큼이나 의미가 있다(vanderDoelen, 1989).

1. 채찍(stick)의 차원: 규제의 다양성(Varieties of Regulation)3)

1) 이론적 관점

채찍(stick)으로써 규제수단은 수많은 변종(varieties)을 포괄한다(Mitnick, 1980; West, 1985). 첫째, 부정적인 표현으로 특정 현상이나 행동을 명시적으로 금지할 수 있다. 또한, 그들은 무엇을 해야 하는지를 규정하는 긍정적인 용어로 공식화될 수 있다. 사전적 규제계획(prescriptions)이 아닌 금지제약(proscription)에 집중하면 무조건(절대) 금지, 면제가 있는 금지, 허가가 있는 금지(입법 가능), 통지 의무의 4가지 유형으로 제시될 수 있다(<표 9-5>).

---

3) Vedung(2003: 41)의 내용을 참조하여 정리하였다.

표 9-5 규제수단의 구분

채찍(prohibitions) 방식		내용
무조건 (unconditional)	–	정책대상자에 대한 절대적 구속력이 있으며, 예외 없이 정책대상자에게 유효한 금지적 규제
조건부 (condtioinal)	예외조항	필요에 따라 면제 옵션을 부여
	입법 및 면제권의 행사	허가에 의해 금지조항을 면제
	고지의 의무 및 절차	지적 규제가 통지의무(obligation to notify)를 준수하는 경우에 면제

자료: Vedung(2003)의 <그림 1.6> 인용

① 무조건 금지(unconditional prohibitions)

무조건 금지는 정책대상자에 대한 절대적 구속력이 있으며, 예외 없이 정책대상자에게 유효한 금지적 규제이다. 기본 아이디어는 활동이 전혀 존재하지 않아야 한다는 것이다. 예를 들어 과실치사, 살인, 아동학대, 좌회전 운전 등이 절대적 금지령에 해당한다. 그러나 금지적 조건은 사회적 맥락에서 예외 및 면제 등이 발생할 수 있다.

② 조건부 금지(conditional prohibitions)

조건부 금지 중 가장 제약이 되는 것은 ① 예외적인 경우에 대한 면제이다. 일반적인 상황에서 금지는 정상적인 상태이나, 필요에 따라 면제 옵션을 부여하는 방식이 된다. ② 허가에 의해 금지조항을 면제해줄 수도 있다. 금지적 조건을 입법에 의해 풀어주는 경우, 규제적 금지는 말살을 목표로 하는 것이 아니라 관련된 활동을 통제하거나 요구를 제기하는 것을 의미한다. 정책대상자가 요청되는 사항들을 충족하는 경우 정기적으로 허가권을 부여할 수 있다. 부여된 권한은 허가, 양보, 영장, 할당량, 인증서, 라이선스 또는 권한 부여로 설명될 수 있다. 도시에 집을 지을 수 있는 권한을 부여받기 위해서는 건축 허가가 필요하고, 탄소배출이 불가피한 경우, 탄소배출에 대한 권한을 부여받아야 할 것이다. ③ 금지적 규제가 통지의무(obligation to notify)를 준수하는 경우에 면제되는 방식이다. 정책대상자가 어떤 사업을 추진하기를 바란 다면 해당 계획을 관할 구청 등 지방정부 또는 중앙정부에 고지해야 한다. 일 반적인 사업추진 과정에서 해당 사업추진의 내용을 지자체에 고지하면 문제 가 되지 않지만, 통지가 문제가 있다고 판단하여 관할당국의 조사가 이루어지 고 절차상의 문제가 있을 시 지속적 금지적 규제가 발현될 수도 있다. 또 다른 고지적 규제는 택시기사의 의무와 관련될 수 있다. 택시기사의 경우 성명 과 소재 등에 대한 정보가 없거나 거짓이면 일반 시민들이 택시기사의 돌발적 행태에 적절하게 대응할 수 없다. 여성 등의 시민들은 택시이용의 공포감 이 발생할 수 있을 것이다. 분명히 이것은 택시 기사 등록의 근거로 그들은 등록해야 하고 번호와 이름이 적힌 표지판을 차에 붙착해야 한다.

2) 규제적 정책수단의 유형과 에너지전환 정책수단

재생에너지 관련 규제의 유형으로 가장 일반적으로 활용되는 것은 의무할당제도(RPS)이다. 또한, IEA(2021)는 온실가스 감축기여도 에너지효율향상 40%, 재생에너지 35%, 이산화탄소 포집, 저장(CCS) 14%로 보고되는데, 에너지효율 자체가 가장 중요한 온실가스 감축수단으로 바라보고 있다. 이에 한국을 포함한 많은 국가에서 에너지효율향상 의무화제도(EERS)를 도입 및 시행하고 있다.

표 9-6 규제적 수단의 유형과 에너지 정책수단

채찍(stick) 방식		에너지전환 정책수단 예시
무조건부 금지		–
조건부 금지	예외조항	–
	입법 및 면제권의 행사	신재생에너지 의무할당제(RPS: Renewable Portfolio Standards), 에너지효율향상 의무화제도(EERS: Energy Efficiency Resource Standard)
	고지의 의무 및 절차	

자료: Vedung(2003); 김다은(2017) 종합

규제적 방식의 핵심은 이행5 의무가 강제된다는 데 있으며, 이러한 관점에서 신재생에너지 의무할당제와 에너지효율향상 의무화제도는 규제수단에 포함된다고 볼 수 있다. 이 두 가지 규제 정책수단은 한국에서도 적용하였거나 적용하고 있는 제도들이며, 국제적으로 활용되는 정책수단들이라고 볼 수 있다.

표 9-7 규제의 에너지전환 정책수단과 정의

에너지전환 정책수단	정의
신재생에너지 의무할당제 (RPS, Renewable Portfolio Standards)	정부가 공익사업체, 기업집단, 소비자에게 설비용량 혹은 생산되거나 판매된 전력/열 중에서 미리 정해진 최소한의 비중의 재생에너지를 공급 혹은 사용하도록 하는 의무규정. 이를 준수하지 않을 경우 벌을 받을 수도 있고 그렇지 않을 수도 있음
에너지효율의무화제도 (EERS, Energy Efficiency Resource Standard)	일반적으로 정부 혹은 규제기관이 법이나 규제를 통해 에너지(전기, 가스, 열) 관련 사업자에게 연간 또는 수년간의 에너지절감 목표를 부여하는 제도. 의무자인 에너지사업자(유틸리티)는 소비자를 대상으로 다양한 에너지효율 프로그램 통해 할당된 에너지절감 목표를 달성

자료: 김다은(2017); 전기저널(http://www.keaj.kr)

2. 당근(carrot)의 차원: 경제적 수단의 유형(Types of Economic Instruments)

1) 이론적 관점

당근(carrot)으로서 경제적 정책수단 역시 규제만큼이나 다양한 방식이 논의될 수 있다. 주요 기업들의 활동을 장려하기 위해 경제적 지원을 할 수도 있고, 특정 기업의 독점을 막거나 공정한 거래를 독려하기 위해 세금의 수준을 높이 수도 있다. 필요한 경우, 특정 오염원에 대한 거래권을 판매하는 방식으로 허가를 부여할 수도 있을 것이다.

표 9-8 경제적 정책수단의 구분

당근(carrot) 방식		정책수단
현금방식	인센티브	현금이전, 현금지원, 보조금
		저금리대출, 대출보증
		세금지출(면제, 탕감, 신용거래)
		대출보험, 투자 등
	디스인센티브	세금
		요금(Charges)
		비용(fees)
		관세(Customs duties or Tariffs)
현물방식	인센티브	재화와 서비스의 정부제공
		정부계약 민간기관의 재화와 서비스 제공
		바우처

자료: Vedung et al(2003)의 <그림 1.7> 인용

통제의 수단으로서 경제적 수단을 살펴보면 크게 2가지 방식으로 논의될 수 있다(<표 9-8>). 즉, 경제적 정책수단은 '현금(cash)'의 방식과 공공부조에 대한 '현물(in kind)'의 방식으로 구분되어 살펴볼 수 있다. 우선, 현금의 방식을 논의하면, 현금 인센티브는 세금, 요금, 수수료, 관세 등을 고려해볼 수 있다. 세금과 요금(수수료)의 의미적 차이로 요금은 식별 가능한 서비스의 가격이지만 세금은 그렇지 않다(Rutherford, 1992: 68). 요금은 정부 측에서 직접적이고 식별 가능한 서비스를 요구하는 부담금이다. 공공 박물관 입장료와 같이 서비스로 지불한 사람은 박물관의 경이로움에 대한 이용료이다. 반면에 세금은 식별 가능한 서비스 없이 지불된다. 세금은 소득세, 법인세, 재산세, 상속세, 소비세 및 판매세 등이 포함된다. 사용자 요금은 환경 정책수단으로 시작되었는데, 배출부담금은 유독성 액체 등의 배출되는 오염물질의 양에 따라 부과되는 수수료로 오염을 유발한 기업에 부과된다. 관세는 수입 제품에 부과되는 세금으로 외국의 기업과 경쟁으로부터 국내 기업을 보호하기 위한 수단이다.

공공 부조에 대한 현물(비현금) 접근 방식에는 시립 어린이집, 시립 노인주택, 지역 공공 기관이 운영하는 병원, 군대, 경찰, 정부 운영 대학, 그리고

고형 폐기물 또는 쓰레기 처리를 위한 정부 운영 시설 등이 포함될 수 있다. 후자의 예로는 매립지, 쓰레기 소각로 및 원자력 발전소의 유해 방사성 폐기물 저장 시설 등이 해당된다. 때때로 정부는 이러한 기능을 민간 기업가에게 위탁하고, 이들은 결국 시민들에게 현물 서비스를 제공한다. 위의 방식보다 간접적인 현물 방식의 경제적 정책수단에는 바우처(voucher)가 있다. 바우처 시스템은 정부 제공 상품 및 서비스의 소비자가 대안 중에서 선택할 수 있는 방법이다. 누가 무엇을 받을지 결정하는 정부 기관 대신 개인에게 특정 현금 금액까지 구매할 수 있는 바우처가 제공될 수 있다(Rutherford 1992: 485).

2) 경제적 수단의 유형과 에너지 정책수단

경제적 수단은 자율적인 유연성을 부여하므로(Gunningham, 2014) 감시에 대한 거래비용이 필요하지 않다. 다만, 재생에너지를 이용한 발전의 높은 투자 위험과 수익률의 불확실성은 재생에너지 부문에 대한 기업의 투자 결정을 망설이게 만드는 장애요인이며, 인센티브의 내용 및 수준이 장애요인을 극복하기에 적절하지 않다면 민간의 시장 참여를 유인하지 못하므로 재생에너지 활성화 효과가 그리 크지 않을 것이다(김다은, 2017: 37).

표 9-9 경제적 수단의 유형과 에너지 정책수단

당근(carrot) 방식		정책수단	에너지전환 정책수단 예시
현금방식	인센티브	현금이전, 현금지원, 보조금	발전차액지원제도(FIT: Feed in Tariff)[4], 에너지생산 지불금(Energy production payment)
		저금리대출, 대출보증	-
		세금지출(면제, 감면, 신용거래)	판매세, 에너지세, 탄소세, 부가세 등 세금을 전부 혹은 일부감면 (Reductions in Sales, energy, CO_2, VAT, or other taxes)
		대출보험, 투자 등	-
	디스인센티브	세금	-
		요금(Charges)	-
		비용(fees)	-

현물방식	인센티브	관세(Customs duties or Tariffs)	-
		재화와 서비스의 정부제공	-
		정부계약 민간기관의 재화와 서비스 제공	-
		바우처	-
혼합	인센티브	공익사업자의 에너지 생산 및 제공, 사용에너지에 대한 현금 이전 등	순계량제도(Net metering)

　　재생에너지 관련 경제적 수단의 유형으로 가장 일반적으로 활용되는 방식은 보조금 등의 인센티브와 배출권거래권의 비용부과 디스인센티브 등으로 이해될 수 있다. 경제적 정책수단의 관점에서는 발전차액지원제도(FIT)와 순계량제도(Net metering) 등이 가장 일반적이다. 발전차액지원제도(FIT)는 2012년 기준으로 단일 정책수단으로는 가장 많은 76개국과 27개의 지방정부/주에서 채택하고 있다(REN21, 2012; 김다은, 2017: 36에서 재인용). 순계량제도는 재생에너지 보급증가의 보조정책의 하나로 태양광 발전이 확대되면서 제도의 활용이 증가되었다(이태의, 2020: 1-2). 아울러 판매세, 에너지세, 탄소세, 부가세 등 세금을 전부 혹은 일부를 감면하는 방식이 재생에너지 국제 현황 리포트(Global Status Report, 2016)의 세금지출형 인센티브 경제적 수단으로 확인되고 있다.

---

4) 발전차액지원제도(FIT)의 경우 Croucher et al(2010), 김태은(2011), Lee&Seo(2019)는 시장지향적 정책수단으로, 김다은(2017)은 규제 정책수단으로 구분하고 있다. 이러한 차이는 정부개입의 유무에 초점을 맞추는지, 아니면 운영방식에 초점을 맞추는가에 따라 달라질 수 있다. 본 연구는 Croucher et al(2010 및 김태은(2011)의 관점처럼 경제적 지원의 운영측면에 초점을 맞춰 경제적 정책수단으로 바라보고자 하였다.

표 9-10 경제적 수단의 에너지전환 정책수단과 정의

에너지전환 정책수단	정의
발전차액지원제도 (FIT, Feed in Tariff)	신재생에너지 발전에 의하여 공급한 전기의 전력거래 가격이 지식경제부 장관이 고시한 기준가격보다 낮은 경우, 기준가격과 전력거래와의 차액을 지원해주는 제도
순계량제도 (Net metering)	자가발전시스템을 소유한 공익사업소비자들이 재생에너지를 통해 전기를 생산하고, 공익사업체에서 공급받는 순전력량에 대해서만 돈을 지불하는(총 소비량-현지의 자가발전량) 통제된 요금제. "Net billing"은 순계량제도의 한 가지 변형으로, 전력을 구입하는 것과 남는 전력을 다른 곳으로 파는 것 에 대해 다른 요금을 적용하는 두 가지 계산법을 따르는 방식

자료: 김다은(2017); 전기저널(http://www.keaj.kr/news/articleView.html?idxno=2628)

3. 설득(sermon)의 차원: 정보 수단의 유형(Forms of Information)

1) 이론적 관점

정보의 범주에는 지식의 이전, 합리적인 주장의 전달, 설득, 조언, 도덕적 호소 등을 통해 정책대상자에게 영향을 미치기 위해 취해지는 조치가 포함될 수 있다. 권고 역시 이 정책수단의 한 방식일 수 있다. 규정 및 경제적 수단과 마찬가지로 정보는 긍정적 또는 부정적으로 표현될 수 있다. 정보는 정책대상자가 작업을 수행하도록 설득하거나 동일한 정책대상자가 작업을 수행하지 않도록 설득할 수 있다. 정보는 그 자체로 정책 도구이거나 다른 정책 도구의 존재, 의미 및 가용성에 대한 지식을 전파하는 데 사용된다는 의미에서 메타 정책 도구일 수 있다.

정보는 다른 모든 정책 도구의 기능을 위한 필요 조건이다. 진지하게 설계된 공공 프로그램은 의도된 수혜자에게 프로그램의 존재와 의미에 대해 알려야 한다. 이러한 정보는 정책수단으로서의 정보와는 반대로 정책수단에 관한 정보라고 할 수 있다. 법률이나 법령과 같은 규정이 유효하려면 대상 그룹의 개인이 그 존재와 내용을 알고 있어야 한다. 그렇지 않으면 준수할 수 없기 때문이다.많은 경우에 중앙정부는 최근에 부과된 규제수단의 의미와 존재

에 대한 정보를 시민들에게 전달해야 한다. 최근 우회전 횡단보도의 '일시정지' 규정 전환에 대한 언론매체를 통한 공지가 대표적인 예시이다. 경제적 도구 역시 특별한 기능을 수행하기 위해서는 적합한 정보가 제공되어야 한다. 미래의 수혜자들이 보조금 프로그램이 있다는 것과 그것을 신청할 수 있으려면 어떤 조건에서 경제적 도움이 제공될 수 있는지 인식되어야 한다. 일반적 정책프로그램에 대한 지식의 보급은 정부의 특정 정보제공의 방식을 따른다.

표 9-11 정보 정책수단의 구분

설득(sermon) 방식	정책수단
간접설득 (미디어)	TV, 라디오, 영화
	신문
	출판물
	라벨 또는 포스터 등
직접설득 (대면접촉)	직접 권고
	교육, 워크숍, 컨퍼런스
	실증 및 정부 사례
	전시(exhibitions)
	조사 및 홍보

자료: Vedung et al(2003)의 <그림 1.8> 인용

전송방식에 따라 정보의 유형을 분류하면 <표 9-11>과 같다. 크게는 미디어를 통한 전송방식과 대인관계에서의 전달장식으로 구분할 수 있다. 방송의 형태를 지니는 것은 TV, 라디오, 영화 등을 생각해볼 수 있다. 언론으로 인식될 때는 신문이 고려될 수도 있다. 또는 책, 브로셔 등 출판매체의 결과들을 통해서도 정보전달이 가능하다. 여기에 레이블과 포스터를 추가할 수도 있다.

다음으로 대인관계에서의 전달방식을 생각해볼 수 있다. 직접적으로 지식을 전달하거나 어드바이스를 통해서 제공할 수 있다. 교육을 통해서 전달하는 것도 한 방법이다. 나아가, 워크숍 또는 컨퍼런스 등을 통해 중요한 정부

사업의 쟁점을 전달할 수 도 있다. 다양한 내용과 아이디어가 공유되면 실제 프로그램 과정을 이해할 수 있어 사업 채택 및 사용 가능성이 증가하게 된다. 실증(demonstration) 프로젝트를 통해 혁신을 실제 운영에서 평가하는 것도 가능하다(Hastings, 1982: 40). 정보 정책수단 중에서 가장 특별한 방법은 조사(investigation)와 홍보(publicity)가 될 수 있다. 예를 들어 환경 정책 분야에서 수행한 조사 결과 오염도가 심각하다면 여론에 따라 오염 관행을 사전에 또는 변경하도록 할 수 있다. 정보 정책수단은 규제 계획에 의존하지 않으면서도 효과를 발휘할 수 있다. 물론, 조사는 비용과 노력 등 거래비용이 상당히 높아 적용이 쉽지 않다는 점은 한계이다(Koontz & Gable, 1956: 49).

2) 정보 수단의 유형과 에너지 정책수단

설득의 방식으로써 정보 정책수단은 매스미디어를 통한 간접설득의 방식과 교육, 사례검증 등 직접적 설득의 방식으로 구분될 수 있다. 에너지전환 정책수단을 매칭해보면 공론화위원회의 경우가 대표적인 설득의 방식으로 이해될 수 있다. 한국의 경우 문재인 정부 출범 이후 '탈원전'정책의 일환으로 공론화위원회가 형성되었고, 원자력 발전소 건설의 타당성을 확보하고자 '조사자료집 발간', '토론회', '워크숍', '컨퍼런스' 개최 등 간접 및 직접 설득의 다양한 정책수단이 종합적으로 활용되었다.

표 9-12 정보 수단의 유형과 에너지 정책수단

설득(sermon) 방식	정책수단	에너지전환 정책수단 예시
간접설득 (미디어)	TV, 라디오, 영화	원자력 공론화 위원회
	신문	
	출판물	
	라벨 또는 포스터 등	-
직접설득 (대면접촉)	직접 권고	원자력 공론화 위원회 거래가능한 재생에너지인증서(REC) 자발적 협약[RE100, ESG 등]
	교육, 워크숍, 컨퍼런스	
	실증 및 정부 사례	
	전시(exhibitions)	
	조사 및 홍보	

이와 함께 거래가능한 재생에너지인증서(REC)나 자발적 협약 등의 '담론'을 정부가 활용하면서 에너지전환 정책의 변화를 이끌어내고 있다. 이러한 변화는 설득의 정책수단을 활용하여 민간의 자발적 역량을 공공의 이익을 위해 접목하는 사례가 되고 있다.

Ⅳ. 한국에서의 에너지전환 정책수단 사례

1. 정책수단의 유형과 한국의 에너지전환정책

에너지전환정책의 대표적인 대상은 신재생에너지부문이라고 생각할 수 있다. 신재생에너지부문은 특히 정부의 개입에 따라 보급과 개발의 현황에 큰 영향을 받는다(이소담, 2016: 47). IEA 신재생에너지 정책보고서에 의하면, 국가별 정책방향에 따라 신재생에너지의 기술개발 및 보급 등이 차이가 발생한다고 지적한 바 있다(IEA, 2015). 한국의 경우 신재생에너지로의 전환은 정부의 개입이 큰 영향력을 미쳤다(권태형, 2012: 218). 권태형(2012: 218)의 지적처럼 신재생에너지에 대한 초기인식이 긍정적이지도 않았고, 기존 화석연료에 비해 경쟁력도 낮았기에 정부의 노력이 아니었다면 보급과 이용에 있어 쉽지 않았을 것이다.

표 9-13 정책수단 방식과 한국의 신재생에너지 전환정책

정책수단	정책수단 방식	한국 에너지 정책수단
채찍(규제)	법률적 규제의무 부과	신재생에너지 의무할당제(RPS), 에너지효율 향상 의무화제도(EERS)
당근(경제)	현금, 보조금 등 지원	발전차액지원제도(FIT)
설득(정보)	정보공유, 토론, 컨퍼런스 등	공론화 위원회, 자발적 협약[RE100 & ESG]

한국의 에너지전환으로의 정책수단은 생각보다 다양한 방식이 적용되어 왔다. 우선, 다른 국가에서 가장 일반적으로 사용되었던 발전차액제도(FIT), 신재생에너지 의무할당제(RPS)와 최근 강조되고 있는 에너지효율향상 의무화제도(EERS) 등이 국내 역시 에너지전환 정책수단으로 고려되고 있다. 정책수단은 신재생에너지 의무할당제(RPS), 에너지효율향상 의무화제도(EERS)는 채찍(stick) 수단으로 간주되고, 발전차액지원제도(FIT)는 당근(carrot) 수단으로 바라볼 수 있다. 공론화 위원회, 자발적협약의 방식인 RE100, ESG는 환경적 기업운영을 강조하는 담론의 효과라고 볼 수 있어 설득(sermon) 수단으로 바라보고자 한다.

2. 한국의 에너지전환 정책수단 사례: From carbon to renewable

1) 발전차액지원제도(FIT, Feed in Tariff)

① 의의

발전차액지원제도는 발전사업자에게 발전원가 차액 보전을 제공함으로써 가격적 문제 해결을 통한 재생에너지 보급 확대를 도모하는 정책수단이다 (권태형, 2012). 시장에서 재생에너지를 구매하는 기준가격을 거래가격보다 높은 값으로 설정한 다음, 재생에너지로 생산한 전력을 설정한 기준가격에 구매토록 한다(박인용·정재용, 2020: 6). 즉, 가격을 기준으로 정책적 개입이 이루어지는 측면에서 가격지향적(price-driven) 성격을 지니며(Menateau et al., 2003), 경제적 지원을 통해 재생에너지 사업자의 자발적 시장진입을 유도하는 측면에서 경제적 수단으로 인식(Vedung, 1998)된다.

② 적용 시점

발전차액지원제도는 2002년부터 실시하였고(윤생진, 2010: 36), 이후 부분 혹은 전면 개정을 거쳤다(조기선 외, 2008: 485). 그리고, 2011년 12월 31일을 마지막으로 종료되었다.

③ 강점 및 한계

발전차액지원제도의 강점은 시장가격보다 높은 거래단가를 정부에서 보장하기 때문에 재생에너지 사업자 입장에서는 투자의 안정성을 확보할 수 있다는 점이다. 즉 가격경쟁력 문제를 해소하여 소규모 사업자(ex: 영세업자, 협동조합 등)의 진입장벽을 낮출 수 있다. 또한, 에너지의 특성별 기준가격을 설정하고 장기간 투자가 가능하다(Grinlinton & Paddock, 2010). 이는 에너지기술개발에 장기투자를 통해 재생에너지 시장의 성장에 기여할 수 있음을 의미한다.

그러나, 발전차액지원제도는 정부예산을 통해 직접보조하는 것이므로 정부재정 부담을 높인다. 또한 고정된 수입으로 인해 대상기업 간 경쟁을 발생시키지 못한다. 결국 사업대상자의 도덕적 해이가 발생할 수 있으며, 실제로 한국이 발전차액지원제도에서 의무할당제로 전환하게 된 이유가 되었다(김태은, 2011; 이소담, 2016).

2) 신재생에너지 의무할당제(RPS, Renewable Portfolio Standards)

① 의의

의무할당제는 에너지를 공급하는 사업자가 총 공급량 중 법적으로 정해진 일정 비율 또는 일정량을 재생에너지로 공급하도록 의무를 부과하는 정책수단이다(권태형, 2012). 의무할당제는 정책집행자가 재생에너지 확대 목표를 먼저 제시한 뒤 지정된 사업자에게 일정량 또는 비율 이상 재생에너지를 통해 공급할 의무를 부과한다(김태은, 2011).

의무할당제에서 정책집행자는 목표량을 설정하고, 그에 맞춰 의무대상자와 재생에너지 발전사업자가 행동을 취하고, 그에 따라 시장에서 가격이 결정되는 메커니즘을 지닌다. 이러한 점에서 의무할당제는 재생에너지 보급정책에서 대표적인 수량지향적 정책수단으로 인식된다(Menateau et al., 2003). 또한, 공급의무자가 의무를 충족하지 못했을 시 벌금의 형태로 제재가 가해지는 점에서 명령지시적 규제수단(Vedung, 1998)이 된다.

② 적용시점

2012년 발전차액지원제도에서 의무할당제로 전환되었다. 현재까지 적용되고 있는 정책수단으로 한국전력 등의 발전사업자는 자체 생산한 재생에너지 전력이 부족하면 소규모 사업자로부터 구매해 의무량을 채워야 한다. 의무량을 채우지 못하면 과징금을 물게 된다. 2022년 기준 국내 공급의무자(대형발전사)는 24개사다[5].

③ 강점 및 한계

의무할당제는 의무공급자들이 의무량을 충족하는 과정에서 재생에너지 확대 목표를 원활하게 달성할 수 있고(Verhaegen et al., 2009), 가격경쟁력 확보를 위해 기술개발과 비용절감에 투자하여 결과적으로 보급 목표 달성에 필요한 비용 절감을 기대한다(Bergek & Jacobsson, 2010).

그러나 의무할당제는 투자의 불확실성이 존재하여 소규모 사업자의 신규 진입이 이루어지기 어렵다는 한계가 존재한다(이수진·윤순진, 2011; 권태형, 2012; 권태형, 2014). 이는 의무할당제가 가지는 시장기능의 부작용으로 정책대상(재생에너지 사업자)이 기술개발에 투자를 통한 비용절감 노력보다는 현 시점에서 가격경쟁력이 확보된 에너지원을 탐색하는 행태를 유발할 수 있다.

3) 에너지효율향상 의무화제도(EERS)

① 의의

에너지효율향상 의무화제도(EERS, Energy Efficiency Resource Standard)는 에너지공급자에게 연도별 에너지효율향상 목표를 부여하고 에너지공급자는 사용자 대상 효율향상 투자를 통해 목표를 이행하는 정책수단이다.

② 적용시점

한국전력은 2016년에 에너지효율향상을 위한 로드맵을 제시하고 추진한

---

5) 한국수력원자력, 남동발전, 중부발전, 서부발전, 남부발전, 동서발전, 지역난방공사, 수자원공사, SK E&S, GS EPS, GS 파워, 포스코에너지, 씨지앤율촌전력, 평택에너지서비스, 대륜발전, 에스파워, 포천파워, 동두천드림파워, 파주에너지서비스, GS동해전력, 포천민자발전, 신평택발전, 나래에너지서비스, 고성그린파워 등 24개가 해당된다.

바 있다. 로드맵은 총 3단계 방식으로 1단계 기획, 2단계 도입, 3단계 전면시행의 방식으로 이루어져 있다. 특히, 2020년 EERS로 전환되기 전 EERA(Energy Efficiency Resource Agreement)로서 자발적 에너지효율향상협약을 추진하고 있다(안현효, 2019).

표 9-14 에너지 효율향상 로드맵

구분	주요내용	효율향상투자 지원금
1단계 ('16-'18)	한전과 에너지효율향상협약 체결 운영 (사업)수용가 에너지 효율화사업 및 수요관리 기반 구축사업 추진	협약기간: 3년 선택과 집중을 통한 에너지 효율향상 프로그램 개방 및 운영
2단계 ('19)	전략분야 에너지공급자 효율향상의무화 도입	보조금+경매낙찰가(전력분야: 에너지 공급자 리베이트)
3단계 ('20)	에너지공급자 효율향상의무화 전면 시행	보조금+용량가격(보조금: EERS 적용대상 에너지공급자 리베이트)

자료: 에너지경제연구원(2016: 134) 인용

현재는 에너지공단이 2022년 탄소중립 추진계획의 하나로 제시하고 있다. 한국에너지공단은 한국전력에 다음으로 에너지수요관리제도를 개선하고 이행하는 추진계획을 제시한 것이라고 볼 수 있다. 국내 EERS 제도의 정책대상자는 시범사업에서 세 에너지공급사가 된다. 한국전력공사는 전력 EERS를 담당하며, 한국가스공사는 가스 EERS를, 한국지역난방공사가 열 EERS를 담당하고 있다(진태영, 2022: 89). 향후 에너지효율향상 의무화제도는 에너지공기업 등을 대상으로 지속적으로 확대될 예정이다.

표 9-15 에너지공기업 주요 탄소중립 추진방향(안)

기관명	주요내용
한국에너지공단	① 산업, 건물, 수송 등 부문별 에너지수요관리제도 개선·이행, ② 주민 참여확대를 통한 신재생 수용성 강화 및 계통 안정성 확보

자료: 산업통상자원부 보도자료(2021.12.17.) 부분인용

③ 강점 및 한계

수요관리 정책 중에서 EERS는 중요하다. <8차 전력수급기본계획>은 수요관리 대책을 에너지효율향상, 에너지관리시스템(EMS), 자가용태양광, DR 시장, EERS, ICT 기술 활용 등으로 나열하고 있다(안현효, 2019: 92). 이중 EERS는 시장을 경유하지 않고 공기업을 통해 정부가 직접 수행할 수 있는 방안이므로 현실성이 높다는 강점이 있다.

다만, 공기업의 경우라도 판매량의 일부를 감축하는 방식은 패널티가 될 것이며, 정책의 성공을 담보하기 어려울 수 있다. EERS를 경제적 인센티브 방식으로 고려해야 되어야 한다. 또한, 목표 감축량이 정태적으로 주어져서는 안되고 변화하는 상황을 반영해야 한다.

4) 원자력 공론화위원회

① 의의

안전정책의 일환으로 '탈원전'을 위해 구성된 위원회로써 원자력 발전소 건설 재개 및 중단에 대한 권고안 마련하기 위한 정책수단이다. 공론화 위원회는 신고리 5·6호기 건설에 대한 의견(건설재개, 건설중단, 판단유보)에 대해 시민참여단을 구성하여 분석하고 신고리 5·6호기 건설방향과 원자력발전에 정책방향에 대한 건의안을 도출한 바 있다. 주된 목적은 원자력의 위험성을 조사하고, 결과를 출판하며, 다양한 매스미디어를 통한 결과를 대중에게 공유하는 것이다.

② 적용시점

2017년 6월 27일 정부 국무회의에서 고리 5·6호기 공사를 3개월간 일시 중단하고, 공론조사를 통해 결정할 것을 의결하였다. 2017년 7월 24일 신고리 5·6호기 공론화위원회는 공식 출범하였고, 2017년 10월 20일까지 3개월간 활동을 수행하였다.

표 9-16 원자력 에너지전환 공론화위원회 추진내용

시점	내용
2017.7.24	신고리 5·6호기 공론화위원회는 공식 출범
2017.8.24	조사용역업체로 한국리서치 컨소시엄 선정
2017.8.28	울산 울주군 서생면 소재 신고리 5·6호기 건설현장을 직접 방문해 건설 중단 측 지역관계자와 간담회
2017.9.13	시민참여단 500명 선정
2017.9.16	478명의 시민참여단이 참석해 건설중단·재개 양측 입장 청취 및 질의응답 등의 시간을 갖고, 2차 설문조사수행. 신고리 5·6호기 공론화 자료집 발간
2017.10.13	2박3일간의 합숙 최종토론회를 개최(KTV, 페이스북, 트위터 및 공론화위원회 페이스북 등을 통해 생중계하였음). 471명의 시민참여단이 참석해 3차 및 최종 4차 조사수행.
2017.10.20	정부에 권고안을 제출하며 약 3개월 간의 활동을 마무리. 공론화위의 최종 결정은 신고리 5·6호기의 '건설 재개'
2017.10.24	공론화위의 권고를 적극 수용해 신고리 5·6호기 건설 재개 및 탈원전 정책 추진 결정. 신고리 5·6호기 공사재개 후속조치 및 에너지전환(탈원전) 로드맵을 발표

자료: 전기저널(http://www.keaj.kr/news/articleView.html?idxno=1758)

③ 강점 및 한계

국가의 에너지전환 등의 중대사안을 정부가 독단적으로 결정하지 않고, 국민의 동의를 통해 의사결정한다는 점에서 의미가 있으며, 성숙된 숙의민주주의의 모습을 볼 수 있다는 강점이 있다. 다양한 공론화위원회 방식이 지자체마다 적용되어 주민주권의 현실화를 가져올 수 있다는 가능성이 있다.

다만, 공론조사의 공정성 문제가 발생할 수 있으며, 중대한 국가 에너지 정책을 비전문가에게 맡긴다는 등의 부정적인 의견 역시 나타나기도 하였다.

5) 자발적 협약: RE100 & ESG 등

① 의의

기업의 사회적 책임을 강조하는 ESG(Environment, Social, Governance) 경영이 전 세계적으로 확산되는 가운데 기후변화에 대한 대응전략은 기업 경쟁력을 판단하는 데 중요한 지표가 되고 있다(신훈영·박종배. 2021: 1645). RE100 (Renewable Energy 100%) 캠페인은 이러한 맥락에서 기업 전력 소비의 100%를 재생에너지로 조달하겠다는 민간차원의 자발적인 이니셔티브로써 2014년 발족한 이래 전 세계 280개 이상의 기업이 참여 중이다. 정부에서는 RE100 확산을 위해 다양한 재생에너지 구매 수단을 마련할 필요성을 느꼈고 이에 2021년 1월을 기준으로 한국전력공사(이하 '한전') 중개 제3자 PPA를 허용하는 전기사업법 시행령 개정안이 통과된 상태이다. 이와 함께, 한전은 기업들이 기존 전기요금에 추가 비용을 지불하고 재생에너지 수입 인증을 받을 수 있는 녹색 프리미엄을 도입하였다(신훈영·박종배. 2021: 1646).

② 적용시점

RE100은 2014년 발족하여 현재까지 진행중이다.

③ 강점 및 한계

비용 효율적인 재생에너지 확대를 위해 민간차원의 재생에너지 구매 활성화가 매우 중요하다. 정부에서는 RE100를 포함한 민간에서의 재생에너지 구매 지원을 위해 2021년부터 'K-RE100'을 도입하였고 세부 이행 방법으로는 제3자 PPA, 녹색 프리미엄 그리고 REC 구매 대상 확대 제도가 도입되었다. 이중 PPA는 재생에너지 순증효과가 분명하며 계약의 높은 자율성으로 인해 전기소비자와 발전사업자 모두에 경제적 편익을 가져다주는 계약 도출이 가능한 방법이다. 다양한 참여자들이 참여하는 사업구조를 가졌기에 관련 산업 활성화와 질높은 일자리 제고를 유도할 수 있다는 것도 큰 장점이다.

> 제3자 PPA는 발전사업자와 전기소비자가 한전을 중개로 전력구매계약을 맺는 것을
> 의미한다.

한계로는 국내기업에서는 SK 그룹 8개사가 2020년 11월 국내 최초로 RE100 가입을 선언하였으며 그 중 SK 하이닉스, SK 텔레콤 등 6개 관계사의 참여가 확정되었다. 하지만 해외 기업과 비교하면 참여기업 수가 현저히 적은 상황이다. 이는 국내 제도상 전기소비자가 재생에너지를 구입하고 인증 받을 수 있는 방법이 제한적이기 때문이기도 하며, 재생에너지 발전설비 비용이 타국가들에 비해 상당히 높은 것도 RE100 참여 저해의 주요한 이유이다.

V. 에너지전환 정책수단의 과제

본 장에서는 에너지전환 정책의 유형을 이해하고자, 정책수단의 이론적 의미와 방법에 대해 학습하였다. 다음으로, 각 정책수단의 형태에 부합하는 에너지전환 정책을 매칭시켜보았다. 매칭된 각 정책들의 의미와 내용을 설명하면서 에너지전환을 위한 정책수단의 이론과 현실적 방법에 대한 포괄적 이해를 모색해보고자 하였다. 본 장에서 논의한 에너지전환의 이론 및 정책의 함의는 다음과 같다.

첫째, 채찍(stick)으로서 규제수단은 무조건(unconditional) 및 조건부(condtioinal) 방식으로 구분될 수 있으며, 무조건 방식은 예외없이 정책대상자에 금지적 규제를 수행하며, 조건부 방식은 조건에 따라 예외 또는 면제를 부여하는 방식이다. 조건부 방식에는 필요에 따라 면제 옵션을 부여하는 예외조항 방식, 허가에 의해 금지조항을 면제하는 '입법 및 면제권의 행사', 지적 규제가 통지의무(obligation to notify)를 준수하는 경우에 면제하는 '고지의 의무 및 절차' 등이 해당한다. 한국의 신재생에너지 전환정책 사례에서는 무조건 방식으로써 '법률적 규제의무 부과'를 부여하고 있다, 구체적으로 신재생에너

지 의무할당제(RPS), 에너지효율향상 의무화제도(EERS) 등이 이에 해당한다는 것을 확인할 수 있었다.

둘째, 당근(carrot)으로써 경제적 수단은 현금방식 및 현물방식 방식으로 구분될 수 있으며, 현금방식은 인센티브와 디스인센티브로, 현물방식은 인센티브 방식으로 이루어질 수 있다. 현금방식 중 인센티브에는 현금이전 및 지원(보조금), 대출, 세금지출, 그리고 보험 및 투자 등으로 구분될 수 있다. 디스인센티브에는 세금, 요금, 비용, 관세 등이 고려될 수 있다. 현물방식의 인센티브에는 재화와 서비스의 정부제공, 정부계약 민간기관의 재화와 서비스제공, 바우처 등이 고려될 수 있다. 혼합방식에서는 인센티브 방식으로 공익사업자의 에너지 생산 및 제공, 사용에너지에 대한 현금이전 등이 해당한다. 한국의 신재생에너지 전환정책 사례에서는 인센티브방식의 현금방식 중 현금이전 및 지원으로써 발전차액지원제도(FIT, Feed in Tariff)가 대표적으로 적용된 바 있다.

셋째, 설득(sermon)으로써 정보수단은 간접설득(미디어)과 직접설득(대면접촉) 방식으로 구분될 수 있으며, 간접설득 방식은 TV, 라디오, 영화, 신문, 출판물, 라벨 또는 포스터 등이 다양하게 활용될 수 있다. 직접설득 방식은 직접 권고의 방식, 교육/워크숍/컨퍼런스 등의 방식, 실증 및 정부 사례, 전시(exhibitions), 조사 등이 해당될 수 있다. 예를 들어, 에너지정책수단과 관련하여 공론화위원회, 직접 및 간접설득을 모두 포괄하고 있으며, 거래가능한 재생에너지인증서(REC) 및 자발적 협약[RE100, ESG 등] 등은 직접설득에 해당된다고 볼 수 있다. 한국의 신재생에너지 전환정책 사례에서는 정보공유, 토론, 컨퍼런스 등을 통한 설득방식을 활용한 바 있는데, 구체적으로 간접설득 방식으로 원자력 공론화 위원회를, 직접설득 방식으로 공론화 위원회, 자발적 협약[RE100 & ESG] 등의 사례가 정책수단으로 활용된 바 있다. 즉, 공론화 위원회, 자발적협약의 방식인 RE100, ESG는 환경적 기업운영을 강조하는 담론의 효과를 가져왔다고 간주할 수 있었다.

사실 에너지전환은 기존 탄소에너지에서 재생에너지, 신재생에너지로의 변화를 의미해왔다. 미래의 에너지전환 역시 지속가능성의 범주에서 논의가 될 것임은 자명하다. 즉 에너지전환은 탄소중립의 맥락에서 환경에 위해가 가지 않는 방향으로 지속강화될 것이다. 그럼에도 불구하고, 때로는 그 속도가 진전될 수도 있고 천천히 나아갈 수도 있다[6]. 현재로서는 환경적 주요 담론을 토대로 자발적 협약을 강조하면서 민간의 자발적 친환경에너지 사용을 독려해 나가야 할 것이다. 이 과정에서 정부는 중요한 의사결정의 '행위자'의 기능을 수행하면 된다. 많은 경우 정부의 개입 수준을 통해 친환경에너지 확산을 모색하고 있지만, 한시적이고 민간 참여의 동력(motivation)을 잃어버릴 수 있다. 미래 에너지전환의 방향이 여전히 '친환경'이라고 하더라도 의사결정의 방법과 운영의 방법 등에서는 조금 더 민주적이고 참여지향적인 논의가 있어야 할 것이다.

---

6) 유럽연합(EU) 국가들이 최근 전기차 전환에 속도조절을 하는 모습을 잇따라 보이고 있다. '친환경'이란 미래지향적 가치를 앞세워 내연기관차 시대를 종식시키려던 움직임에 이상 기류가 나타나고 있다(https://www.khan.co.kr/economy/auto/article/202207311629001).

 토론의 장

□ 토론1: 친환경 신재생에너지의 강화? vs. 유관산업을 고려한 지연?

- 아래의 〈그림 9-1〉을 보면 100년 넘게 이어온 내연기관차의 시대가 저물고 전기차의 시대가 다가오고 있음을 보여준다. 전 세계적인 탄소 중립 움직임과 맞물려 글로벌 자동차 회사들은 내연기관차 생산 중단과 전기차로의 전환에 속도를 내고 있다. 2030년 이후에는 유럽과 미국에서 내연기관 신차를 사고 싶어도 살 수 없는 상황이 올 것이라는 전망이 나온다.

이에 반해, 최근 기사(경향신문, 2022.07.31)는 유럽연합(EU) 국가들이 최근 전기차 전환에 속도조절을 하는 모습을 잇따라 보이고 있다. '친환경'이란 미래지향적 가치를 앞세워 내연기관차 시대를 종식시키려던 움직임에 이상 기류가 나타난 셈이다.

그림 9-1 친환경차 전환의 배경

- 토론질문 1: 에너지전환이 탄소중립 이슈와 무관하지 않고, 친환경 차가 강화되는 것이 타당함에도 전기차 전환에 대해 부정적인 기류가 발생하는 이유에 대해 어떻게 생각하는가?
- 토론질문 2: 에너지전환정책의 이슈가 환경의 논리가 강하다고 생각하는가? 아니면 또 다른 이슈, 예를 들면 경제적인 이슈도 그에 못지 않게 중요하다고 생각하는가?

□ 토론2: 에너지전환의 정책수단과 효과

- 아래의 〈그림 9- 2〉는 RPS(Renewable Portfolio Standard)의 효과분석의 추정결과이다(Lee & Seo, 2019). RPS는 신재생에너지를 의무적으로 할당하는 제도이다. RPS는 2012년 1월부터 국내에서 시행되고 있는데, 분석결과를 본다면 2014년을 기점으로 전기생산량이 지속적으로 하락하고 있는 것을 확인할 수 있다.

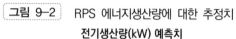

그림 9-2   RPS 에너지생산량에 대한 추정치

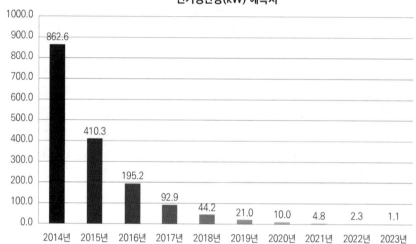

전기생산량(kW) 예측치

구분	제시값					추정치				
	2014	2015	2016	2017	2018	2019	2020	2021	2022	2023
전기생산량(kW)	862.6	410.3	195.2	92.9	44.2	21.0	10.0	4.8	2.3	1.1

- 토론질문 1: 신재생에너지 혹은 탄소중립을 위한 정부의 규제가 효과가 있다고 생각하는가?
- 토론질문 2: 만일 효과가 예측한 수준으로 나타나지 않는다면, 탄소중립을 위한 정책의 방향은 어떠해야 하는가?

참고문헌

김다은. (2017). 정책수단이 재생에너지 활성화에 미치는 영향에 관한 실증연구: 정책수단과 정부효과성의 상호작용을 중심으로. 한국행정학보, 51(2): 33-59.

김연수·강민아. (2016). 정책목적과 정부자원에 따른 정책도구의 선택과 조합. 한국공공관리학보, 30(2): 29-58.

김태은. (2011). 신재생에너지 성장의 영향요인 연구. 한국행정학보, 45(3): 305-333.

권태형. (2012). 신재생에너지 시장확대를 위한 정책수단의 비교. 정부학연구, 18(1): 217-238.

권혁주. (2009). 정책수단의 정치적 성격: 사회정책을 중심으로. 한국행정논집, 21(4): 1301-1319.

박상원. (2012). 중소기업지원 정책목표와 정책도구 간의 정합성 분석: 김대중, 노무현 및 이명박 정부 간 비교를 중심으로. 국정관리연구, 7(2): 111-143.

박인용·정재용. (2020). 재생에너지 정책수단 전환의 효과성 연구: 한국의 전환 사례 분석. 기술혁신연구, 28(2): 1-36.

산업통상자원부. (2021). 에너지공기업, 탄소중립 실현에 선도적으로 나선다!. 산업통상자원부 보도자료. 2021.12.17.

서인석·박재희. (2022). 정책수단으로써 문재인정부 자치분권정책의 전략과 과제 간 정합성 분석. 한국행정학보, 56(3).

서인석·이유현·이미애. (2021). 취득세는 정책수단인가, 리바이어던의 합리적 선택인가. 도시연구, 20: 267-304.

신훈영·박종배. (2021). 국내외 RE100 운영현황 분석 및 국내 RE100 활성화를 위한 방안. 전기학회논문지(KIEE), 70(11): 1645-1654.

안현효. (2019). 에너지 전환과 EERS: 수요관리의 전략. 경남발전연구, 25(2): 79-96.

에너지경제연구원. (2016). 기후변화 대응 수요관리 총괄방안 연구. 산업통상자원부

이유현. (2020). 프랑스와 한국의 생물다양성 정책수단 비교 연구. 한국비교정부학보, 24(2): 29-50.

이소담. (2016). 신재생에너지 정책수단에 따른 정책효과 비교분석. 성균관대학교 국정전문대학원 석사학위논문. pp: 1-139.

이태의. (2020). 태양광 발전의 보급 확산에 따른 상계제도의 개선방향 연구. KEEI 정책이슈페이퍼, 20-05: 1-24.

윤생진 (2010). 신재생에너지산업의 활성화방안에 관한 연구. 한양대학교 석사학위논문.

전영한. (2007a). 정책도구연구의 의의와 과제. 정부학연구, 13(2): 39-50.

전영한. (2007b). 정책도구의 다양성: 도구유형분류의 쟁점과 평가, 13(4): 259-295.

전영한·이경희. (2010). 정책수단연구: 기원, 전개, 그리고 미래. 행정논총, 48(2): 91-118.

조기선·이창호 (2008). 신재생에너지 발전차액지원제도의 성과평가에 관한 연구. 대한전기학회전력기술부문회 추계학술대회 논문집. pp: 485-487.

진태영. (2022). 국내 에너지효율투자 활성화를 위한 에너지효율향상 의무화제도 제도개선 방안. 에너지공학, 31(2): 87-97.

최세경. (2015). 누구를 위한 매체균형발전인가: 정책목표와 정책도구 간 정합성 분석을 중심으로. 방송과 커뮤니케이션, 16(3): 53-90.

하연희·문명재. (2007). 정책목표의 변화에 따른 정책도구의 전략적 선택과 효과. 정부학연구, 13(2): 75-106.

Bardach, E. (1977). *The Implementation Game*. Cambridge, Mass: MIT Press.

Croucher, M. Evans, A., James, T., & Raasch, J. (2010). *Market-Based Incentives. Seidman Research Institute*. W. P. Carey School of Business.

Doern, B. G., &Phidd, R. W. (1983). *Canadian Public Policy: Ideas, Structure, Process*. Toronto: Methuen.

Halpern, C., P. Lascoumes, & P. Le Galès. (2014). *Instrumentation de l'action Publique. Paris*. Presses de Sciences Po.

Hastings, Anne H. (1982). *The Strategies of Government Intervention: An Analysis of Federal Education and Health Care Policy*. Ph.D. diss. Charlottesville, VA: University of VIrginia. Mimeo.

GABC. (2016). *Global Status Report: Towards zero-emission efficient and resilient buildings*. UNEP(www.unep.org).

Grinlinton, David., & Paddock, L. (2010). The Role of Feed-In Tariffs in Supporting the Expansion of Solar Energy Production. *The University of Toledo Law Review*, 41(4): 943-974.

Gunningham, Neil. (2014). Regulation, Economic Instruments and Sustainable Energy. *Working Paper 12. Climate and Environmental Governance New York*.

Hood, C. (1986). *The Tools of Government. Chatham*. NJ: Chatham House.

Howlett, M. (2005). What Is a Policy Instrument? Policy Tools, Policy Mixes, and

Policy—Implementation Styles. In Eliadis, P, M. &Howlett, H. M. (ed.). *Designing Government: From Instruments to Governance.* Montreal, Canada: McGill—Queen's University Press.

IEA. (2008). *World Energy Outlook:* 2008. Paris.

___. (2011). Renewable Energy Policy Considerations For Deploying Renewables. *Information Paper.* Paris.

IEA. (2015). *Energy Efficiency Market Report 2015,* International Energy Agency

Koontz, Harold., & Gable, Richard W. (1956). *Public Control of Economic Enterprise.* New York, Toronto, London: McGraw—Hill Book Company.

Lasswell, H. D. (1951). The Policy Orientation. In D. Lerner & H.D.Lasswell(eds.). *The Policy Sciences: Recent Developments in Scope and Method,* 3—15. Stanford, CA: Stanford University Press.

_____. (1971). *A Pre—view of Policy Sciences.* New York : Elsevier.

Le—Gales, Patrick. (2016). *Performance measurement as a policy instrument.* Policy Studies, 37(6): 508—520.

Lee, Yuhyun., & Seo, Inseok. (2019). Sustainability of a Policy Instrument: Rethinking the Renewable Portfolio Standard in South Korea. *Sustainability,* 11(11): 3082; https://doi.org/10.3390/su11113082

McDonnel, K. & R. Elmore. (1987). Getting the Job Done: Alternative Policy Instrument. *Educational Evaluation and Policy Analysis,* 9(2): 132—152.

Mitnick, Barry M. (1980). *The Political Economy of Regulation: Creating, Designing, and Removing Regulatory Fonns.* New York: Columbia University Press.

Menanteau, P., Finon, D., & Lamy, M. (2003) Prices versus quantities:choosing policies for promoting the development of renewableenergy. *Energy Policy,* 31: 799–812.

RE100 Annual Progress and Insight Report 2020, Climate Group and CDP, 2020. 12

REN21. (2012). *Renewables Global Status Report.* Paris: REN21

Rutherford, Donald. (1992). *Dictionary of Economics.* London: Routledge.

Salamon, Lester M. (1981). Rethinking Public Management: Third—Party Government and the Tools of Government Action. *Public Policy,* 29(1): 255—275.

Schneider, A & Ingram, H. (1997). Policy design for democracy. Lawrence, Kansas : University Press of Kansa

Salamon, Lester M. (2002). The New Governance and the Tools of Public Action: An Introduction. In L. M. Salamon (ed), *The tool of Government: A Guide to the New*

Governance. New York: Oxford University Press.

Vedung, E. (1997) *Public Policy and Program Evaluation.* New Brunswick, NJ, and London: Transaction.

Vedung, Evert. (2003). Policy Instruments: Typologies and Theories. In Bemelmans—Videc, M., Ray C. Rist. and Evert Vedung (ed.). *Carrot, Stick and Sermons: Policy instruments and their evaluation,* New Brunswick NJ. USA

van der Doelen, Frans C J, (2003), The Sermon: Information Programs in the Public Policy Process—Choice, Effects and Evaluation, in Bemelmans—Videc, Marie—Louise; Rist, Ray C. & Vedung, Evert, eds., *Carrots, Sticks, and Sermons: Policy Instruments and Their Evaluation,* 103—128, New Brunswick, New Jersey and London: Transaction.

van der Doelen, Frans C J. (1989). *Policy Instruments and Energy Conservation: the Implementation and Effects of Information Campaigns and Subsidies in Dutch Industrial Energy Conservation Policy, 1977—1987.* Ph.D. diss. by Public Administration of Twente University in the Netherlands.

West, William F. (1985). *Administrative Rulemaking: Politics and Processes.* Westport, CT: Greenwood Press.

Woodside, K. (1986). *Policy Instruments and the Study of Public Policy.* Canadian Journal of Political Science, 19(4): 775—794.

에너지전환과 조직

·

황주성

에너지전환과 조직

·

황주성

Ⅰ. 성공적인 에너지전환을 위해서 조직은 어떤 역할이 요구되는가?

대한민국은 재생에너지 3020 이행계획(산업통상자원부, 2017), 제3차 에너지기본계획(산업통상자원부, 2019), 제9차 전력수급기본계획(2020-2034)(산업통상자원부, 2020), 그린뉴딜정책 등을 통해 신재생에너지의 확대와 육성으로 신재생에너지로의 에너지 공급확대 정책을 수립하고 시행하고 있다. 정책과 신사업의 성공유무는 정책의 시행자(사업가)의 역할도 중요하지만 여러 종류의 정책참여자(특히, 에너지전환에서는 에너지 소비자)의 역할이 중요하다. 정책과정과 집행에서 익히 알듯 공식적 참여자인 의회, 행정부처, 대통령과 비공식적 참여자인 정당, 이익집단, 시민, 언론, 전문가로 구성되어 있다. 성공적인 정책목표 달성을 위해서는 각자의 역할을 충실히 수행하는 거버넌스적 구조가 중요하다.

본 장에서는 에너지전환에 있어 조직의 역할에 대해서 논하고자 한다. 앞선 장들에서 에너지전환에 대한 거버넌스 구조와 정부의 역할과 수단에 대해서 논하였으며, 본 장에서는 에너지를 생산하고 소비하는 조직인 기업과 에너지전환 과정에서 특수성을 가지고 있는 에너지 관련 협동조합에 관해서 탐구하고자 한다. 이를 통해 성공적인 에너지전환을 위한 조직의 역할에 대한 단서를 살펴보고자 한다.

표 10-1 에너지원별 행위자 및 쟁점

	화석연료	원자력	신재생에너지
행위자	한국전력(전력회사), 한국전력거래소, 한전KPS(전기공사-유지보수), 정부(전력시장 관리 및 에너지 정책 수립), 소비자		
	에너지 수입/정유/유통업체, 발전사(발전공기업(남동, 중부, 서부, 남부, 동서)/민간발전사)	한국수력원자력, 핵발전소, 핵폐기물 처리업체, 방폐장	신재생에너지 발전사(대규모~소규모, 공공/민간, 단체, 개인 등 다양), 제조 설치 업체(다양한 규모), 유지관리 업체, 컨설팅업체 등
에너지원 특징	석유, 천연가스, 석탄 등 자연 자원에서 추출, 높은 에너지 수입의존도, 고갈가능성, 탄소 배출	핵발전, 예측 불가한 위험성, 경제성 갈등(발전단가 저렴, 핵폐기물 및 위험비용까지하면 경제적이지 않다는 의견 다수)	햇변, 바람, 물 등 자연자원 친환경적이며 저탄소발생 재생에너지는 대부분 불규칙적, 전력망의 안전성 우려
에너지 생산-유통방식	집중화된 발전방식, 대량생산, 생산소비 불일치 (송배전 중요)		탈집중화, 대~소규모 전력, 생산-소비일치가능

II. 전통적 에너지와 신재생에너지의 시장

한국의 전력시장은 큰 틀에서 한국전력공사와 한국전력거래소에 의해서 운영되고 거래된다. 에너지시장에서 전력의 운연은 현재 한국전력공사(KEPCO)가 독점적으로 발전부터 송전, 전력수급까지 전과정을 운영하고 있다. 정부는 한국전력공사의 독점적 전력거래에 있어서 가격 결정 등 전력시장 관리와 에너지 정책을 수립하고 운영하고 있다. 한국전력거래소(KPX)는 전력거래를 중개하는 기관으로, 전력 생산자와 소비자 간 전력을 거래하는 시장에서 중개업자 역할을 수행한다. 한국전력거래소는 전력 도매가격을 결정하고 시장에서 거래되는 전력의 양을 조절하고 전력수급 안정성을 유지한다. 한국전력공사는 공기업으로 국가의 이익과 안정성을 한국전력거래소는 중개자로서 시장경쟁력을 향상시키고 있다.

1. 전통적 에너지 시장

에너지경제연구원에서 매년 조사하고 있는 「에너지통계연보」를 통해 국내 에너지를 위한 1차 에너지[1]의 사용 구성과 최종에너지[2]가 어디서 사용되는지 파악할 수 있다. 국내 에너지원과 최종에너지가 소비되는 양을 통해 특징을 살펴보면, 2018년까지 1차 에너지를 통한 에너지 공급/소비의 증가가 최대치로 증가하였다가 2020년 소폭 낮아졌으며, 최종에너지가 각 부문에 사용된 양 또한 2018년 최대로 소비되었다가 2020년 소폭 감소하였다. 에너지통계연보에 따르면, 코로나 19로 인한 전 세계적 경기 둔화, 사회적 거리두기, 국제수송 수요 감소 등의 영향으로 일시적으로 나타나는 현상으로 파악된다. 여기서 주목할 부분은 1차 에너지 공급을 위한 에너지원들의 변화이다. 가스(LNG), 원자력, 신재생 에너지원의 소비가 증가하고 석탄과 석유의 사용이 감소하고 있다. 원자력과 신재생 에너지원의 소비는 정부의 정책에 따라 사용량이 최근 증가하고 있다. 특히, 탄소중립, 에너지전환 정책으로 인한 신재생에너지 보급 사업으로 신재생에너지의 증가폭이 확대되었다.

신재생에너지의 확대는 전통적인 전력산업시장의 유통 구조를 변화시키고 있다. 전통적인 전력시장에서는 탄소자원(석탄, 석유, 가스 등) 중심의 에너지 패러다임으로 대규모 중앙집중형 에너지 수급방식이다(산업통상자원부, 2019). 탄소자원과 원자력을 통한 발전은 6개 발전자회사(화력5, 수력원자력1)와 민간 발전사 중심으로 에너지 도매시장에서 한국전력으로 전력을 납품하고 한국전력은 독점적으로 송배전망을 거쳐 최종 소비자에게 판매하는 중앙집중형 구조이다(연제홍, 2022). 대규모 중앙집중형 에너지 수급체계에서는 소비자는 한국전력으로부터 전력을 공급받는 수동적 소비자다(김민경·이윤해, 2018).

---

1) 1차 에너지 공급(Primary Energy Supply)은 변환 또는 가공의 과정을 거치지 않은 자연으로부터 얻을 수 있는 에너지의 공급을 뜻 함(예: 석탄, 석유, 천연가스, 원자력, 수력, 신재생에너지)(한국에너지공단, 2020)
2) 최종에너지 소비량(Final Energy Consumption)은 1차 에너지를 에너지 소비부분에서 사용가능하도록 가공한 에너지를 뜻하며, 1차 에너지 공급량에서 전환·손실에너지를 제외한 값(예: 연탄, 코크스 등 석탄 가공품, 석유제품, 전력, 도시가스, 열에너지 등)(한국에너지공단, 2020)

표 10-2 20년간 1차 에너지 공급 및 에너지 소비 현황

(단위: 백만 톤)

구분		2002	2004	2006	2008	2010	2012	2014	2016	2018	2020
1차에너지	계	209.3	220.8	234.1	241	264.1	278.3	282.4	293.8	307.6	292.1
	석탄	49.1	53.2	56.7	66.1	77.1	80.6	84.4	81.5	86.7	72.2
	석유	103	101.1	102.6	100.4	104.5	106.1	104.6	117.6	118.5	110.2
	LNG	23.1	28.4	32	35.7	43	50.2	47.8	45.5	55.2	55
	원자력	29.8	32.7	37.2	32.5	31.9	31.7	33	34.2	28.4	34.1
	기타 (신재생)	4.3	5.4	5.7	6.4	7.5	9.7	12.6	15	18.7	20.5
최종에너지	계	160.9	166.5	174.9	183.1	195.4	207	210.4	221.9	233.4	222.6
	산업부문	89.8	93.6	98.6	106.9	116.6	126.4	132.9	135.7	143.5	138
	수송부문	33.8	34.6	36.5	35.8	36.9	36.8	37.2	42.3	43	39.4
	가정 상업	34.2	34.6	35.9	36.3	37.4	38.6	35.6	38.7	41.3	39.9
	공공.기타	3.2	3.6	3.9	4.1	4.5	5.2	4.7	5.2	5.6	5.3

※ 수치는 에너지 고유단위가 아닌 열량(ton)으로 환산한 값이며, 에너지열량 환산은 에너지법 시
  행규칙에 따름
자료: 에너지경제연구원 「에너지통계연보」

　　신재생에너지의 확대는 기존의 전력공급과 소비의 변화를 요구한다. 또
한, 에너지공급 정책을 신재생에너지의 보급과 더불어 분산형 에너지, 에너지
탈집중화/탈중앙화, 에너지 분권이 핵심 화두로 떠오르고 있다. 대규모 설비
위주(탄소, 원자력을 통한 발전)의 중앙집중적 에너지 방식에서 분산형 전원, 탈
집중화의 형태로 변화이다(이유수, 2016; 고석배, 2018; 최광식, 2018). 제8차 전력
수급기본계획에서 분산형 전원 보급목표를 확대 설정하여 31년 18.7%까지 분
산에너지 확대로 추진하였으며, 확대하여 제9차 전력수급기본계획에서 원자
력발전의 점진적 감축과 석탄발전의 과감한 감축 그리고 2040년까지 재생에
너지 발전비중 30~35% 목표를 위한 지속적 확충을 위해 태양광·풍력발전에

표 10-3 에너지의 집중화와 탈집중화 비교

	집중화(과거전력 방식)	탈집중화
주된 에너지	화석연료, 원자력 등 대형 발전	신재생에너지
에너지 정책 특징	집중화된 발전 자원(centralized power plant), 중앙집중적 자원, 대형 거래 방식, 고갈 처리, 수직 통합	수요자원, 재생에너지 기반 분산 전원, 소형거래, 지속가능, 수평 협업
도식		

경제 이론	대량 생산 시대
	• 규모의 경제
	  -대량 생산을 통한 비용절감
	  -수직 통합적 산업 구조에 의한 Pipe-line Business(노동과 자본의 생산성 증가)
	  -규모의 경제를 이용한 대형 에너지 시스템
	  -수확체감의 법칙(Decreasing Returns of Scale, 추출된 자원 이용 시 적용)
		대량 맞춤형 시대
		• 수요측면의 규모의 경제
		  -Digital 기술을 이용한 대량 맞춤형 생산(Mass Customization): 제로한계비용 사회
		  -사물인터넷 인프라와 연계된 분산형·협업적·수평적 규모의 경제 기반 비즈니스 모델(플랫폼 비즈니스)
		  -디지털 기술과 에너지 기술의 융합을 이용한 소형 에너지 시스템 위주
		  -수확체증의 법칙(Increasing Returns of Scale, 학습 효과가 고려된 기술의 혁신이 중요)

에너지 공급 사업의 특성 및 특성	총체적 관리, 수요 공급 법칙, 팔레토 법칙, 대형 사업자, 생산 효율성	시간 공간적 관리, 공유경제, 롱테일 시장, 프로슈머(Prosumer), 소비 효율성

자료: 최광식(2018)의 논단을 재구성함

대한 중간목표를 상향하였다. 태양광, 풍력 등의 재생에너지 발전을 분산형에
너지로 간주하고 이들의 생산 및 공급구조로 이행은 크게 탈집중화의 형태로
볼 수 있다(최광식, 2018).

2. 신재생에너지 시장

1) 제도1: 제3자 간 전력거래계약(제3자 PPA)과 직접전력거래(직접 PPA)

과거 전력시장에서는 전력거래소를 통한 전력 구매만이 원칙적으로 가능
하였다(<그림10−1> 참조). 하지만, 재생에너지의 보급 비중확대와 분산형에
너지 발전공급형태로 변환이라는 공급구조와 소비에서는 RE100(3절 참조) 참
여를 위해 새로운 전력거래 제도들이 탄생하고 있다. 대표적인 전력거래 시스
템인 제3자 간 전력거래계약인 제3자 PPA(Power Purchase Agreement, 전력구매
계약)와 한발 더 나아가 생산자−소비자 간 직접 재생에너지를 거래할 수 있
는 직접전력거래(직접 PPA)가 시행되었다(산업통상자원부, 2021; 2022).

2021년 6월 21일 제3자(발전사업자=판매사업자−전기사용자) 간 전력거래
계약을 통한 재생에너지 구매가 가능해졌다. 재생에너지로 발전된 전력에 대
해서 전력시장 외에서도 거래 가능토록 21년 1월 전기사업법을 개정하고 제3
자 PPA에 대한 법적 근거를 마련하였다. 이를 통해 사용자가 재생에너지 발
전공급자로부터 선택적 구매가 가능하게 되었다.

제3자 간 전력거래계약에 대한 법적 근거

「전기사업법」 제31조 '① 발전사업자 및 전기판매사업자는 전력시장운영 규칙으로 정하
는 바에 따라 전력시장에서 전력거래를 하여야 한다. 다만, 도서지역 등 대통령령으로 정하
는 경우에는 그러하지 아니하다.

「전기사업법 시행령」 제19조 '① 법 31조1항 단서에서 "도서지역 등 대통령령으로 정하는
경우"란 다음 각호를 말한다. 3.「신에너지 및 재생에너지 개발·이용·보급 촉진법」 제2조
제5호에 따른 신·재생에너지발전사업자(단, 자가용설비 설치자는 제외한다) 중 산업통상자원
부장관이 정한 요건을 갖춘 발전사업자가 1천 킬로와트 초과의 발전설비 용량(복수의 발전
사업자의 발전설비 용량을 합산하는 경우도 포함한다)를 이용하여 생산한 전력을 전기판매사

업자에게 직접 공급하는 거래를 체결하고, 해당 전력을 전기판매사업자가 산업통상자원부장 관이 정한 요건을 갖춘 전기사용자에게 공급하는 계약을 체결하여 전력을 거래하는 경우'

<그림 10-2>는 제3자 PPA를 도식화하였다. 재생에너지 발전사업자와 전기사용자인 기업 간에 계약에 대한 합의 후 발전사업자와 한국전력공사(전기판매사업자), 기업과 한국전력공사 간 각각 계약을 통해 재생에너지 전력을 거래한다. 전기사용자인 기업은 재생에너지 발전사업자와 협상가격에 망이용료, 부가정산금, 수수료 등 추가하여 비용계약을 체결하며, 발전사업자는 협상 가격에 거래수수료를 제외하고 지급받는다. 계약에 대한 정보를 한국에너지공단에 제공하면 전기사용자인 기업은 재생에너지 사용확인서를 발급받게 되고 RE100 이행 등의 증빙·활용할 수 있으며, 온실가스 감축 실적으로 인정받을 수 있다. 제3자 PPA의 기본원칙은 '① 전력수급의 안정성을 침해하지 않을 것, ② 해당 거래로 인해 특정 전기사용자에게 과도한 이익이 발생하지 않고, ③ 부당하게 다른 전기사용자의 부담을 초래하지 않을 것'이며, 인정 에너지원의 종류는 글로벌 RE100과 동일하게 태양광, 풍력, 수력, 해양에너지, 지열에너지, 바이오에너지이며, 재생에너지 발전사업자와 전기사용자인 기업의 참여조건은 설비용량과 계약전력이 1MW를 초과하여야 한다.

전기사용자인 기업은 재생에너지를 기반으로 한 에너지를 사용하고 RE100에 참여하기 위해서는 발전사업에 직접적으로 투자하거나 제3자 간 전력거래계약(제3자 PPA) 제도를 통해서 이용해야 했다. 하지만 제3자 PPA에 대한 한계들이 발견되고 지적되었다. 이홍장(2021)은 제3자 PPA는 가격협상과 대규모 장기계약이 가능한 제도이지만 발전사업자와 수요자(기업)의 유인요인이 부족하며 한국전력이 독점 전기판매사업자로서 제3자 PPA의 중개사업자로 가격 결정자로 적용하기에 한계가 있음을 지적하였다. 또한 IEA는 '한국에너지정책 국가보고서'에서 한국전력의 단일 구매자로 구성된 의무적 방식과 전력 가격(도소매)은 시장이 아니라 정부가 설정하는 것과 같이 경쟁과 독립 규제기관 미도입은 에너지전환에 걸림돌이 될 수 있다고 지적하였다. 한계를 극복하고 전기사용자(기업)가 재생에너지 공급자로부터 직접 재생에너지를 공

급받을 수 있는 직접PPA 제도를 2022년 9월 1일 시행하였다.

직접PPA제도는 제3자PPA와 동일하게 RE100와 동일한 인정범위인 태양광, 풍력, 수력, 바이오, 지열, 해양에너지를 허용 발전원으로 하였으며, 전기사용자는 1MW 초과 사용자로 한정하던 것을 300kW 이상으로 확대하였다.

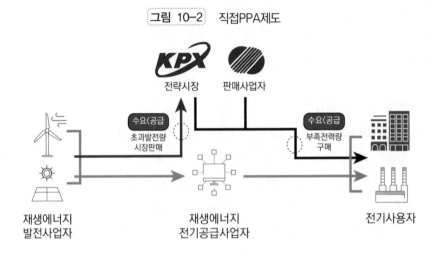

그림 10-2 직접PPA제도

자료: 산업통상자원부(2022) 보도자료 "직접PPA 제도 도입으로 기업들의 재생에너지 구매 선택 폭이 넓어진다"

표 10-4 직접PPA 고시 주요 내용

구분	고시[안] 주요내용
가. 거래대상 거래규모	◆ 태양광, 풍력, 수력, 해양e, 지열e, 바이오e ◆ 발전사업자 발전설비: 1MW 초과 ◆ 수전설비 용량: 300kW 이상
나. 거래조건	◆ 직접PPA, RPS 분할계약 허용
다. 부족전력 초과전력	◆ 전기사용자의 부족전력량: 전력시장 또는 한전을 통해 구매허용 ◆ 발전사업자의 초과발전량: 전력시장에 판매허용

자료: 산업통상자원부(2022) 보도자료 "직접PPA 제도 도입으로 기업들의 재생에너지 구매 선택 폭이 넓어진다"

또한 편의와 안정성 확보를 위해 공급자의 남는 발전량은 전력시장에 판매하고 부족한 전기는 한국전력/전력시장을 통해 구입 가능한 구조를 설정하였다.

3. 소형 태양광 고정가격계약 매입제도(한국형 발전차액지원제도, FIT)

한국은 2001년 10월 도입한 발전차액지원제도(FIT)[3]는 여러 가지 한계(9장 참조)와 2011년 OECD 중 최하위 재생에너지 기여도(1차 에너지) 등의 이유로 2012년 신재생에너지 공급의무화제도(RPS)[4]로 전환하였다(김봉주&김건식, 2013). 하지만, 신재생에너지 공급의무화제도는 소규모 재생에너지 발전사업자들이 참여하는데 복잡한 절차와 당시 전력도매가(SMP) 하락으로 수익성이 하락으로 참여가 유인요인이 하락하였다. 다음과 같은 배경으로 2018년 대한민국 정부는 소형 태양광 고정가격계약(한국형 FIT) 실하였다. 한국형 FIT는 기존 FIT+RPS제도이다. 즉, 발전차액지원제도(FIT)의 장점과 신재생에너지 공급의무화제도(RPS)의 장점을 결합하였다.

표 10-5 FIT와 RPS의 비교

구분	발전차액지원제도(FIT)	신재생에너지 공급의무화제도(RPS)
메커니즘	• 생산전력을 정부가 정한 가격으로 구매 • 전력량은 사업자가 결정	• 생산물량 사전 설정 • 발전의무량을 부과하면 시장에서 가격 결정
보급목표	• 보급목표량이 유동적	• 의무할당
전원선택	• 대상전원의 경우 구입요청 물량을 모두 구입해야 함	• 전원별 보급 목표량 설정 가능
도입국가	• 독일, 이탈리아, 프랑스, 그리스 등 34개국에서 실시	• 미국, 영국, 스웨덴, 캐나다 등 16개 국에서 실시

---

3) 발전차액지원제도(FIT: Feed-in Tariff)는 신재생에너지 개발 및 보급을 위해 공급 전기의 가격이 고시한 가격 이하인 경우 발전차액을 정부가 지원하는 제도.

4) 재생에너지 의무할당제(RPS: Renewable Portfolio Standard)는 50만kW 발전사업자에게 공급의무인 의무공급량(REC: Renewable Energy Certificate)부과하는 방식.

장점	• 중장기 가격을 보장하여 투자의 확실성, 단순성 유지 • 안정적 투자유치로 기술개발과 산업성장 가능 • 중소기업 발전 촉진 • 신재생에너지 분산 배치 가능	• 공급규모 예측이 용이 • 신재생에너지 사업자 간 경쟁을 촉진시켜 생산비용 절감 가능 • 민간에서 가격이 결정됨으로써 정부의 재정 부담 완화
단점	• 정부의 재정부담 증가 • 적정가격 책정에 어려움 • 기업 간의 경쟁이 부족하여 생산가격을 낮추기 위한 유인 부족 • 안정적 사업 영위가 가능하여 신재생에너지 기술개발 저해	• 경제성이 좋은 특정 에너지로 편중될 가능성 • 제도 도입을 위한 인프라 구축이 전제 기술기반 이 약한 상태에서 경쟁체제 도입 시 외국 기술의 시장 선점 우려 • 투자회수에 대한 불확실성으로 투자 및 공급이 감소할 수 있음→가격상승 • 중소기업의 참여 어려움

자료: 안혜영(2011); 이민식(2011); 김운수(2012)에서 재인용

　　한국형FIT의 골자는 소규모 태양광 발전사업자(30kW 미만 신규 태양광 발전소, 100kW 미만 농·축산·어업인, 협동조합 태양광 발전소)가 RPS제도 하에서 신재생에너지 공급의무자에게 20년 동안 고정가격(SMP＋REC)계약하여 수익보장 및 경쟁력 확보를 가능하게 하는 것이다. 또한 입찰경쟁없이 고정가격으로 계약을 체결하는 것은 소규모 발전 참여자에게 절차적 편의성을 높여 수용성과 재생에너지의 보급확대를 기대하였다(산업통상자원부, 2018). 한국형FIT 참여에 특이사항으로 일반 참여자는 30kW미만의 태양광 발전소 사업자이지만 농·축산·어업인, 협동조합에게는 예외로서 100kW 미만까지 확대하여 허용하고 있다. 농·축산·어업인(「농업·농촌 및 식품산업 기본법」에 따른 농업인, 「수산업·어촌 발전 기본법」에 따른 어업인, 「축산법」에 따른 축산업 허가를 받은 자 또는 가축사육업으로 등록한 자)에 대하여는 신재생에너지 보급확대뿐만 아니라 농가소득 증대의 목적을 하고 있다. 아마도 '협동조합'이라는 생소한 단어가 확대범위인 100kW미만 까지 허용하는 것에 대해 의문점을 가질 수 있다. 외지/자본 사업자 주도의 태양광발전 사업을 탈피하여 마을 단위 협동조합을 통한 태양광 사업 실현 촉진을 목표로 협동조합이 포함되었을 것으로 예측한다. 다음 절을 통해 협동조합의 개념과 에너지 협동조합에 대해서 살펴보고자 한다.

표 10-6 신재생에너지 공급의무자 및 공급량

구 분			의무공급량(REC)
그룹 I	발전자회사	한국수력원자력	12,793,228
		한국남동발전	8,856,179
		한국중부발전	9,943,964
		한국서부발전	9,181,857
		한국남부발전	10,307,740
		한국동서발전	8,885,190
그룹 II	공기업	한국지역난방공사	1,881,474
		한국수자원공사	122,745
	민간 발전사	SK E&S	1,281,549
		GS EPS	1,444,851
		GS 파워	768,850
		포스코에너지	2,140,346
		씨지앤율촌전력	1,112,228
		평택에너지서비스	507,242
		대륜발전	176,418
		에스파워	857,895
		포천파워	685,129
		동두천드림파워	978,704
		파주에너지서비스	1,765,752
		GS동해전력	1,195,192
		포천민자발전	765,959
		신평택발전	936,598
		나래에너지	777,422
		고성그린파워	1,357,498
합 계			78,724,010

자료: 산업통상자원부(2022), 2022년도 RPS 공급의무자별 의무공급량 공고

Ⅲ. 에너지전환의 새로운 행위자와 조직

1. 행위자: 에너지 프로슈머

프로슈머는 생산자를 뜻하는 Producer의 'pro'와 소비자 Consumer에서 'sumer'를 합성한 단어이다. 에너지 프로슈머(Energy Prosumer)는 재생에너지의 성장과 분산화되는 산업구조 특히, 전력산업에서 소비자가 자체적으로 전기를 생산, 저장, 소비의 행위를 하며 생겨난 새로운 에너지 주체이다(Jacobs, 2016). 에너지 프로슈머는 전력 발전이 재생에너지 발전형태인 소규모발전이 가능해져 전력을 직접 사고팔 수 있어짐에 따라 생겨났으며, 정부도 이러한 전력유통형태를 '2030 에너지 신산업의 환산전력(2015.11)' 등을 통해 에너지 프로슈머 시장을 활성화하도록 노력하고 있다(이유수, 2016).

에너지 프로슈머가 등장한 배경에는 단순히 신재생에너지 발전형태의 등장뿐만 아니라 '①신재생에너지 기반의 분산형 전원 확대, ②전기요금 부담 완화 필요성'이 있다(김현제, 2018). 분산형 전원 확대는 앞서 언급하였듯 과거 발전형태인 화석연료 중심의 대규모 설비에서 수동적 소비형태에서 분산형 전원 확대로 인한 소비자가 전력생산 참여가 가능한 형태로 변화함에 따라 에너지 프로슈머가 가능하게 되었다. 분산형 전원 확대는 단순히 기후변화로 인한 위협과 자원고갈로 인한 재생에너지 확산뿐만 아니라, 신재생에너지 기술의 발전으로 재생에너지 기반 전력생산설비의 가격이 하락한 요인과 소비자가 전력생산을 위해 선택할 수 있는 에너지원의 범위가 연료전지, ESS, 재생에너지 발전기(태양광, 풍력 등)의 발전으로 가능하게 되었다.

두 번째, 전기요금 부담 완화 필요와 관련하여서는 전력의 도매가격은 전력 소비지 증가율 감소, 에너지 효율성 증가, 신재생에너지 발전량 증가, 인구구조의 변화의 이유로 전력 도매시장에서 가격은 하락요인으로서 작용되어야 한다. 하지만, 전력을 사용하는 최종 소매 가격은 상승하고 있다. 이러한 이유에는 세금, 부과금, 송배전 사용료, 인건비, 신재생에너지 보급에 대한 지원금, 보조금 그리고 비용이 최종 전력 소비자가 사용하는 비용에 반영되었기 때문이다. 도매가격과 소비가격의 격차가 커지는 상황에서는 소비자는 에너

표 10-7 에너지원별 발전단가 현황

(단위: 원/%)

구분	2016	2017	2018	2019	2020	평균(원)	5년간 증감비율 (%)
원자력	54	53.4	62.4	56	54	55.96	0
(전년대비 증감률)	-	△1.11	16.85	△10.25	△3.57		
유연탄	61.9	76	80.5	84.8	83.3	77.3	34.57
(전년대비 증감률)	-	22.78	5.92	5.34	△1.77		
무연탄	124.3	135.2	148.1	115.6	118.3	128.3	△4.83
(전년대비 증감률)	-	8.77	9.54	△21.94	2.34		
유류	118.6	201.2	210.9	255.3	271.5	211.5	128.92
(전년대비 증감률)	-	69.65	4.82	21.05	6.35		
LNG	120.1	141.6	143.1	154.5	126	197.06	4.91
(전년대비 증감률)	-	17.90	1.06	7.97	△18.45		
양수	160.6	150.4	161.6	160.8	169.1	160.5	5.29
(전년대비 증감률)	-	△6.35	7.45	△0.50	5.16		
신재생/기타	185	196.5	179.2	200.1	264.6	205.08	43.03
(전년대비 증감률)	-	6.22	△8.80	11.66	32.23		

주: 1. 신재생/기타 발전에는 수력 등을 포함하고 있으며, 한국전력공사의 6개 발전자회사가 직접 발전 하는 경우만을 포함하였기 때문에, 전체 신재생발전 원가와는 차이가 있음
2. 신재생발전의 경우 SMP 또는 REC를 합하여 수익을 실현하는데 비해, 상기 표에서 정산단가는 전력거래소를 통한 정산금액만을 포함하고 있으며, REC는 제외되어 있음
3. 발전원가는 발전공기업 제출 자료임
자료: 구자근 국회의원 보도자료, NEWSTOF(2021.10.28.) '[에너지전환 팩트체크] ⑥신재생에너지 발전원가, 원전의 5배?'에서 재인용

지 생산에 직접 참여함으로써 비용 절감에 따른 보상유인이 발생하고 이에 에너지 프로슈머가 등장하게 된 배경이 되었으며 조사에 따르면 다수 국가에서 에너지 프로슈머는 에너지비용 절감을 위해 시장에 참가하는 것으로 나타났다(European Commission, 2017; 김현제, 2018에서 재인용).

국내에서도 신재생에너지의 보급확대와 이를 통한 에너지의 공유경제, 에너지 분권의 정책의 일환으로 에너지 프로슈머 확대정책을 시행하고 있다. 시민의 에너지 프로슈머로서 유인하여 분산형 에너지를 통한 자급자족 에너지 시스템 실현을 위해서는 전력회사가 제공하는 전기요금보다 신재생에너지 발전단가가 낮아 에너지 프로슈머에게 이익으로 작용해야 한다(이유수, 2016). 하지만, 아직 신재생에너지를 통한 전력의 발전단가가 기존 원자력, 화석연료를 통한 전력생산보다 비싸다. 공급확대를 위한 정책적 수단으로 앞장에 발전차액지원제도(FIT), 신재생에너지 의무할당제(RPS)를 통해 전력공급자에게 유인을 제공하였다.

2. 조직: 에너지 협동조합

에너지전환정책에서 재생에너지의 보급과 관련해서 경제적 요인이 중요시 여겨 왔다. 더 나아가 재생에너지 보급에서 '지역적 이익'이 수용성과 보급에 중요한 요인으로 작용한다(Beatley, 2007). '지역적 이익'은 반드시 경제적 요인이 아니라 공동체 생활 강화와 같은 측면이 내재되어 있다. 또한, 한국은 에너지전환 정책에 있어 태양광에 대한 의존도가 높아 태양광 보급확대가 에너지전환의 성공 여부가 달려있다(최승국·최근희, 2018). 특히 태양광발전은 시민의 참여와 수용성 문제가 중요하며 주민의 참여 유도가 중요하다(박진희, 2013; 윤순진·심혜영, 2015, 이상훈·윤성권, 2015, 최승국·최근희, 2018). 대규모·자본집약적·중앙적 발전형태가 분산형, 다양한 소유 형태의 소규모 발전으로 변화하면서 개인, 지역사회, 지자체 등이 수평적 네트워크의 에너지 거버넌스의 주체가 되고 있다(Bunning, 2011; 고재경·김성욱, 2019). 특히, 에너지전환에 있어서 신재생에너지 발전과 관련된 조직은 사회적기업, 시민사회, 유한회사, 주민공동체, 사단법인 등이 있다. 시민참여와 에너지의 생산, 공급, 유통, 주민의 발전설비 공동소유 등을 아우르는 협동조합의 형태가 대표적이다.

1) 협동조합의 의미

협동조합 기본법 이전에도 협동조합은 존재하였지만(농업협동조합(1957년), 중소기업협동조합(1961년), 수산업협동조합(1962년), 신용협동조합(1972년)), 세계금융위기(Global Financial crisis, 2007~2008) 이후 자본주의경제의 대안적 경제모델로서 취약성 보완과 위기에 대한 대처를 위해 협동조합이 주목받게 되었다. 더 나아가 국제연합(UN)은 2012년 협동조합의 해(International Year of Cooperatives)로 지정하며 한국도 기존에 특성별(농업, 수협, 신용 등)로 존재하던 개별법을 2012년 12월 「협동조합 기본법」을 제정하고 시행하였다. 「협동조합 기본법」 제2조에서는 협동조합을 '"협동조합"이란 재화 또는 용역의 구매·생산·판매·제공 등을 협동으로 영위함으로써 조합원의 권익을 향상하고 지역사회에 공헌하고자 하는 사업조직을 말한다.' 정의하고 있다. 즉, 협동조합을 통해서 공동으로 구매·생산·판매·제공의 행위가 가능해진다.

협동조합은 '기업(enterprise)'으로서 시장기능과 사회적 활동을 하는 '결합체(group)'로써의 기능을 동시에 수행하는 조직이다. 다수의 학자가 협동조합의 이중성에 대해서 언급하였다. Draheim G.(1952)는 그의 저서를 통해 협동조합의 이중성에 대해서 언급하였는데, 조합원은 사회적 의미와 경제적 목적을 달성하기 위하여 활동한다. Münkner(1992)는 협동조합의 이중성에 대해서 '결사체(association)'와 '공동기업(jointly operated enterprise)'로 나누고 있다.

표 10-8 Münkner의 협동조합 이중성에 대한 원칙

원칙	설명
동일성의 원칙	조합원은 결사체의 구성원으로서 협동조합이라는 공동기업의 소유자, 경영자이며 동시에 고객이다.
조합원의 이익증진, 자조 및 상호부조의 원칙	협동조합이라는 기업은 조합 구성원의 경제적 이익증진을 목적으로 한다.

자료: Münkner(1992); 기획재정부·함께 일하는 재단(2013)

　　즉, 협동조합은 사회적, 경제적 기업으로서 이중성을 가지며, 투자중심의 기업과 사회에 봉사하는 비영리 단체와 구별된다.

표 10–9 협동조합과 주식회사 비교

구분		협동조합	주식회사
소유 제도	소유자	조합원	주주
	투자한도	개인의 출자한도 제한	원칙적으로 출자제한 없음
	지분거래	없음	가능
	가치변동	출자가격 변동없음	주식시장에서 수시로 변동
	투자상환	상환책임 있음	상환책임 없음
통제 제도	의결권	1인 1표, 다수의 평등한 지배	1주 1표, 소수 대주주의 지배
	경영기구	조합원에 의해 선출된 이사회, 이사회에서 선출된 경영자 또는 선출직 상임조합장	주주에 의해 선출된 이사회 이사회에서 선출한 경영자 또는 대주주의 자체경영
수익 처분 제도	내부유보	내부유보를 강하게 선언 사회적 협동조합은 100% 유보	내부유보는 제한적
	이용배당	협동조합 배당의 원칙 출자배당에 선행함	없음
	출자배당	출자금의 이자로 이해 배당률 제한함, 일부 미실시	위험을 감수한 대가로 간주 배당률 제한 없음

자료: 기획재정부(2013), 협동조합 설립운영 안내서 아름다운 협동조합 만들기. 8쪽

　　주식회사와 협동조합을 비교하면 가장 크게 두드러지는 점은 의결권, 경영기구, 수익처분 방식이다. 운영방식에 있어서 협동조합은 민주적 운영을, 주식회사의 경우 자본주의 운영을 주요 원칙으로 삼는다. 그리하여 주식회사의 경우 의결권은 1주 1표인 반면, 협동조합에서는 출자금에 상관없이 1인에게 1표를 행사할 수 있다. 특히 협동조합의 경우 출자의 한도가 정해져 있는 반면 주식회사는 없다. 협동조합의 경영 기구는 조합원에 의해 선출된 이사회와 이사회에서 산출된 경영자 또는 조합장이 수행하게 되는데 주식회사는

표 10-10 협동조합의 특성과 다른 조직 간 비교

구분	상법					협동조합기본법		민법
	주식회사	유한회사	유한책임 회사	합명회사	합자회사	협동조합		사단법인
						일반	사회적	
사업목적	이윤 극대화					조합원 실익증진		공익 또는 영리를 추구 하지 않을 것
운영방식	1주 1표	1좌 1표	1인 1표			1인 1표		1인 1표
설립방식	신고제					신고 (영리)	인가 (비영리)	인가제
책임범위	유한책임			무한책임	무한책임 +유한책 임	유한책임		해당없음
규모	대규모	주로 중·소규모				소규모+대규모		주로 소규모
성격	물적결합	물적· 인적결합	물적· 인적결합	인적결합	물적· 인적결합	인적결합		인적결합
사업 예	대기업 집단	중소기업, 세무법인 등	(美)벤처, 컨설팅, 전문서비 스업 등	법무법인 등	사모투자 회사 등	일반경제 활동분야	의료협동 조합 등	학교, 병원, 자선당체, 종교단체 등
	삼성전자 ㈜ 등	세무법인 하나 등	(美)Drea mWorks Animatio n L.L.C	법무법인 율촌 등	미래에셋 PEF 등			
	〈 영 리 법 인 〉					〈 비 영 리 법 인〉		
	〈 사 회 적 기 업〉							

자료: 기획재정부(2013), 협동조합 설립운영 안내서 아름다운 협동조합 만들기. 9쪽

주주에 의해 선출된 의사회에서 선출한 경영자 또는 대주주의 자체경영을 시행하고 있다. 또한, 두 집단 간 수익처분 방식이 상이하다. 주식회사는 투자한 금액인 주식의 수만큼 출자배당을 시행하나 협동조합은 이용배당을 중심으로 하고 있다. 이용배당은 조합원의 참여에 대한 배당이다. 즉 참여한 만큼 수익을 가져갈 수 있는 시스템이 존재하여, 조합원의 참여 독려와 촉진을 시킬 수 있는 도구로서 작용한다.

국제협동조합연맹(ICA)에서는 1995년 총회에서 '협동조합 7대 원칙'을 채택하고 각국의 협동조합들은 이를 원칙으로 받아들이고 있다. 7대 원칙은 개방, 민주적 관리, 경제적 참여, 자율과 독립, 교육, 협동, 지역사회 기여이다. 이 원칙들은 협동조합의 정체성과 가치에 대해서 잘 표현하고 있다. 또한, 2012년 제정된 협동조합 기본법에도 7대 원칙이 잘 반영되어 있다.

2) 에너지 협동조합

대규모 중앙화 에너지에서 소규모 탈중앙화된 재생에너지로의 패러다임의 변화에서 시민과 공동체 그리고 지역사회가 에너지를 구매(소비)·생산·판매·제공(유통)할 수 있는 대표적인 조직은 협동조합이다. 한국 정부는 '재생에너지 3020 이행계획(2030년까지 재생에너지 20% 확대)'을 통해서 재생에너지 보급 확산에 대한 목표를 설정하고 참여형 에너지체제로의 전환을 기본방향으로 채택하였다. 참여형 에너지체제의 골자는 주민참여인 협동조합 등을 통한 소규모 사업이며, 목표의 15%를 차지할 만큼 주요 사업으로 채택하였다.

협동조합을 통해 신재생에너지가 활성화된 사례를 미국과 독일로부터 찾아볼 수 있다. 미국의 경우 농촌지역 배전망 확충을 위해 20세기부터 협동조합을 농민이 직접 만들기 시작했으며 65개 발전 및 송전 협동조합과 841개의 배전관련 협동조합이 있는 것으로 추산되며 인구의 12%가 협동조합을 통해서 전력을 공급받고 있다(고재경·김성욱, 2019). 또한, 독일의 경우 에너지 협동조합이 2006년 8개에서 시작하여 2017년 기준 862개로 조합원수 약 18만 명과 1,200명 이 고용되어있는 것으로 파악되며(DGRV. 2018; 고재경·김성욱, 2019), 에너지 협동조합을 포함하여 시민참여형 에너지 전력방식이 전체 에너지 생산 비중의 50% 정도이다.(박진희, 2013).

표 10-11 협동조합의 7대 원칙

	핵심가치	원칙
제1원칙	자발적이고 개방적인 조합원 제도	협동조합은 자발적인 조직으로서, 협동조합의 서비스를 이용할 수 있고 조합원으로서 책임을 다할 의지가 있는 모든 사람들에게, 성(性)적·사회적·인종적·정치적·종교적 차별 없이 열려 있다.
제2원칙	조합원에 의한 민주적 관리	협동조합은 조합원에 의해 관리되는 민주적인 조직으로서, 조합원들은 정책수립과 의사결정에 활발하게 참여한다. 선출된 임원들은 조합원에게 책임을 갖고 봉사해야 한다. 개별협동조합에서는 조합원마다 동등한 투표권(1인 1표)을 가지며, 협동조합연합회에서도 민주적인 방식으로 조직하고 운영된다.
제3원칙	조합원의 경제적 참여	조합원은 협동조합에 필요한 자본을 조성하는데 공정하게 참여하며, 조성된 자본을 민주적으로 통제한다. 일반적으로 자본금의 일부분은 조합의 공동재산이다. 출자배당이 있는 경우에 조합원은 출자액에 따라 제한된 배당금을 받는다. 조합원은 다음과 같은 목적에 따라 잉여금을 배분한다. (1) 협동조합의 발전을 위해 잉여금의 일부는 배당하지 않고 유보금으로 적립 (2) 조합원의 사업이용 실적에 비례한 편익제공 (3) 조합원의 동의를 얻은 여타의 활동을 위한 지원
제4원칙	자율과 독립	협동조합은 조합원들에 의해 관리되는 자율적인 자조 조직이다. 협동조합이 정부 등 다른 조직과 약정을 맺거나 외부에서 자본을 조달하고자 할 때는 조합원에 의한 민주적 관리가 보장되고 협동조합의 자율성이 유지되어야 한다.
제5원칙	교육 훈련 및 정보 제공	협동조합은 조합원, 선출된 임원, 경영자, 직원들이 협동조합의 발전에 효과적으로 기여하도록 교육과 훈련을 제공한다. 협동조합은 일반대중 특히 젊은 세대와 여론 지도층에게 협동의 본질과 장점에 대한 정보를 제공한다
제6원칙	협동조합 간의 협동	협동조합은 지방, 전국, 국제적으로 함께 협력 사업을 전개함으로써 협동조합 운동의 힘을 강화시키고 조합원에게 가장 효과적으로 봉사한다

제7원칙	지역사회에 대한 기여	협동조합은 조합원의 동의를 얻은 정책을 통해 조합이 속한 지역사회의 지속가능 한 발전을 위해 노력한다.

자료: 국제협동조합연맹(1995); 기획재정부(2013)에서 재인용

　한국의 경우 태양광을 중심으로 하는 시민햇빛발전소가 협동조합의 대표적인데, 외국과 다르게 송배전을 한국전력에서 담당하고 있기에 현재까지는 태양광을 통해 재생에너지를 생산하여 판매하는 유형의 협동조합이 다수이다. 한국의 에너지전환과 관련된 협동조합은 부안 핵폐기장과 고리 원전 인근에서 에너지 자립과 대안으로 시민햇빛발전소가 건립되기 시작하였으며, 2012년 12월 「협동조합 기본법」제정과 발전차액지원제도(FIT) 폐지로 협동조합의 성장세가 두드러진다(고재경·김성욱, 2019).

　한국의 에너지 협동조합은 외국 에너지 협동조합과 몇 가지 차이를 보인다. 첫째, 에너지원에서 차이가 있다. 국외 경우 태양광을 비롯하여 풍력, 지열, 바이오매스 등 다양한 재생에너지원을 사용한다. 특히 독일의 경우 태양광 69%, 바이오매스 21%, 풍력 16% 등을 점유하고 있다(이경진, 2015). 하지만 한국 경우 대부분의 에너지협동조합이 입지적 조건과 자금조달 등의 한계로 태양광 에너지 설치와 운영을 중점으로 활동한다. 둘째, 한국은 전력 유통구조에서 송배전에 대한 한계로 인하여 송배전 등 유통을 제외한 재생에너지(특히, 태양광)를 통한 발전사업, 개인 태양광 설치 및 컨설팅, 교육 사업에 치중하고 있다. 반면 미국의 경우 농촌지역 전화사업을 수행하기 위하여 관련기관인 농촌지역전화청(Rural Electrification Administration, REA)을 설립하고 농촌지역 전화사업 지원과 함께 농촌 전력화 사업기금을 통해 협동조합이 배전망 설치 및 공급을 할 수 있게 되어 840여개의 배전협동조합과 65개의 발·송전 협동조합이 존재한다(이경진, 2015).

협동조합 기본법

제10조(국가 및 공공단체의 협력 등)

① 국가 및 공공단체는 협동조합등 및 사회적협동조합등의 자율성을 침해하여서는 아니 된다.

② 국가 및 공공단체는 협동조합등 및 사회적협동조합등의 사업에 대하여 적극적으로 협조하여야 하고, 그 사업에 필요한 자금 등을 지원할 수 있다.

③ 국가 및 공공단체는 협동조합등 및 사회적협동조합등의 의견을 듣고 그 의견이 반영되도록 노력하여야 한다.

④ 국가 및 공공단체는 협동조합과 관련하여 국제기구, 외국 정부 및 기관과 교류·협력 사업을 할 수 있다.

제13조(다른 법률과의 관계)

① 다른 법률에 따라 설립되었거나 설립되는 협동조합에 대하여는 이 법을 적용하지 아니한다.

② 협동조합의 설립 및 육성과 관련되는 다른 법령을 제정하거나 개정하는 경우에는 이 법의 목적과 원칙에 맞도록 하여야 한다.

③ 대통령령으로 정하는 요건에 해당하는 협동조합등 및 사회적협동조합등의 행위에 대하여는 「독점규제 및 공정거래에 관한 법률」을 적용하지 아니한다. 다만, 불공정거래행위 등 일정한 거래분야에서 부당하게 경쟁을 제한하는 경우에는 그러하지 아니하다.

④ 협동조합연합회 및 사회적협동조합연합회의 공제사업에 관하여는 「보험업법」을 적용하지 아니한다.

이러한 차이에도 불구하고 한국의 에너지 협동조합은 2012년 협동조합 기본법 제정과 발전차액지원제도 폐지 이후 급증하고 있다. 협동조합을 통한 에너지전환에는 정책적 입장에서는 분산화 전력시장에서 시민의 참여와 지역 수용성을 높일 수 있다는 장점이 있다. 협동조합을 참여하는 전력사업가 입장에서는 조직을 협동조합으로 선택하는 유인요인에 대해서 살펴보고자 한다. 우선, 「협동조합 기본법」상에서 제10조(국가 및 공공단체의 협력등), 제13조(다른법률과의 관계)에서 협동조합을 통한 운영의 유인조건을 발견할 수 있다. 협동조합은 국가 및 공공단체로부터 사업에 대한 적극적인 협조와 필요한 자금

등을 지원 받을 수 있다. 또한 협동조합은 「독점규제 및 공정거래에 관한 법률」을 적용에서 예외가 될 수 있다. 두 번째, 유인조건으로서 한국형 FIT(소형 태양광 고정가격계약 매입)제도에서 발견할 수 있다. 한국형 FIT에서 농·축산·어업인과 협동조합은 30kW미만 태양광 발전소에 해당하는 지원대상에서 요건이 확대되어 100kW 미만까지에 해당한다.

재생에너지 발전소는 생활밀착형이라는 특성을 가진다. 시민과 주민이 생활하는 공간에 재생에너지 발전소가 생기는 경우가 다수이다. 이러한 경우 주민참여와 사회적 수용성 증진이 필수적이며, 에너지 협동조합은 이를 해결할 수 있는 좋은 제도이다. 하지만, 다수의 연구에서 에너지 협동조합을 활성화하기 위한 요건을 제언하였다. 최승국·최근희(2018)는 불안한 태양광 가격과 부지확보에 대한 난관 그리고 기업의 참여로 경쟁력확보가 어려운 점을 지적하며, 제도개선과 실질적인 자립기반 마련을 주장하였다. 이를 위해 조합원의 출자금으로 한계가 있는 발전시설에 대한 실질적인 자금의 필요성을 지적하며 공공과의 공동 추진사업과 외부기금(에너지전환기금 등)과 시민펀드의 필요성을 지적하였다. 또한, 부지확보를 위해 비교적 높은 옥상태양광의 가중치를 주차장, 공원 등 지상 시설에도 동일한 가중치를 적용하여 수익 모델을 구상할 수 있도록 해야 한다고 제시하였다.

Ⅳ. 에너지전환에서 시장, 조직, 행위자의 미래

새로운 에너지 세상은 새로운 시장, 조직, 행위자를 요구한다. 에너지 전환과정에서 이루어지는 새로운 변화들은 기존의 존재하는 질서와 갈등하고, 충돌한다. 기존의 석탄중심의 에너지체제에서 형성된 기득권은 새로운 시장, 조직, 행위자들의 등장을 억압할 것이며, 새롭게 등장하는 이들은 기존 행위자들이 만들어 놓은 질서에 도전할 것이다. 이와 같은 갈등의 전개과정에서 조정자의 역할을 정부가 담당할 것이다. 에너지 전환을 위해서 정부가 해야 할 일은 과연 무엇일까? 과거 이익을 대변자인가 아니면 새로운 질서를 만들어가는 창조자인가? 정부의 역할과 범위를 정하는 것은 시민들의 역할에 의존적일 수밖에 없다. 에너지전환은 책임있는 시민들의 역할을 요구한다. 현재의 이익보다는 미래의 정의를 판단할 수 있는 시민덕성이 관건이다.

토론의 장

□ **토론1: 전력 공급시장의 중앙집권화 vs 분권화**

전력시장의 중앙집권화는 전력시장을 한 개의 체제(System)로 운영하는 것을 의미한다. 한국에서는 한국전력이 전국적으로 전력발전 및 송전을 담당하고 있으며 한국전력거래소가 중개하여 전력시장을 운영하고 있다. 전력시장의 중앙집권화는 안정적 전기를 저렴한 가격으로 제공한다는 장점을 지니고 있었다. 하지만, 신재생에너지로의 전환과정에서 한계가 지적되고 있으며 한국전력의 독점성과 전력시장의 투명성을 지적하는 문제가 발생하고 있다.

전력 공급시장의 중앙집권화와 다수의 외국의 사례로서 전력시장의 분권화를 들 수 있다. 전력공급시장의 분권화는 전력시장을 여러개의 지역적인 시장으로 운영하는 것을 의미하며, 전력의 생산과 송전을 지역적으로 분산시키고 이 결과 시장의 투명성과 경쟁력을 높일 수 있다는 주장이 있다. 하지만, 분권화의 단점으로 전력 수급의 안정성 확보 문제와 비용 상승 우려가 있다.

- 토론질문 1: 탈분산형 전력공급방식은 경제, 사회적으로 합당한가?
- 토론질문 2 기존의 중앙집권식 에너지공급방식이 더 바람직한가?

□ **토론2: FIT vs RPS vs 한국형 FIT**

대한민국은 2002년 신재생에너지 보급사업을 위해 FIT(Feed in Tariff)제도를 시행하였다. FIT는 발전차액지원제도로서 화석에너지 발전원을 신재생에너지 발전원으로 전환하기 위해 정부에서 높은 신재생에너지 발전 단가에 대해서 정부보조를 해주는 제도이다. FIT제도는 고정된 발전 단가를 신재생에너지에 보조해주기 때문에 기술발전으로 인한 발전 비용 감소 반영이 늦으며, 전력시장에서 경쟁력을 떨어질 수 있다는 문제가 지적되고 있다. 또한 2011년 급격한 발전소 건설 붐으로 예산상 제약 등으로 종료되고 2012년 RPS제도가 도입되었다.

RPS(Renewable Energy Portfolio Standard)제도는 일정규모 이상의 발전설비 사업자에게 발전량의 일정비율 이상의 신재생에너지 공급을 의무화하였다. 일정규모 이상의 발전설비 사업자를 공급의무자로 설정하고 2017년 공급의무량은 4%에 불과했지만 의무 보급률을 점차 증가시키고 2030년 의무 보급률 11%까지 설정하였다. RPS제도는 정부의 재정부담이 없고 공급규모 예측이 용이하다는 장점이 있지만 대기업과 소기업 간의 격차가 벌어질 수 있고 공급비용이 낮은 신재생에너지와 비용이 낮은 외국기술과 제품을 선택되어 선점될 우려가 있다.

FIT와 RPS 문제를 보완하기 위하여 재생에너지 3020계획을 통하여 한국형FIT제도를 발표하였다. 한국형FIT제도는 RPS와 FIT결합으로 공급의무자(RPS)를 시행하면서 고정가격으로 재생에너지를 일정기간동안 거래하는 제도를 뜻하고 있다. 소기업과 대기업의 격차를 고려하여 규모를 나누어 적용하고 있어 형평성 문제를 해결하고자 했고 발전비용이 감소할수록 발전단가를 점차 감소시키는 형태로 운영되기 때문에 FIT의 고정단가 문제도 해소할 수 있다. 하지만, 대규모 발전소에 비해 소규모 발전소의 발전단가가 높은데 한국형FIT제도를 통한 지원은 소규모 태양광 발전사업자는 경쟁력 및 수익보장이 가능하지만, 국가 전체적으로 전기비용이 상승할 수 있다. 또한 신재생에너지 발전 시설의 발전수명을 예측하기 힘들어 발전수명과 계약기간이 상이한 단점을 가지고 있다.

- 토론질문 1: 재생에너지 보급확대를 위해서 필요한 공급 정책은 무엇인가?, 수요자 입장과 RE100 실현을 위해서는 적당한 정책은 무엇인가?
- 토론질문 2: 새로운 보급 확대를 위한 새로운 유인/강제 정책에 대한 방향성과 아이디어

□ 토론3: 협동조합의 신재생에너지에서 효과성

재생에너지 분야에서 협동조합의 수는 지속적으로 증가하고 있다. 특히, 조합원 출자를 통해 태양광 발전시설을 설치 운용하여 수익금을 배분하는 조합 사례가 많이 발생한다. 협동조합은 5인 이상의 구성원이 모이면 설립할 수 있으며 정관에 의한 배당하되, 배당액의 50% 이상을 이용실적 배당(협동조합에 활동한 만큼 측정하여 배당)하여 이용자의 이익을 보호하게 되어있다.

협동조합은 재생에너지 발전을 추진하고 지역 및 시민이 참여하는데 주요한 역할을 하고 있다. 조합원(시민, 주민 등)이 모여 발전소를 설치, 운영, 유지보수, 발전수익 배분 등 협력할 수 있는 주요 조직의 형태이다. 협동조합을 통한 재생에너지 참여로 생산과 소비 형태로 역할을 수행할 수 있으며, 지역사회 에너지 자급도 상승, 지역경제 활성화 등을 실현할 수 있는 수단이 될 수 있다.

하지만, 협동조합은 참여하는 자와 참여하지 않는자에 대해서 갈등이 발생할 우려가 있다. 그리고 협동조합에 참여하기 위해서는 초기 자금이 필요하다는 문제점이 있다. 출자금에 따른 배당에 대해서 참여하는 조합원 더 나아가 지역에 갈등을 초래할 가능성이 있다. 또한 협동조합 역시 하나의 사업주체로서 기술적 전문성과 지식이 요구되며 운영에 있어서

정치적 지원이 필요로 하여 지역마다 큰 격차를 발생시킬 수 있다.

- 토론질문 1: 협동조합은 신재생에너지 보급과 에너지 분권에 도움이 되는가?
- 토론질문 2: 협동조합 외 신재생에너지 시민/지역 참여와 유인을 위한 아이디어

참고문헌

고석배·손성용 (2018). 에너지 프로슈머를 위한 거래기반 에너지 관리기술 동향분석. 한국정보전자통신기술학회논문지,11(1). 45−53.

고재경·김성욱 (2019) 공동체 에너지 시민참여와 확산은 어떻게 이루어지는가?: 재생에너지 협동조합을 중심으로. 한국지역개발학회지, 31(5), 73−98.

기획재정부, 함께일하는재단 (2013). 협동조합을 활용한 일자리 및 복지 개선방안 연구.

김민경·이윤해 (2018). 에너지 프로슈머, 새 전력수급 주체로 분산자원 중개시장 이용해 활성화 필요. 서울연구원, issue paper, 2017−OR−27.

김봉주·김건식 (2013). 신·재생에너지 공급의무 제도의 운용 현황과 과제. 입법조사처, 이슈와 논점, 753호.

김운수 (2012). 신재생에너지 공급의무화제도 시행에 따른 서울형 햇빛발전지원제도 도입방안연구. 서울시정개발연구원.

김현제 (2018). 에너지부문의 공유경제. 에너지경제연구원 수시연구보고서, 1−72.

김홍장 (2021). [전문가 칼럼] 제3자 PPA 한계 도달⋯ 직접 PPA로 보완 필요. Electric Power, 15(2). 93.

박진희 (2013), 시민참여와 재생가능에너지 정책의 새로운 철학: 독일 에너지 전환 정책 사례를 토대로. 환경철학, 16, 159−188.

산업통상자원부 (2018). 소규모 태양광 발전사업자를 위한 한국형 발전차액지원제도(FIT) 본격 시행. 보도자료.

산업통상자원부 (2019). 제3차 에너지기본계획.

산업통상자원부 (2021). '21년 하반기부터 제3자(발전사업자−판매사업자−전기사용자) 간 전력거래계약을 통한 재생에너지 구매가 가능해진다!. 보도자료.

산업통상자원부 (2022). "직접PPA 제도 도입으로 기업들의 재생에너지 구매 선택 폭이 넓어진다". 보도자료.

에너지경제연구원 (2015). 국내외 에너지협동조합 확대사례와 시사점. ENERGY FOCUS 여름호, 105−123

에너지경제연구원 (2021). 에너지통계연보.

연제홍 (2022). 한국 신·재생에너지 산업의 생산과 소비의 특성에 관한 연구. 국내석사 학위논문 공주대학교 일반대학원.

윤순진·심혜영 (2015), 에너지전환을 위한 전략적 틈새로서 시민햇빛발전협동조합의 가능성과 제도적 한계, 서울시를 중심으로. 공간과사회, 25(1), 140－178.

이상훈·윤성권 (2015), 재생에너지 발전설비에 대한 주민수용성 제고방안. 환경법과 정책, 15, 133－16.

이유수 (2016). 에너지 프로슈머 활성화를 위한 제도개선 방안 연구. 에너지경제연구원 수시연구보고서, 1－93.

이유수 (2016). 에너지 프로슈머 활성화를 위한 제도개선 방안연구. 에너지경제연구원, 수시연구보고서, 16(11).

최광식 (2018). 에너지 탈집중화 (Decentralization) 와 원자력. 원자력산업, 38(7), 30－44.

최승국·최근희. (2018). 에너지전환을 위한 에너지협동조합 활성화 방안. 도시행정학보, 31(3), 65－84.

한국에너지공단 (2020). 에너지 첫걸음.

Beatley, T. (2007). Envisioning solar cities: Urban futures powered by sustainable energy. Journal of Urban Technology, 14(2), 31－46.

Draheim, G. (1952). Die Genossenschaft als Unternehmungstyp. Göttingen.

European Commission (2017). Study on 'residential prosumers in the european energy union.

Jacobs, S. B. (2016). The energy prosumer. Ecology LQ, 43, 519.

Munkner, H. (1992). A possible ICA development strategy for next decades. ICA-Review of International Co－operation, 85, 81－8.

제11장

에너지전환과 시민

•

김민정

에너지전환과 시민

·

김민정

Ⅰ. 에너지전환에 있어 '시민'이 갖는 의미는 무엇인가?

전 세계적으로 화석연료와 원자력 기반의 에너지 공급체계에서 재생에너지 이용과 같은 지속가능한 방법의 공급체계로 변화시키고자 하는 '에너지 체제 전환(transition of energy system)'에 관한 논의가 활발하게 이루어지고 있다. 에너지전환(Energy Transition)은 에너지 산업 육성, 에너지 간 믹스(mix) 최적화, 저효율 소비구조 개선, 전력생산 과정에서 시민의 참여를 도모하는 에너지 민주화 등의 내용을 포괄하여 에너지 관련 분야 전반의 혁신을 포괄하고 있다(대한민국 정책브리핑, 2020). 우리나라의 경우, 재생에너지 발전 비중을 2030년까지 20% 수준, 2040년까지 30~35% 수준으로 향상하겠다는 목표를 가지고 있다.

그렇다면 우리 사회는 왜 에너지전환을 하고자 하는 것일까? 이에 대해서도 관점에 따라 에너지전환의 목적을 다양하게 설명할 수 있겠지만, 종합해보면 크게 3가지로 정리해볼 수 있다. 첫 번째로, 에너지전환은 전력, 난방, 운송에 있어 지속가능한 에너지 공급 실현을 목적으로 한다. 이때 '지속가능한 공급'은 현재와 미래를 위해 필요한 에너지를 충분히 공급하면서도 환경과 자원을 무리하게 소진하지 않는 방법에 대해 고려하겠다는 것이다 (Eichelbrönner, et al., 1997). 두 번째로, 에너지전환은 에너지 분야의 탄소배출량을 감소시켜 기후변화에 대응하고자 한다. 우리나라 온실가스 배출량의 정점이었던 2018년을 감축목표 설정을 위한 기준연도로 삼아, 2030년까지 온실가스 배출량을 35% 이상 감축하겠다는 '2030 국가온실가스 감축목표(NDC)'를 수립하였고, 현재 이를 달성하기 위한 노력 중에 있다(2050 탄소중립녹색성장위원회, 2022). 세 번째로, 에너지전환은 결국 사람을 위한 것이기 때문에 사회적·윤리적 차원의 관점에서, 그리고 통시적인 관점에서 분배정의를 고려한다. 에너지가 모든 국가에 평등하게 분배되는 것은 불가능하기 때문에 이로 인해 초래되는 에너지 빈곤 문제와 에너지 공급의 불평등 문제 등을 고려하는 것이다(Armaroli, et al., 2011). 또 이뿐만 아니라 현재의 세대가 사용하는 에너지만 생각하는 것이 아닌, 다음 세대가 사용할 수 있는 에너지의 양을 고려하는 것 또한 중요한 문제라 할 수 있다(Schlör, et al, 2015).

그렇다면 이러한 에너지전환에 있어 '시민'이 갖는 의미는 무엇일까? 일반적으로 시민은 정책영역에서 정책행위자로서 그리고 정책대상집단으로서 하나의 중요한 주체로 논의된다. 에너지전환에서도 마찬가지로 '시민'은 주체적인 정책행위자로서의 의미가 있고, 지지와 협력 또는 갈등의 대상이 되기도 하는 정책대상집단으로서의 의미가 있으며, 나아가 에너지 공급자로 거듭날 가능성을 지닌 대상이라는 점에서도 의미가 있다. 특히, 에너지 문제에 있어서 시민은 관심과 실천(예: 에너지 절약 등)의 측면에서도, 생활(예: 에너지 소비, 비용지불 등)의 측면에서도, 그리고 관련 문제의 인식과 수용성 측면에서도 시민과 가까이 맞닿아 있어 더욱 중요하게 다뤄진다.

앞서 <제1부. 에너지전환정책과 가치체계>를 구성하는 단원들에서도 '시민'과 연관된 내용을 찾을 수 있었을 것이다. <제1장. 에너지전환과 역사>에선 전체 단원의 핵심을 요약하며 시민들의 지지와 협력이 성공적인 에너지전환의 요인이 되었음을 언급하였다. 이어 <제2장. 에너지전환과 민주주의>에서는 에너지 민주주의와 시민참여의 다양성을 '소비자로서의 참여·직접적 참여·대표자의 참여'로 구분하여 소개하였고, 에너지 민주주의의 판단 기준 중 하나로 '민주화 및 시민참여'를 언급하였다. <제3장. 에너지전환과 에너지정의>와 <제4장. 에너지전환과 아이디어: 이념과 가치>, 그리고 <제5장. 에너지전환과 공정> 단원에서는 에너지 복지의 측면에서, 그리고 인간의 존엄성 측면에서 시민사회가 지향하는 가치에 대해 함께 생각해 볼 수 있도록 하였다. <제2부. 에너지전환정책과 거버넌스>에서는 거버넌스를 구성하는 요소별로 단원이 구성되어 있다. 그 중 <제6장. 에너지전환과 거버 넌스>에선 에너지 거버넌스 대두 배경과 함께 '에너지 시민성(energy citizen- ship)'을 설명하며 거버넌스의 대표적인 특질에 있어서도 가장 첫 번째로 '시 민참여'를 언급하였다.

에너지를 필요로 하고, 생산하고, 사용하는 과정에 '사람'이 있고, 결국 사람이 핵심적인 존재가 되기 때문에 에너지전환에 있어서 시민이 갖는 의미 는 에너지정책의 근본적인 목적과 긴밀한 연관성을 지닌다. 또한 정책행위자 로서도, 정책의 대상 집단으로서도 시민은 중요한 의미가 있다. 본 단원에서 는 시민사회영역으로 통칭되는 부분에 대해 개념적으로 정리하고, 시민참여 에 대한 이론을 기초로 하여 에너지전환과 시민참여에 대한 주제를 고찰해보 고자 한다.

Ⅱ. 시민사회의 개념화

1. 거버넌스와 시민

<제2부. 에너지전환정책과 거버넌스>에서는 <제6장. 에너지전환과 거 버넌스>를 시작으로, 지금까지 <제7장. 에너지전환과 제도변화>, <제8장. 에너지전환과 정부역할>, <제9장. 에너지전환과 정책수단>, <제10장. 에 너지전환과 조직>에 관한 내용을 살펴보았다. 제11장에 해당하는 이번 단원 은 에너지전환 정책과 거버넌스를 구성하는 마지막 부분으로, '시민'에 관한 내용을 다뤄보고자 한다. <그림 11-1>은 Lange(2018)가 제시한 거버넌스 모형으로, 거버넌스를 구성하고 있는 주체와 요소를 종합하여 도식화한 것이 며, 지금까지 다루었던 각 주체를 함께 확인할 수 있다.

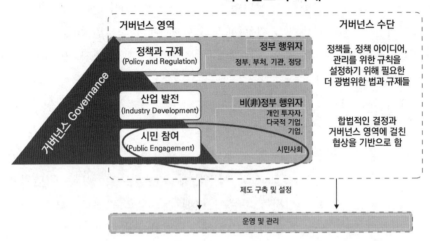

그림 11-1 거버넌스의 이해

자료: Lange, et al. (2018) 번역 및 재구성

　　본 장에서는 <그림 11-1>에 ○로 표시한 시민참여(public engagement)
와 시민사회(civil society) 영역에 관한 내용을 중점적으로 다루고자 한다. 연구
의 주제나 범위에 따라 '시민' 또는 '시민사회'를 일컫는 범위에도 차이가 있
다. '시민' 또는 '시민사회'는 넓은 범위에서 공공부문과 민간부문을 제외한 나
머지 부문을 지칭하고자 하거나 비영리조직(NGO, NPO 등)을 포함한 일반시
민을 지칭하고자 하는 경우, 그리고 시민과 공동체를 지칭하고자 하는 경우
등과 같이 다양하게 정의된다. 본 단원에서는 포괄적이고 사회적인 차원으로
볼 수 있는 '시민사회'에 관한 부분과 조직적인 차원으로 볼 수 있는 '비영리
조직'에 관한 부분, 그리고 개인적인 차원으로 볼 수 있는 '시민'에 관한 부분
으로 구분하여 살펴보고자 한다.

2. 사회적 차원: 시민사회

앞서 시민은 정책행위자로서 그리고 정책 대상 집단으로서 하나의 중요한 주체로 논의됨을 언급한 바 있다. <그림 11-1>에서도 살펴볼 수 있다시피 정부와 정책의 영역, 즉 공공의 영역(public sector; state actors)이 아닌 부분을 민간의 영역(private sector; non-state actors)으로 볼 수 있고, 그 민간의 영역은 다시 산업·기업, 다국적 기관, 투자기관 및 투자자 등과 같은 이익 추구의 영역과 자원조직(VO)·공동체 기반 조직(CBO)·시민운동조직(CMO) 등과 같이 공익을 지향하며 활동하는 비영리 영역(non-profit sector)으로 분류할 수 있다. 본 단원에서 중점적으로 살펴보고자 하는 부분은 가치와 공익을 지향하는 비영리 영역으로, 비영리 부문(nonprofit sector), 시민사회(civil society) 또는 시민사회영역, 제3섹터(The third sector) 등으로 통칭되는 부분에 해당한다.

시민사회는 정부나 기업 등의 권력이 아닌 시민들이 자발적으로 모여서 협력하고, 공동의 문제를 해결하며, 사회적 변화를 추진하는 방식으로 기능한다. 그렇기 때문에 보다 민주적이고 평등하며, 자유롭고 공정한 사회를 구현하기 위한 노력이 강조된다. 시민사회는 일반 시민의 참여와 노력으로 이루어지며, 시민들의 자발적 참여를 통해 문제를 해결하고, 정책을 제안하며, 사회적 변화를 이끌어내는 데 기여한다. 시민참여의 과정에서 같은 목적을 두고 있는 시민들이 모여 조직화 되면서 다양한 형태의 조직이 생겨나게 되는데, 대표적으로 비영리조직을 생각해볼 수 있다.

시민사회나 비영리조직을 설명하거나 분석 대상으로 삼은 선행연구를 살펴보면, 조직의 운영형태나 조직의 설립 주체 또는 해당 조직의 활동 기반 등을 기준으로 다양하게 분류·정의하고 있다. 이렇게 비영리조직을 가리키는 유사 용어를 정리해보면 다음 <표 11-1>과 같다.

표 11-1 시민사회·비영리조직을 가리키는 유사 용어 정리

기준	유사 용어
조직의 형태	비영리조직 (NPO: nonprofit organization) 비정부조직 (NGO: non-government organization) 공익법인 (PIC: public interest corporation) 시민사회단체 (CSO: civil society organization) 자선단체 (CO: charitable organization) 자원조직 (VO: voluntary organization) 자발적결사체 (voluntary association)
설립 주체	기업 설립 NGO (BONGO: business-organized NGO) 원조자 설립 NGO (DONGO: donor-organized NGO) 정부 설립 NGO (GONGO: government-organized NGO)
시민· 공동체 기반	커뮤니티 기반 조직 (CBO: community-based organization) 커뮤니티 자원 조직 (CVO: community voluntary organization) 풀뿌리 조직 (GRO: grass-roots organization) 시민운동조직 (CMO: civil movement organization)

자료: 김민정(2020)

<표 11-1>에서 정리하고 있는 유사 용어 이외에도 준자율적 비정부조직(유사 NGO, quasi NGO)이나 국제 NGO 등과 같이 다양한 용어가 혼용되고 있다. 또 국내에서 시민사회에 관한 논의에서 자주 함께 언급되는 사회적기업이나 협동조합 등을 생각해 볼 수 있는데, 이러한 조직들은 일반적인 비영리조직이 가진 특성과는 차이가 있으나 정부가 비영리조직을 육성하고 활성화하고자 도입하는 제도의 측면에서는 맥을 같이 하거나 유사한 부분이 있다. 이에 관한 내용은 앞서 <제10장. 에너지전환과 조직>에서 설명하였으므로, 본 단원에서 논의하는 '시민사회 또는 시민'은 '일반시민'과 그들이 연대하여 활동하는 '비영리조직'에 국한하고자 한다.

3. 조직적 차원: 비영리조직

시민사회 안에서 시민들이 더 큰 목표를 가지고 자발적으로 모여 조직화되면서 다양한 형태의 조직이 생겨나게 되는데, 대표적으로 비정부조직(NGO, non-government organization)과 비영리조직(NPO, non-profit organization)을 들 수 있다. 비영리조직은 사회적 문제 해결을 위해 다양한 분야에서 활동을 전개하며 공익적인 목표나 가치를 실현하고자 한다.

Gordenker와 Weiss(1996)는 전 지구적 차원의 과제에 관해 관심을 두고 국제적인 비영리조직들을 주로 연구하면서, 비영리조직을 역할 및 목적에 따라 ① 활동적 비영리조직, ② 교육적 비영리조직, ③ 옹호적 비영리조직으로 분류하였다. Salamon(1999)은 비영리조직이 기여하는 부문을 기준으로 ① 서비스 제공, ② 가치의 수호, ③ 권리옹호와 문제 인식, ④ 사회자본 형성으로 분류하였다. 이와 같은 분류는 비영리조직에서 추구하는 미션과 비전, 그리고 이를 달성하고자 주력하는 사업을 기준으로 구분하면 좀 더 쉽게 이해할 수 있다. 예를 들어, 에너지전환에 관한 비영리조직의 활동에 있어서, 직접적인 서비스를 제공하는 것에 주력하는 조직이 있고, 에너지전환의 필요성과 의미를 전파하고 교육하는 것에 집중하는 조직이 있을 것이다. 이처럼 에너지전환이라는 주제는 동일하나, 각 조직의 목적에 따라 서로 다른 방식으로 활동(사업)이 전개될 수 있다.

Frumkin(2002)은 비영리조직의 활동 및 기능을 수요와 공급, 도구적 합리성과 표현적 합리성에 따라 4가지로 구분하여 설명하였다. 이에 따른 활동 및 기능은 ① 서비스 전달(수요 - 도구적 합리성), ② 사회적기업가정신(공급 - 도구적 합리성), ③ 시민·정치적 참여(수요 - 표현적 합리성), ④ 가치·신념(공급 - 표현적 합리성)으로 구분된다. 이 또한 에너지전환과 연결하여 생각해보면, 에너지 전환정책의 시행에 있어서 정부실패나 시장실패에 대한 대응 목적 또는 필요한 서비스를 제공하는 차원의 활동이나 에너지 관련 분야의 사회적기업 신설 및 활성화를 위한 지원 등이 Frumkin(2002)이 제시한 내용 중 '서비스 전달'과 '사회적기업가정신' 측면의 기능에 해당한다고 볼 수 있다. 또한 정치적 과정에의 시민참여나 옹호 활동(advocacy), 환경 및 에너지 분야에 관한 자원봉사활동 등은 '시민·정치적 참여'의 기능과 '가치·신념'의 기능에 해당하는 사례로 볼 수 있다.

이외에도 UN(2006)이 제시한 국제 비영리조직의 분류방식(ICNPO)은 주제 영역을 기준으로 하고 있는데, 이렇게 주제 영역에 따라서 비영리조직을 분류

하는 것은 행정안전부가 추진하는 '비영리민간단체 공익활동 지원사업' 등에
서 제시하는 기준과 유사하다. 일반적으로 에너지에 관한 주제는 '환경'의 영
역에서 다뤄지지만, 관련 사업(활동)의 내용에 따라 '개발·주택'이나 '국제적
활동' 등의 영역에서 다뤄지기도 한다. 지금까지 살펴본 내용을 종합하여 비
영리조직의 유형을 정리해보면 다음 <표 11-2>와 같다.

표 11-2 비영리조직 유형 분류

연구자	기준	비영리조직 유형
Gordenker & Weiss (1996)	역할 & 목적	① 활동적(operational) 비영리조직 ② 교육적(educational) 비영리조직 ③ 옹호적(advocacy) 비영리조직
Salamon (1999)	기여 부문	① 서비스 제공 ② 가치의 수호 ③ 권리 옹호와 문제 인식 ④ 사회자본 형성
Frumkin (2002)	기능 & 역할	① 서비스 전달(service delivery) ② 사회적기업가정신(social entrepreneurship) ③ 시민·정치적 참여(civic and political engagement) ④ 가치와 신념(value and faith)
국제 비영리조직 분류방식 (ICNPO)	활동 분야	① 문화·레크리에이션, ② 교육·연구, ③ 건강, ④ 사회 서비스, ⑤ 환경, ⑥ 개발·주택, ⑦ 법·지지·정치, ⑧ 자선조직·자원봉사 활성화, ⑨ 국제적 활동, ⑩ 종교, ⑪ 기업 및 직업단체·노동조합, ⑫ 기타
행정안전부 (2018)	활동 분야 & 주제	① 사회통합, ② 사회복지, ③ 시민사회 활성화, ④ 자원봉사·기부, ⑤ 민생경제 및 문화·관광, ⑥ 생태·환경, ⑦ 국가안보 및 평화증진, ⑧ 사회안전, ⑨ 국제교류
행정안전부 (2022)	활동 분야 & 주제	① 사회통합, ② 사회복지, ③ 시민사회, ④ 탄소중립 및 생태환경, ⑤ 평화증진 및 국가안보, ⑥ 사회안전, ⑦ 국제교류 협력

자료: 김민정(2020) 일부 활용

3. 개인적 차원: 시민

본 단원에서는 거버넌스를 구성하는 주체로서의 '시민'을 개념화하는 데 있어, 일반시민과 그들이 연대하여 활동하는 비영리조직으로 국한하여 설명하고자 하였다. 에너지전환과 관련된 비영리조직의 역할과 활동을 효과적으로 이해하기 위해 비영리조직의 유형을 구분한 선행연구에 기초하여 정리해 보았다. 이번에는 좀 더 개별화된 사람, 즉, 일반 사람이나 (일반)시민으로 통칭되는 대상에 대해 살펴보고자 한다. 본 단원을 시작하며 언급한 바와 같이 에너지를 필요로 하고 필요에 따라 생산과 공급을 하면서 에너지를 사용하는 그 모든 과정에 '사람'이 있다. 이들이 그저 한 명의 사람으로 여겨지거나 개개인으로 불리는 것이 아닌 '시민'으로 명명된다는 점에서, 먼저 시민에 관한 개념을 살펴보고자 한다.

시민(citizen)은 국가 구성원으로서 정치적 권리를 가지고 있는 주체를 의미하며, 고대 그리스에서 도시국가의 참정권을 가진 계급을 지칭하는 것에서 출발해 민주주의의 발전과 더불어 시민의 개념 범주 또한 확장되었다. 시민에 관한 개념을 설명하는 3가지 요소로는 시민 지위, 시민권, 시민성이 있다(김영인 외, 2017). 시민 지위와 시민권은 형식적 차원에서, 그리고 시민성(시민 자질)은 내용적 차원에서의 개념이라 볼 수 있다. 이 중 첫 번째, 시민 지위는 국가의 법이 정하는 바에 따라 주어지는 구성원의 자격을 의미한다. 두 번째, 시민권은 시민으로서 지니는 권리와 의무, 특히 국가 구성원으로서 국정에 참여할 수 있는 권리를 말한다. 시민성은 시민으로서 갖추어야 할 시민의식, 참여와 책임, 실천 행동 등을 내포하며, 개인의 품성과 자질을 가리키는 인간성과는 구별된다. 시민 지위와 시민권이 형식적이고 제도적인 차원에서의 개념이라면, 시민성(citizenship)은 시민으로서 갖추어야 할 자질을 일컫는 것이므로, 노력을 통해 획득해야 하는 부분이라 볼 수 있다. 시민성은 사회적 구성 개념이나 정치공동체, 시민사회 전반과 직결되는 개념이기 때문에 시민사회와 시민사회를 구성하는 개념의 특성 등에 따라 다르게 규정될 수 있으며, 공적인 성격을 지닌다.

Bennett(2008)은 국가가 요구하는 의무와 책임을 다하는 의무적 시민성

(dutiful citizenship)과 개인적 목표와 자아실현 욕구에 기초하여 사회적 연대를 실천하는 자기실현적 시민성(actualizing citizenship)을 구분하여 제시하였다. Dalton(2008)은 시민성을 의무적 시민성과 관여적 시민성으로 구분하며, 시민에게 전통적이고 규범적으로 요구되어왔던 사회·정치적 의무(예: 납세, 국방, 투표 등)를 의무적 시민성으로 정의하였고, 좀 더 적극적으로 정치참여를 하고, 타인을 돕는 연대활동 및 자율성이 강화된 부분을 가리켜 관여적 시민성으로 정의하였다(이선미, 2016; 진보미, 2017; 임동균, 2021). 에너지전환과 시민을 주제로, 시민이 수행해야 하는 역할에 관해 생각해본다면, 이미 부여받은 지위나 권리에 해당하는 부분보다는 시민이 직접 행동하고 실천하는 노력을 통해 획득하고 만들어가야 하는 '시민성'에 관한 부분에 대해 더 주목하게 된다. 의무적인 시민성과 실현적·관여적 시민성은 에너지전환에서 어떻게 살펴볼 수 있을까?

에너지전환에 있어 의무적 시민성이 발현되는 모습은 어떠할지 떠올려보면, 시민이 '에너지전환'을 에너지전환정책을 이행하고 구현하기 위한 하나의 의무적인 과정이라 여기고 그 절차를 존중하는 사례를 생각해 볼 수 있다. 이 부분은 규범적으로 받아들이고 과정에 따른다는 점에서 실현적·관여적 시민성에 비해 수동적으로 느껴질 수 있다. 반면 시민이 비판적인 관점으로 감시하고 관찰하는 역할을 수행하면서 정치적 과정이 잘 추진될 수 있도록 기여하는 것, 또는 더 많은 시민이 에너지전환정책에 관해 관심을 가지고 참여할 수 있도록 유도하는 것을 통해 시민성이 발휘되는 상황도 생각해볼 수 있다. 이는 관여적 시민성에 해당하며, 관여적 시민성에서 실천하는 행태 중 '참여'가 강조된 형태에 해당한다고 볼 수 있다. 만약 연대가 더 강조된 형태라고 한다면, 불평등한 조건이나 에너지 빈곤에 대한 문제를 고민하고 에너지 빈곤에 놓인 대상을 지원하는 것을 예로 들 수 있겠다.

시민성의 개념이 공간 차원(세계, 국가, 지역사회, 학교 등)으로도, 영역 차원(환경, 경제, 정치, 사회 등)으로도, 능력 차원(지식, 태도, 기술 등)으로도 다차원적인 특성을 지닌 만큼 상황에 따라 요구되거나 발휘되는 정도 또한 매우 다양하다. 지금까지 시민사회와 비영리조직, 그리고 시민에 관한 개념을 정리하면서 에너지전환과 연결지어 생각해보았다. 시민이 갖추어야 할 자질에 대한 부분이 다양한 형태의 시민 활동으로 연결되고 구현될 수 있다는 점에 대해서도 함께 다루었다. 이러한 내용을 바탕으로 에너지전환 과정에서 시민참여를 어떠한 형태로 도모할 수 있을지에 대해 좀 더 구체적으로 살펴보고자 한다.

Ⅲ. 에너지전환 과정에서의 시민참여

에너지전환은 전력생산 과정에서 시민의 참여를 도모하는 에너지 민주화 등의 내용을 포괄하여 에너지 관련 분야 전반의 혁신을 포괄하고 있다. 정책적·제도적 차원에서 시민참여 과정을 계획하고 추진하는 상황을 가정해보면, 먼저 여러 참여유형(방법) 중 어떠한 방식으로 시민을 참여시킬지에 대해 고민해볼 수 있을 것이고, 더불어 얼마만큼 참여시킬 것인지에 대해서도 고민이 필요할 것이다. 각 정책사업을 통해 달성하고자 하는 정책목표가 무엇인지에 따라 그에 맞는 시민참여의 유형과 참여 기회에 관한 전략을 수립할 수 있다. 시민참여의 유형 및 방법에는 중앙정부 또는 지방정부 차원의 공모사업(지원사업) 참여, 시민의 자발적 참여나 마을공동체 단위의 정책적 활동(예: 주민자치 활동, 에너지 자립을 위한 지역 기반 사업 모델 운영 등) 추진, 시민 의견 수렴(적극적 참여, 소극적 참여), 민관협력(PPP, Public Private Partnership), 공공－비영리 부문 간 협력(PNP, Public－nonprofit partnership) 등과 같이 다양한 방법으로 추진될 수 있다.

1. 시민참여의 유형

지금까지 시민사회 영역과 비영리조직, 그리고 시민에 관해 개념화하면서 에너지전환에서 시민사회를 구성하는 각 주체를 어떻게 유형화할 수 있고, 그들은 어떠한 역할을 수행하는지에 대해 알아보았다. 정리한 내용을 참고하여, 지금부터는 Arnstein의 주민참여이론을 통해 어떻게 효과적으로 시민참여(Citizen participation)를 도모할 수 있을지에 대해 고찰해보고자 한다.

1960년대 미국에서 주민참여 수석자문관으로 업무를 수행한 Arnstein은
당시 추진된 도시 만들기 사업(Model Cities Program) 등을 진행하면서 공동체
단위의 정책사업들이 주민주도 하에 진행되도록 하였다. 그는 정책의 추진과
정을 지켜보며 공공정책에 관한 주민참여가 어떻게 왜곡되는지, 진정한 주민
참여는 무엇인지 등에 대해 심층적으로 고민하게 되었고, 그 고민의 결과를
1969년에 '주민참여의 사다리(A Ladder of Citizen Participation)'로 표현하여 발
표하였다. 현재까지도 주민참여·시민참여에 있어서 대표적으로 언급되는 이
론인 Arnstein(1969)의 주민참여이론은 주민에게 부여되는 권한에 따라 주민참
여·시민참여의 단계를 크게 3가지로 구분하였다. 첫 번째는 주민에게 아무런
권한이 없는 비참여 단계(Nonparticipation), 두 번째로는 명목적·형식적 단계
(Degrees of tokenism), 세 번째로는 주민에게 실질적 권한이 주어진 시민 권력
단계(Degrees of citizen power)이다. 이 3가지 단계를 다시 8가지 단계로 세분
화하여 구분해, 한 단계씩 딛고 올라갈 수 있도록 만들어진 사다리의 가로대
로 표현하였다. 그 8가지 단계는 ① 주민 조종·조작(Manipulation), ② 주민 치
료·교정(Therapy), ③ 정보제공·고지(informing), ④ 의견수렴·상담·자문
(Consultation), ⑤ 회유·명목적 의사결정 참여(Placation), ⑥ 공동협력·파트너
십(Partnership), ⑦ 권한 위임(Delegated power), ⑧ 주민자치·시민 결정(Citizen
Control)에 해당한다. 이를 도식화하여 살펴보면 <그림 11-2>와 같다.

그림 11-2　Arnstein(1969)의 주민참여 사다리 모형

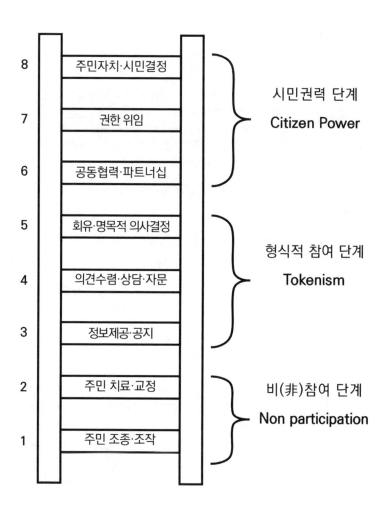

각 단계의 내용을 핵심적으로 정리해보면 아래의 <표 11-3>과 같다.

표 11-3 Arnstein(1969)의 주민참여 사다리 모형의 내용

참여의 단계		내용	참여 형태 (예시)
비참여	조종, 조작 (Manipulation)	행정기관과 주민이 상호관계를 맺는 것 자체에 의의를 두는 수준의 참여	주민을 교육, 설득하거나 일방적으로 지시, 전달함
	치료·교정 (Therapy)	행정기관이 책임회피를 위해 하는 조치, 정책 결정에선 배제하고 책임만 전가	회의 등에 주민을 참여시키나, 결정권은 없음
형식적 참여	정보제공·고지 (informing)	행정기관이 주민에게 일방적으로 정보를 제공하는 것	정보제공 및 안내 사항을 통보함
	의견수렴·자문 (Consultation)	정책에 관한 권고나 의견제시의 기회는 있으나, 형식적 과정에 중점을 둠	공청회, 심의회 등을 통해 정책적 의견제시
	명목적 의사결정 (Placation)	주민참여 기회와 의견제시 기회 존재, 행정이 결정한 범위 안에서 참여 허용	행정이 결정한 범위 내에서 참여와 의견제시
시민권력	공동 협력 (Partnership)	최종결정권은 행정기관에게 있으나, 주민들의 주장 역시 영향력이 있는 단계	주민과 행정기관 간 회합, 상호 주장/설득
	권한 위임 (Delegated power)	정책 결정에 주민들이 권력을 가지고 참여하며, 계획 수립·실행에 영향력 행사	주민에게 권한이 부여되어, 주민과 정책 결정, 협상
	주민자치 (Citizen Control)	주민이 위원회 등을 통해 행정을 실제로 지배하며 완전한 자치를 실현하는 수준	주민이 정책 결정에 있어 주도권 지님, 주민자치

자료: Arnstein(1969)를 바탕으로 재구성

첫 번째로, 주민에게 아무런 권한이 없는 비참여 단계(Nonparticipation)에는 주민 조종·조작(Manipulation)과 주민 치료·교정(Therapy)이 해당 된다. 주민 조종과 주민 교정은 각 기득권의 목적을 달성하기 위한 과정으로 참여적인 성격이 아닌 피동적인 성격을 지닌다고 볼 수 있다. 두 번째, 명목적이고 형식적인 단계(Degrees of tokenism)로는 정보제공·일방적 고지(informing), 의견수렴·상담·자문(Consultation), 회유·명목적 의사결정 참여(Placation)가 해

당 된다. 이는 주민들을 대상으로 정보를 전달하거나 의사를 확인한다는 점에서는 참여적인 부분이 있으나, 일방적으로 전하거나 요식적으로 의견 수렴하는 과정 또는 주민 회유나 명목적인 수준의 의사결정 참여라는 점에서 제한된 참여 형태라 볼 수 있다. 세 번째, 시민 권력 단계(Degrees of citizen power)는 실질적으로 주민에게 권한이 부여되는 것으로, 주민과 기득권이 협력 관계로서 정책에 대한 계획 및 의사결정에 관한 책임을 공유하는 것(Partnership), 주민이 정책에 관한 결정 권한을 위임받아 결정하는 것(Delegated power), 그리고 정책에 관해 주민자치가 구현되는 것(Citizen Control)이 해당한다(강세진, 2020; 이승종 외, 2018; 김성균 외, 2016).

시민참여의 단계에서 '비참여'에 해당하는 단계는 주체를 달리하여 생각해보면 '관(官) 주도형'이라 볼 수 있다. 즉, 공공부문이 주도하는 것으로, 행정기관이 정보를 제공하며 주민을 설득하거나 홍보하는 방식의 과정이 여기에 해당한다. 이 과정에서 주민의 참여나 피드백 등은 이루어지지 않는다. 에너지전환에 관한 문제에 있어서 지역 주민들이 무관심하거나 적극적으로 해결하고자 할 의지가 없는 경우, 해당 지역의 공공기관이 주민참여의 필요성이나 중요성을 인식하지 못하거나 회피하고자 하는 경우, 이러한 비참여 단계에 머무는 사례를 발견할 수 있다.

'형식적 참여'의 단계에서는 아예 참여하지 않는 것보다는 진전이 있으나 여전히 공공부문의 정보와 주도가 주를 이루는 형태라고 볼 수 있다. 주민들에게 단순한 정보를 전달하거나 주민을 대상으로 한 조사를 시행하는 형태로 나타나기도 하고, 주민들이 의견을 제시하거나 질문할 수 있는 창구가 마련되기도 한다. 지역 차원의 에너지 계획 수립 과정이나 주민수용성을 높이기 위한 에너지정책심의회 등에 주민을 참여시키고 의견을 수렴하는 등의 사례가 이 단계에 해당한다. 지역 차원에서 시민참여형 에너지정책을 운영하는 과정에서 공론조사나 시민 의견수렴 등의 과정이 시민의 의견을 듣고자 하는 노력에 있어서는 중요한 의미를 지닌다고 볼 수 있으나, 한편으로는 피상적인 태도 및 선호 조사에 머무는 것이 아니냐는 비판을 받기도 한다.

'시민 권력' 단계에서는 주민이 주체가 되어 활동하고, 주민이 중요한 역할과 위치에 있어, 정책을 계획하고 추진하는 과정에서 중요한 의사결정을 행정과 시민이 함께하는 형태라 볼 수 있다. 특히 에너지전환에 있어서는 주민이 능동적이고 주체적인 참여자로서, 환경적 측면과 사회경제적 측면의 이슈들을 고려하여 해당 문제에 관한 해결방안을 함께 모색하고 적극적으로 실천하고자 하는 사례들이 이에 해당한다. 이상적으로 생각될 수 있으나, 실제로 <토론의 장>에서 제시하고 있는 '에너지슈퍼마켙' 사례를 포함하여 '철원 주민참여형 두루미 태양광 발전소[1]', '안산 에너지 비전 2030[2]' 등과 같은 국내 우수사례를 찾아볼 수 있다.

산업통상자원부(2023)[3]는 주민수용성을 개선하기 위한 노력의 일환으로 「주민참여사업 제도 개선방안」, 「탄소검증제 개편방안」, 「이격거리 규제 개선방안」을 제시하였다. 이 중 「주민참여사업 제도 개선방안」을 살펴보면, 주민참여비율 구간을 기존 2개 단계에서 4개 단계로 세분화[4]하여, 참여 유인을 확대하고자 한 부분을 확인할 수 있다. 이외에도 사업 규모나 발전원별 거리 기준 등에 따라 인근 주민에게 참여자격을 신규 부여[5]하거나 발전소 인접주민이 일정비율 이상(30%) 참여하도록 의무화하고, 인접주민에게 REC 가중치 수익 배분시 우대하는 방안 등을 제시하였다.

---

1) 에너지정보문화재단. (2020.11.26.). "에너지전환 우수사례: 철원 주민참여형 두루미 태양광 발전소. (https://blog.naver.com/energyinfoplaza/222155045509)

2) 에너지정보문화재단. (219.12.18.). "에너지전환 우수사례: 경기도 안산 에너지비전 2030. (https://blog.naver.com/energyinfoplaza/221741160166)

3) 산업통상자원부 보도자료. (2023.01.04.). "주민수용성 개선, 국내산업 육성을 통해 지속가능한 재생에너지 보급기반 조성– 산업부, ① 주민참여사업 개선방안, ② 이격거리 개선방안, ③ 탄소검증제 개선방안 논의"

4) 주민참여비율에 따른 주민참여 REC 부여 기준 개선:

현재		개선				
			REC 가중치			
주민참여 비율	REC 가중치	주민참여 비율	태양광 (이격거리 기준 미준수)	태양광 (이격거리 기준 준수)	육상풍력	해상풍력
		1%~2%	없음	없음	없음	0.075
2%~4%	0.1	2%~3%	0.08	0.10	0.10	0.15
		3%~4%	0.12	0.15	0.15	0.15
4% 이상	0.2	4% 이상	0.16	0.20	0.20	0.30

5) 송변전설비 인근 주민에 참여자격 신규 부여:

2. 에너지전환과 시민참여

에너지전환에 있어 시민참여를 확대하고 활성화하기 위한 노력은 각 국가의 상황과 특성에 따라 다양하게 이루어지고 있다. 독일의 경우, 설립되는 협동조합의 20% 정도가 에너지 관련 협동조합(Schröder & Walk, 2013)에 해당할 정도로 큰 비중을 차지하고 있고, 협동조합을 통해 에너지전환에 대한 시민참여를 확대하고 있다(심성희, 2019). 심성희(2019)는 독일의 협동조합을 통한 시민참여 확대와 지방정부 역할 제고가 에너지전환이 성공적으로 이루어질 수 있게 하는 국민적 지지를 확보하는 데 기여했다고 보았다. 독일 재생에너지 에이전시(Renewable Energies Agency)의 조사에 따르면, 국민의 95%가 재생에너지 확대를 지지하는 것(매우 중요함 65%, 중요함 30%)으로 나타났다. 재생에너지를 지지하는 시민의 신뢰가 에너지협동조합의 형태로 결속하게 되고, 시민을 에너지 소비자이자 에너지 생산자가 되도록 만들면서 더욱 빠른 속도로 성장하게 한 것이다.[6] 2006년 기준 8개에 불과했던 에너지협동조합이, 2010년에 272개, 2012년에 589개를 넘어서, 2016년 기준 831개, 2021년 기

발전원	현재			개선		
	용량	참여 범위		용량	참여 범위	
		거리기준	행정구역		거리기준	행정구역
태양광	500kW ~	반경 1km	읍면동	100MW 미만	반경 500m	읍면동
				100MW 이상		시군구
육상 풍력	3MW~			100MW 미만	반경 1km	읍면동
				100MW 이상		시군구
해상 풍력	3MW~	최근접 해안지점 반경 5km & 해안선 2km (최근접 해안 반경 내 섬 포함)	읍면동	어민	피해보상 대상 어민	—
				주민 100MW 미만	①발전소 반경 5km&해안선 2km(반경 5km 내 섬 포함)	읍면동
				100MW 이상	②송전선로 양륙지점	시군구
송변전	無			154~765V	송변전설비 일정반경 −345/600/765kV:송주법 준용* −154kV:기준신설**	행정리/통

*(345kV) 송700m 변600m (500kV) 송800m 변800m *765kV)송1,000m 변850m
**(154kV) 송500m qus400m

---

6) 선수현 기자. (2017.10.30.). "시민, 에너지 소비자에서 생산자 되다." 공감누리집(gonggam.korea.kr)

준 835개로 증가하였다. 독일협동조합·농협연합회(DGRV)는 2021년 기준 835개 에너지협동조합에, 20만 명의 회원을 보유하고 있으며, 재생에너지에 총 32억 유로를 투자해 2020년에는 약 8.8TWh의 청정 전기를 생성했음을 밝혔다. 이렇게 생성된 에너지로 전기 부문에서 약 300만 톤의 CO_2를 감축하였고, 18,000가구에 난방에 필요한 에너지를 공급함으로써 난방 부문에서도 약 11만 톤의 CO_2 감축을 실천하였다.[7]

국내에서도 이러한 성공사례들을 참조하여 정부 차원에서 지역에너지센터를 확대하고 이를 기반으로 하여 에너지 분권과 시민참여를 지원하고자 노력하고 있다. 더 많은 지역 주민이 재생에너지 사업에 투자하고 발전수익을 공유할 수 있도록 하며 주민참여 제도를 개선하고, 마을태양광 시범사업 등을 적극적으로 추진·운영 중이다.[8] 한국에너지공단도 기초지자체와 연계하여 재생에너지에 관한 주민수용성을 높이고 시민의 협력과 참여를 증진하고자 지역 내 재생에너지 잠재자원에 관한 실태조사, 에너지 자립마을 등과 같은 지역 차원에 적용할 수 있는 사업 모델 발굴, 재생에너지 관련 교육 및 홍보 프로그램 운영 등을 추진하고 있다.[9] 이와 같은 노력을 통해 에너지 분야에서 시민참여를 도모한 성과가 드러나고 있는데, 대표적으로 재생에너지 확산을 위한 현지 조사나 태양광 발전사업 모델 발굴 과정 등에서 시민단체와 지역 활동가, 그리고 일반 시민의 참여가 증가하였다는 점을 들 수 있다. 또한 관심 및 참여 증가를 넘어서, 이러한 활동에 참여한 비영리조직과 시민 간 네트워크를 활용하여 시민이 직접 태양광발전 협동조합을 창립하기도 하는 등 지역사회와 시민이 주체가 되어 재생에너지 확산을 위한 노력을 하는 사례들이 창출되고 있다.[10]

---

7) 독일협동조합·농협연합회(DGRV: The Deutsche Genossenschafts— und Raiffeisenverband e.V.)의 연례 조사(DGRV—Jahresumfrage Energiegenossenschaften) 자료를 번역하여 참고(https://www.dgrv.de/)

8) 송명규 기자. (2021.12.08.). "산업부, 에너지분권·시민참여 확산 추진". 투데이 에너지 (http://www.todayenergy.kr)

9) 한국에너지공단 보도자료. (2019.11.14.). "재생에너지 시민협력사업, 지역경제 살리는 마중물 역할 톡톡". 한국에너지공단(http://www.energy.or.kr/)

10) 한국에너지공단. (2019). Issue: 신재생 / 국내 이슈. "에너지공단, 재생에너지 시민협력사업 추진".

국내 에너지 분야에서 가장 큰 규모로 연대하고 있는 단체는 '에너지시민연대(Korea NGO's Energy Network)'이다. 에너지시민연대는 2000년에 '에너지절약 시민연대'로 출범하여 2001년에 '에너지시민연대'로 변경한 후 오늘날까지 지속가능한 사회, 에너지 저소비 사회를 구현하기 위해 에너지절약과 온실가스 감축 운동, 에너지 분야에 있어 필요한 민관협력 등을 추진해왔다. 전국에 약 220여 개의 단체[11]가 회원단체로 참여하고 있으며, 사무처(본부) 이외에도 지역사무국[12]을 지정하여 함께 운영·관리하고 있다.

에너지시민연대는 에너지절약 캠페인, 에너지·기후변화 교육, 에너지 낭비 실태조사, 기후변화협약 대응방안 모색, 에너지절약 및 에너지 효율 제품 확산, 신재생에너지·대중교통 이용·무동력 교통수단 확산, 에너지 관련 정책 생산과 법·제도 개선 등 다양한 활동을 함께하고 있으며 주요활동을 정리하면 다음 <표 11-4>와 같다. 각 사업의 내용을 살펴보면 에너지에 관한 문제의식을 향상하는 데 기여하는 캠페인이나 홍보 활동부터, 관련 교육, 정책적인 변화를 위한 토대가 되는 조사 및 연구 활동, 나아가 적극적인 차원의 정치적 옹호 활동에 이르기까지 다양한 세부 주제와 참여 형태를 포괄하고 있음을 확인할 수 있다.

---

11) 에너지시민연대의 회원단체 지역별 현황: 서울특별시 46개 기관, 부산광역시 11개 기관, 대구광역시 10개 기관, 인천광역시 6개 기관, 광주광역시 9개 기관, 대전광역시 7개 기관, 울산광역시 7개 기관, 세종특별자치시 3개 기관, 경기도 33개 기관, 강원도 7개 기관, 충청북도 3개 기관, 충청남도 17개 기관, 전라북도 8개 기관, 전라남도 18개 기관, 경상북도 11개 기관, 경상남도 18개 기관, 제주특별자치도 4개 기관(총 218개 기관)
12) 에너지시민연대의 지역사무국: 부산, 광주, 대전, 경기, 강원, 충남, 전남, 경북

표 11-4 에너지시민연대 주요활동

사업	활동 내용
에너지 절약 100만 가구 운동	• 에너지절약을 생활화하고 실질적인 에너지 절감 효과를 거두기 위해 시작된 에너지시민연대의 대표적인 사업 • 지역의 시민활동가 및 주민들이 협약을 통해 목표를 설정하고 전력사용량을 줄여나가는 오프라인 활동과 홈페이지의 초록에너지 가계부 작성을 통한 인센티브 기반의 에너지 절약운동인 온라인 활동 병행
에너지의 날	• 2003년 8월 22일 그해 최대 전력소비(47,385MW)를 기록한 날을 계기로 기후변화와 에너지 절약에 대한 범국민적 인식 확산을 위해 8월 22일을 '에너지의 날'로 지정 • 매년 '에너지의 날-불을 끄고 별을 켜다'라는 이름으로 에너지 축제 개최 • 에너지의 날 전국 동시 소등 행사를 통해 밤 9시부터 5분간 전등 끄기를 실천
에너지 교육	• 에너지·기후변화 문제 해결을 위한 시민의식 개선과 노력이 세대와 세대를 아울러 지속적으로 이어질 수 있도록 에너지·기후변화 교육 실시 • 에너지·기후변화 전문 지도자 양성교육, 시민교육, 가정에너지 진단사 양성 프로그램 운영
에너지 절약 캠페인	• 부적절한 에너지 소비 행태를 변화시키기 위해 에너지 절약 및 의식개선을 촉구하는 캠페인 실시 – 적정 실내온도 준수 캠페인, 겨울철 내복 입기 캠페인, 초록에너지카드 시민행동, 10리터 석유 모으기 캠페인, 압력밥솥 이용 캠페인 등 시기별 이슈와 언론 사안에 따라 다양한 캠페인을 추진하여 시민의 호응과 참여 유도
에너지 사용 의식·현황 모니터링	• 에너지를 둘러싼 이슈들에 대한 전반적인 조사 활동 • 에너지 빈곤층 관련 실태조사, 상가 개문 냉방 실태조사 및 의식조사, 코로나19로 에너지 사용 변화 및 의식조사, 전기요금체계 개편 시민인식조사 등

에너지 정책사업·대응 활동	• 합당하고 타당한 에너지 법·제도·정책 수립을 위하여 에너지시민연대는 정책토론회를 비롯한 언론 기고, 각종 심포지엄, 세미나 등 에너지 현안에 대한 사회적 논의의 장을 마련하기 위한 활동 수행 • 에너지기본법 제·개정, 에너지자립, 전기요금 현실화, 누진제 개선, 에너지 바우처 제도 등을 주제로 운동 추진
에너지절약 운동 확산	• 에너지 절약 운동의 범위를 사회 전반으로 확산하기 위한 다양한 노력 • 상업에너지 절약 캠페인-Green Shop, 주차장 LED를 교체해주는 우수아파트 지원사업, 자전거 타기 활성화로 수송용 온실가스 감축 확산, 탄소중립 결혼식-Green Wedding 등

자료: 에너지시민연대 홈페이지 자료를 기초로 재구성

에너지시민연대는 규모와 역사가 큰 만큼, 활동 내용에 있어서도 스펙트럼이 매우 넓은 편이다. 모두 에너지를 주제로 하는 활동이라는 점에서는 공통적이나 사업의 세부 주제나 목적, 사업 운영 형태의 측면에서 활동의 폭이 매우 넓었다. 앞서 소개한 Arnstein의 주민참여이론을 적용해보더라도 참여 단계를 시민의 의견을 조사하고 수렴하는 정도부터 적극적으로 참여하여 정책적 변화를 이끌고, 실질적인 탄소중립 실현에 기여하는 실천을 이뤄내는 것까지 다양하게 생각해볼 수 있을 것이다. 이외에도 지방자치단체나 서울에너지공사, 한국전력 등 다양한 거버넌스 내 행위자들과 협력하여 에너지 절약 및 탄소중립을 위한 활동을 추진하고 있다.

<그림 11-3>에서 제시한 QR코드를 통해 홈페이지를 접속하면 에너지시민연대에 관한 좀 더 자세한 정보를 확인할 수 있다.

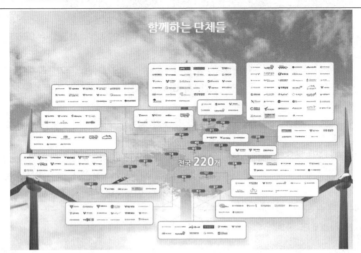
그림 11-3 에너지시민연대 협력 단체 및 홈페이지 QR code

에너지시민연대 홈페이지 및 QR code
https://www.enet.or.kr/

3. 에너지전환에 관한 시민사회의 주요 쟁점

전 세계적으로 에너지전환이 중요한 주제로 다뤄짐에 따라 이에 관한 시민사회의 관심 또한 증가하고 있다. 시민사회 내에서 환경문제나 에너지 안보, 에너지 소비 등과 같은 다양한 주제들이 논의되는데, 에너지전환에 있어 각국이 처한 상황이 다르므로, 국제정세나 국제적 협약뿐만 아니라 국가별 상황, 정치·경제·사회 등의 변화에 따라서도 에너지전환에 관한 주요 이슈가 변화하게 된다. 다양한 쟁점이 있겠으나 본 단원을 시작하면서 언급한 '에너지전환에서 시민이 갖는 의미'를 바탕으로 쟁점을 4가지로 정리해보고자 한다.

첫 번째로, 전 세계가 당면한 문제의 차원에서 '환경문제'를 생각해볼 수 있다. 에너지전환은 지구 온난화, 기후변화 등의 환경문제를 해결하기 위한 수단 중 하나로 언급되었다. 각국의 탄소중립(Net-zero) 선언으로 에너지전환에 관한 논의가 더욱 활발해졌는데, 기존 에너지 체계에서 에너지전환을 할 수 있는 부분과 비중에 관한 논의, 전환 과정에서 환경문제가 악화되지 않도록 유의하며 이를 최소화하는 대안을 모색하는 것, 실질적으로 탄소배출을 얼마나 감소할 수 있을 것인지에 관한 기술적인 논의 등이 주를 이루고 있다 (IEA, 2021; 이수민·김현제, 2021).

두 번째로, 정책행위자로서의 시민, 주체적인 시민의 차원에서 환경문제를 포함하여 에너지 안보, 에너지 소비, 에너지 정의 등을 생각해볼 수 있다. 에너지전환은 '에너지 안보'와도 연결된 문제로, 국가의 에너지 공급 안정성이 확보되는지, 이를 위한 융복합시스템은 충분히 준비된 상황인지 등을 고려한다. 또한 다양한 에너지원을 확보해두었는지, 신재생에너지와 핵심기술을 활용하여 에너지 안정성을 높일 수 있는지 등의 논의와도 함께 맞물려 이루어진다. '에너지 소비'의 문제는 에너지 경제성과 비용의 문제와 함께 주요하게 다뤄지는 주제다. 에너지전환은 에너지 소비와 생산의 저감을 통해 실현할 수 있으므로, 에너지 효율성을 높이는 기술개발과 더불어 소비와 생산의 저감을 위한 노력이 매우 중요하게 다뤄진다. 이에 따라 해당 주제를 정책행위자로서의 시민이 에너지전환에 대한 충분한 이해를 바탕으로 에너지절약을 실천할 수 있도록 교육하는 노력이 필요하다. '에너지 정의'에 관한 문제는 에너지전환으로 인해 초래되는 산업구조의 변화에 따라 기존 산업 분야가 축소되고 신산업이 육성될 수 있음을 고려하며 대안을 미련할 수 있도록 하는 데 방점을 두고 있다(이유현 외, 2018).

세 번째로, 정책대상집단으로서의 시민 차원에서 '지역사회의 인식과 수용' 및 '에너지전환정책에 관한 수용'을 생각해볼 수 있다. 에너지전환은 지역사회에서 이루어지기 때문에 지역사회의 인식과 수용이 매우 중요하게 여겨진다. 특히 에너지 관련 설비나 시설을 설치 또는 설립해야 하는 경우, 주민수용성은 성공 여부를 결정하는 주요 요인으로 볼 수 있을 만큼 중요한 이슈가 된다. 성공적인 에너지전환을 위해서는 지역사회의 참여와 협력이 필수적이며 지역사회의 관심과 이해가 없다면, 전환 과정에서 문제가 발생할 가능성이 높다. 정책 추진과정에서 시민이 지지와 협력을 보내는 대상인지 갈등의 대상인지에 따라 진행과정 및 성과에서 큰 차이를 보이게 된다.

마지막으로, 에너지의 공급자 또는 향후 에너지 공급자로 거듭날 가능성을 지닌 시민 차원에서 '에너지 경제성 및 소비'에 관한 문제와 '에너지전환을 위한 법적 규제'에 대해 생각해볼 수 있다. '에너지 경제성 및 소비'에 관한 문제는 에너지전환을 실현하는 과정에서 기대할 수 있는 경제적 효과에 대한 부분과 이를 실현하기 위해 초기 투자 비용이 높아 발생하는 문제에 대한 지원 등을 생각해볼 수 있다. '에너지전환을 위한 법적 규제'의 측면으로는 에너지전환에 대한 투자를 활성화하거나 시민이 공급자가 되어 에너지전환의 주체가 되고자 하는 과정에서 이를 가능하게 하는 법적·제도적 토대가 마련될 필요가 있다는 점에서 논의된다.

에너지전환에 관한 시민사회의 주요 쟁점들은 상호 연관성이 매우 높은 주제들이고, 문제가 연쇄적으로 연결되어있는 양상을 보이고 있으므로, 각 주제를 분절해서 다루는 것이 아닌 종합적으로 접근하려는 노력이 필요하다. 시민사회 차원의 노력도 마찬가지로 '에너지전환'이라는 큰 주제 아래에서 다양한 세부 주제와 활동 유형만큼 다양한 행위자와 협력하여 문제를 해결하려는 노력이 필요하다. 에너지전환 거버넌스를 구축하고 거버넌스를 구성하는 주체 간 협력은 환경문제, 에너지 안보, 에너지 소비, 에너지 정의, 에너지전환 정책에 관한 인식과 수용, 에너지 경제성 및 소비, 에너지전환을 위한 법적 규제 등을 해결해 가는데 중요한 기반이 될 것이다.

Ⅳ. 에너지전환에 있어 시민사회의 과제

본 단원에서는 에너지전환과 시민을 주제로, 에너지전환에 있어 '시민'이라는 주체가 갖는 의미가 무엇인지, 시민은 어떠한 역할을 하는지에 대해 생각해보고자 하였다. 이를 위해 먼저, 거버넌스 내 행위자로서 시민사회 영역에 대해 구분하여 정리하고, 다시 시민사회와 비영리조직, 그리고 일반 시민으로 구분하여 정리해보고자 하였다. 이렇게 시민사회를 개념화한 것을 바탕으로, 에너지전환 과정에서의 시민참여에 대해 생각해보고자 하였다. 시민참여에 관한 이론과 시민참여의 유형에 대한 이론은 매우 다양하나, 본 단원에서는 Arnstein의 주민참여이론에서 설명하는 시민참여의 유형(단계)을 소개하며 참여유형에 따른 사례나 시민참여의 형태에 대해 간략하게나마 살펴보았다. 에너지전환과 시민참여 부분에서는 독일이 협동조합을 통해 에너지전환에 대한 시민참여 활성화를 달성하고 있음을 소개하면서, 국내에서도 시민의 협력과 참여를 높이기 위해 다양한 시도를 하고 있기에 이에 관한 내용과 에너지시민연대의 활동 사례를 대표적으로 살펴보았다. 이어 에너지전환에 관한 시민사회의 쟁점은 무엇인지 포괄적인 주제 수준에서 정리해보았다. 쟁점으로 다뤄진 내용 모두 에너지전환에 있어 시민사회가 함께 노력해야 하는 과업에 해당한다고 볼 수 있다.

우리는 시민사회의 구성을 어떻게 이해하고 있는지, 시민이 참여해야 하는 이유와 가치, 의미는 무엇인지에 대해 먼저 생각해볼 필요가 있다. 그리고 조금 더 나아가서 시민을 어떠한 방식으로 참여시킬 것인지, 어디까지 권한을 배분하여 참여할 수 있도록 할 것인지에 대해서도 고민해야 할 것이다. 재생에너지 강국의 사례를 살펴보면 '시민의 참여와 지지'가 재생에너지 확산에 중요한 동력이 됨을 시사한다. '에너지'의 특성상 공급, 소비, 절약 등 다양한 부문에서의 노력이 결합 되어야 더 큰 성과를 거둘 수 있기 때문에, 에너지전환을 성공적으로 달성하려면 좀 더 많은 사람의 관심과 참여, 그리고 지지가 필요하다. 사회를 구성하는 시민 한 사람, 한 사람이 단순히 에너지정책의 수혜자나 대상 집단에 국한되는 것이 아니라, 에너지전환을 주도하는 하나의 주체로, 에너지전환을 위한 노력에 적극 참여하는 행위자이자 공급자로 거듭날 수 있도록 하는 노력이 필요하겠다.

토론의 장

□ **토론1: 에너지전환 정책과 시민참여**
- 토론질문 1: 에너지전환 정책의 시행에 있어 현재 시민사회의 역할과 한계는 무엇인가?
- 토론질문 2: 에너지전환 정책의 시행에 있어 효과성을 높일 수 있는 시민참여 방식(역할, 범위, 권한 부여 등의 측면)은 무엇인가?

□ **토론 2: 에너지전환 정책의 주체**
- 토론질문 1: 정부주도형 에너지전환 정책 vs. 시민주도형 에너지전환 정책 중 어떤 것이 더 효과적이라고 생각하는가?
- 토론질문 2: 효과적인 에너지전환을 위한 시민의 실천적 활동에 대하여 알아보고, 그 활동의 가치와 의미에 대해 토론해본다.
- 시민의 실천적 활동 관련 참고자료

> **지식채널 e 「에너지슈퍼마켙인 이유」**
>
> 2012년 서울의 어느 마을, 마을의 60가구가 작은 전쟁을 치르며 1년간 아껴 모은 전력은 35,000kWh였다. 이는 도시의 110가구가 한달 동안 쓸 전력에 해당하는 양이다. '에너지 절전소'를 만든, 엄마들이 거둔 작은 성공이었다. 그리고 계속해서 태양열 온풍기, 화목 난로, 단열 창문, 태양광 발전기, LED 조명 등을 활용해 도전이 이어지게 되었다.
>
> 이곳에서는 에너지 절약에 대해 함께 공부하고, 햇빛 좋은 날엔 마을 장터를 열어 태양광 발전기만으로 커피와 솜사탕을 만드는 카페를 운영한다. 또 자전거 발전기로 누구나 전기를 만들 수 있음을 체험하게 하며, 낯선 이웃들과도 함께 에너지에 대한 이야기를 나눈다. 그렇게 3년의 시간이 흘러 2014년 1월에 목수, 건축가, 에너지진단사, 환경 전문가… 그리고 엄마들, 총 34명이 모인 협동조합에서 "에너지 슈퍼마켙"을 만들게 된다. 1960년대 한국에 슈퍼마켓이 처음 생겼을 때의 표기법을 한, 동네 에너지슈퍼마켓(에너지슈퍼마켙)이 국내 최초로 만들어졌다.
>
> 에너지슈퍼마켙은 에너지 소비를 줄일 수 있는 각종 물품과 아이디어들이 있는 곳이다. 햇빛처마 설치로 전기료가 0원이 나오는 슈퍼마켓이자, 에너지 자립을 실천하는 곳이다. "왜 이렇게 힘들고 불편한 일을 하세요?"라는 질문에 "일단 알게 되면, 그걸 외면하고 사는 게 더 불편해요."라는 답변이 돌아온다. 그렇다면 그들이 알게 된 것은 무엇일까?
>
> 이들은 2011년 3월 일본 후쿠시마 원전 사고와 그 이후 2011년 9월 전국적으로 발생

한 '블랙 아웃'을 경험하게 되면서, '도시는 얼마나 외부 에너지에 의존해 살아가고 있는가?'에 대해 고민하기 시작했다고 한다. 20년 동안 2.8배가 늘어난 서울의 전기 소비량과 그를 충족하기 위해 세워지는 발전소, 그리고 생산되는 전력을 먼 도시로 운반하기 위해 세워지는 송전탑들을 보면서 성찰하게 된 것이다.

"도시는 소비만 하는 곳이잖아요. 이제는 어쩐지 빚을 진 기분이 들어요. 하루 종일 꽂혀있는 핸드폰 충전기, 점심시간에도 켜놓은 컴퓨터, 밤새도록 불 밝힌 빌딩에 흐르는 것이 다른 지역의 고통으로 만들어진 것을 알면 괴로워져요.", "우리의 에너지 소비가 아이들에게 어떻게 돌아갈지 알면 저절로 아끼게 돼요. 몸은 불편해도 마음은 편해요."

참고: 지식채널e 동영상, 1173화 「에너지슈퍼마켓인 이유」(2014.08.05.)

| 동영상 링크 & QR code | [EBS 다시보기]
https://jisike.ebs.co.kr/jisike/vodReplayView?siteCd=JE&prodId=352&courseId=BP0PAPB0000000009&stepId=01BP0PAPB0000000009&lectId=10238790 · none | |
| | [YouTube]
https://youtu.be/V_6Eoq4W0ZA | |

이 에너지슈퍼마켓은 성대골 에너지자립마을 운동으로 확장되어 현재까지도 이어져오고 있다. 에너지 사용량을 줄이고 절약하는 것 뿐만 아니라, 에너지 효율 개선사업, 에너지 생산을 위한 햇빛발전 협동조합 조성, 기후변화와 에너지 교육, 에너지 자립마을 축제 등 다양한 활동을 진행하고 있다.

참고문헌

강세진. (2020). Arnstein의 주민참여 사다리: 진정한 주민참여란 무엇인가?. 새로운 사회를 여는 연구원 Issue Brief(2020.07.27.).

김성균·김찬수. (2016). '참여의 사다리'로 본 민관협치에 관한 연구: 서울시 자치구 사례를 중심으로. NGO 연구, 11(2): 153−187.

김민정. (2020). 비영리조직에 대한 정부 재정지원의 동태적 변화 연구: 비영리민간단체 공익활동 지원사업을 중심으로, 성균관대학교 국정전문대학원 박사학위논문(행정학과).

김영인·설규주. (2017). 시민교육론. 서울: 한국방송통신대학교출판문화원.

대한민국 정책브리핑. (2020). 정책 DB: 에너지전환 정책 (2020.03.11.).

백승기. (2021). 정책학원론(제5판). 경기 고양: 대영문화사

산업통상자원부. (2023). 주민참여사업 제도 개선방안 (2023.01)

심성희. (2019). 에너지전환 정책 실행을 위한 시사점 연구: 독일에서의 시민 참여와 지방 정부의 기여를 중심으로. 울산: 에너지경제연구원.

이선미. (2016). 시민성 관점에서 본 자원활동: 새로운 유형과 관점. NGO연구, 11(1): 57−83.

이수민·김현제. (2021). 에너지 전환 과정에서의 에너지 정의(ENergy Justice) 논의와 정책적 시사점. 울산: 에너지경제연구원.

이승종·김혜정. (2018). 시민참여론. 서울: 박영사

이유현·서인석. (2018). 시민참여를 통한 절차적 에너지 정의의 모색: 프랑스의 에너지 정책형성과정에 대한 사례분석. 분쟁해결연구, 16(3): 37−79.

임동균. (2021). 누가 좋은 국민인가?: 시민적 의무에 대한 인식의 구조 연구. 조사연구, 22(2): 71−103.

지식채널e. (2014). 1173화 에너지슈퍼마켙인 이유 (2014.08.05.).

진보미. (2017). 한국인의 시민성 유형과 정치참여. 서울대학교 대학원 석사학위논문(사회학과).

행정안전부. (2018). 2018 비영리민간단체 공익활동 지원사업 시행공고(행정안전부공고 제2017−283호)

행정안전부. (2022). 2022 비영리민간단체 공익활동 지원사업 시행공고(행정안전부공고 제2021−816호)

2050 탄소중립녹색성장위원회. 홈페이지 법령·정책 자료: 2030 국가온실가스감축목표 (최종검색일: 2022.08.01.)

Armaroli, N. & Balzani, V. (2011). Towards an electricity-powered world. *Energy and Environmental Science,* 4(9): 3193-3222.

Arnstein, S. (1969). A Ladder of Citizen Participation. *Journal of the American Institute of planners,* 35(4): 216-224.

Bennett, W. L. (2008). *Changing Citizenship in the Digital Age. W. Lance Bennett(ed.), Civic Life Online: Learning How Digital Media Can Engage Youth,* 1-24. Cambridge, MA: The MIT Press.

Dalton, R. J. (2008). Citizenship norms and the expansion of political participation. *Political studies,* 56(1), 76-98.

Eichelbrönner, M. & Henssen, H. (1997). *Kriterien für die Bewertung zukünftiger Energiesysteme.* Berlin, Heidelberg: Springer. 461-470.

Frumkin, P. (2002). *On Being Nonprofit: A Conceptual and Policy Primer.* Harvard university press.

Gordenker, L. & Weiss, T. G. (1996). *NGOs, the UN, and Global Governance.* Boulder: Lynne Rienner Publishers.

IAE (International Energy Agency). (2021). Net Zwro by 2050: A Roadmap for the Global Energy Sector.

Lange, M., O'Hagan, A. M., Devoy, R. R. N., Tissier, M. L. & Cummins, V. (2018). Governance barriers to sustainable energy transitions - Assessing Ireland's capacity towards marine energy futures, *Energy Policy,* VOL. 113: 623-632

Pross, P. A. (1986). *Group Politics and Public Policy.* Toronto: Oxford Press.

Salamon, L. M. (1999). *America's NonProfit Sector: A Primer: second edition.* NY: The foundation center.

Schlör, H., Fischer, W. & Hake, J. (2015). The system boundaries of sustainability. *Journal of Cleaner Production,* 88(1): 52-60.

Schröder, C., & Walk, H. (2013). *Local Climate Governance and the Role of cooperatives. In Climate Change Governance.* Berlin, Heidelberg: Springer.

United Nations department of Economic and social affairs statistics division. (2006). *ISIC-Annex-ICNPO*(Revised version).

제3부

에너지전환정책과
이행전략

제12장

에너지전환과 지역사회

•

김미리

에너지전환과 지역사회

·

김미리

I. 에너지전환에서 지역사회의 논의가 왜 필요한가?

'밀양 할매'를 아는가? '밀양 할매'는 10년 넘게 밀양 송전탑 반대 운동을 벌인 주민들을 상징하는 말이다. 밀양 송전탑 사건은 근본적으로 중앙정부의 의사결정방식으로 인해 에너지문제에 사회적 갈등과 비용이 발생했으며, 기술적 측면만을 강조한 나머지 지역의 사회적 요구에 대한 고려를 간과했다는 문제점을 갖고 있다.

세계적으로 탄소 중립 패러다임 전환을 추진하고 있는 가운데, 국내에서도 세계 시장을 선도하기 위해 친환경·저탄소 에너지로의 전환을 강조하고 있다. 에너지전환은 화석연료를 줄이고 재생에너지를 확대하는 것을 넘어, 민주화의 의미까지 더해 시민의 참여와 이익을 권장하는 용도를 포함해야 한다. 즉, 에너지전환은 에너지를 둘러싼 기술적인 요소와 사회경제적 구조의 변화를 포함하여 지속가능한 에너지 공급 실현을 목적으로 하고 있다.

한국의 에너지 정책은 수립부터 집행까지 중앙집중형 체제로, 4차 산업혁명이나 주민의 수용성, 환경문제에 있어서 지역이 직접적으로 대응하지 못하는 환경에 봉착했다. 더욱이 에너지 분야는 다양한 이해관계자들과 복합적인 관계성을 띠고 있어, 국가가 전적으로 에너지 관련 문제를 해결하기 무리였다. 관료제와 성격이 맞지 않는 부분은 지역사회에 권능을 양도하여 해결할 필요성이 높아짐에 따라 지역사회는 대체재가 아닌 보완재로써 중요해지게 되었다. 이에 따라 에너지분권 실현을 위해 주민주도형 에너지자립마을 형성, 저탄소 녹색마을 조성 등과 관련하여 연구가 진행 중이다.

본 장에서는 지속가능한 지역에너지 체제로의 전환 속에서 지역사회가 사회경제적 구조측면에서 가장 중요한 핵심주체로 적용되는 것에 근거하여, 에너지전환과 지역사회를 보다 심층적으로 접근해보고자 한다.

II. 지역사회의 이론적 논의와 유형

1. 지역사회 개념

오늘날 지역사회(community)는 지역공동체, 마을공동체 등 다양한 표현으로 사용되고 있으나 지역사회에 대한 개념 규정은 다소 어렵다. 지역사회 개념 규정이 어려운 이유는 강조되는 속성에 따라 지역사회의 정의가 다양하고, 명백한 실체가 없으며, 뚜렷한 경계나 단일한 특성을 갖지 않기 때문이다(이우권, 2007).

지역사회 개념에 대한 여러 학자들의 내용을 살펴보면, Maciver(1941)은 지역사회란 지역주민들의 협력적인 공동체로, 지역사회의 연대의식이 중요한 요소임을 강조한다. Nelson(1948)은 지역사회를 제한된 지역에 거주하면서 공동의식을 가지고 조직된 관계를 통해 공통된 이익을 추구하며 여러 활동을 분담 및 수행하는 집단으로 정의하였다. Hillery(1955)는 지역사회 구성에 있어서 지리적 특성, 사회적 상호작용, 공동의 유대가 필요하다고 강조하였다. Morris & Hess(1975)는 지역사회란 지역주민이 소속감을 갖고 공유하는 생활 터전이라고 정의하였고, 구성요소는 지리적 영역, 공통적 연결, 사회적 상호작용 등을 포함하고 있다.

학자들의 지역사회에 대한 정의를 종합해보면, 지역사회란 일정한 지역에서 그 주민들 간에 사회적 상호작용이 이루어지고 공통된 문화를 갖고 있으며, 그 공동체 안에서 일체감을 갖게 하는 삶의 터전이다(행정학용어표준화연구회, 2001). 특히, 현대에서는 지역사회를 일정 지역에 거주하는 주민들의 동질적 정체성에 기초하여 정서적 유대를 갖는 인간의 감정이나 행동표출로 확대되었다(변혜숙, 2006; 이혜숙·김기영, 2014).

지역사회의 개념은 19세기 이전과 20세기, 21세기로 구분할 수 있다. 19세기 이전에 지역사회는 일정한 지역을 기준으로 지리적 의미가 강했으며, 지역사회란 일정한 지역에 사는 사람들의 집합체로 국한한다. 20세기 이후에는 지리적 의미와 함께 새롭게 기능적 의미를 강조하게 되면서, 지역사회란 일정한 지역 내 사람들의 집합체이자, 내부적으로 연대감이나 사회적 관계를 지닌 하나의 사회로 의미가 변화하였다. 21세기는 정보화시대의 도래에 따라 기존 전통적인 지역사회와는 다른 형태의 지역사회 개념이 출현하였고, 지리적 공간을 초월하는 사이버공동체나 네트워크공동체와 같은 개념이 등장하게 되었다(오정수 외, 2006).

정리하면, 19세기 이전의 지역사회는 일반시민이나 시민사회, 전통사회 또는 유토피아적 집단생활의 의미에 국한되어 공동체를 강조하기보다는 지리적인 의미로 국한되었고, 20세기에는 지리적 의미와 공동체 의미가 함께 강조되었으며, 21세기에는 공동체 의미와 함께 광범위한 지리적 의미로 변화하였다.

2. 지역사회 유형

지역사회의 유형화 방법은 다양하다. 먼저, Warren(1963)은 지역사회의 유형을 크게 네 가지로 구성하였다. 첫째, 지역적 자치성은 지역사회가 기능을 수행함에 있어서 다른 지역에 얼마나 의존했는지 혹은 자립적인가를 본다. 둘째, 서비스 영역의 일치성은 지역사회의 상점이나 학교, 공공시설 등 서비스 영역이 어느 정도 동일 지역에서 이뤄지고 있는지를 의미한다. 셋째, 심리적 동일시로, 지역 주민들이 자기 지역을 어마나 중요한 준거집단으로 생각하며 소속감을 갖느냐를 의미한다. 넷째, 수평적 유형은 개인과 단체, 사회조직들이 구조적·기능적으로 얼마나 강한 관련성을 갖고 있는가를 의미한다.

지역사회의 유형화 방법 중 가장 일반적인 기준은 Dunham(1970)이 제시한 네 가지 기준으로 분류할 수 있다. Dunham(1970)은 가장 전통적인 방식으로 지역사회를 유형화하였는데, 첫째, 인구의 크기로 대도시나 중소도시, 읍 지역과 같은 작은 부락 등을 구분하였다. 둘째, 경제적 기반은 광산촌이나 산 촌, 어촌 등의 구분이다. 셋째, 정부의 행정구역은 광역시·도, 시·군·구, 읍· 면·동, 통·리 등으로 지역사회를 구분하였다. 넷째, 인구구성의 사회적 특성 은 도시의 저소득층 지역이나 외국인촌, 장애인 밀집지역 등을 구분하여, 경 제적·인종적 특성으로 지역사회를 구성하였다.

오정수 외(2011)는 지역사회 유형을 크게 세 가지로 구분하였는데, 첫째, 구조적 지역사회이다. 구조적 지역사회는 시간적, 공간적 관계로 모인 공동체 로 지역사회의 가장 기본이 되는 공동체인 대면공동체, 생태학적 공동체, 지 정학적 공동체 등으로 구분할 수 있다. 둘째, 기능적 지역사회는 어떤 목적을 성취하기 위해 모인 집단으로, 어떤 목표를 성취하기 위해 도움이 될 수 있는 지역적 공감이 기반으로 작용되어야 한다. 기능적 지역사회는 주민들의 일반 적인 공통문제나 요구에 기초하는 요구공동체나 동일한 문제를 해결하기 위 해 자원을 활용하는 자원공동체가 있다. 셋째, 감정적 지역사회는 정서와 감 정을 공유하는 공동체로 소속공동체와 특수흥미 공동체 등이 있다.

표 12-1 지역사회 유형 세분화

유형	요소	내용
구조적 지역 사회	집합체	• 사람이 모인 이유와 관계없이 집합 그 자체를 의미
	대면공동체	• 지역사회의 기본적인 집단으로 가장 기본이 되는 공동체 • 구성원 간 상호교류가 빈번하며 친밀함과 공동의식을 소유하고 있는 집단
	생태학적 공동체	• 지리적 특성, 자연환경, 기후 등의 요인으로 동일한 생태학적 문제를 공유한 집단
	지정학적 공동체	• 지리적, 법적인 경계로 구분되는 지역사회를 의미 • 특별시나 광역시, 시, 군, 구, 면, 동, 읍 등
	조직	• 일정한 환경하에서 특정한 목표를 추구하고 일정한 구조를 가진 사회단위 • 특정 목표를 달성하기 위해 환경과 상호작용을 끊임없이 수행
	문제해결 공동체	• 문제를 정의 내릴 수 있고, 공유하고, 해결할 수 있는 범위 내에 있는 구역을 지닌 공동체

기능적 지역 사회	요구공동체	• 동일한 요구를 지닌 공동체로, 주민들의 일반적인 공통문제나 요구에 기초를 두고 있는 공동체를 의미
	자원공동체	• 동일한 문제를 해결하기 위해 동원 가능한 자원을 지닌 공동체
감정적 지역 사회	소속공동체	• 동일한 소속감을 갖는 공동체
	특수흥미 공동체	• 특수 분야에 관심이나 목적을 갖고 관계를 맺으며, 동일한 관심사를 갖는 공동체를 의미

김현호(2013)는 지역사회의 유형을 주민-정부관계에 따른 유형으로 분류하였는데, 관리주의 모형과 파트너십 모형, 주민협치 모형으로 구분할 수 있다.

표 12-2 주민-정부관계에 따른 지역사회 유형 분류

구분	관리주의 모형	파트너십 모형	주민협치 모형
초점	서비스 전달체계 강조	민관공동생산으로서 주민 참여 여부	주민에게 문제해결의 실질적인 권한부여 여부
주민-정부의 역할	주민은 고객, 정부는 공급자임	주민과 정부 모두 공동 생산자	주민은 협치자, 정부는 촉진자임
주민자치센터 기능	문화여가 및 편의 서비스 제공	민관협력 네트워크 구축	주민자치지원
지역의 의미	복지서비스 제공, 공동 소비 및 여가향유의 장	대의민주주의 실천, 공동체의식 함양을 위한 장	직접민주주의 실천, 자치공동체 의식 함양의 장
사례	우리나라의 현재 주민자치센터, 일본의 공민관 등	일본의 마치츠쿠리, 영국의 이스털링구의 마을포럼 등	스위스의 주민총회 및 주민투표제 등

자료: 김현호(2013), 행정안전부(2017) 재인용

3. 지역과 마을의 차이

앞서 언급한 것처럼, 지역사회는 지역공동체, 마을 공동체 등 다양한 표현으로 사용되고 있다. 그러나 지역공동체와 마을공동체는 서로 '지역'과 '마을'이라는 차이점을 지니고 있다. 어떠한 차이가 있는가?

오늘날 지역은 밀접한 상호작용의 흐름으로 묶여 있는 지리적으로 연속된 공간을 의미한다(행정안전부, 2017). 곽현근(2015)에 따르면 지역은 주민 주민들이 일상적 생활을 경험하는 규모의 공간으로, 개인의 공간 접근 능력에 따라서 규모가 달라질 수 있는데 반해, 마을은 걸어다닐 수 있는 정도의 범위로 공동체의 거점 역할을 수행한다(조영재 외, 2013). 즉, 지역은 물리적 범주로써 상대적·공간적 영역을 강조하는데 반해, 마을은 인근 지역에 거주하는 사람들과의 긴밀한 관계를 나타내 비교적 좁은 상대적·공간적 영역을 내포하고 있다.

4. 지역사회 이론

지역사회 이론은 기능이나 상호작용, 이해관계 등 다양한 요소들과 함께 이론적 논의가 이루어지고 있다. 먼저, 현대사회와 지역사회를 어떠한 관점으로 바라보느냐에 따라 지역사회 상실이론, 보존이론, 개방이론으로 구분되며 주로 지역사회복지 이론에서 활용된다. 지역사회 상실이론은 지역사회 공동체가 이상적인 것으로 복귀할 수 없는 입장을 취한다. 지역사회 상실이론은 복잡한 도시 산업사회에서의 비인격적 사회관계의 발전이나 공동체의 쇠퇴 등을 특징으로 한다. 지역사회 보존이론은 농촌사회의 혈연, 친구, 이웃 등과 같은 사회적 지지망이 현대사회에서도 잠재하고 있으며, 이는 지역사회 상실이론을 반론한다. 마지막으로 지역사회 개방이론은 지역사회 상실이론과 보존이론에 대한 대안으로써, 지역사회의 지역성에 기초하여 사회적 관계망의 관점에서 비공식적 연계를 중시한다. 즉, 지역사회 개방이론은 지역사회가 갖고 있던 국한된 지역성에서 벗어나, 현대사회와 지역사회가 지리적 의미와 기능적 의미를 포괄적으로 함축하게 된 사회발전의 현상을 반영한다.

다음으로 지역사회와 관련된 이론으로 공동체와 결사체 이론이 존재한다. 19세기는 전통적 공동체 사회가 이해와 계약의 근대 사회로 변화하는 시대로, 공동체와 결사체의 범주가 서로 충돌되는 시점이었다. Toennies(1887)은 공동사회와 이익사회를 통해 공동체와 결사체에 대한 해답을 제시하였다. 공동사회는 가족처럼 부모와 자식의 감정으로 얽힌 구성원의 전인격적이고 운명적인 결합 형태를 의미한다. 반면, 이익사회는 공동사회와는 다르게 확실한 의도와 목적을 가지며, 인격의 일부만을 결합시킨 형태이다. 즉, 이익사회는 구성원 개인의 합리적 의지로 서로의 이익이나 능률을 고려한 비인격적 인간 관계가 형성된 집단을 의미한다. 공동체 사회는 신분질서나 관습에 기반을 둔 질서를 중시한 반면, 결사체형 이익사회에서는 개인의 자율적 의지에 기반을 둔 계약이 중요했으며, 관습보다는 명문화된 규칙, 특정한 관계에 국한된 비인격적 교류를 중시했다는 차이점을 지니고 있다.

공동체는 보통 같은 관심과 의식을 갖고 환경을 공유하는 사회 집단을 의미한다. 공동체는 community로 지역사회의 의미를 내포하고 있으며, 특정 지역에 모여 사는 것을 의미하는 생태학적 개념 역시 혼용되어 있다. 이재열 (2006)은 공동체 유형을 지역성과 목적성에 따라 네 가지 차원으로 분류하였다. 특히, 공동체의 지역성은 특정 지역에서 오랜 시간동안 형성되어 전통을 지키고, 구성원간의 전인격적인 관계를 의미한다.

표 12-3 지역성과 목적성에 따른 공동체의 분류

구분		이념-목적성	
		낮음	높음
지역성 - 자연발생성 - 전통성과 지속성 - 귀속성 - 인격적 관계	높음	마을공동체	코뮌 야마기시공동체 신앙촌
	낮음	협동조합 직능단체	이념적 결사체 시민단체

자료: 이재열(2006)

지역성이 높으면서 목적성이 낮은 공동체를 마을공동체로 칭할 수 있는데, 공동체이론은 자연발생적으로 오랜 시간동안 축적되면서 관계를 형성하고, 전인격적인 인간관계를 갖고 있다는 특징을 갖고 있다. 이에 반해, 지역성이 높으면서 목적성이 높은 공동체는 자발적 결사체의 일부로, 동질적인 집단일 가능성이 높고, 공동의 목표를 지향한다. 지역성이 낮고 목적성이 낮은 집단은 이차적 결사체이며, 지역성이 낮지만 목적성이 높은 집단은 대부분 구성원 간 강력한 유대감을 형성한 집단이다.

자발적 결사체는 공동의 목적을 두고 구성원들이 자발적으로 형성한 조직체를 의미한다. 자발적 결사체는 토크빌(1835)에 의해 논의가 진행되었으며, 토크빌은 자발적 결사체에 대한 참여가 풀뿌리 민주주의가를 실현한다고 주장하였다. 토크빌은 자발적 결사체를 크게 정치적 결사체, 시민결사체로 구분하였다. 자발적 결사체에서 가장 중요한 핵심은 개인들의 주체적 참여이며(전병재, 1996), 이는 공동체와 조직체와는 구분된다. 토크빌의 자발적 결사체는 결사의 기법 전략 모델을 제시하는데 세 단계로 구성된다. 첫 번째 단계에서는 권위를 형성하는데, 결사체의 권위 형성을 위한 지적 관계의 유지로 여러 사람들의 노력을 하나의 통로로 결집시키는 과정을 의미한다. 첫 번째 단계는 수평적 연대와 참여를 전제로 한다. 두 번째 단계는 여론 형성으로 결집된 사람들과 연대한 영향력 확대를 목적으로 여론을 형성하고 유지하는 단계이다. 두 번째 단계는 조직화와 동력화를 전제로 한다. 마지막 단계에서는 정치적 대리권을 형성하는데, 구성원들에게 정치적 대리권을 형성하여, 정부 안의 또다른 정부 대외전략을 추진한다. 세 번째 단계에서는 압박과 화해를 목표로 한다.

다음으로 지역사회와 관련된 이론으로 이해관계 측면에서, 다원주의이론과 엘리트이론이 있다. 다원주의이론과 엘리트이론은 정책결정의 주체가 누구인지를 검토하는 주요 이론이다. 지역사회와 정책결정의 주체는 필수불가결의 관계로, 에너지전환을 포함하여 지역사회 내에서 이루어지는 정책들이 어떻게 결정되는지, 또한 누가 정책을 결정하는지는 매우 중요하다. 다원주의는 정책권력이 다수의 주요 이해집단에 분산되었으며, 이해집단의 영향력은 서로 견제하고 경쟁할 수 있을 정도로 균형을 유지하고 있다고 인식하는 이론이다. 다원주의에 따르면 투표 과정을 통해 국민 스스로가 공직자를 선발하

표 12-4 공동체 · 결사체 · 조직체의 비교

공동체	결사체	조직체
사랑	진리	부강
예술적/신앙적	철학적	과학적
정서적	비판합리성	수단합리성
기분	의도	행동
놀이	공부	일
흥청거림	고요함	분주함
情	智	力
同	和	强
귀속적	자발적	계약적
두레	계	관제
도덕	윤리	법률
樂治(악치)	禮治(예치)	法治(법치)
동일시(identification)	내면화(internalization)	강제(coercion)
자치	정치	통치
가정/이웃	대학/정당	회사/군대

자료: 전병재(1996); 박선미 · 김재현(2019) 재인용

기 때문에 어떤 사회문제든지 정책의제가 될 수 있으며, 정책의제는 여러 이해집단들 간의 협상과 타협을 반영한 결과물이다. 또한, 다원주의에서 말하는 정부는 주로 소극적 조정자이자 심판자이다. 대표적인 다원주의 이론가인 Dahl(1978)은 미국 뉴헤이븐시의 1780년부터 1950년까지 약 170여년간 걸쳐 도시의 중요 정책결정사항들을 조사한 결과 다원주의 사회로 변화하였음을 강조했다. 즉, 엘리트들이 있긴 하나 정치적 자원이 분산되었고, 각 정책 영역별로 영향력을 행사하는 엘리트들이 각기 다르다고 보았다. 다원주의 시각에서는 지역사회에서 정책결정을 하는 주요 행위자는 전문성에 기반을 둔 사람들로 정리할 수 있다.

반면, 엘리트이론의 주요 내용은 정책과정에 참여하는 세력들이 특정 소수로, 이들에 의해 정책이 결정되는 거을 인식하는 이론이다. 즉, 하나의 사회 구성 시 지배계급인 엘리트와 피지배계급인 대중으로 구분되며, 사회는 소수의 엘리트집단이 장악하고 있으며, 다수의 대중은 엘리트의 의사를 따른다. 소수의 엘리트집단은 서로 비슷한 사회적 배경과 가치관, 이해관계를 갖고 있어 동질적이며 폐쇄적인 집단을 특징으로 하며, 정책결정에 있어서 사회 전체의 이익보다는 자신들의 이해관계를 고려한다. 엘리트이론으로는 Hunter(1963)이 애틀란타 시를 대상으로 지역사회의 권력구조를 연구하였는데, 지역사회의 소수 엘리트들이 주요 정책을 결정하고, 이러한 결정은 정치에 무관심한 일반대중에 의해 비판없이 수용되고 있음을 설명하였다. 엘리트주의 시각에서는 지역사회에서 정책결정을 하는 주요 행위자가 소수의 기업인이나 관료, 정치가로 이들에 의해 지역사회가 지배될 수 있음을 강조한다.

다양한 지역사회 관련 이론들을 통해서 지역사회의 역할과 기능의 중요성을 입증하였다. 특히, 에너지전환과 지역사회 측면에서 지역사회 내부의 결합 정도, 이해관계자들 간의 상호작용, 창발적 주도자로써의 역할, 기술의 발전 등에 따라 정책의 수용성 측면이 다양할 것을 시사한다.

Ⅲ. 에너지전환과 지역공동체

에너지전환에 있어서 지역사회는 공동체의 의미를 포괄하고 있다. 공동체란 같은 관심과 의식으로 환경을 공유한 사회집단으로, 지역사회는 공동체의 내용을 포함하면서, 일정한 지리적 영역을 추가적인 요소로 강조한다. 지역사회의 역할은 중앙정부와 시민사회의 매개 역할을 하는 것이며, 동시에 지역사회의 목표는 공동체 회복과 공동체 조직 구성이다. 본문에서는 에너지전환과 지역사회의 관계성에 대해 보다 심층적으로 확인해보고자 한다.

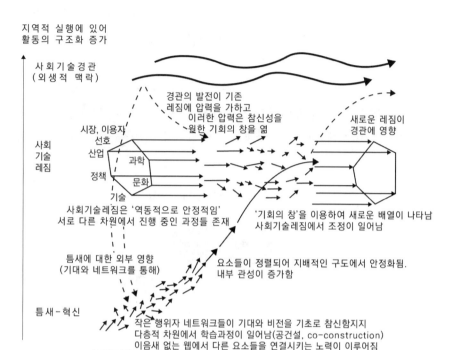

그림 12-1 사회-기술-레짐의 전환에 관한 다층적 관점

자료: Geels(2011: 28)의 그림을 인용한 윤순진·심혜영(2015: 146)을 재인용

　　에너지전환은 전환연구에 바탕을 두어 기술적 측면을 강조했던 과거와는 다르게 기술적 측면과 사회적 측면을 모두 고려하는 사회기술 시스템 이론에 기반한다. 즉, 사회기술시스템 이론에 따르면 새로운 기술을 도입하려면 사람과 사회의 중요성에 대한 인식을 바탕으로 기술과 삶의 질, 사회적 자본과 같은 사회문화적인 환경을 고려해야 한다는 것이다. 사회기술시스템 이론은 거시환경, 사회기술레짐, 틈새로 구분되며, 세 수준과 구성요소들이 상호작용과 공진화로 전환을 이끌어낸다(송위진, 2013). 사회·기술·레짐은 행위자들이 공유하는 규칙을 의미하며, 틈새는 다양한 실험과 혁신이 시작되는 미시적인 수준을 의미한다. 지역사회 즉, 지역공동체는 틈새에 위치하여, 소규모의 전환 실험을 통해 성공의 가능성을 탐색하고 가능성을 확인한 이후에 확산시키는

전략적 틈새 관리의 대표적인 대상이다.

　화석연료 사용으로 인한 기후변화 문제 도래 등에 따라 지역공동체가 중심이 되어 지역 내 재생 가능한 에너지 자원을 활용하여 에너지 자립을 추진하고 있다. 지역사회 즉, 지역공동체는 3가지 요소를 가지고 있는데 첫째, 지리적으로 제한된 공간 안에서 활용하는 지역성, 둘째, 구성원들 간의 활발한 상호작용, 셋째, 공통의 유대감과 소속감을 공유하고 정체성을 형성하는 공동의 유대이다. 여기에 지역공동체에는 공익성이나 사업성 등의 요소를 투입할 수 있다.

그림 12-2 지역공동체 구성요소

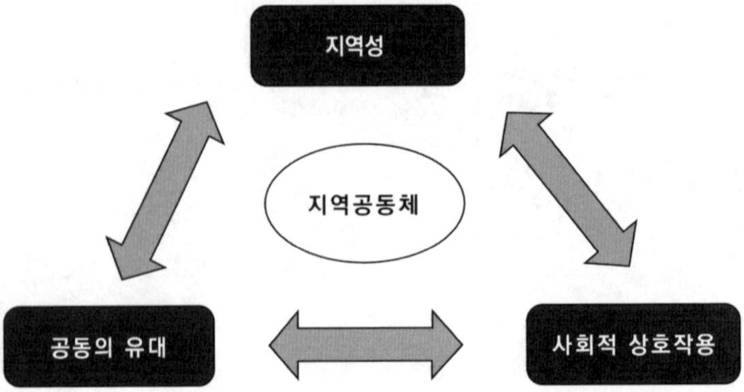

　지역공동체의 구성요소들을 토대로 지역에너지공동체를 정의할 수 있는데, 지역에너지공동체란 특정 지역의 주민들이 공동의 목적 달성에 있어서 에너지 전환이나 에너지의 주체적 이용을 중점으로 두어 집단이나 공동의 관계망을 형성하는 것을 의미한다. 지역공동체가 전반적인 재생에너지 생산에 참여하게 되면서 얻은 공동의 성과를 순환적으로 지역 내부에 공유하는 에너지 이용방식으로 공동체 에너지가 강조되면서, 공동에너지 유형 분류가 가능해졌다(Walker & Devine-Wright, 2008).[1]

---

1) Walker & Devine-Wright는 영국에서 재생에너지 프로젝트 분석을 하면서 지역주민이 프로젝트 개발부터 운영까지의 전반적인 과정에 미치는 영향을 과정과 성과 측면에서 살펴봄

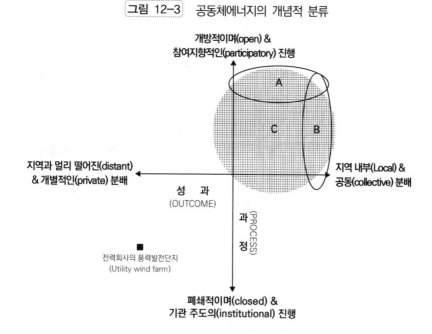

그림 12-3 공동체에너지의 개념적 분류

A유형은 재생에너지 프로젝트 계획부터 운영까지 지역공동체 주민들이 보다 주체적이고 적극적인 참여 방식을 의미하며, B유형은 지역 내부의 분배에 초점이 되는 형태로, 지역공동체 주민에게 일자리 제공이나 지역 재활성화, 재생에너지 기술에 대한 교육 지원 등을 의미하며, C유형은 공동체 참여와 성과의 공유가 혼합된 형태이다(Walker & Devine-Wright, 2008).

에너지전환이 강조됨에 따라 에너지시민성이 중요해지고 있는데, 에너지시민성은 에너지를 수동적으로 소비하는 존재에서 점차 에너지 전환에 있어서 적극적인 소비자로 변화하며, 활동을 주도하며 환경적인 가치를 중시하는 이해관계자를 의미한다(김주영, 2018). 에너지시민성 함양을 위해서는 지역공동체의 교육적 기능이 중요한데, Fryer(1999)에 따르면 지역 주민들은 공동체에 참여하여 욕구와 우선순위를 파악하고, 학습과 훈련을 제공받는 과정에서 자신감과 성취감이 고취됨을 강조했다.

지역공동체의 교육적 기능은 일곱 가지 정리할 수 있다(정지웅 외, 2002;

오혁진, 2006). 첫째, 자아실현의 장은 지역사회의 구성원에게 삶의 의미와 가치를 발현할 수 있게 도와준다. 둘째, 문화전수의 장으로, 지역사회는 고유의 문화가 존재하며, 구성원들은 그 지역의 문화를 보존하면서 새로운 문화를 창출해야 한다. 셋째, 사회화의 장이다. 지역사회 구성원은 다양한 학습을 통해 지역 고유의 생활체계를 습득한다. 넷째, 공동체정신 구현의 장으로, 동질적인 공동체 형성은 유대감을 형성한다. 다섯째, 관계형성 상호작용의 장으로 지역사회는 구성원 간 의사소통과 상징적 상호작용을 통해 인간관계와 사회생활의 장소를 제공한다. 여섯째, 교육적 자원의 장으로 지역사회는 문화적, 정신적, 사회 통합적 요소를 교육적 자원으로 보유해야 한다. 마지막으로 교육 결과의 실천 및 활용의 장으로, 지역사회는 구성원이 학습한 결과를 실천하고 활용할 수 있는 장소를 모색해야 한다.

Ⅳ. 에너지전환과 지역사회의 사례

한국에서는 2011년 후쿠시마 핵발전소 사고와 밀양 송전탑 문제, 온실가스 사용으로 인한 지구온난화 현상 및 기후이상 등을 겪으면서 도시의 에너지 소비에 대한 문제의식이 형성되었다. 특히, 서울시는 2012년 원전하나 줄이기 정책과 마을 공동체를 대상으로 에너지 자립마을 정책을 펼치게 된다. 2022년 3월 기준 서울시에서는 에너지자립마을 50개소를 모집 및 추진하고 있다.

에너지 자립마을이란 온실가스 감축을 실천하는 마을 단위의 공동체로, 주민들의 자발적인 참여로 온실가스를 줄이고 에너지위기에 대한 회복력을 높이는 것을 궁극적인 목적으로 한다. 국내에서는 성대골 에너지 자립마을이 성공한 사례로 손꼽히고 있다. 2011년 후쿠시마 사고 이후로 주민들은 에너지에 대한 교육을 자발적으로 시작하였으며, 도시의 회복력을 높이기 위해 에너지 절약이 곧 생산임을 인지하여 절전소를 만들었다. 주민들은 매달 전력소비량은 확인하며 전력소비량을 줄이기 위한 노력을 하였으며, 가정에서 상가, 학교로 확산되었다. 또한 주민들은 에너지동아리를 대상으로 전력을 줄이기 위한 방안들을 모색하는 등의 활동을 하였다.

2012년 서울시의 에너지 자립마을 만들기 사업 대상자로 선정된 이후로는 마을에서 공동으로 사용하는 마을학교에 단열개선사업을 시행하여 전기나 석유, 가스에 의존하지 않는 에너지자립공간을 형성했다. 2013년에는 태양광 발전기를 활용한 에너지 카페를 운영하고 있으며, 주택에 태양광을 올리기 위해 단열개선 사업을 하는 건축 협동조합을 구성하고, 2014년에는 협동조합 사무실을 겸한 에너지 슈퍼마켓을 열어 에너지 절약 교육, 다양한 에너지 절약 제품을 판매중이다.

성대골 에너지자립마을은 에너지 전환에 대한 교육과 인식 하에 자발적으로 에너지를 줄이기 위한 운동을 시작하였으며, 다음으로 에너지효율화를 위해 단열개선사업이나 절전소를 만들었다. 이후 태양광 등을 활용한 신재생 에너지를 생산하였고, 마을닷살림 협동조합, 성대골에너지 협동조합 등 사회적 기업과 사회적 경제 조직을 구성하여 보다 에너지 관련 교육이나 여러 운동을 시행하고 있다는 점에서 의의를 갖는다.

그림 12-4 성대골 에너지 자립마을의 주요 내용

정부는 2030년까지 신재생에너지 비율을 20% 높이겠다는 포부를 밝힌
바 있으며, 이에 따라 에너지 자립마을 수는 계속해서 확대되고 있다. 그러나
문제는 에너지 자립마을의 수가 증가하고 있으나, 중도하차하는 비율이 꾸준
히 증가한다는 것이다. 서울연구원 보고서에 따르면, 참여 마을 수 대비 중도
하차 비율이 2014년 6.7%에서 2017년 23.8%까지 증가하여, 에너지자립마을의
지속가능성에 대한 대비가 필요하다고 강조하였다. 중도하차의 주요 이유로
는 태양광 시설 설치 공간 부족, 마을 간 네트워크 부족, 신기술 도입 비용 부
족, 실효성 낮은 에너지 교육 등이며, 태양광 전력의 생산량 역시 일부 마을
에서는 전혀 관리되지 않고 데이터가 정확하지 않았다는 문제가 있다. 에너지
자립마을 중도하차의 원인들을 결과적으로 정책 목표율 달성을 위해 시설 중
심의 양적 확대에만 집중한 정부 주도의 일반적인 정책이 나은 결과로, 사업을
직접 이끌어 나가야 할 주체인 주민의 지속적인 참여가 어려워 실패하였다.

그림 12-5 농촌형 에너지자립 녹색마을 조성계획

자료: 대한민국 정책브리핑, 2020년까지 '저탄소 녹색마을' 600개 만든다(2009.07.06)

정부 주도의 에너지 자립마을 정책의 실패사례로는 크게 저탄소 녹색마을 사업과 에너지자립섬을 꼽을 수 있다. 저탄소 녹색사업은 2010년부터 에너지 자립도 40%를 위해 2020년까지 600개의 에너지 자립형 지역공동체 만드는 것을 목표로 추진되었고, 전남 광주 광산구 망월마을, 강원 홍천 소매곡리마을, 경남 통영 원동마을 등 부처별로 시범마을을 조성하였다. 이들 마을은 가축분뇨와 음식물쓰레기에서 나오는 바이오가스로 전기를 생산해 에너지자립을 할 계획이었으나, 주민참여 부족, 운영계획이나 지역자원 조사 미비, 정책의 실효성과 예산집행 형평성, 수익 배분구조의 왜곡 등의 문제로 실패하였다.

에너지자립섬 정책은 정부의 주도로 마라도를 태양광으로 자립하는 섬으로 만들겠다는 일념하에 시행된 사업이다. 그러나 마라도 주민의 정책 참여 실패와 관광객을 대상으로 한 전기차 운행에 전기사용량이 급증함에 따라 태양광 발전만으로는 전기수요를 감당하기 어려워 디젤발전기를 가동하는 등으로 전력수요 증가가 발생해 에너지자립섬 정책은 실패하게 되었다.

V. 에너지전환과 지역사회의 과제

본 장에서는 지속가능한 지역에너지 체제로의 전환 속에서 지역사회의 역할에 대해 심층적으로 살펴보았다. 지역사회에 대한 정의는 각기 다른데, 본문에서는 지역사회를 일정한 지역에 거주하는 주민들의 동질적 정체성으로 정의하였다. 본 장에서는 지역사회에 대한 전반적인 이해를 시작으로, 에너지전환과 지역사회의 관계성, 사례들을 전체적으로 확인하였다.

지역사회에 대한 다각적인 고찰을 통해 지역사회의 역할이 중요해지고 있음을 확인하였다. 특히, 에너지 전환과 관련하여 신재생에너지 분야는 다양한 이해관계자들이 복잡하게 상호작용하고 있기 때문에 중앙정부의 힘으로만 에너지전환 문제를 해결하기 어렵다. 지역사회가 보완재로써, 중앙정부와 주민을 매개하는 역할 수행이 중요하다.

에너지전환에 있어서 지역사회는 무엇이 필요한가? 바로 지역공동체를 구성하는 것과 지역사회의 수요를 파악하는 것이다. 사람마다 에너지전환에

대한 인식은 천차만별이지만 기후변화의 심각성이나 신재생에너지로의 전환
에 대해서는 모두가 공감할 것이다. 공감은 하지만 행동하지 않는 이유는 무
엇인가? 자신에게 오는 위험을 피하고 싶기 때문이다. 지금까지 지역사회는
에너지전환을 반대하거나 우려하는 사람들을 위한 효과적인 대안이나 방안을
마련하지 못하였다. 지역사회가 지금 상황에서 해야 하는 일은 일정한 지역에
거주하는 주민들의 동질적 정체성을 바탕으로 지역성과 에너지에 대한 공동
의 목표와 유대, 사회적 상호작용 등을 통해 지역에너지공동체를 형성하는 것
이다.

　에너지전환에 있어서 지역사회가 해야 할 또 다른 역할은 바로 지역사회
의 수요를 정확하게 파악하는 것이다. 에너지전환을 포함하여 다양한 정책들
은 기술 등의 요소들이 개입되며 다양한 이해관계자들이 포함된다. 지역사회
는 창발적 주도자로써, 여러 요소들의 이해관계를 어떻게 조율하고, 정책의
효과를 확대할 것인지에 대해 고민이 필요하다.

　앞서 에너지전환과 지역사회의 사례로 에너지자립마을을 살펴보았다. 에
너지자립마을의 성공사례와 실패사례를 통해서 에너지 자립마을의 지속가능
성을 확보하는 것이 매우 중요하며, 보다 체계적인 개선이 필요하다. 사례들
을 통해 우리는 다음과 같은 과제를 확인할 수 있다.

　먼저, 단계별 사업을 통해 주민참여의 의지와 책임성을 확인하고 육성하
는 시간을 보장해야 할 필요가 있다. 기존의 보여주기식 정책을 위해 단기적
으로 이뤄지는 행정적 관행이 사업의 양적 확대에만 치중하게 만드는 원인이
되었다. 여기서 벗어나 장기적인 계획수립을 바탕으로 각 마을의 특성에 최적
화된 체계를 마련하고 안정적으로 지원하여 기존 사업대상 마을의 에너지 자
립률 향상을 도와야 한다. 이밖에도 경제성 확보를 위해 저탄소 녹색마을형
FIT 제도 등의 강화를 고려하고 중간지원그룹 구성을 체계화하는 등 현재의
문제점을 파악하고 이를 해결할 수 있는 최적화방안을 모색한다면, 지속적이
고 자발적인 에너지전환 움직임을 이어가 OECD 국가 중 재생에너지에 의한
에너지 생산량 꼴찌 국가라는 오명에서 한층 더 빨리 벗어날 수 있을 것이다.

토론의 장

□ 토론1: 에너지전환과 지역사회
- 토론질문 1: 에너지전환 과정에서 지역사회가 왜 중요한가?
- 토론질문 2: 지역사회, 공동체, 지역공동체, 자발적 결사체의 차이는 무엇인가?
- 토론질문 3: 공동체, 결사체, 조직체를 비교할 수 있는가?
- 토론질문 4: 지역과 마을의 차이는 무엇인가?

□ 토론2: 에너지전환과 지역사회의 사례
- 토론질문 1: 성대골 에너지자립마을과 에너지자립섬 정책의 성공과 실패를 구분한 경계는 무엇인가?
- 토론질문 2: 성대골 에너지자립마을의 핵심 성공요인은 무엇인가?

참고문헌

곽현근. (2015). 주민자치 개념화를 통한 모형 설계와 제도화 방향. 한국행정학보, 49(3), 279-302.

김민경·황민섭. (2017). 서울시 에너지자립마을의 성과진단과 발전방향. 서울연구원.

김주영. (2018). 생애사 연구를 통한 에너지 시민성 형성과정 탐색: 은평구 에너지협동조합원 사례를 중심으로. 서울대학교 대학원.

김현호. (2013). 현대적 지역공동체 모델정립 및 활성화 방안 연구. 한국지방행정연구원.

박대식. (2004). 지역사회 권력구조 이론과 한국에 대한 적실성 모색. 사회과학연구, 15, 103-119.

박선미·김재현. (2019). 시민사회 자발적 결사체의 결사기법에 따른 사회적 자본 형성 전략 분석: 부산지역 NGO 연대체 활동 사회연결망 분석. NGO연구, 14(1): 35-82.

박종문. (2015). 도시 지역공동체 주민의 에너지 시민성 형성과정 : 서울시 성대골 에너지 전환 운동을 중심으로. 서울대학교.

박종문·이성재·윤순진. (2017). 공동체에너지 개념을 통해서 본 에너지협동조합의 설립 과정과 역할: 서울시 소재 에너지협동조합 운영 사례를 중심으로. 사회과학연구, 28, 4. 67-96.

변혜숙. (2006). 지역사회복지서비스체계에 관한 연구. 동국대.

송위진. (2013). 사회-기술시스템론과 과학기술혁신정책. 기술혁신학회지, 16(1), 156-175.

오정수·류진석. (2006). 지역사회복지론. 서울: 학지사.

이재열. (2006), 지역사회 공동체와 사회적 자본. 한국사회학회 기획학술심포지엄 지역사회 공동체에 대한 성찰과 재활성화를 위하여 발제자료.

이희수·김기영. (2014). 지역사회 특성에 따른 지역주민의 도서관 요구에 관한 연구: 3개의 지역유형을 중심으로. 정보관리학회지, 31(1), 207-230.

전병재 (1996). "자유결사체 사회를 위하여 - 공동체, 조직체 비교를 통한 바람직한 집단생활양식 모색". 인문과학 , 74: 307-365.

정선기·송두범·임현정. (2015). 마을공동체의식과 지역사회 관계 분석 -대전광역시 마을만들기 사업을 중심으로-. 지역사회연구, 23(4), 103-122.

정지웅·이성우·정득진·고순철. (2002).지역사회학. 서울대학교 출판부.

조영재·윤정미·유학열·박경철·이관률·엄성준·김정하 (2013). 과소화·고령화에 대응한 한계마을정책 도입을 위한 기초연구. 충남발전연구원.

행정안전부. (2017). 지역공동체의 이해와 활성화.

행정학용어표준화연구회편 (2001). 행정학용어사전. 서울: 새정보미디어

Dahl, R. A. (1978). Pluralism revisited. Comparative Politics, 10(2), 191−203.

Dunham, A. (1970). The New Community Organization. New York, NY: Thoma Y. Crowell Co.

Gregg JS., Nyborg S., Hansen M., Schwanitz VJ., Wierling A., Zeiss JP., Delvaux S., Saenz V., Polo−Alvarez L., Candelise C., Gilcrease W., Arrobbio O., Sciullo A., Padovan D. (2002). Collective Action and Social Innovation in the Energy Sector: A Mobilization Model Perspective. Energies, 13(3):651.

Hillery, George A., Jr. (1955). "Definitions of community: areas of agreement". Rural Sociology, 20: 111-123.

Hunter, F. (1953). Community Power Structure Chapel Hill. University of North CarolinaPress, 1953HunterCommunity Power Structure Chapel Hill1953.

la démocratie en Amérique. Saunders and Otley (London). 1835.

MacIver, R. M. (1941). Some reflections on sociology during a crisis. American Sociological Review, 6(1), 1−8.

Mayer, B. S. (2010). The dynamics of conflict resolution: A practitioner's guide. John Wiley & Sons.

Tocqueville, Alexis, de(2009). 미국의 민주주의 , 임효선 (역). 서울:한길사; De

Warren, R.L. (1963). The community in America. Cihicago : Rand MCNally and Co.

제13장

에너지전환과 기술혁신

•

우청원

에너지전환과 기술혁신

·

우청원

Ⅰ. 기술혁신이란 무엇인가?

본 절에서는 먼저 '기술'과 '혁신'에 대한 개념을 살펴보고, 에너지 전환과 관련된 다양한 기술혁신 용어의 개념을 살펴본다. 에너지 전환과 관련된 기술은 녹색기술, 청정기술, 탄소중립 기술 등 다양한 용어로 사용되고 있다. 국내외에서 사용되고 있는 에너지 기술혁신의 개념에 대해 비교해본다.

1. 기술혁신의 개념

1) 기술의 개념

많은 사람들은 기술을 복잡하고, 이해하기 어려운 것이라고 생각한다. 또는 기술은 과학자나 연구자들이 다루는 개념이라고 생각하기도 한다. 하지만 기술은 생각보다 우리가 살고 있는 사회에서 쉽게 접할 수 있는 개념이고, 대부분의 기업은 기술을 사용해서 경영활동을 한다.

기술은 어디에서 출발하였을까? 기술(technology)은 그리스어인 '테크네(techne)'에서 유래하였다. 히포크라테스는 예술과 기술을 의미하는 테크네라는 개념을 처음 언급하였다. 테크네라는 용어는 로마인에 의해 아르스(ars)라는 단어로 변용되어 사용되다가 후일에 예술(art)과 기술(technology)로 분화되었다.

기술경영학 입장에서 기술을 바라보면 3가지 특성을 가지고 있다. 첫째, 기술은 인간의 삶에 가까이 존재한다. 둘째, 기술은 인간의 능력을 확장할 수 있는 도구이다. 셋째, 기술은 인간의 작품 중 하나이다.[1]

기술은 우리가 사용하고 있는 모든 제품에 들어가 있다. 인공지능이나 로봇과 같이 첨단기술만이 '기술'을 뜻하는 것이 아니다. 일례로 우리가 집에서 사용하는 다양한 제품(냉장고, 전등, 에어컨 등)에도 다양한 기술이 포함되어 있다. 우리가 매일 사용하고 있는 휴대폰도 기술의 집합체 중 하나이다.

기술은 인간의 기억, 연산, 식별 능력 등을 확장 혹은 지원하는 도구이다. 이와 관련된 예시는 무수히 많다. 대량의 정보를 가지고 빠르게 연산할 수 있도록 도와주는 컴퓨터, 생존능력을 높이는 의료기기, 광산에서 배출되는 열 에너지를 기계동력으로 바꾼 증기기관 등이 있다.

> 기술은 "과학 이론을 실제로 적용하여 사물을 인간 생활에 유용하도록 가공하는 수단"으로 정의된다.[2]

2) 혁신과 기술혁신

혁신(innovation)은 무엇일까? 혁신을 간단하게 정의하면 새로운 것을 만들어내는 것이다. 혁신의 사전적 정의는 "묵은 풍속, 관습, 조직, 방법 따위를 완전히 바꾸어서 새롭게 함"이다.[3] 여기서 한 가지 생각해볼 것은 혁신은 기존의 방법과는 완전히 다른 것이어야만 하는가이다. 혁신은 기존에 있는 것을 일부 개선하거나 발전한 것도 포함될 수 있다. Roger(1983)는 잠재적 사용자가 새로운 것이라고 인식하는 모든 아이디어, 제품, 서비스 등을 혁신으로 보았다. 반대로 Peter drucker(1954)는 혁신은 '고객이 깨닫지 못한 가치를 만드는 활동'이라고 하였다. 혁신 관련 데이터의 수집·보고·활용을 위한 지침서

---

1) 안연식(2020: 29)
2) https://stdict.korean.go.kr/search/searchView.do
3) https://stdict.korean.go.kr/search/searchResult.do?pageSize=10&searchKeyword=%ED%98%81%EC%8B%A0

로 유명한 오슬로 매뉴얼(oslo manual)에 따르면 혁신이란 '기존 상품이나 서비스보다 새롭거나 획기적으로 개선된 제품이나 서비스'를 뜻한다.[4] 따라서 혁신이라는 개념은 추상적인 개념으로 연구자에 따라 다르게 정의되어 아직 합의된 정의가 존재하지 않는다.

> 기술혁신(technology innovation)은 "상업적이거나 현실적인 목적을 위해 새로운 장치, 방법, 재료를 만들어내는 행위"이다.[5]

3) 에너지전환과 기술

에너지 전환과 관련된 기술은 주로 기후변화를 대응하거나 적응하기 위한 기술을 뜻한다. 에너지 전환과 관련된 기술 중에서 가장 광의적인 개념은 녹색·기후기술이다. 녹색·기후기술은 온실가스 및 오염물질 배출을 최소화하는 '녹색기술'과 기후변화에 대응하기 위한 '기후기술'을 포함한다. 녹색·기후기술을 세분화하면 저감(Mitigation), 탄소활용(Utilization), 기후변화 적응(Adaptation)으로 구분된다.[6] 첫째, 탄소저감기술은 화석연료 대체 분야와 에너지 효율화 분야로 나뉜다. 화석연료 대체 분야는 신·재생에너지 기술과 미래형 원자력·핵융합 기술 등이 포함된다. 에너지 효율화 분야는 열병합발전, 열교환기 등과 관련된 기술이 포함된다. 둘째, 탄소활용기술은 산업 활동을 통해 만들어진 온실가스를 원료나 화학소재 등으로 재이용하는 기술을 뜻한다. 이는 탄소자원화(Carbon-utilization) 기술이라고도 한다. 셋째, 기후변화 적응기술은 기후변화에 국민들이 적응할 수 있도록 지원하는 기술이다. 적응기술에는 기후변화를 관측하고 예측하는 기술과 기후변화가 사회에 미칠 수 있는 다양한 파급효과를 분석할 수 있는 기술로 나뉜다.

---

4) oecd(2018)
5) Schilling and Shankar(2019)
6) 녹색기술센터(2017: 14)

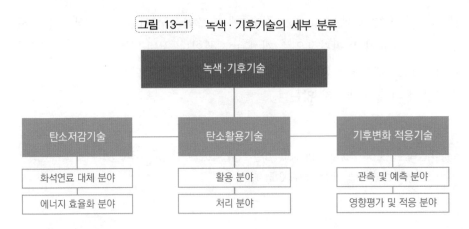

그림 13-1　녹색 · 기후기술의 세부 분류

자료: 녹색기술센터(2017: 16)

녹색 · 기후기술과 개념적으로 유사한 용어들이 국내외 연구에서 사용되고 있다. 녹색기술은 1960~1970년대 서구에서 빠르게 산업발전이 일어나면서 발생한 환경 파괴가 인간생존을 위협하고 이에 대한 성찰로 인해 만들어졌다 (Heng & Zou, 2010). 녹색기술(green technology)의 법적정의는 "기후변화대응기술, 에너지 이용 효율화 기술, 청정생산기술, 신 · 재생에너지 기술, 자원순환 및 친환경 기술 등 사회 · 경제 활동의 전 과정에 걸쳐 화석에너지의 사용을 대체하고 에너지와 자원을 효율적으로 사용하여 탄소중립을 이루고 녹색성장을 촉진하기 위한 기술"이다[7]. 우리나라는 녹색기술의 개념을 정보통신기술, 생명공학기술, 나노기술 등과 융합된 기술로 확장하였다.

이와 유사한 개념으로 환경기술(environmental technology)이 있다. 환경기술의 법적정의는 "환경의 자정능력(自淨能力)을 향상시키고 사람과 자연에 대한 환경피해 유발 요인을 억제 · 제거하는 기술로서 환경오염을 사전에 예방 또는 감소시키거나 오염 및 훼손된 환경을 복원하는 등 환경의 보전과 관리에 필요한 기술"이다.[8]

에너지 전환과 관련된 기술범위를 협의로 보면 저탄소 전환을 위한 재생

---

7) 「기후위기 대응을 위한 탄소중립 · 녹색성장 기본법 제2조」
8) 「환경기술 및 환경산업 지원법 제2조」

에너지 기술이라고 볼 수 있다. 우리나라에서는 「신에너지 및 재생에너지 개발·이용·보급 촉진법(신재생에너지법) 제2조」에 따라 신에너지와 재생에너지를 포함한 신·재생에너지(new and renewable energy)라는 개념을 사용하고 있다. 신에너지란 기존의 화석연료를 변환시켜 이용하거나 수소·산소 등의 화학 반응을 통하여 전기 또는 열을 이용하는 에너지로 수소에너지, 연료전지, 석탄 액화·가스화 등이 포함된다. 재생에너지는 재생 가능한 에너지를 변환시켜 이용하는 에너지로서 태양열, 태양광발전, 바이오매스, 풍력, 소수력, 지열, 해양에너지, 폐기물에너지 등이 포함된다. 신·재생에너지는 우리나라에서만 사용하는 용어로 국제기구에서 주로 사용하는 재생가능한 에너지(renewable energy)와는 다르다.

우리나라에서만 신·재생에너지라는 용어를 사용해서 국가 간에 통계적 차이나 커뮤니케이션 오류가 발생할 가능성이 있다. 해외에서는 신·재생에너지라는 개념을 사용하지 않기 때문에 이를 재생에너지로 이해할 가능성이 높다. 또한 일반적으로 국제 기준에 따르면 폐기물에너지는 재생에너지에 포함되지 않는다. 따라서 신에너지 및 재생에너지에 대한 명확한 분류와 정의가 필요하다는 목소리가 지속적으로 나오고 있다. 재생에너지 기술은 재생에너지원을 발전하고 보급하는데 활용되는 기술을 뜻한다. 일례로 태양광 기술이라고 하면 태양광 발전에 필요한 태양전지 개발기술, 태양광 설치에 필요한 시스템 기술도 포함된다.

2019년 이후 탄소중립 기술이 화두가 되고 있다. 탄소중립 기술은 온실가스 배출량과 흡수량이 같아서 실질적인 배출량이 0(zero)가 될 수 있도록 하는 기술을 말한다. 주요국들이 탄소중립(Carbon neutrality)을 선언하면서 탄소중립을 실현하기 위한 기술개발에 관심이 증가하였다. 미국, 유럽, 일본 등 G7국가들은 탄소중립 기술을 개발하기 위해 국가전략을 수립하고 중점기술을 선정하여 중장기적인 R&D 예산안을 편성 분배하고 있다. 우리나라도 탄소중립 실현을 위해 중점기술을 선정하고 이에 적극적인 투자를 하고 있다.

II. 기술혁신은 왜 중요한가?

기업이 초경쟁사회에서 살아남기 위해서는 지속적으로 새로운 사업이나 기회를 발굴해야 한다. 산업에 따라 차이가 있지만, 기술의 수명주기가 짧아짐에 따라 지속적으로 기술혁신을 해 온 기업만이 경쟁에서 살아남을 수 있는 환경이다. 4차 산업혁명, Covid-19 등 예상치 못한 외부 요인은 기업이 기술혁신을 할 수밖에 없도록 만들고 있다. 이렇듯이 기술혁신은 기업에게 있어 전략적으로 중요하고, 신중하게 접근해야 하는 활동 중 하나이다.

1) 기업의 발전과 존폐에 영향

기술혁신의 중요성은 크게 두 가지로 정리할 수 있다. 첫째, 기술혁신은 기업의 성장과 존폐에 결정적인 요인이다. 기존의 많은 연구와 사례를 통해서 알 수 있듯이 승승장구하던 기업들이 사라진 것을 알 수 있다. 기업이 새로운 사업이나 기회를 지속적으로 발굴하지 않으면 아무리 대기업이라고 하더라도 그 명성을 유지하기 어렵다. 또한 기술수명주기가 점점 짧아지면서 기술혁신에 대한 수요가 더욱 증가하고 있다. 예를 들어 사물인터넷이 확산되는 분야에서는 기술수명이 극단적으로 단축되어 기존 질서가 파괴되고 있다. 기술수명이 단축되면서 기업이 점점 사전 정보를 파악하기 어려워졌고, 후발추격자의 불확실성이 더욱 커지게 되었다(Downes & Nunes, 2013). 또한 시장의 요구가 세분화되면서 맞춤형 상품이나 서비스를 제공하기 위해 기술혁신이 더욱 중요해지고 있다. 아래 사례1은 혁신이 기업의 존폐에 얼마나 중요한지를 보여주는 대표적인 사례이다.

[사례1] 노키아의 몰락의 원인은?

한때는 핀란드의 수출 물량의 20%를 차지하고, 세계 핸드폰 시장의 40%를 차지하던 핀란드 노키아가 몰락하였다. 여러 가지 이유가 있지만 그 중에서 중요한 원인 중 하나가 시장점유율에 대한 자만과 자기 기술에 대한 지나친 확신이었다. 노키아는 경쟁력 없는 사업을 과감하게 정리하고 휴대전화 사업에 집중하여 1998년부터 2011년까지 세계 핸드폰 시장 점유율 1위를 기록하였다. 하지만 2007년 애플의 아이폰에 적용된 앱스토어 기반 플랫폼 확보에 실패하면서 빠르게 몰락하기 시작하였다. 중간관리자가 이에 대한 변화를 보고하였지만, 최고경영진이 이를 거절하고 기존의 방식을 고수하였다. 결국 2013년 9월에 노키아는 MS에 휴대전화 사업부문을 매각하였고, MS는 노키아를 다시 살려보려고 했으나 포기하고 2016년에 다시 노키아를 매각하며 휴대전화 사업을 접었다.

2) 많은 투자와 시간이 필요

둘째, 기술혁신을 성공하기 위해서는 많은 투자와 시간이 필요하다. 기업은 기술혁신을 통해 경쟁우위를 점할 수 있지만, 몇 개의 새로운 아이디어만을 가지고 사업화를 성공적으로 할 수 없다. 일반적으로 3,000건의 아이디어 중에서 최종적으로 신제품 개발에 성공해서 상용화되는 것은 1건이다(stevens & Burley, 1997). 제약산업의 경우에는 기술혁신에 성공하기 위해서는 최소 6,000개에서 8,000개의 아이디어가 필요하고, 평균적으로 12~15년의 개발기간이 필요하다.

연구개발투자가 매년 증가하고 있는 것은 기술혁신의 중요성을 직접적으로 보여준다. 2020년 기준 우리나라 총 연구개발비는 전년대비 4조 246억원 증가한 93조 717억원으로 세계 5위 수준이다. 국내 총생산 대비 연구개발비 비중은 4.81%로 세계 2위 수준이다. 이중에서 민간 연구개발 투자규모는 73조 5,998억원으로 우리나라 전체 연구개발비 중에 79.1%를 차지한다(과학기술정보통신부, 2021: 1, 3). 하지만 연구개발투자 규모가 증가한다고 해서 그 성과가 비례적으로 증가하는 것이 아니다. 기술혁신은 불확실성이 높고, 결정요인들이 다양하기 때문에 기술혁신 성공여부를 예측하기 어렵다. 그럼에도 불구하고 글로벌 기업들은 경제적 상황변화에 상관없이 연구개발 지출을 꾸준히 유지하거나 높이는 전략을 고수한다. 2021년 글로벌 제약사 R&D 투자비중을 살펴보면 최소 13%~26%이다(곽서연, 2021). 따라서 기업은 기술혁신 성공가능성을 높이기 위해서 체계적인 전략과 정책이 필요하다. 기술혁신을 성공적으로 수행하기 위해서는 많은 투자와 시간이 소요되기 때문에 기업은 기술혁신을 가볍게 혹은 무모하게 접근해서는 안된다.

3) 에너지 전환에 기술혁신 필요성

첫째, 2030 국가 온실가스 감축목표(NDC)와 2050년 탄소중립을 실현하기 위해서는 기술혁신을 통한 청정에너지로의 전환이 필요하다. 우리나라는 에너지 다소비 업종이 많고, 화력발전 비중이 높다. 따라서 2030 NDC 목표와 2050 탄소중립 실현은 매우 도전적인 과제이다. 이러한 도전적인 목표를 달성하기 위해서는 기술혁신을 통한 에너지 전환이 필요하다. 2021년 10월에 우리나라도 2018년 대비 2030년 온실가스 감축 목표를 26.3%에서 40%로 상향하였고, NDC 목표 달성 비중이 에너지 전환부문이 44.4%로 가장 높다(관계부처합동, 2021: 1). 또한 온실가스 대부분이 에너지 소비과정에서 발생하기 때문에 청정에너지로의 전환이 탄소중립 실현의 핵심이 된다. 국제에너지기구(IEA)는 기술혁신을 통해 2070년까지 누적 온실가스 배출량을 35%까지 줄일 수 있을 것이라고 예측하였다(IEA, 2020: 6).

정부는 NDC 감축목표를 달성하기 위해 기업 지원뿐만 아니라 규제도 강화할 수 있다. 탄소배출저감을 위해 탄소국경세와 같은 환경규제가 강화되면서 국내 주요 수출 업종이 영향을 받는다. 환경규제를 통해 기술혁신을 촉진하고 경제성장을 실현하기 위해서는 전략적 제도 설계가 필요하다. Porter & van der Linde(1995)는 환경규제는 혁신의 생산성을 높인다는 것을 보여주었다. 단, 혁신을 촉진하는 환경규제를 설계하기 위해서 첫째, 기업이 자원활용도를 높일 수 있도록 규제체제가 유연해야 한다. 둘째, 산업 선점표준(preemptive standards)을 사용할 수 있도록 해야 한다. 특히, 표준에 대한 기술지배력이 클수록 시장 선점효과를 더 누릴 수 있기 때문이다.

둘째, 글로벌 에너지 시스템이 탈탄소화(Decarbonization), 분산화(Decen-tralization), 디지털화(Digitalization)됨에 따라 新에너지 시장에서 선도적 지위를 선점하고, 이러한 변화에서 경쟁력을 유지하기 위해서는 지속적인 기술혁신이 필요하다. OECD 회원국의 에너지 원별 소비 비중을 살펴보면 석탄 비중은 감소하고, 재생에너지 비중은 빠르게 증가하고 있다. 또한 재생에너지, ESS 등 다양한 소규모 분산자원 비중이 확대되면서 에너지 계통이 중앙집중형에서 분산형으로 전환되고 있다. AI, 빅데이터 분석 기술 등이 빠르게 에너

[사례2] 미국 시가총액 1위인 엑슨모빌의 위기

  저탄소 에너지 전환이 가속화되면서 유럽의 에너지 기업 BP, Total 등은 적극적으로 저탄소 에너지 전환에 대응하기 위해 재생에너지에 투자하고 과감한 이산화탄소 배출 감축 목표를 세웠지만, 엑슨모빌은 그러지 않았다. '석유와 가스가 경제 성장의 중심축'이라는 세계관을 유지하면서 석유와 가스 사업 이외의 분야에 대한 투자를 미뤄왔다. 많은 투자자들이 이러한 결정에 우려를 표하자 저탄소 기술에 투자하겠다고 하였지만, 구체적인 방안을 제시하지는 못하였다.

  그 결과, 2005년 2월부터 6년 6개월 동안 미국 시가총액 1위 자리를 지키던 미국의 오일 메이저 기업인 엑슨모빌(ExxonMobil)은 92년 만인 2020년 8월 24일 미국 다우지수에서 퇴출되었다. 또한 탈탄소화, 전기자동차 확대, 코로나 유행 등으로 인해 원유 소비가 급감하면서 2020년 매출은 전년 대비 830억 달러나 감소하였다.9)

그림 13-2   엑슨모빌 매출 및 이익 변화

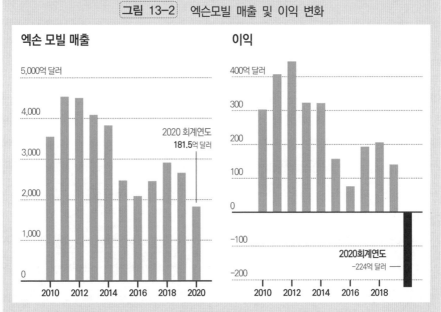

자료: 사면초가에 몰린 엑슨 모빌. (http://www.fortunekorea.co.kr/news/articleView.html?idxno =13920)

---

9) http://www.fortunekorea.co.kr/news/articleView.html?idxno=13920

지 기술과 접목되면서 에너지 융복합 서비스 시장이 확산되고 있다. 빠르게 변화하고 있는 에너지 시스템 시장에서 경쟁우위를 가지기 위해서는 기술혁신이 필요하다(관계부처합동, 2021: 2).

Ⅲ. 에너지 기술혁신의 유형

앞서 살펴본 바와 같이 기술혁신은 복잡하고 다차원적인 특성을 가지고 있다. 따라서 혁신의 유형은 혁신의 대상에 따라, 혁신의 정도에 따라, 기존 혁신 역량 진부화 여부 등에 따라 구분된다. 따라서 본 절에서는 기술혁신 유형별 개념과 특징을 살펴보고, 에너지 기술혁신 연구동향을 살펴본다.

1. 제품혁신과 공정혁신

혁신대상에 따라 혁신은 제품혁신과 공정혁신으로 나뉜다. 제품혁신(product innovation)은 말 그대로 새로운 제품을 개발하였거나 기존 제품의 성능을 향상시킨 것을 의미한다. 일례로 kW급 태양전지를 생산하는 태양광 업체가 MW급 태양전지를 개발하여 생산하면 이를 제품혁신의 성과라고 볼 수 있다. 제품혁신은 조직의 성과물에 따라 서비스의 형태로 나타날 수도 있다. 제품혁신은 제품이나 서비스를 통해서 소비자가 쉽게 확인할 수 있는 특징을 가진다.

반면에 공정혁신(process innovation)은 기업 내부의 공정과정에 내재되어 이루어지는 경우가 많기 때문에 소비자가 이를 파악하기 어렵다. 공정혁신은 제품을 생산하고 이를 고객에게 전달하는 작업 공정을 의미한다. 공정혁신은 새로운 공정과정을 채택하는 것이 될 수도 있고, 기존의 공정과정을 줄여서 제품의 품질을 높이거나 제조원가를 낮출 수도 있다.

제품혁신은 새로운 제품을 개발하거나 기존 제품의 성능을 향상시키는 것을 뜻하고, 공정혁신은 새로운 공정과정을 개발하거나 기존의 공정과정을 줄여 비용효율화하는 것을 뜻한다.

제품혁신과 공정혁신의 구분은 혁신을 수행하는 주체에 따라서 달라질 수 있다. 예를 들어 스마트미터기를 생산하는 기업은 스마트미터기를 개발하는 것이 제품혁신이 되지만 이를 설치하여 전력수요를 효율화하는 기업에게는 스마트미터기 개발이 공정혁신이 된다. 따라서 제품을 생산하는 기업과 이를 활용하는 기업 간에는 제품혁신과 공정혁신의 개념이 역전되기도 한다(이공래, 2000: 53).

제품혁신과 공정혁신의 특징을 상대적으로 비교해보면 아래 표와 같다.

표 13-1 제품혁신과 공정혁신의 상대적인 차이

구분	제품혁신	공정혁신
핵심가치	신규성	효율성
경쟁의 지향점	높은 성능	비용 절감
혁신성에 대한 평가	외부	내부
성과물의 주요 활용처	고객	생산자
모방 가능성	높음	낮음

자료: Un and Asakawa(2015)

에너지 전환과 관련된 혁신은 국내외 논문에서 주로 환경혁신(environmental innovation) 혹은 녹색혁신(green innovation)에 포함된다. 녹색혁신은 에너지 자원소비를 줄이거나 환경오염물질 배출을 줄이는 등 환경친화적인 목적으로 수행하는 제품혁신과 공정혁신을 뜻한다(chen, 2006).

녹색혁신을 유발하는 원인을 분석하기 위해서는 기술주도형, 수요견인형, 규제주도/견인형 접근법을 이해해야 한다. 일반적으로 혁신을 유발하는

요인에 따라 기술주도형(technology push) 혁신과 수요견인형(demand pull) 혁신으로 나뉜다. 기술주도형 혁신은 수요가 명확하지는 않지만 기업이 가지고 있는 새로운 지식이나 역량을 가지고 새로운 제품이나 서비스를 개발하여 새로운 시장을 만든다. 수요견인형 혁신은 소비자의 요구에서 출발하여 만들어진 새로운 제품이나 서비스를 말한다. 녹색혁신은 일반적인 혁신과는 다르게 환경규제에 많은 영향을 받는다. 환경규제가 기업성과에 미치는 영향에 대해서는 논란의 여지가 있다. 신고전학파(Neoclassic)에 의하면 환경규제는 기업이 환경규제를 준수하기 위해 추가적인 비용을 발생시켜 생산성을 낮추고 다른 산업 투자를 위축시킨다고 주장하였다. 반면에 미국의 마이클 포터의 주장에 따르면 환경규제는 중장기적으로 기업의 동적인 기술혁신을 촉진하고 이는 기업의 경쟁력을 제고시킬 수 있다고 주장하였다(Porter & van der Linde, 1995). 따라서 녹색혁신을 이해하기 위해서는 환경규제가 현재 기업에게 어떤 영향을 주고 있으며 향후에 어떤 영향을 줄지에 대해 이해해야 한다.

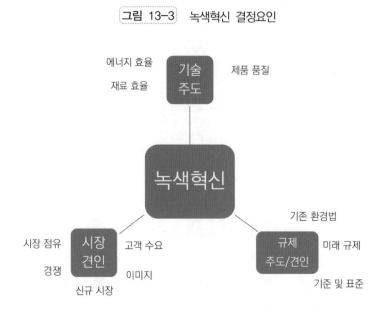

그림 13-3 녹색혁신 결정요인

자료: cleff and rennings(1999:193)

2. 급진적 혁신과 점진적 혁신

기술혁신은 혁신의 속도와 정도에 따라서 급진적 혁신(radical innovation)과 점진적 혁신(incremental innovation)으로 나눌 수 있다. 급진적 혁신은 기존보다 획기적인 성능이나 비용절감 등을 가져오는 변화를 뜻한다. 예컨대, 자동차의 가솔린 엔진이 전기엔진이나 수소연료전지로 대체되는 것처럼 기존의 작동원리와는 전혀 다른 기술시스템으로 전환되는 것이다. 급진적 혁신과 유사한 개념으로 불연속적 혁신(discontinuous innovation), 와해성 혁신(disruptive innovation)이 있다. 와해성 혁신은 기존의 기술과 크게 다른 제품이나 서비스를 만든다는 측면에서 급진적 혁신과 유사하지만, 급진적 혁신처럼 기존의 제품의 성능이나 가격경쟁우위를 반드시 높이는 것이 아닐수도 있다. 이 개념을 처음 제시한 하버드경영대학의 클레이튼 크리스텐스(Clayton Christensen)의 저서 "The Innovator's Dilemma"에 따르면 와해성 기술은 기존 시장을 지배하고 있는 기술과는 매우 다르고, 기존 기술이 채워주지 못한 부분(가격, 성능)을 채워주는 역할을 하면서 기존 시장을 지배한다. 와해성 혁신은 처음에는 기존의 기술보다 성능이 떨어질 수도 있고, 완벽하게 작동하지 않고 세련된 느낌이 부족할 수 있지만, 점차 기술이 발전해서 결국에는 기존 시장을 대체하는 수준에 이르게 된다[10]. 급진적 혁신은 주로 기술주도에 의해서 발생된다(이공래, 2000: 50). 또한 불확실성이 높고, 불연속적으로 일어나는 특징을 가진다.

점진적 혁신은 기존의 제품이나 서비스의 기능이나 비용을 일부 개선하는 것이다. 급진적 혁신에 비해 변화의 정도가 낮다고 볼 수 있다. 점진적 혁신은 주로 수요견인에 의해 발생하는 경우가 많다. 점진적 혁신은 기존에 사용하던 기술과의 연속성이 있기 때문에 연속적 혁신(continuous innovation) 혹은 존속성 혁신(sustaining innovation)이라고도 한다. 점진적 혁신은 개발도상국에서 선진국의 기술을 추격하거나 선진국에서 표준화된 제품을 생산하는 공정혁신 단계에서 주로 나타난다(이공래, 2000: 51).

---

10) Christensen, C. M. (1997)

표 13-2 점진적 혁신과 급진적 혁신 비교

구분	점진적 혁신	급진적 혁신
특성	기존 제품이나 서비스에 대한 일부 성능 혹은 품질 개선	기존 제품이나 서비스와 비교시 전혀 다름
성공요인	조직 내 팀 사이의 조율 동료와의 정보 및 학습	최고위 임원층의 지원 외부와의 연계
유사개념	연속적 혁신 존속성 혁신	불연속적 혁신 와해성 혁신
혁신 주체	기존 기업에서 선호	신규 진입기업에서 선호

자료: 안연식(2020: 110)에서 일부 발췌

에너지 전환에 있어 기존의 혁신이론을 활용하는 데는 주의해야 한다. 기존의 혁신이론은 에너지 산업의 특성을 반영하지 못하는 경우가 있기 때문이다. 일례로 에너지 전환을 이해하는 데 와해성 혁신이론을 적용하는 것이다. 앞서 언급한 바와 같이 저탄소로 에너지 전환을 하기 위해서는 혁신 주체, 기술, 규제 등의 급진적인 변화가 필요하다. 와해성 혁신이론은 이러한 다양한 요소를 고려하고 있지 못하다. 일례로 풍력회사는 수십 년간 정부지원을 통해 전력계통망을 점진적으로 개발하였고, 저탄소 에너지 시스템으로 전환하는 데 큰 기여를 하였다. 와해성 혁신이론에 따르면 이러한 과정은 와해성 혁신이라고 보기 어렵지만, 에너지 전환 시스템 관점에서는 명백한 와해성 혁신이라고 볼 수 있다. 와해성을 기업수준에서만 보지 말고 시스템차원에서 접근하는 것이 필요하다(Mcdowall, 2018).

Ⅳ. 에너지 기술혁신의 패턴

기술혁신 연구는 산업의 특성을 반영하여 혁신패턴을 유형화하는 방향으로 진행되었다. 혁신패턴 연구는 급진적으로 산업구조가 변화하는 양상을 보여주는 동태적 기술혁신 패턴연구(innovation dynamics)와 산업별 기술혁신 패턴을 비교한 정태적 기술혁신 패턴연구(innovation statics)가 있다. 따라서 본 절에서는 기술혁신 패턴별 이론을 공부하고, 에너지 전환과 관련된 기술혁신 패턴 연구를 살펴본다.

1. 동태적 기술혁신 패턴

동태적 기술혁신 패턴과 관련된 연구 중 Utterback & Abernathy(1975, 1978)가 가장 대표적인 연구이다. 본 연구에서는 하나의 산업 내에서 제품혁신과 공정혁신에 의해 제품, 공정, 조직, 시장, 경쟁상황이 어떻게 달라지는지를 보여주었다. 이러한 과정을 유동기(fluid phase), 과도기(transitional phase), 경화기(specific phase)로 구분하여 설명하였다. 유동기 과정에서는 많은 기업들이 다양한 제품혁신을 통해서 제품들을 시장에 출시하고 경쟁한다. 과도기 과정에서는 경쟁에서 살아남아 시장을 장악한 하나 이상의 지배제품(dominant design)이 출현하고, 이 제품이 표준화되어 생산비용을 절감하기 위해 공정혁신이 활발하게 일어난다. 경화기에는 시장이 정체되면서 제품혁신과 공정혁신이 모두 감소한다. 경화기 이후에 새로운 급진적 혁신이 나타나면 다시 한번 혁신 사이클이 시작된다. Utterback(1978) 연구에서는 이러한 변화를 제품, 공정, 조직, 시장, 경쟁 5가지 측면에서 살펴보았다. 이 연구는 산업 내 혁신이 기업의 다양한 측면에서 변화를 일으킨다는 것을 처음으로 일반화하여 설

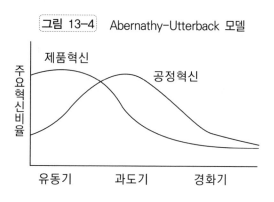

그림 13-4 Abernathy-Utterback 모델

자료: Utterbeck(1978)

명하였다. 단, 이러한 동태적 기술혁신 패턴이 산업에 따라 다르다는 것은 보여주지 못하였다.

2. 정태적 기술혁신 패턴

정태적 기술혁신 패턴은 Pavitt(1984) 연구가 대표적이다. 이 연구는 1945년에서 1975년까지 영국에서 일어난 2,000여 건의 기술혁신 결과를 분석하여 산업별로 기술혁신 패턴이 다르다는 것을 보여주었다. 산업별 기술혁신패턴을 기업규모, 기술혁신 지향점, 목표, 원천, 중심지, 전유 수단 등의 측면에서 비교하였다. 그 결과 공급자주도형 산업(supplier–dominated sector), 전문공급자형 산업(specialized suppliers sector), 규모집약형 산업(scale–intensive sector), 과학기반형 산업(science–based sector) 등으로 구분하였다. pavitt 연구는 귀납적으로 산업별 혁신패턴이 어떻게 다른지를 보여주었지만, 정량적으로 혁신패턴이 산업별로 왜 다른지를 보여주지는 못하였다. pavitt(1984) 연구에서는 에너지 산업은 공급자주도형 산업에 포함되었다. 에너지 산업은 정부 주도의 정책이나 공공기관에 큰 영향을 받기 때문이다.

표 13-3 pavitt 산업 구분

유형		대표 산업	목표 및 수요	기업특성	
				혁신 유형	기업규모
공급자주도형		농업, 주택	원가절감을 통한 서비스 제공	공정	작음
생산 집약형	규모집약형	재료, 조립	원가절감을 통한 대규모 생산 유통	공정	큼
	전문공급자형	기계	전문 지식 기반 제품 생산	제품	작음
과학기반형		전자	혁신적인 성과를 위한 R&D	공정, 제품	큼
		전기, 화학			

자료: pavitt(1984: 354)

Malerba & Orsenigo(1997)은 산업별로 기술혁신패턴이 달라지는 원인을 기술체제(technological regime)로 정의하고 계량적 분석방법을 활용해 혁신패턴에 미치는 영향을 분석하였다. 기술체제에는 1) 투자한 자원 대비 혁신이 얼마나 쉽게 발생할 수 있는지 여부를 확인하는 기회조건, 2) 혁신기술이 유출되는 것을 방지하여 혁신성과를 독점할 수 있는 전유조건, 3) 현재의 혁신 활동이 미래의 혁신에 영향을 미치는 누적성, 4) 지식의 특성과 이전 수단을 결정하는 지식기반의 특성이 포함된다.

3. 에너지 기술혁신 패턴 연구 사례

에너지 산업의 기술혁신 패턴을 분석하기 위해서 주로 특허 정보를 활용하였다. Lee and Lee(2013)은 에너지 산업의 혁신 패턴과 진화과정을 특허자료를 가지고 분석하였다. 20개의 에너지 기술에 대한 특허자료를 활용해서 혁신의 특성을 6가지로 구분하였다. 에너지 산업의 정태적, 동태적 혁신패턴을 집중도 지도(intensity map), 관계 지도(interaction map), 품질 지도(quality map)로 구분하여 시각화하였다.

20개의 기술을 위계적 클러스터링 기법을 활용해 6개의 그룹으로 나누고 기간을 10년 단위로 2개(1991년~2000년, 2001년~2010년)로 나누어서 혁신 패턴

그림 13-5 에너지 산업 혁신 패턴 분석 틀

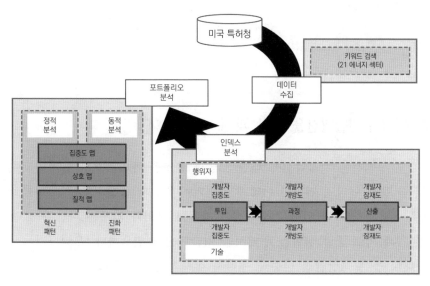

자료: Lee and lee(2013: 418)

을 분석하였다. 일례로 집중도 지도에서 혁신 패턴의 변화를 살펴보면 전반적
으로 혁신의 강도가 감소되고 있다. 이는 기술 간의 융합이 활발해지고, 지배
적 디자인이 만들어지고 있기 때문이다. 풍력이나 연료전지의 경우에는 개발
자 주도로 혁신이 더 빠르게 진행되고 있다.

그림 13-6 집중도 지도를 통해 본 혁신 패턴

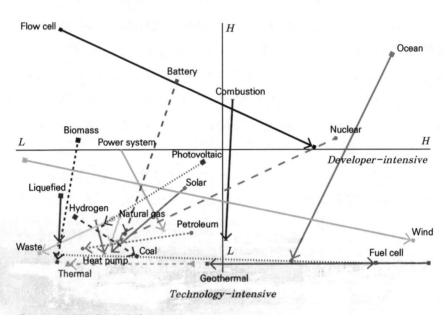

자료: Lee and lee(2013: 423)

V. 에너지 기술혁신을 위한 과제

본 장에서는 기술혁신에 대한 개념과 유형을 개략적으로 살펴보고 기술
혁신을 통해 에너지 전환이 어떻게 진행되어 왔는지를 살펴보았다. 이를 기반
으로 에너지 전환에 있어 기술혁신이 가지는 함의와 과제는 다음과 같다.

첫째, 탄소중립 실현을 위해서는 기술혁신이 필요하다. 우리나라는 선진
국 대비 높은 석탄발전 비중과 에너지 집약적인 산업구조를 가지고 있기 때
문에 기존의 에너지 전환 기술로는 탄소중립을 실현하기 어렵다. 따라서 적극

적인 기술혁신을 통해 새로운 에너지 전환 기술을 개발해야 한다. 이에 우리 나라는 탄소중립 R&D 예산을 매년 증가시키고 있지만, 여전히 기술수준이 선진국에 미치지 못하고 있고, 대부분의 기술이 실증 전 단계에 머무르고 있다. 이러한 상황을 극복하기 위해서는 다음과 같은 사항을 고려해야 한다. 먼저 표준화된 탄소중립 R&D 분류체계를 마련해서 탄소중립 R&D 투자현황을 객관적으로 조사하고 이를 기반으로 R&D 투자우선순위 전략을 수립해야한다. 또한 에너지 전환 기술개발에 민간이 적극적으로 참여할 수 있도록 지원제도 개편이 필요하다. 현재 조세혜택, 장비 구매 지원 등 다양한 지원 정책이 있지만 그 제도 적용 대상 범위, 기간, 지원 규모 등의 적정성을 연구한 사례는 드물다. 정기적으로 에너지 전환 R&D 지원 정책의 효과와 실효성을 분석하고 그 결과를 기반으로 지원 정책을 개편해나갈 필요가 있다. 마지막으로 신속한 기술상용화를 할 수 있도록 연구개발성과 연계가 필요하다. 탄소중립은 2050년이라는 기한이 정해져 있는 목표이기 때문에 최적의 투자뿐만 아니라 효과적인 연구개발 수행도 필요하다. 기존의 R&D 지원 방식으로 제한된 시간내에 탄소중립을 실현하기 어려울 것이다. 따라서 분절화된 기술사업화 지원 방식에서 one-stop 종합 지원을 받을 수 있는 체계를 마련해야 한다. 이를 위해서는 부처 간의 협력이 필수이다. 또한 공공연구개발 성과를 기업이 상용화하기 위해 필요한 실증 사업을 적극적으로 지원해주어야 한다.

둘째, 에너지 분야 신성장동력을 확보하기 위해서는 기술혁신이 필요하다. 앞서 2절에서 살펴본 바와 같이 기술혁신은 기업의 발전과 존폐에 영향을 미치는 요소이다. 기술혁신을 통해 성과를 얻기 위해서는 많은 투자와 시간이 필요하지만 경쟁우위를 가지고 새로운 시장을 선점하기 위해서는 기술혁신이 필요하다. 단, 기술혁신 유형과 기술혁신의 패턴은 시간, 산업, 환경, 기술개발 주체 등 다양한 요인에 따라 결정되기 때문에 기술혁신 지원 정책을 수립할 때는 이러한 요소를 고려해야 한다. 구체적인 정책적 과제로는 다음과 같다. 먼저 합리적 에너지 가격 체계가 구축되어야 한다. 에너지 효율화에 대한 소비자의 수요가 증가해야 에너지 전환을 위한 기술혁신에 대한 수요도 증가할 것이다. 지원정책을 논하기 전에 전기가격에 원가를 반영하여 전기수요를 줄일 수 있도록 하는 것이 필요하다. 기존에는 에너지 시장 안전성을 확보한다는 측면에서 정부주도로 전기요금을 조정하였지만, 에너지 전환 시장의 불확실성이 커지고, 해외 기업과의 경쟁이 심화되면서 더 이상 정부가 이를 관리하기 어려워졌다. 원가연계형 요금제를 국내에 정착시키고 전기 수요를 유연하게 조절할 수 있는 제도가 마련되어야 한다. 이와 동시에 친환경 에너지원으로 생산한 전기에 대한 인센티브 제도는 일정기간 유예하여 에너지 전환 기술에 대한 수요를 높여야 한다. 다음으로는 에너지 신산업 생태계 기반을 조성해야 한다. 일례로 수소 신시장의 경우 공급-유통-활용 측면에서 필요한 제도를 마련해야 한다. 공급측면에서는 청정수소 중심으로 생산할 수 있도록 체계를 마련해야 한다. 유통 측면에서는 해외로부터 안전하고 효율적으로 수소를 확보할 수 있는 방안을 마련해야 한다. 활용측면에서는 수송 분야 이외에 다양한 산업에 수소를 활용할 수 있는 기반을 마련해야 한다.

 토론의 장

□ 토론1: 중소기업의 에너지 전환과 기술혁신

- 아래의 〈그림 13-7〉을 보면 대부분의 중소기업은 에너지 전환을 통해 탄소중립을 실현
  해야 하는 것을 인지는 하고 있다. 하지만 대부분의 기업은 대응계획을 없고, 추가적인
  비용에 대한 부담을 크게 느끼고 있다.

그림 13-7 중소기업 탄소중립 대응계획 수립여부

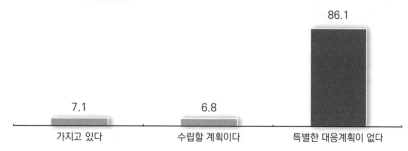

자료: 중소기업중앙회 보도자료(2021)

- 산업부문 중 중소기업의 배출량은 31%로 탄소중립 실현을 위해서는 중소기업 참여가
  필요하다. 하지만 중소기업 중 고탄소 업종의 종류가 다양하고 원인도 복합적이라 지원
  체계를 만들기 쉽지 않다. 또한 중소기업은 대부분 탄소중립을 실현하기 위한 기술개발
  의 필요성에 대해 인지하고 있지 못하다. 탄소중립 준비에 대한 필요성은 인지하고 있
  으나, 준비계획이 전혀 없는 경우가 다수이다.
- 토론질문 1: 저탄소 에너지 전환에서 중소기업의 기술혁신의 함의는 무엇인가?
- 토론질문 2: 중소기업이 에너지 전환에 참여하고 기술혁신 역량을 높이기 위해서는 어
  떤 정부 지원 혹은 규제가 필요하다고 생각하는가?

참고문헌

과학기술정보통신부. (2021). 우리나라 '20년 연구개발(R&D) 투자(정부＋민간)는 총 93 조원, 보도자료.

곽서연. (2021). 2021년 R&D 투자 상위 10개 글로벌 제약사.

관계부처합동. (2021). 에너지 탄소중립 혁신전략.

녹색기술센터. (2017). 녹색·기후기술 백서.

안연식. (2020). 기술경영 제3판, 서울: 창명.

이공래. (2000). 기술혁신이론개관. 과학기술정책연구원.

중소기업중앙회 보도자료. (2021). 중소기업의 95.7% '탄소중립 전환비용에 부담'.

Chen, Y. S, Lai, S. B. & Wen, C.T. (2006). The influence of green innovation perform－ance on corporate advantage in Taiwan. *Journal of Business Ethics,* 67:331-339.

Cleff, T. & Rennings, K. (1999). Determinants of environmental product and process innovation. *European environment,* 9(5):191－201.

Christensen, C. M. (1997). *The innovator's dilemma: when new technologies cause great firms to fail.* New York: Harvard Business Review Press.

Drucker, P. (1954). *The practice of management.* New York: Routledge.

Downes, L. & Nunes, P. F. (2013), Big－bang disruption, *Harvard Business Review,* 91(3): 44－56.

Heng, X. & Zou, C. (2010). How Can Green Technology Be Possible. *Asian Social Science,*

6(5): 110－114.

IEA. (2020). Energy Technology Perspectives 2020. https://www.iea.org/reports/en－ergy－technology－perspectives－2020

Lee, K. & Lee, S. (2013). Patterns of technological innovation and evolution in the en－ergy sector: A patent－based approach. *Energy Policy,* 59:415－432.

McDowall, W. (2018). Disruptive innovation and energy transitions: is Christensen's theory helpful?. *Energy Research & Social Science,* 37:243－246.

Malerba, F., Orsenigo, L. & Peretto, P. (1997). Persistence of Innovative Activities,

Sectoral Patterns of Innovation and International Technological Specialization,

International Journal of Industrial Organization, 15(6): 801−826.

OECD (2018). *Oslo Manual 2018: Guidelines for Collecting, Reporting and Using Data on Innovation*. Organisation for Economic Co−operation and Development, & Statistical Office of the European Communities. OECD Publishing. 4th edition. https://doi.org/10.1787/9789264304604−en.

Pavitt, K. (1984). Sectoral Patterns of Technical Change: Towards a Taxonomy and a Theory, *Research Policy*, 13(6): 343−373.

Porter, M.E. & van der Linde, C. (1995). Green and competitive: ending the stalemate, *Harvard Business Review*, September-October: 120-134.

Porter, M. E., & van der Linde, C. (1995). Toward a New Conception of the Environment−Competitiveness Relationship. *The Journal of Economic Perspectives*, 9(4): 97-118.

Rogers, E. M. (1983). *Diffusion of innovations*, New York: The Free Press.

Schilling, M. A., & Shankar, R. (2019). Strategic management of technological innovation. New York: McGraw−Hill Education.

Stevens, G. A., & Burley, J. (1997). 3,000 raw ideas= 1 commercial success!. *Research−Technology Management*, 40(3): 16−27.

Un, C. A., & Asakawa, K. (2015). Types of R&D collaborations and process innovation: The benefit of collaborating upstream in the knowledge chain. *Journal of Product Innovation Management*, 32(1): 138−153.

Utterback, J. M., & Abernathy, W. J. (1975). A Dynamic Model of Process and Product Innovation. *Omega*, 3(6): 639−656.

Utterback, J. M., & Abernathy. (1978). Patterns of industrial innovation. *Technology Review*, 80(7): 40−47.

http://www.fortunekorea.co.kr/news/articleView.html?idxno=13920
https://stdict.korean.go.kr/search/searchView.do

제14장

에너지전환과 인간행태

•

박천희

제14장

에너지전환과 인간행태

·

박천희

Ⅰ. 에너지전환 과정에서 인간의 행태를 왜 주목해야 하는가?

안정적인 에너지 수급은 국가의 지속적인 발전에 있어 그 성패를 좌우하는 핵심적 요인이다. 세계 경제 10위라는 대한민국의 위상 역시 막대한 수준의 에너지 소비를 전제로 한 것이었다. 그간 대한민국을 비롯한 주요 선진국의 안정적인 에너지 수급 전략은 소위 에너지 안보(energy security)[1]라 할 수 있는 '에너지원의 다원화'에 초점을 두어 왔다. 다음의 <그림 14-1>은 대한민국의 1차 에너지 소비량을 에너지원에 따라 구분한 것으로서 석탄, 석유, LNG, 원자력 등 다양한 에너지원을 이용하고 있다.

그러나 이와 같은 에너지 안보 전략은 2016년 파리기후변화협정을 통해 더 이상 유효하지 않게 되었다. 세계 각국은 지구의 온난화를 방지하기 위해 향후 10년간 온실가스 배출량을 45% 줄여야 함을 제안하였으며, 대한민국 역시 2017년 대비 2030년까지 온실가스 24.4%의 감축 목표를 제시한 바 있다. 이에 따라 전 세계 각국은 기존의 에너지 수급 방식에 대한 근본적인 변화를 꾀하고 있으며, 대표적으로 태양광, 태양열, 풍력 등과 같은 '신재생에너지'에

---

1) 에너지 안보란 에너지원의 공급망 붕괴에 대비한 에너지 사용의 가용성에 대한 보장 (LaCasse·Plourde, 1995)으로 정의된다. 즉 정치·경제적인 이유로 인하여 특정 에너지원의 공급이 불확실하게 되었을 경우, 이를 다른 에너지원을 활용하여 안정적으로 에너지를 생산할 수 있다면 에너지 안보 수준은 높은 것으로 평가할 수 있다.

높은 관심을 두고 있다.

그림 14-1 대한민국의 1차 에너지 소비량 현황

자료: 에너지경제연구원 「에너지통계연보」

그렇다면 대한민국의 신재생에너지 발전 비중은 어떠한가? 한국에너지공단의 「신재생에너지보급실적조사」에 따르면 2018년 9.03%, 2019년 8.88%, 2020년 7.43%로 확인된다. 2020년 기준 영국은 40.9%, 미국 12.9%, 일본 12.5% 등 주요국의 신재생에너지 발전 비중과 비교해보면 낮은 수준으로 평가되고 있다. 특히 대한민국은 지난 몇 년 동안 국가적 차원에서 신재생에너지 보급 사업을 적극적으로 추진했음에도 불구하고(2017-20년까지 4년 누적으로 7.3조원 투입) 오히려 발전 비중은 점차 감소하는 양상으로 나타난다.

신재생에너지의 발전 비중이 주요 선진국과 비교하여 낮은 이유는 무엇 때문인가? 최근 2~3년간 신재생에너지 보급 정책의 성공과 실패 사례들을 분석해보면 다양한 원인이 드러난다. 기술적 차원의 문제, 법·제도적 허점의 문제, 발전 비중의 확대에만 초점을 둔 공급 중심의 정책 등 그 원인은 다양하다. 본 장에서는 앞서 언급한 여러 원인과 함께 '인간의 행태에 대한 이해 부족'이라는 점을 짚고자 한다. 대한민국의 1인당 에너지 소비량을 고려해보면 단기적으로 신재생에너지 발전시설을 다수 건설하는 것만으로는 안정적인 에너지 수급을 기대하기 어렵다.[2] 근본적으로 에너지를 이용하는 사람들의 행태를 분석하고, 이들이 기존보다 효율적으로 에너지를 이용할 수 있도록 지원하는 정책적 노력이 병행되어야 한다. 2019년 국제에너지기구(IEA)는 탄소포집저장, 재생에너지와 관련된 기술적 혁신보다 '사람들이 효율적으로 에너지를 사용하는 것'이 온실가스 감축 기여도에 더욱 큰 효과가 있음을 제시한 바 있다. 「Net Zero by 2050」도 탄소제로를 위해서는 에너지 효율 등급이 높은 가전제품의 이용, 전기차 이용의 확대 등과 같은 사람들의 행태 변화가 필수적 요건임을 제시하고 있다. 이와 같은 사람들의 행태 변화는 지속적으로 증가하는 에너지 수요를 상쇄시킬 수 있는 대안이 될 수 있다는 것이다. 정리하면 신재생에너지 발전시설의 확대는 성공적인 에너지전환에 있어 필수적 요건이지만 이것만으로는 충분조건이 될 수 없다. 에너지를 사용하는 인간의 행태에 대하여 이해하고, 나아가 행태 변화를 꾀할 수 있는 정책적 대안을 제시하려는 노력이 요구되는 시점이다.

인간의 행태와 관련된 최근 몇 년간의 기사를 찾아보면 에너지전환 과정에서 발생하는 개인의 행태는 매우 다양한 방식으로 표출되고 있음을 확인할 수 있다. 직접적으로는 신재생에너지 발전시설의 도입(adoption), 신재생에너지 발전시설에 대한 수용(acceptance) 또는 거부, 친환경/에너지 정책에 대한 지지(policy support), 친환경 제품의 이용 등이 있으며, 간접적으로는 친환경적 에너지 이용에 대한 지불 용의(willingness to pay) 또는 선호(preference), 에너지를 절약하고자 하는 의도(intention) 등으로 구분할 수 있다. 전자의 경우는 사람들의 행동(bchavior) 측면에 초점을 둔 분류이며, 후자의 경우는 태도(attitude)에 초점을 둔 분류이다. 학술적 시각으로 접근하면 이러한 태도와 행동은 엄격하게 구분되어야 한다. 그러나 본 장의 목적이 여러 이론을 통해 에너지전환과 관련된 사례들을 살펴보는 데 있으므로 태도와 행동을 굳이 구분하지 않고 '행태'라는 용어로 표현하고자 한다.

이에 본 장에서는 에너지전환, 그 중에서도 신재생에너지를 둘러싼 사람들의 반응 또는 일상생활에서의 친환경적 행태를 살펴보고, 이러한 사례를 몇

---

2) 2020년 기준 대한민국의 1인당 이산화탄소 배출량은 11.7t으로 확인되며, 1960년 대비 2020년의 상대적 변화율 순위로 살펴보면 전 세계에서 12위(2,254% 상승)로 확인된다. (https://our-worldindata.org/co2/country/south-korea)

가지의 이론적 틀로써 해석·접근하고자 한다. 이론이라는 렌즈는 현상을 바라봄에 있어 주요한 특징을 효과적으로 포착할 수 있게 하며, 복잡하게 얽혀 있는 관계를 간명하게 이해할 수 있도록 돕기 때문이다. 구체적으로 이후의 에너지전환과 관련된 이론과 사례의 소개는 다음과 같이 진행하고자 한다. 우선 인간행태를 설명할 수 있는 대표적인 이론을 소개한다. 특히 행태적 측면에 초점을 두고 있으므로 개인의 합리성을 가정한 모형들을 소개한다. 다음으로 최근의 에너지전환 관련 사례(주로 신문기사)를 살펴보고 앞서 설명한 이론뿐만 아니라 각 사례마다 필요한 이론을 곁들여 분석한다. 이와 같은 수준별 접근방식은 에너지전환과 관련된 인간의 복잡한 행태를 간명한 시각으로 살펴보는 데 도움이 될 것으로 판단한다.

Ⅱ. 에너지전환과 개인의 합리주의

합리성(rationality)이란 무엇인가? 우리는 일상생활에서 자신의 행동에 대해 '합리적이다'라는 표현을 종종 사용한다. 이와 같은 표현의 기저에는 ①자신이 선택할 수 있는 가능한 모든 상황에 대하여 비교론적 시각으로 살펴보고(완전성: completeness), ②주어진 대안 중 자신에게 가장 높은 효용을 기대할 수 있는 것을 선택(이행성: transitivity)했다는 가정이 내재되어 있다. 여기서 정보의 비교와 최종 대안의 선택 주체는 각 개인이며, 개인마다 중요하게 여기는 판단의 기준이 다르기에 사람마다 합리적인 판단의 결과는 다를 수 있다. 예를 들어 재사용 가능한 컵을 이용하지 않고 일회용품을 이용하는 특정인의 행동은 당사자에게 있어 지극히 합리적인 판단에 의한 것이다. 왜냐하면 그는 두 가지 대안 중 일회용품의 사용에 대하여 더욱 높은 효용을 부여하고 있고, 그 결과 일회용품을 선택한 것이기 때문이다. 물론 그가 왜 일회용품의 사용에 더욱 높은 효용을 부여했는가에 대해서는 다양한 이유가 있을 수 있다. 사용하기 편리하거나 가격이 저렴하기 때문일 수도 있으며, 그린 워싱(green washing)과 같이 기업들의 위장된 환경운동에 대한 회의감 때문일 수도 있다. 이처럼 다양하게 나타날 수 있는 원인을 체계적인 시각으로 바라보고 분석하기 위해서는 이론의 도움이 필요하며, 특히 본 절에서는 에너지전환과 관련된 사람들의 행태를 합리주의적 시각으로 풀어보고자 한다. 글의 순서는 이론에 대한 간략한 설명을 먼저 제시한 후, 사람들의 에너지전환과 관련된 사례를 소개한다. 이후 이론이라는 렌즈를 통하여 각 사례들을 다시 조명하고자 한다.

  Fishbein & Ajzen(1975)은 합리적 행위 이론(TRA: Theory of Reasoned Action)을 제안하며, 사람들의 합리적인 행위(behavior)가 ① 개인의 태도(attitude)와 ② 주관적 규범(subjective norms)에 의해 결정됨을 설명한다. 개인의 태도는 ⅰ)행위가 초래할 결과에 대한 '개인의 신념'과 ⅱ)행위가 초래할 결과에 대한 '평가'를 복합적으로 고려하여 형성되며, 주관적 규범은 ⅰ)행위에 대한 '주위의 태도를 의식'하는 규범적 신념과 ⅱ)주위에 '동조하려는 동기'에 의하여 구성된다. 이러한 개인태도와 주관적 규범은 특정 행위를 할 것인가에 관한 의도(behavior intention)에 영향을 미치며, 종국적으로 행동(behavior)으로까지 나아간다.

그림 14-2 합리적 행위 이론(TRA : Theory of Reasoned Action)

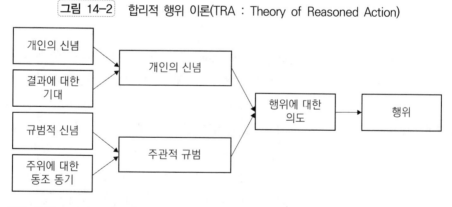

자료: Fishbein & Ajzen(1975)

  합리적 행위 이론이 우리에게 시사하는 바는 무엇인가? 각 개인은 합리성을 판단함에 있어 자신에게 발생할 것으로 예상되는 결과물(outcomes eval-uation)뿐만 아니라, 주변에서 자신의 행위를 어떻게 인식(social pressure)할 것인지에 대해서도 고려한다는 것이다. 예를 들어 무더운 한여름에 지하 주차장의 자가용 안에서 누군가를 기다린다고 가정해보자. 더위와 높은 습도는 자연스럽게 자가용의 냉방기기를 작동시키고자 하는 마음(attitude toward behavior)을 갖게 한다. 그러나 냉방기기의 작동은 개인의 태도만으로 결정되지 않는다. 지하 주차장을 이용하는 주민들이 밀폐된 장소에서의 공회전을 어떻게 바라보는지(normative beliefs), 그리고 본인이 주민들의 생각과 기대에 얼마나 부응할 것인지(motivation to comply)에 의하여 영향을 받는다. 이와 같은 과정을 통해 냉방기기를 작동할 것인지에 대한 행위 의도(behavioral intention)가 결정되고, 이는 종국적으로 행동(behavior)으로 나아가게 된다.

합리적 행위 이론은 그 표현에서 알 수 있듯이 사람들의 즉흥적인 행동을 설명함에 있어 상당한 한계를 지닌다. 신중한 고민 없이 할 수 있는 행동, 특히 그러한 행동이 자신에게 큰 불편함을 주지 않을뿐더러 주변 사람들의 시선과 크게 관련성이 없는 경우라면 앞선 합리적 행위 이론으로 설명하는데 상당한 어려움이 발생한다. Ajzen & Fishbein(1980)의 연구에서는 여성의 직업 선택이나 투표행위, 소비자 선택처럼 행위의 판단에 있어 충분한 시간이 주어지는 경우에 이론의 설명력이 높음을 설명한다. 그렇다면 에너지전환 또는 친환경 부문에서 합리적 행위 이론을 통해 설명할 수 있는 행태에는 무엇이 있을까? 예상하건대 종이로 만든 빨대의 사용, 불필요한 조명등 끄기 등과 같이 일상생활에서 습관적으로 이루어지는 행위를 해당 이론으로 접근하기에는 한계가 존재한다. 이보다는 친환경 제품(예: 가전제품, 주방용품 등)이나 전기차의 구매, 태양광 발전시설의 설치 등과 같이 판단 과정에 일정한 시간과 고민이 필요한 행태에 적용해야 적절한 설명이 가능할 것이다.

합리적 행위 이론을 이용한 최신의 논문을 살펴보자. 김지훈·김민균(2022)은 친환경 패키지 제품의 이용의도를 설명하기 위하여 합리적 행위 이론을 적용하고 있다. 이 연구에서는 개인태도와 주관적 규범뿐만 아니라 '친환경 포장에 대한 프리미엄 지불 의사, 환경에 대한 높은 관심'이라는 두 가지의 개념을 독립변인으로 추가하였다. 분석 결과를 살펴보면 합리적 행위 이론에서 제안하는 본래의 개념(개인태도와 주관적 규범) 외의 변인들은 모두 이용의도와 관련성이 없는 것으로 나타나고 있다. 통상적으로 친환경 포장을 위해 추가적으로 비용을 지불하고자 하는 사람일수록 해당 제품의 이용의도는 높아질 것으로 판단되나, 실제 분석 결과는 그렇지 못한 것으로 확인된다. 이와 유사하게 환경문제에 대한 관심의 수준이 높을수록 친환경 포장 제품을 이용할 것이라는 가정은 타당해 보이지만 이 역시 분석 결과에서는 기각되고 있다. 이러한 결과가 의미하는 바는 무엇인가? 제품이나 서비스의 유형에 따라 분석 결과는 달라질 수 있지만, 합리적 행위 이론이 지닌 간명하면서도 강력한 설명력에 대해 감탄사가 나오지 않는가?

또 다른 연구를 살펴보자. 제현진(2010)은 친환경적 광고가 화장품의 구매행동과 어떤 관련성이 있는지를 합리적 행위 이론의 시각으로 분석하고 있다. 이 연구에서의 흥미로운 점은 개인태도가 주관적 규범에 의해 영향을 받는다는 가정을 한다는 데 있다. 실제 각 개인이 지닌 신념은 그를 둘러싼 외부의 환경으로부터 영향을 받을 수밖에 없다. 주관적 규범을 다른 말로 표현하면 사회적 압박과 같으며, 이러한 압박은 개인의 태도를 형성하는 원인으로 작동할 수 있다는 시각이다. 분석 결과를 살펴보면 친환경적 광고를 본 집단은 주관적 규범이 개인태도와 의도에 모두 정적 영향을 미치는 것으로 확인된다. 반면 일반 광고를 본 집단은 주관적 규범이 개인태도에는 영향을 미치지만 구매의도와는 무관한 것으로 확인된다. 즉 친환경적 광고가 응답자들에게 일종의 압박을 가하여 주관적 규범의 영향력을 촉발시킨 것으로 이해할 수 있다. 해당 연구 역시 합리적 행위 이론의 우수한 설명력을 보여주는 사례라 할 수 있다.

이어서 계획된 행위 이론(TPB: Theory of Planned Behavior)에 대하여 살펴보자. 이 이론은 앞선 합리적 행위 이론의 한계를 보완하기 위한 목적에서 진행되었다. Ajzen(1991)은 통제력(PBC: perceived behavioral control)이라는 개념을 도입하여 행위에 대한 설명력을 개선하고자 하였다.[3] 앞선 합리적 행위 이론에서는 개인이 결정하는 행위를 스스로가 통제할 수 있다는 가정을 전제하고 있지만(Fishbein & Ajzen, 1975), 현실세계에서는 여건이나 자원의 부족, 능력이

---

3) 학술적으로 '지각된 행위통제'라 표현하며, 개인이 특정 행동을 하는 것에 대하여 그것이 얼마나 쉽거나 어려운지에 관한 지각 수준으로 정의된다.

나 지식 결여 등과 같이 여러 이유로 통제할 수 없는 경우가 발생한다는 것이다. 예를 들어 특정인이 가정에서 에너지를 절약하고자 하는 생각을 하고 있고(개인태도), 같이 사는 가족들도 이러한 생각에 대하여 동의(주관적 규범)하지만, 어떤 방법으로 절약하는지 알지 못한다면(통제력 결여) 실제 행동으로 이어지기 어렵다. Armitage & Conner(2001)는 계획된 행위 이론이 적용된 논문에 대해 메타 연구를 진행하였는데, 통제력이 포함됨으로써 합리적 행위 이론 대비 평균 약 6%의 설명력이 개선되었음을 제시하고 있다.

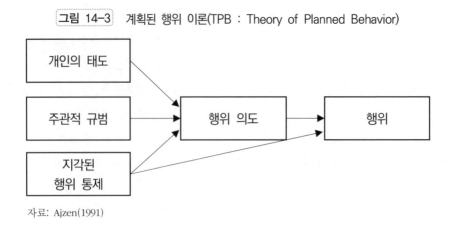

그림 14-3   계획된 행위 이론(TPB : Theory of Planned Behavior)

자료: Ajzen(1991)

계획된 행위 이론을 적용한 최신의 논문을 살펴보자. Yang, Li, Wang, Yue & Wei(2022)는 환경적으로 그린 트래블(green travel)[4]의 이용의도를 설명하기 위해 계획된 행위 이론을 적용하고 있다. 이들은 COVID-19 이후 개인의 여행수요가 회복됨에 따라 탄소배출량도 증가하고 있음을 설명하며, 여행의 방식에 대한 개인의 행태구조 분석을 통해 지속 가능한 여행이 자리매김해야 함을 주장한다. 이 연구는 계획된 행위 이론을 기본 모형으로 설정한 후, 기존의 연구에서 고려하지 못했던 영역을 복합적으로 반영하고 있다는 점에서 모형의 개선과 관련된 연구로 평가할 수 있다.

---

4) 유사한 표현으로 지속 가능한 관광, 에코 여행, 에코 투어리즘 등이 있다.

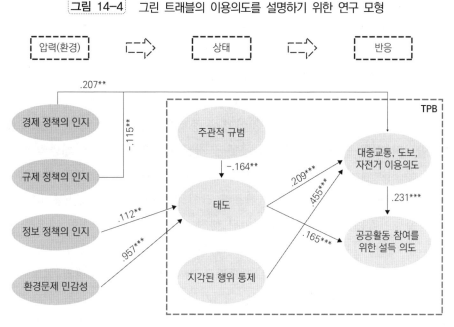

그림 14-4   그린 트래블의 이용의도를 설명하기 위한 연구 모형

주) 모형 내 계수값은 표준화된 회귀계수임
자료: Yang, Li, Wang, Yue & Wei(2022)

구체적으로 살펴보자. 그린 트래블 이용의도는 두 가지로 구분된다. Self-practiced 방식은 자가용 대신 대중교통이나 도보, 자전거, 카풀링을 이용하려는 의도를 의미하며, Interpersonal promotion은 그린 트래블과 같은 공공활동에 참여하도록 설득하려는 의도를 뜻한다. 그리고 이러한 두 가지의 의도에 대하여 개인태도는 매우 밀접한 연관성(+)을 보이고 있다. 지각된 행위 통제는 해당 연구의 핵심 변인인 Self-practiced 의도에 매우 강한 정적 영향력을 미치는 것으로 확인된다. 한 가지 흥미로운 점은 주관적 규범이 개인 태도에 대하여 부적(-) 영향력을 미친다는데 있다. 통상적으로 특정 행동이 부정적인 것으로 인식되는 것이 아니라면, 주변인의 태도에 대한 인식인 주관적 규범은 개인태도와 정적 연관성이 있을 것으로 판단할 수 있다. 연구자들도 가설은 정적인 것으로 제시하였으나, COVID-19와 함께 최근 세대(new gen-eration)의 개인주의적 성향의 확산으로 인하여 부적 관계로 나타난 것이라 해

석하고 있다. 그리고 모형의 확장 또는 개선을 위하여 경제·규제정책에 대한
인식과 환경문제에 대한 민감성 등을 외생변인으로 반영하고 있다.

이와 같이 연구모형에 대한 독자들의 전반적인 이해를 위하여 주요 결과
를 설명하였으나, 본 장에서는 각 개념 간 관계가 어떠한가에 대해 초점을 두
고 있는 것이 아니다. 그린 트래블이라는 사례에 대하여 '계획된 행위 이론을
적용하여 살펴보는 것이 적절한 것인지'에 중점을 두고 있다. 다시 말하면 앞
선 합리적 행위 이론에서 다루지 못했던 지각된 행위 통제라는 개념의 유용
성이 본 사례에서 발현될 수 있는지를 살펴야 한다는 것이다. 그린 트래블이
란 주로 대중교통, 도보, 자전거 이용과 같이 개인들이 쉽게 실천(통제)할 수
있는 활동이라는 점으로 볼 때, 계획된 행위 이론의 적용은 적절한 것으로 판
단할 수 있다. 실제 분석 결과에서도 지각된 행위 통제의 영향력이 가장 높게
나타나고 있으며(β = .455***), 이는 합리적 행위 모형 대비 모형의 설명력이
개선되었을 것이라 판단할 수 있는 근거가 된다. 에너지전환 또는 친환경과
관련된 인간행태와 그 사례는 매우 다양하다. 사례에 대한 논리적인 해석과
예측을 위해서는 그에 적합한 이론을 선별할 수 있는 역량을 갖추어야 하며,
본 장에서 다양한 이론을 소개하는 이유 역시 그와 같다.

다음으로 앞선 두 가지의 이론을 비롯하여 기술수용모형(TAM), 사회인지
이론(SCT), 혁신확산이론(IDT) 등 총 8가지의 이론을 통합하여 제시한 통합된
기술수용모형(UTAUT: United Theory of Acceptance and Use of Technology)을 소
개하고자 한다. 단 이와 같은 통합모형을 살핌에 있어 유의해야 할 점이 있
다. 다수의 이론을 통합하려는 노력은 그 자체로 이론의 발전에 큰 도움이 되
는 것이지만, 기존의 이론을 통합함으로써 의미 있는 수준의 유용성을 추가적
으로 확보할 수 있었는지에 대해 독자들은 비판적으로 고민하며 접근해야 한
다. 주로 이론의 통합은 많은 것들을 설명하기 위한 목적에서 진행되지만, 모
든 것을 설명하는 이론은 실제 아무것도 설명하는 것이 없는 것과 같다. 좋은
이론은 소수의 사례라 하더라도 그것을 논리적으로 그리고 간명히 설명할 수
있어야 하기 때문이다[5]. 다음의 <그림 14-5>에서 직관적으로 확인할 수

---

5) 이와 같이 부차적인 설명을 한 이유는 본 장에서 소개하는 이론의 순서, 즉 후반부에 소개하

있듯이 통합된 기술수용 모형은 높은 수준의 복잡성을 갖고 있다. 각 경로에 대하여 성별, 연령, 경험, 자발적 이용이라는 조절변인이 설정되어 있으며, 이러한 조절변인이 각 경로마다 차별적인 것으로 가정되고 있다. 실제 이와 같이 복잡한 모형은 경험적으로 실증하는 것이 거의 불가능에 가까우며, 이에 많은 연구자들은 자신의 연구 주제에 맞추어 주요 변인들을 선택적으로 활용하고 있다. 구체적으로 통합된 기술수용 모형을 살펴보도록 하자.

그림 14-5 통합된 기술수용 모형(UTAUT)

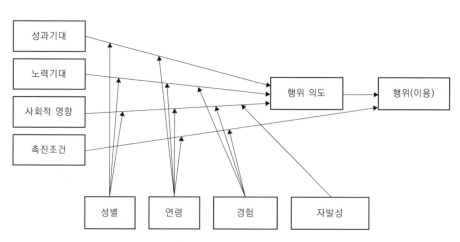

자료: Venkatesh, Morris, Davis & Davis(2003)

통합된 기술수용 모형이 기존의 이론과 비교하여 지닌 차별성은 동기적 차원의 개념들을 채택했다는 데 있다. 성과 기대(PE: Performance Expectancy)는 기술을 사용함으로써 성과가 어느 정도로 향상될 것이라 믿는지의 수준을 의미하며, 이는 이어서 다룰 동기의 과정모형 중 하나인 VIE에서 매개(수단)성(I: Instrumentality)에 해당하는 영역이다. 노력 기대(EE: Effort Expectancy)는 기술의 사용에 있어 쉽게 사용할 수 있는 정도를 의미한다. 사회적 영향(SI: Social

---

는 이론일수록 더욱 우수하거나 좋은 모형으로 오해될 우려가 있기 때문이다.

Influence)은 앞서 살펴본 이론의 주관적 규범과 유사한데, 주변 사람이나 조직들이 해당 기술에 대해 어떻게 생각하는가를 뜻한다. 마지막으로 촉진조건(FC: Facilitating Conditions)은 기술의 사용에 있어 주변인 또는 조직 차원에서 지원이 있을 것으로 믿는 수준을 의미한다.

그렇다면 통합된 기술수용 모형은 에너지전환의 다양한 사례 중 어느 영역에서 유용성을 지닐 것인가? 앞서 살펴보았듯이 성과 기대(PE)라는 개념은 특정 기술을 이용함으로써 성과가 향상될 것이라는 믿음을 의미한다. 다시 말해서 특정한 성과물이 산출되는 사례에서 유용성이 있음을 뜻한다. 예를 들어 태양광 발전시설을 설치함에 따라 얼마나 나에게 도움이 될 것인지(예: 전기료 할인), 신재생에너지 조합원 참여가 나에게 어떤 이익을 가져다 줄 것인지(예: 배당금) 등이 이에 해당한다. 통합된 기술수용 모형에서 주목할만한 또 다른 개념은 촉진조건(FC)이다. 이는 앞서 설명한 이론에서 언급되지 못했던 내용이기도 하다. 신재생에너지 발전시설의 설치를 원하는 개인이 누군가로부터(주변 사람이나 정부 등) 도움을 받을 수 있을 것이라 믿는다면, 이는 그렇지 않은 경우에 비하여 설치행위로 이어질 가능성이 증가하게 된다.

통합된 기술수용모형을 적용한 최근의 연구를 살펴보자. 박정해(2018)는 신재생에너지 사용의도에 영향을 미치는 원인 탐색을 위하여 통합된 기술수용모형을 적용하고 있다. 분석 결과 신재생에너지 사용의도에 영향을 미치는 주요 변인으로는 성과기대(β =.215), 사회적 영향(β =.425), 촉진조건(β =.172)으로 분석되었다. 세 변인 중 영향력이 가장 강한 변인은 사회적 영향으로 확인되는데, 이는 신재생에너지를 사용함에 있어 주변인(타인)의 태도가 핵심적인 역할을 하고 있음을 의미한다. 물론 성과기대나 촉진조건과 같이 나에게 얼마나 도움이 되는지, 그리고 기술의 이용과정에서 나를 지원해줄 인프라가 존재하는지도 중요한 원인이다. 하지만 통상 사람들은 새로운 기술에 대하여 그것이 널리 보급되지 못한 상황에서 그 유용성이나 효과성을 확신하지 못한다. 이에 따라 자신을 둘러싸고 있는 주변인의 목소리(예: 기술의 이용에 대한 경험이나 소문, 후기 등)에 영향을 받을 수밖에 없다.

마지막으로 동기(motivation)와 관련된 이론을 살펴보도록 하자. 동기 이론은 크게 내용(contents)이론과 과정(process)이론으로 구분된다. 내용이론은 인간 마음속의 '무엇이' 개인의 행태를 활성화하는지에 초점을 두고 있으며, 과정이론은 개인의 행태가 어떤 단계나 과정을 통해 발현되었는지를 설명하기 위한 이론이다. 두 유형의 이론은 인간의 동기를 파악함에 있어 각자 장단점을 지닌다. 본 장에서는 에너지전환과 관련한 인간행태를 인과적 차원으로 분석하고자 하므로 과정이론에 초점을 두도록 한다.

대표적인 과정이론으로 Vroom의 기대이론(Expectancy theory)을 살펴보자. 기대이론의 핵심은 인간의 행위와 보상이 어떻게 연계되어 있는지를 살펴보는데 있다. 이를 위해 기대(Expectancy), 수단 또는 매개성(Instrumentality), 유의미성(Valence)의 세 가지 개념을 활용한다. ⅰ)기대란 특정 개인이 목표를 달성하기 위하여 노력했을 때, 그러한 목표달성에 대한 주관적인 믿음(확률)을 의미한다. 일정한 수준의 노력(effort)이 전제되었을 때 그것이 야기할 1차적 성과에 대한 가능성으로 이해할 수 있다. ⅱ)수단성 또는 매개성이란 특정 개인이 지각하는 1차 결과(단기 목표)와 2차 결과(궁극적 목표) 간의 관련성을 의미한다. ⅲ)유의미성이란 특정 개인이 결과에 대하여 갖는 선호의 크기를 의미한다. 이와 같은 이론적 배경을 토대로 태양광 발전시설을 설치하고자 하는 가상 인물(P씨)의 동기 구조에 대하여 살펴보도록 하자.

P씨는 교외지역의 단독주택에 거주하고 있다. 그는 주변에서 태양광 발전시설을 설치하는 사례들을 보며 기존에는 없던 신재생에너지에 대한 관심이 생기게 되었다. 집으로 퇴근하는 길에는 태양광 발전시설의 설치를 손쉽게 도와준다는 여러 현수막과 홍보물도 쉽게 볼 수 있다. 근처에 사는 이장님도 태양광에 관심이 있으면 일처리를 잘 하는 업체를 소개시켜 주겠다고 한다. 이에 P씨는 내가 조금만 관심을 가지면 쉽게 태양광 발전시설을 우리 집에도 설치할 수 있을 것이라 생각하고 있다.

P씨는 태양광 발전시설에 관심을 갖게 된 이후 인터넷을 통해 전기료가 평균 어느 정도 할인되는지를 검색해 보았다. 사람들은 평균 한 달에 약 1만 원 정도 요금을 할인받는다고 하며, P씨는 발전시설을 통해 본인도 충분히 전기료를 절감할 수 있으리라 판단하였다.

사실 P씨에게 있어 전기료 할인은 그 자체로도 매우 의미 있는 것이지만, 무엇보다도 환경을 보호하기 위해 신재생에너지를 이용하는 행위나 노력에 대하여 상당히 높은 가치를 부여하고 있다. 비록 한 개인의 변화이지만, 이러한 변화가 쌓여 지구의 기후문제가 해결될 것이라 믿기 때문이다.

위 사례에 나타난 P씨의 동기로 볼 때, 그는 태양광 발전시설을 본인의 주택에 설치할 것이라 생각하는가? 기대이론의 시각으로 살펴보면 P씨는 발전시설을 이른 시간 내에 설치할 것으로 예상해 볼 수 있다. 그 이유는 첫째, 그는 약간의 노력과 수고스러움을 통해 발전시설을 쉽게 설치할 수 있으리라 믿고 있다. 설치를 도와주는 민간업체뿐만 아니라 이웃으로부터의 도움도 기대할 수 있기에 발전시설의 설치라는 1차적 결과물에 대한 달성 믿음은 높은 것으로 해석 가능하다(기대감 충족). 둘째, 그는 태양광 발전시설을 설치함에 따라 전기료 할인과 같은 비용적 측면에서 이점이 발생할 것으로 판단하고 있다. 즉 발전시설과 전기료 할인은 밀접한 연관성을 지닌 것으로 이해하고 있다(수단성 충족). 셋째, P씨에게 전기료 할인, 그리고 신재생에너지원을 이용한다는 행위 자체는 매우 의미 있는 것으로 받아들여지고 있다. 태양광 발전시설을 설치함으로 인해 발생하는 궁극적 목표(2차 결과)는 그에게 매우 가치 있는 일인 것이다(유의미성 충족). 이상과 같이 기대감, 수단성, 유의미성이 단계적으로 모두 충족됨에 따라 P씨는 태양광 발전시설을 설치하기 위해 부단한 노력을 하게 될 것으로 판단할 수 있다. 다음의 <그림 14-6>은 태양광 발전시설을 설치하려는 P씨의 동기구조를 도식화 한 것이다.

그림 14-6

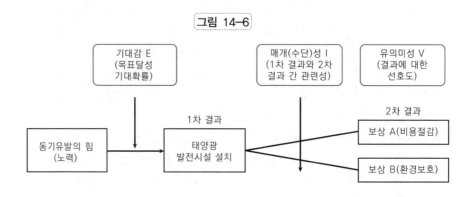

추가적인 고민을 논의해보자. 만약 P씨가 전기료 할인이나 환경보호와 같은 2차 결과에 대하여 별다른 의미를 부여하고 있지 않다면(즉 유의미성 결여), 그는 태양광 발전시설 설치를 위해 부단히 움직일 것인가? 그는 분명 자

신의 노력을 통해 발전시설을 설치할 수 있다고 믿고 있으며, 또한 설치를 통해 비용을 절감하고 환경보호에 일조할 수 있다고 기대한다. 하지만 비용절감이나 환경보호 행위에 대해 중요한 의미를 부여하고 있지 않기에 굳이 태양광 발전시설을 설치하려 하지 않을 것이다.

유사하게 수단성의 결여 상황에 대해서도 고민해보자. 태양광 발전시설을 손쉽게 설치할 수 있다고 믿고 있고, 비용절감과 환경보호는 그에게 매우 의미 있는 일이다. 그러나 태양광 발전시설의 설치와 비용절감 또는 환경보호가 전혀 무관한 일이라고 생각한다면, 그는 발전시설을 설치 행위에 대해 동기를 부여받지 못할 것이다. 기대감의 결여 역시 동일한 결과(동기 결여)를 기대할 수 있다. 즉 Vroom이 제안한 기대감, 수단성, 유의미성 중 단 1가지라도 결여된다면, 사람들은 특정 행위에 대한 동기 자체를 상실하게 된다.

에너지전환에 대해 사람들은 모두 제각기 다른 생각들을 갖고 있다. 어떤 사람들은 신재생에너지가 오히려 환경을 더 파괴하거나 기후변화 문제해결과 관계가 없는 행위라고 생각하기도 하며(수단성 결여), 또 다른 사람들은 기후변화에 대한 각국의 경고가 과장되었고 아직은 그리 심각하지 않다고 평가(유의미성 결여)하기도 한다. 또는 신재생에너지 발전시설을 설치하고는 싶지만 여러 여건상(예: 아파트) 포기하는 경우(기대성 결여)도 있다. 이처럼 사람들은 다양한 생각을 지니고 있지만 기대이론을 통해 각 사례를 살펴보면 구체적으로 어떤 이유에 의해 동기가 결여되었는지 살펴볼 수 있다. 그리고 이와 같이 상세한 원인 분석은 특정인의 동기나 행태를 어떻게 자극시킬 수 있는지에 대한 구체적인 대안도 제시할 수 있다는 장점을 지닌다.

본 절에서는 개인의 합리주의적 시각에서 대표적인 이론이나 모형을 살펴보았다. 장기적으로 에너지전환의 성공을 위해서는 발전시설의 확대만으로는 그 한계가 명확하다. 에너지를 효율적으로 소비하고, 불편하더라도 그것을 감수하고자 하는 인간의 행태에 대해 분석을 선행해야 하며, 이와 같은 이해를 바탕으로 정책을 구체적으로 설계해야 성공적인 에너지전환 체제로 진입할 것으로 판단한다.

Ⅲ. 에너지전환 관련 사례 분석

본 절에서는 앞서 살펴본 이론을 토대로 최근의 에너지전환과 관련된 여러 사례를 살펴보고자 한다. 물론 우리가 살펴본 이론의 종류가 극히 제한적이라 해당 이론만으로 이후의 사례들을 충분히 검토하고 해석하는데 한계가 발생한다. 또한 각 사례들은 개인의 행태가 아니라 결과론적으로 나타난 집단의 행위이다. 따라서 집단 역학(group dynamics)과 같은 측면도 함께 고려해야 풍부한 해석이 될 가능성이 높다. 이와 같은 측면을 고려하여 비교적 최근의 사례들을 중심으로 살펴보도록 하자.

[사례1] "대문 앞 풍력, 논엔 태양광… 집·일터 뺏는 신재생 발전 거부" 중앙일보 (2021.2.10.)

지난 4일 전남 무안군 전남도청 앞, '농·어촌 파괴형 풍력·태양광을 반대한다'는 현수막을 든 주민 40여 명이 "풍력·태양광 반대"라고 외쳤다. 주민들은 "신재생 에너지 발전의 시설 규제 완화 움직임 때문에 집과 일터를 잃을 위기에 놓였다"고 주장했다. (중략)

친환경 발전시설 규제 완화를 놓고 주민들의 반발이 가장 거센 곳은 전남 화순군 동복면이다. 지난해 9월 화순군의회에 10가구 미만 주거지의 경우 500m, 10가구 이상 주거지는 800m 거리만 두면 풍력 발전시설을 설치할 수 있는 내용을 담은 '도시계획 조례 일부 개정 조례안'이 발의됐다. 기존 규제는 주거지에서 1.5~2㎞ 거리를 두도록 제한하였으나, 종전 규제를 3분의 1 수준으로 낮춘 개정 조례안은 거센 반발을 받고 있다. (중략)

풍력·태양광 반대 연대회의는 "농지태양광 허용 법안 저지를 위해 집중 투쟁에 나설 것"이라고 했다. 이 법안은 농지에 태양광을 설치할 수 있는 규제 완화를 통해 농가 소득을 늘리고 이농과 탈농을 막겠다는 것이 입법 취지이지만, 농민들의 생각은 다르다. 연대회의 관계자는 "규제가 완화되면 논을 가진 지주들이 소득이 높은 태양광 발전시설만 세우려 하지 땅 없는 소작농들에게 논을 빌려주겠냐"며 "식량주권은 차후에 생각하더라도 농민들의 일자리를 뺏는 법안"이라고 했다.

위 사례1은 신재생에너지와 관련된 여러 사례 중 가장 전형적인 내용을 담고 있다. 정부와 지자체는 신재생에너지 보급을 확대하기 위하여 다양한 유인책을 제공하고 있지만, 이러한 과정에서 이해관계가 있는 개인들의 피해가 발생하고 있다. 예를 들어 자신에게 발생할 것으로 생각되는 일자리 손실 위험(perceived risk), 급격한 규제 완화로 인한 심리적 두려움(negative affection)은 에너지전환과 관련된 정책에 대해 강력한 반대를 이끌어내고 있다.

　해당 사례를 앞 절에서 살펴본 이론으로서 논의해보자. 주민들에게 있어 국가와 지자체의 정책은 사실상 통제하는 것이 불가능한 것으로 지각될 가능성이 높다. 그리고 정책의 수용으로 인한 결과 또는 결과에 대한 기대는 매우 부정적인 것으로 인식되고 있다. 게다가 반대하는 행동 자체가 집단적으로 이루어지기에 주민 간의 주관적 규범 수준 역시 매우 동질적으로 나타날 것이다. 이와 같은 요인들은 주민들이 강력하게 에너지전환 정책에 대하여 반대하는 기제로 작동하고 있다.

　그간 대한민국은 지역민들의 집단적 저항이 발생하면 주로 지원금/보조금과 같은 인센티브 정책을 주로 펼쳐왔다. 대표적으로 「발전소주변지역지원에 관한 법률」이 그것이다. 집행자의 시각에서 지원금을 배포하는 행위는 매우 간단한 것이면서 또한 효과적인 방법이기도 하다. 하지만 지역민의 입장에서는 결코 만족스러운 대안은 아니다. 자신의 고향을 사랑하는 사람들에게는 단순한 지원금보다 자신들의 의견이 반영되는 과정이 더욱 중요할 것이며, 나아가 안전성이 담보된 시설의 운영을 적극 원할 것이기 때문이다. 우리가 학습했던 이론을 통해 지역민에게 합리적인 대안을 고민해보자.

　첫째, 지각된 행위 통제의 관점에서 살펴보자. 정부 주도의 에너지전환 정책 기조에서 벗어나 지역주민들의 의견이 자연스러운 참여의 행태로서 숙의될 수 있는 절차가 필요하다. 다수의 이익을 위해 소수에게 피해를 강요한다면 올바른 민주주의라 할 수 없다. 특히 피해가 예상되는 지역민들의 의견을 제도적으로 반영할 수 있는 절차를 구성하여 지각된 행위 통제의 수준을 높여야 한다.

　둘째, 성과기대의 관점에서 살펴보자. 피해가 예상되는 지역민들에게 그에 상응하는 보상이 무엇인지 명확히 제시할 수 있어야 한다. 예를 들어 발전시설의 유지보수를 위한 인력으로 지역민을 우선적으로 고용하는 방식이 대표적이다.

　셋째, 지역민의 저항이 개인이 아닌 집단의 태도라는 측면을 고려하여 접근해야 한다. 전염이론(Contagion theory)은 집단 내에서 사람들 간 감정이나 행동이 급속하게 전파되는 현상을 설명하는 이론이다. 집단 내 사람들의 행태가 왜 획일적으로 변화하는지, 평소에 비해 감정의 상태는 왜 더 고양되어 있는지 등을 설명할 때 유용한 도구이다. 이와 같은 상태에서는 특정 한 개인만을 대상으로 한 협상이나 논의는 집단의 태도 변화에 별다른 영향을 미치지 못한다. 이와 함께 지역민 내에서 발생할 수 있는 집단 사고(Group think) 가능성도 염두에 두어야 한다. 집단 사고란 집단 내 응집력에 대한 욕구로 인하여 지역민 사이에서 갈등을 최소화하기 위해 비판적인 사고를 하지 않고 비합리적인 결정을 내리는 상황을 말한다. 정부 또는 지자체가 지역민의 요구를 수용한다 하더라도 이해관계자가 집단 사고에 갇힌 상황이라면 태도 변화는 매우 요원한 일이다. 그렇다면 집단의 태도 변화는 어떻게 발생하는가? 다양한 이론과 해석이 가능하겠지만 본 절에서는 Lewin(레빈)이 제안한 장 이론(Field theory)으로 설명하고자 한다. 장 이론은 인간의 행태가 개인의 내재적인 요인뿐만 아니라 그를 포함한 전체적인 맥락과 연계되어 나타남을 설명하는 이론이다. Lewin은 특정 개인의 태도 변화를 유인하기 위해서는 그들이 속한 심리적 공간 안으로 들어가야 함을 주장한다. 앞선 사례1에 장 이론을 적용하여 해석해보자. 정부 또는 지자체가 주민들의 태도 변화를 유인하기 위해서는 주민들이 왜 불만을 표출하는지에 대해 이해하고, 그들의 입장이 되어 그와 같은 상황을 경험해보려는 능동적인 자세가 요구된다. 쉽게 말해서 서비스 공급을 받는 수요자의 시각에서 모든 상황들을 되돌아보는 자세가 필요하다.

또 다른 사례를 살펴보자. 다음의 사례2는 태양광 발전시설과 관련된 갈등 상황을 어떻게 하면 해결할 수 있는가에 관한 현장의 고민을 잘 보여주고 있다. 대규모 태양광 발전시설을 설치하는 과정에서 발생하는 부정적 파급효과에 대하여 지역 주민들과 상의하고, 그에 대한 구체적 대안을 제시하라는 것이다. 이 사례는 공공선택이론(public choice theory)의 시각으로 풀어보도록 하자.

[사례2] "전국서 주민과 마찰, 태양광 사업 이제 손봐야" 서울신문(2021.1.7.)

충북 옥천군에서는 지난 석 달 동안 1만 5천 제곱미터의 땅에 10건의 태양광 사업 허가가 이루어졌다. 전남 영암 영산강 4지구 간척지에도 무려 16.5㎢ 넓이의 태양광 발전단지가 들어선다는 소식에 주민들이 반대 활동에 나서고 있다. 초기의 태양광 발전은 주로 산지에 설치됨에 따라 산사태와 환경훼손이 문제가 되었고, 주민들과 아무런 협의 없이 진행됨에 따라 반발은 더욱 커져만 가고 있다. 전북 장수군은 태양광 발전을 위한 대안찾기 토론회를 개최하여 '환경정의'라는 개념을 제시하였다. 입지 선정 과정에서 주민들의 의사는 고려했는지, 주민들이 받을 실질적인 혜택은 무엇인지, 자연환경의 부정적 변화는 없는지와 같은 주민의 의문에 먼저 대답을 내 놓아야 한다는 것이다. 지역주민의 마음을 사로잡지 못한 태양광 발전시설은 결국 성공하지 못하게 될 것이기 때문이다.

공공선택이론은 앞선 2절의 합리주의 시각의 연장선 위에 있다. 각 주체는 모두 지극히 개인의 사적 이익을 위해 움직이며, 상대방의 행위를 전략적으로 예측하여 그에 적합한 자신의 행위를 선택하는 소위 게임이론의 시각과 같다. 태양광 발전시설을 설치하는 기업인의 이익은 무엇일까? 확실한 것은 이윤의 추구이며, 동시에 상대적으로 지역민의 안전에 대해서는 소홀할 것이 분명하다. 그 어느 기업이라 하더라도 이윤 추구 없이는 부차적인 것들을 수행할 수 없기 때문이다. 마을 주민들의 이익은 무엇일까? 주민들에게 있어 이익이란 명확하지 않다. 오히려 경관이 훼손되거나 안전이 위협받는 불리한 상황만 가중될 뿐이다. 그 결과 주민들은 이와 같은 불공정한 상황을 해결하고자 적극적으로 활동힐 동기를 부여받는다.[6] 한편 사치단체상 역시 자신의 재선이라는 이익을 추구하기 위하여 표가 되는 주민들의 목소리에 귀를 기울이지 않을 수 없으며, 그 결과 지자체와 주민은 상호 협력하에 '환경정의'라는 대안을 제시하게 된 것으로 볼 수 있다. 지금의 사례2와 같이 신재생에너지 사업으로 인한 이익과 피해 집단이 명확히 구분되는 구조라면, 지속적인 신재생에너지 보급 또는 그 수용성은 낮아질 수밖에 없다.

---

6) Adams의 공정성 이론에 입각한 해석이다. 공정성 이론에서는 상대방과 자신의 상대적인 결과물(투입 대비 산출)을 비교하여 그것이 불공정하다고 느낄 경우, 그 불공정한 상황을 해결하고자 동기가 발현된다고 설명한다.

　　다음의 사례3은 앞선 사례2와 같이 지역주민에게 일방적으로 불공정한 상황은 아니다. 어떤 요인에 의하여 풍력발전 사업이 성공적으로 평가받았는지 살펴보자.

[사례3] "지역 희생 강요하는 에너지 정책, 대안은?" KBS(2022.8.2.)

　　2021년 6월 태백시 가덕산에는 풍력발전기 12대가 완공(1단계)되었다. 육상 풍력으로는 국내 첫 주민참여형 사업이었다. 이후 2022년 4월 마을 주민 250여 명에게 3억 5천만원의 배당금이 지급되었고, 주민들의 투자금 25억 원을 고려해보면 약 14%의 이익이 발생하였다. 1단계 사업이 성공적으로 진행되자 2단계 사업은 4개월 만에 주민의 동의를 얻었다. (중략)

　　합천댐 발전소에는 41mW(연간 약 6만 명 사용)급 수상 태양광 발전소가 들어섰다. 2020년 12월부터 공사를 시작하였는데, 이 과정에서 지역민을 노동자로 고용하고, 20년간 유지보수 인력도 지역주민으로 채용하기로 하였다. 마을 주민들은 초기 환경파괴와 경관 훼손이 있을 것으로 우려하였지만, 주민 1,400여 명이 31억원의 저리 정책자금을 빌려 투자해 투자금의 10%를 돌려받는 구조로 설계해 진행되었다. (중략)

　　창원의 에너지협동조합은 체육관 옥상에 태양광 발전소 400kW 규모로 인근 1500여 가구가 사용하는 전기를 생산한다. 조합원 한 명당 평균 백 만원의 출자금을 준비하였고, 출자금의 5~10%를 돌려받는 구조이다.

　　위 사례3에서 확인할 수 있는 핵심적 단어는 '참여, 보상, 경험'의 세 가지로 요약할 수 있다. 우선 참여 방식에 대하여 살펴보자. 주민들은 어떤 방식으로 참여하였는가? 지자체는 주민들의 적극적인 참여와 관심을 높이기 위해 그들이 직접 저리의 정책자금을 빌릴 수 있도록 지원을 하였다. 정부의 지원이 있기는 하였지만 주민들의 입장에서는 본인의 자금이 투자된 사업이기에 무임승차와 같이 마냥 손을 놓고는 있지 못했을 것이다. 우리는 소위 참여라는 것의 긍정적 효과에 대해 찬양하고 있지만, 자발적이지 못한 참여는 오래 지속되기 어렵다는 것을 염두에 두어야 한다. 다음으로 보상이다. 보상은 앞선 참여와 밀접한 연관성을 가지고 있다. 주민들은 자신의 이익을 위하여 해당 사업의 참여하였고, 이러한 참여를 통하여 일정 수준의 배당금 수익을 보장받았다. 그리고 실제 보상이 이루어지자 사업에 대한 수용성은 더욱 증가

하는 것으로 확인되고 있다. 마지막으로 경험이다. 적극적이고 자발적인 참여, 그리고 그로 인한 보상이라는 상황은 조작적 조건화(Operant conditioning)[7]로 해석될 수 있다. 그들에게 성공적인 경험은 그와 유사한 상황에 대한 또 다른 성공을 기대할 수 있게 하기 때문이다.

마지막으로 다음의 사례4를 살펴보자. 사례4는 성공적인 에너지전환을 위해 시민단체와 정부가 어떠한 노력을 하는지에 관한 내용이다. 세 가지 사례를 통하여 성공적인 에너지전환에 어떠한 전략이 필요한지 논의해보자.

[사례4-1] "내가 쓰는 전기는 내가 만든다. RE100 시민클럽?" KBS(2022.8.1.)
RE100 시민클럽은 시민 중심의 기후위기 대응 방안을 찾고, 탄소중립 생활을 실천하기 위한 운동이다. 전북에서만 500명의 시민들이 참여하고 있으며, 총 세 단계의 등급으로 구분한다. 화이트 등급은 에너지 절약을 하겠다고 동의한 사람, 그린 등급은 재생에너지를 2kW 이상 생산하는 사람, 블루 등급은 5kW 이상 생산하는 사람이 해당한다.

[사례4-2] "광명시 탄소배출 줄이고 돈도 버는 탄소포인트제 추진" 머니투데이(2022.7.4.)
경기도 광명시는 탄소포인트제 인센티브 지급 기준을 확대하고 있다. 탄소포인트제는 전기, 수도, 도시가스의 과거 1~2년간 월별 평균 사용량과 현재 사용량을 비교해 절감된 비율에 따라 포인트를 부여하는 제도이다. 보다 많은 사람들이 참여하여 혜택을 볼 수 있도록 기존 4회 연속 감축에서 2회 연속 감축으로 지급 기준을 완화하였다. 이에 가정은 최대 5만원, 상업시설은 최대 20만원을 지급받을 수 있다.

[사례4-3] "이웃보다 전기 덜 쓰면 현금 돌려준다... 최대 400만원" 머니투데이(2022.7.5.)
산업통상자원부는 에너지 캐시백 사업을 전국으로 확대하기로 결정하였다. 해당 사업은 전체 참여세대와 단지의 평균보다 전기 절감률이 높은 세대와 아파트 단지에 절감 규모에 비례하여 현금을 지급하는 프로그램이다. 단지의 경우 구간별 20~400만원까지, 세대의 경우 절감량 1kWh당 30원의 캐시백을 지급받을 수 있다.

---

7) 조작적 조건화는 특정 반응에 대해 선택적으로 보상함으로써 그 반응이 재차 일어날 가능성을 증가 또는 감소시키는 방법을 의미한다.

사례 4-1을 설명하기에 앞서 '문간에 발 들여놓기(foot-in-the door technique)'라고 들어보았는가? 이 전략은 상대방에게 거절할 소지가 작은 간단한 요구를 받아들이게 한 후, 점차 한 단계씩 요구의 수준을 높여나가는 방식이다. 첫 간단한 요구에 순응한 사람은 자신의 태도 일관성을 위하여 이후의 강한 요구에도 응하게 되는 심리적 상태에 놓이게 된다. RE100 시민클럽의 등급제도는 이러한 문간에 발 들여놓기 전략과 매우 유사하다. 에너지 절약을 하겠다고 동의를 하는 것은 결코 어려운 요구가 아니다. 그러나 이러한 가벼운 요구가 적극적인 에너지 절약 행위의 촉진요인으로 작동할 수 있음에 주목해야 한다. 다음의 사례 4-2와 4-3도 문간에 발 들여놓기 전략을 활용하고 있다. 인센티브 지급을 받기 위한 첫 단계의 난이도를 대폭 낮춤으로써 보다 많은 사람들이 절약 행위에 참여하도록 유인하는 정책이다. 또한 앞선 사례3에서와 같이 경험의 효과를 극대화하기 위한 전략도 포함하고 있다. 과거의 성공적인 경험이 많을수록 이후의 행위에 대해서도 그것을 더욱 쉽게 달성할 수 있으리라는 믿음이 높아지게 된다. 단 시민들의 참여동기가 지속적으로 자극되기 위해서는 현재의 프로그램을 더욱 정교하게 설계해야 한다. 일상생활 유지를 위한 최소한의 에너지 수준 이하로 절약할 수는 없지 않겠는가? 에너지 절약의 임계치에 도달한 사람들의 동기가 지속적으로 유지될 수 있는 방안을 고려해야 할 것이다.

Ⅳ. 인간행태 중심의 에너지전환 정책의 과제

본 장은 '에너지전환과 관련된 다양한 인간행태'를 여러 이론의 도움을 빌려 해석하고, 인간의 행태가 에너지 전환 과정에 있어 왜 중요할 수밖에 없는지를 설명하고자 하였다. 이를 위해 인간행태와 관련된 주요한 이론을 간략하게 소개하고, 각 이론으로 살펴보기에 적절한 일부의 사례와 연구를 안내하였다.

앞서 논의한 내용을 종합해보면, 에너지 전환은 정부의 일방적인 노력만으로 달성되는데 상당한 한계를 지닌다. 그간 우리나라에서 추진된 신재생에너지 관련 정책은 발전시설이나 규모의 측면에서 우수한 성과를 거둔 것처럼 보일 수 있지만, 그와 같은 노력이 궁극적으로 달성하고자 했던 '에너지 전환'을 얼마나 가속화 하였는가에 대해 묻는다면 의구심을 제기하지 않을 수 없다. 우리는 현 시점에서 국제에너지기구(IEA)의 목소리에 귀를 기울일 필요가 있다. 신재생에너지 발전시설의 확대에만 초점을 두는 전략으로는 결코 충분한 수준의 에너지를 만들어 낼 수 없으며, 에너지를 소비하는 인간의 행태에 초점을 두고 에너지 전환을 위한 시민들의 적극적인 동기부여 전략을 고민해야 할 시점이다.

인간행태 중심의 에너지 전환을 위해서는 무엇에 초점을 두어야 하는가? 첫째, 각 개인에게 있어 에너지 전환을 통해 얻게 될 명확한 혜택 또는 이점이 무엇인지 제시할 수 있어야 한다. 이와 유사하게 에너지 전환 과정에서 발생하는 위험(예: 일자리 손실 등)에 대하여 제도적으로 그것을 어떻게 대응할 것인지 명확히 안내해야 한다. 인간의 행태라는 것은 각 주체를 둘러싼 외부의 환경에 의해 영향을 받는 바, 이와 같은 측면을 고려한 정부의 적극적인 제도적 설계가 요구된다.

둘째, 민-관이 함께하는 에너지 전환을 위해서는 시민들이 자발적으로 참여할 수 있는 제도적 설계를 꾀할 필요가 있다. 에너지 전환을 위한 인간의 행태, 그 중에서도 동기적 측면을 파악하고, 이 과정에서 무엇이 결여되어 있는지를 파악해 관련 정보의 제공이나 정책적 지원을 수행할 필요가 있다. 장기적으로 지속될 수 있는 민-관 에너지 전환을 위해서는 '자발성'에 기초한 전략 개발이 필수이며, 이러한 자발성은 동기 관리가 그 첫 출발점이 될 수 있다.

셋째, 에너지 전환에 대한 사람들의 태도 변화를 꾀할 수 있는 전략의 개발 및 수정이 필요하다. 앞서 논의한 바와 같이 RE100 운동은 매우 적은 노력으로도 참여할 수 있는 에너지 절약 운동이며, 이러한 운동에 참여한다는 행위 그 자체가 또 다른 행위를 야기할 수 있다는 점을 기억해야 한다. 중요한 것은 이와 같은 운동에 참여한 시민들이 지속적으로 동기를 상실하지 않도록 정교한 단계별 참여 전략을 구사해야 한다는 데 있다. 현재의 RE100 운동은 단기적으로는 몇 개월, 길게는 1년 수준에서만 동기가 유발되는 구조이며, 동시에 에너지를 절약하는데에만 초점이 맞추어져 있다. 물론 신재생에너지 발전기기를 설치하도록 장려는 하고 있으나, 도시에 거주하는 대다수(특히 아파트 거주민)가 환경적으로 그러한 단계로 나아가지 못하는 점을 고려해 볼 때, 실질적으로 시민들이 지속적으로 참여할 수 있는 제도적 설계는 무엇인지 고민해 볼 시점이다.

넷째, 앞선 세 번째의 연장선으로써 에너지 전환을 위한 인간행태 중심의 정책을 개발하기 위해서는 정부가 아닌 민간 또는 시민단체가 중심이 되어 현 운동을 이끌어 나갈 필요가 있다. 정부의 입장에서는 국제적인 압박 속에서 에너지 전환을 위한 가시적인 성과물을 창출해야 하는 입장이며, 이에 따라 다양한 교육과 포럼, 막대한 예산지출 등을 복합적으로 수행 중에 있다. 그러나 이와 같은 활동들이 과연 시민들의 태도 변화를 야기할 수 있는가? 우리는 Lewin의 장 이론에서 시사하는 바에 귀를 기울일 필요가 있다. 사람들의 태도 변화는 나와 다른 부류의 사람보다는 유사한 사람들의 설득에 의하여 발생한다. 즉 에너지 전환과 관련된 교육, 홍보, 성공적 사례들은 정부가 아닌 민간이 중심이 되어 운영되어야 하며, 정부는 이 과정에서 보조자의 역할에 그쳐야 한다. 이와 같은 접근법은 신재생에너지를 둘러싸고 발생하는 이해관계자 간 첨예한 갈등을 완화하는 데에도 상당한 효과가 있을 것으로 기대한다.

토론의 장

□ 토론

- 토론질문 1: 에너지전환과 관련된 작은 경험(예: 에너지 관련 교육, 풍력발전소 방문, RE100 참여 등)이 중요한 이유는 무엇 때문인가?
- 토론질문 2: 친환경 차량을 구매한다고 가정하고, 자신의 동기를 Vroom의 기대이론의 시각으로 분석해보자.
- 토론질문 3: 시민들이 자발적으로 에너지 절약을 하기 위해서는 제도적으로 어떤 설계가 필요한가?
- 토론질문 4: 에너지전환에서 인간행태를 살펴야 하는 이유는 무엇이며, 이것에 왜 중요한가에 관하여 논의해보자.

□ 토론2: 인간행태 중심의 에너지 전환

- 아래의 〈그림 14-7〉은 '신재생에너지', '에너지전환'을 검색어로 하여 2020.1.1.일부터 2022.12.31.일까지의 연관어를 시각화 한 것이다. 3년 간의 주요 내용을 살펴보면 꽤 다양한 이야기가 논의되고 있으나, RE100을 제외하고는 에너지전환을 위한 인간의 행태적 차원을 논의한 경우는 찾아보기 어렵다. 에너지전환과 관련된 담론은 아직까지 특정 에너지원의 확대/축소 또는 정부기관 주도의 에너지 보급/절약 내용이 주를 이루고 있는 것으로 보인다.

그림 14-7   연관어 분석 결과(검색어: 신재생에너지 및 에너지전환)

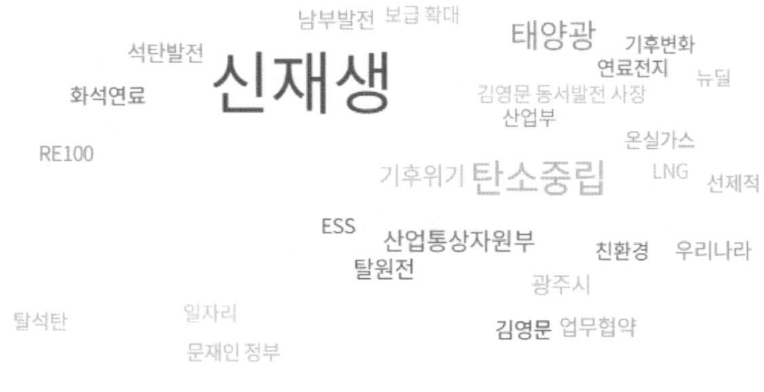

남부발전 보급 확대
석탄발전 신재생 태양광 기후변화
화석연료 연료전지 뉴딜
김영문 동서발전 사장
산업부
RE100 온실가스
기후위기 탄소중립 LNG 선제적
ESS 산업통상자원부 친환경 우리나라
탈원전 광주시
탈석탄 일자리 김영문 업무협약
문재인 정부

자료: 빅카인즈 연관어 분석(전국·경제·지역 일간지 및 방송사 대상)

- 토론질문 1: 성공적인 에너지전환을 위해서는 현재의 담론이 어느 방향으로 나아가야 하는지 고민해보자.
- 토론질문 2: 인간행태 중심의 에너지전환이 성공적으로 달성되었다고 가정해보자. 그렇 다면 어떤 연관어들이 제시될 것으로 생각되는가?

참고문헌

김지훈·김민균. (2022). 확장된 합리적 행동이론을 적용한 국내 친환경 패키지 제품 이용의도에 관한 연구-새벽배송 서비스 이용 경험자를 중심으로. 서비스경영학회지, 23(1), 278-304.

박정해. (2018). UTAUT 응용을 통한 신재생에너지 사용의도에 영향을 미치는 요인 연구: 태양광에너지를 중심으로. 한성대학교 석사학위논문.

에너지통계월보. (2022.2) 에너지경제연구원.

제현진. (2010). 환경친화적 광고가 화장품 구매행동에 미치는영향에 관한 연구: 합리적 행동이론을 중심으로. 성균관대학교 석사학위논문.

한승훈·윤영호. (2022). 친환경 화장품의 구매의도에 영향을 미치는 요인에 관한 연구: 소비가치이론과 확장된 계획행동이론의 통합모델. 경영컨설팅연구, 22(3), 127-140.

Azjen, I., & Fishbein, M. (1980). *Understanding attitudes and predicting social behavior.* Englewood cliffs, NJ: Prentice-Hall.

Ajzen, I. (1991). The theory of planned behavior. *Organizational behavior and human decision processes*, 50(2), 179-211.

Armitage, C. J., & Conner, M. (2001). Efficacy of the theory of planned behaviour: A meta-analytic review. *British journal of social psychology*, 40(4), 471-499.

Bouckaert, S., Pales, A. F., McGlade, C., Remme, U., Wanner, B., Varro, L., ... & Spencer, T. (2021). Net Zero by 2050: A Roadmap for the Global Energy Sector.

Fishbein, M., & Ajzen, I. (1975). *Belief, attitude, intention, and behavior: An introduction to theory and research. Reading*, MA: Addison-Wesley.

Friedlingstein, P., Jones, M. W., O'Sullivan, M., Andrew, R. M., Bakker, D. C., Hauck, J., ... & Zeng, J. (2022). Global carbon budget 2021. *Earth System Science Data*, 14(4), 1917-2005.

LaCasse, C., & Plourde, A. (1995). On the renewal of concern for the security of oil supply. *The Energy Journal*, 16(2). 1-24.

Venkatesh, V., Morris, M. G., Davis, G. B., & Davis, F. D. (2003). User acceptance of information technology: Toward a unified view. *MIS quarterly*, 425-478.

Yang, R., Li, L., Wang, C., Yue, C., & Wei, J. (2022). Influence of Internal and External

Pressure Sensing on Green Travel Intention: Based on a Theoretical Model of the Theory of Planned Behavior and Pressure—state—response Model. *Transportation Research* Record, 03611981221110227.

머니투데이 (2022.7.14.) 광명시 탄소배출 줄이고 돈도 버는 탄소포인트제 추진
(https://news.mt.co.kr/mtview.php?no=2022071411095226517&out−link=1&ref=%3A%2F%2F)

머니투데이 (2022.7.5.) "이웃보다 전기 덜 쓰면 현금 돌려준다"… 최대 400만원
(https://news.mt.co.kr/mtview.php?no=2022070422392170792&out−link=1&ref=%3A%2F%2F)

서울신문(2021.1.7.) 전국서 주민과 마찰, 태양광 사업 이제 손봐야
(https://www.seoul.co.kr/news/newsView.php?id=20210107031002)

전북일보(2022.6.14.) 러시아로 인해 빨라진 에너지 대전환 시대, 한국은?
(https://www.jjan.kr/article/20220614580087)

중앙일보(2020.1.13.) "친환경 태양광 들어오고 배나무 죽었다" 과수원 주인의 눈물
(https://www.joongang.co.kr/article/23680373 · home)

중앙일보(2021.2.10.) 대문 앞 풍력, 논엔 태양광… 집·일터 뺏는 신재생 발전 거부
(https://www.joongang.co.kr/article/23989601 · home)

KBS NEWS. (2022.8.2.) '지역 희생 강요하는 에너지 정책, 대안은?'
(https://news.kbs.co.kr/news/view.do?ncd=5523661&ref=DA)

YTN (2022.7.19.) 한전 "전기절감량에 따라 인센티브 주는 에너지캐쉬백 진행"
(https://www.ytn.co.kr/_ln/0102_202207191627319967)

https://ourworldindata.org/

https://ourworldindata.org/co2/country/south−korea

Global Carbon Project. (2021). Supplemental data of Global Carbon Project 2021 (1.0) [Data set]. Global Carbon Project. https://doi.org/10.18160/gcp−2021.

제15장

에너지전환과 사회갈등

•

전세혁

에너지전환과 사회갈등

·

전세혁

I. 사회갈등에 대한 이론적 논의

갈등은 인간의 활동에서 크게든 작게든 항상 존재해왔다. 갈등은 한 개인의 내적 갈등이나 개인과 개인 간의 갈등, 개인과 집단, 집단과 집단 간에 존재하며, 이의 사전적 의미는 '개인이나 집단이 가지고 있는 두 가지 이상의 목표나 정서들이 충돌하는 현상'으로 설명된다. 즉, 주체보다는 대립하는 목표나 정서로 인해 발생하는 현상이며, 이 현상이 드러나는 것은 각 목표나 정서의 행위 주체인 개인 혹은 집단들의 행동이 이루어졌을 때이다.

본 장에서는 이러한 갈등을 사회갈등이라는 관점에서 접근하고자 한다. 갈등은 주제와 목표, 유형이 매우 다양하며, 이들의 조합에 의해 새로운 형태가 나타난다. 이 때문에 갈등에 대한 논의는 갈등을 하나의 고정된 정의로 표현하기 어려운 한계가 있다. 여러 갈등의 유형 중, 사회갈등은 사회적 상호작용으로 인해 발생하는 둘 이상의 주체와 목표로 인해 발생하는 갈등이다. 이러한 사회갈등은 사회의 발전에 완성도나 견고함을 제공할 수 있다는 순기능이 있지만, 첨예한 대립과 타협의 불가로 인해 해결되지 않는 현상으로 남을 수 있다는 역기능이 존재한다. 이에 본 장에서는 사회갈등의 유형에 대한 이론적 논의를 시작으로 갈등의 원인과 해결방안을 살펴보고 에너지전환과 사회갈등의 사례를 분석해보고자 한다.

1. 갈등이론과 주요 개념

오늘날의 갈등에 관한 이론적 논의는 마르크스와 베버, 짐멜의 영향을 받아 발전해왔다. 세 이론가의 갈등에 대한 관점에는 차이가 있었는데, 이 공통점과 차이점으로 인해 현대 갈등이론의 통합과 변형이 이루어진다(강병노, 2020). 갈등이론의 기본 가정과 주요 개념은 다음과 같다. 갈등이론의 근원은 마르크스 주의로, 1950년대의 기능주의에 대한 비판과 대안으로 시작된다.

갈등주의는 크게 두 가지 관점에서 설명할 수 있다. 먼저 변증법적 갈등주의에서는 모든 사회 현상이 대립적인 모순을 내포하고 있다고 본다. 인간의 본성은 기본적으로 체제변혁을 통한 공존을 지향하며, 자원의 불균등한 소유 및 착취 등으로 인해 사회문제가 발생한다고 본다. 이 때문에 변증법적 갈등주의에서는 사회체제의 재조직이나 혁명을 해결방법으로 본다.

다른 관점은 기능적 갈등주의인데, 이 관점에서 갈등은 사회에서 기능으로써 작용한다고 본다. 그리고 인간을 이기적이고 적대적 본성을 가진 존재로 보며, 자원의 불평등한 분배로 인해 사회문제가 발생한다고 보고, 이를 해결하기 위해서는 단기적이고 단편적인 개혁이 필요하다고 본다.

두 관점의 공통점은 모든 사회에 갈등이 존재하며, 사회문제의 원인을 비합법적인 사회통제와 착취, 희소자원의 불균등한 분배와 이를 유도하는 사회적 권력구조로 보는 것이다.

갈등에 대한 대표적 이론가는 칼 마르크스와 막스 베버, 게오르그 짐멜을 들수있다. 세 이론가들의 관점과 해결방안을 비교하면 다음과 같다. 먼저 마르크스는 갈등을 사회체계 변동의 주 원천으로 보았다. 계급의 이익이나 권력 대립과 같은 갈등을 사회 변동의 결정 요인으로 보았으며, 이러한 갈등의 심화는 지배계급과 피지배계급 모두의 의식을 발전시킨다고 보았다. 마르크스는 이러한 갈등의 해결은 사회적 불평등을 통해 이루어진다고 주장하며, '노동자−자본가'와 같은 '지배−피지배' 계급사회가 평등사회가 되면 갈등이 자연적으로 소멸될 것이라 주장하였다. 다음으로 베버는 마르크스의 계급에 더해 자본주의 체제에서 지위, 권력과 같은 요인도 사회적 관계 형성을 통해 갈등의 요인이 된다고 주장하였다. 베버는 자본주의 체제에서 사회적 불평등

표 15-1 갈등이론의 기본가정과 주요 개념

구분	갈등주의(Conflict Theory)
배경	• 1950년대 기능주의 비판과 대안 • 근원 : 마르크스주의
기본가정과 특성	• 모든 사회에는 갈등이 존재한다. • 변증법적 갈등주의 : 모든 사회현상은 대립적 모순을 내포하고 있고 그 모순은 새로운 사회체계를 발생시킨다. • 기능적 갈등주의 : 사회에서 갈등은 기능적으로 작용한다
대표학자	• 마르크스, 짐멜, 베버, 달렌도르프
사회적 현실	• 희소자원을 소유하려는 경쟁과 투쟁의 갈등 • 사회는 계급투쟁에서 창출된다. • 갈등 : 사회체계의 유지 및 변동의 순기능과 역기능을 발휘
인간의 본성	• 변증법적 갈등주의 : 체제변혁을 통한 공동체적 공존 지향 • 기능적 갈등주의 : 이기적인 존재, 이기적 본성과 적대적 본성을 가진 존재
사회문제의 정의	• 변증법적 갈등주의 : 희소자원의 불균등한 소유와 지배 및 착취로 인한 갈등현상 • 기능적 갈등주의 : 자원의 불평등한 분배로 나타나는 갈등현상
사회문제의 원인	• 비합법적인 사회통제와 착취 – 희소자원의 불균등한 분배 – 불균등한 분배를 가져오는 사회적 권력구조
해결방법	• 변증법적 갈등주의 : 사회체제의 재조직, 혁명 – 기능적 갈등주의 : 단기적, 단편적 개혁
관련이론	• 가치갈등주의 : 집단 간의 가치차이로 사회문제발생, 가치관의 차이에 의한 권력투쟁, 사회문제는 사회의 지배적인 가치와 양립 불가능 • 사회긴장론 : 사회적 관계의 긴장상태(불화, 대립, 알력, 투쟁 등), 이질적 문화 접촉에 의한 갈능 발생 능

자료: 최일섭 외(2008), 강병노(2020)

은 경제적, 사회적, 정치적 차원 등 다양한 측면에서 발생한다고 보았다. 경제적 차원에서는 경제적 계급관계에 의해 불평등이 발생하며, 사회적 차원에서는 계급과 지위 집단과 같은 사회적 위신과 명예가 불평등을 야기한다고 보았다. 특히 정치적 차원에서는 권력이 기회와 사회적 위신을 결정하기에 가장 광범위한 불평등의 발생 요인으로 보았다. 베버는 관료제와 같은 사회와 지위, 권력 등의 불평등의 해소를 갈등해결 방안으로 제시하였다. 마지막으로 짐멜은 갈등이 인간 사회를 구성하는 요소이며, 사회적 관계 형성의 매개 역할을 한다고 주장하였다. 특히 짐멜은 갈등의 순기능에 집중하였으며, 이를 변화의 원동력으로 설명하며 갈등이론에 새로운 관점을 제시하였다. 그는 갈등을 기존의 이론들이 제시한 해소의 대상이 아닌 사회변화의 동기로써 적극적인 활용을 주장하였다(강병노, 2020).

표 15-2 갈등이론의 비교

구분	칼 마르크스	막스 베버	게오르그 짐멜
갈등 원인	• 자원분배의 불평등 정도	• 전통적, 정치적 정당성의 상실	• 집단의 높은 감정개입, 집단의 연대, 가치개입
갈등 과정	• 유상계급과 무산계급 간의 사회적 양극화	• 계급, 신분, 정당간의 다양한 관계	• 덜 강렬하고 약한 폭력적 갈등이 결속, 통합, 질서있는 변동을 증진
갈등 양상	• 사회이동이 불평등을 야기	• 사회이동과 불평등의 상관 관계는 일정하지 않음	• 갈등에서 폭력수준은 갈등 집단들에 의해 갈등이 목적 달성을 위한 수단으로 인식될 때 감소
갈등의 결과	• 양극화는 필연적	• 양극화는 피할 수 있음	• 상호의존성을 가진 사회에서 낮고 빈번한 갈등은 반드시 강화되거나 사회변동으로 귀결되지 않음
정의	• 피지배계급과 지배 계급에 의한 자원의 불균형적인 분배 상황	• 혁명적 상황이나 갈등 해결을 위해 피지배계급을 동원할 수 있는 카리스마적 지도자의 우연적 발생	• 갈등은 사회의 결속, 통합, 유지, 질서정연한 변동의 원동력이다. • 초기 폭력적 갈등은 덜 폭력적인 사회협상 등으로 대체
특성	• 혁명적 갈등, 급진적 갈등 • 필연적 갈등	• 정치적 정당성의 갈등 • 카리스마적 갈등 • 우연적 갈등	• 사회통합적 갈등 • 온건적 갈등 • 갈등이 사회통합에 미치는 긍정적 영향

주요 개념	• 분배의 불평등, 양극화, 소외	• 정치적 정당성, 카리스마 • 지정학: 갈등의 내부적 갈등과 외부적 갈등을 설명하기 위한 학문	• 갈등의 수단화
다음 갈등 이론에 미친 영향	• 갈등으로 인한 이익 갈등과 갈등해결을 위한 조직화에 대한 이론적 설명 제시 • 신마르크스주의	• 신베버주의 • 지정학적 접근: 역사 사회의 부흥 유도→ "세계체 제론"에 영향 (임마누엘 월러스틴)	• 형식사회학의 발전: 기본적 사회 과정의 형식을 발견 • 다소 온건적이고 기능주의적 갈등이론에 영향

자료: 강병노(2020)

2. 사회갈등의 유형과 원인

이상의 논의에서 갈등의 이론적 측면을 살펴보았다. 다음은 갈등의 유형을 구분하기 위해 몇 가지 논의를 소개하고자 한다.

갈등은 매우 넓은 개념으로 개인적 차원에서 집단차원까지 포괄한다. 갈등은 아주 사소하고 개인적 차원의 주제부터 공익을 위한 주제, 세계적 차원의 주제 및 자연환경적 차원의 주제까지 인간 개인의 생활부터 지구적 차원까지 존재하기에 갈등의 종류나 유형은 가늠할 수 없을 만큼 다양하다. 따라서 본 장에서는 갈등의 유형을 사회갈등에 한정하여 논의를 진행하고자 한다.

소위 공공갈등은 정부 공공영역에서 발생하는 갈등을 의미하며, 사회갈등은 더 광범위한 영역에서 발생하는 갈등을 의미한다. 하지만 사회갈등이라는 용어는 사회과학계에서 오래전부터 사용되었음에도, 그 개념이 무엇인지는 명확하기 정의내리기 어렵다. 서문기(2004)의 한국 사회갈등 구조 연구에서는 갈등이 사회발전의 역동성에 가깝다고 주장하였으며(Mayer, 2000), Mayer는 저서 「The dynamics of conflict resolution: A practitioner's guide, 2010」에서 갈등의 해결을 위해 사고하는 과정이 단순한 교육보다 중요함을 주장하였다. 또한 Mueller(1997)는 갈등현상에 대한 사회 구성원들의 인지와 정서, 행위 등이 일반인부터 정치적 지도자까지 갈등의 당사자들이 매우 다양하기 때문에 갈등의 성격을 명확히 규명하기 어렵다고 주장한다(서문기, 2004).

　사회갈등은 공공갈등을 포함하며 보다 넓은 범위를 포괄하기 때문에 이를 명문화하여 정의하기는 어렵다. 하지만 사회과학계에서는 이 사회갈등을 이해하기 위한 연구들이 이루어지고 있으며, 본 장에서는 몇 가지 논의들을 소개하고자 한다.

　권혁주(2016)의 연구에서는 사회갈등이 사회적 쟁점에 대한 이해당사자의 상반된 입장에서 나타나는 긴장상태이며, 이는 사회적 필요와 경제적 이해에 영향을 받는다고 주장한다.

그림 15-1　사회갈등의 구성요소

이해당사자A	사회적 쟁점	이해당사자B
사안에 대한 입장 →	사회갈등	← 사안에 대한 입장
↑		↑
경제적 이해		경제적 이해
↑		↑
사회적 필요		사회적 필요
↑		↑
세계관		세계관

자료: 권혁주(2016)

　한국 보건사회연구원의 사회통합 실태진단 및 대응방안 연구(2018) 보고서에서는 사회갈등을 자원의 소유와 관련한 집단들 간의 권력 갈등, 강제적 갈등, 그리고 가치관의 억압이나 통제를 위한 가치관 갈등이라 주장하였다. 또한, 갈등을 유형화하는 것이 어려운 일임에도 갈등의 성격을 명확히 파악하는 것이 효율적 갈등 해소를 위해 중요함을 밝히고 있다. 그리고 갈등에는 표면적 속성과 실질적 속성이 있으며, 이들의 형태에 따라 구분이 가능하다(Deutsch, 1973). 표면적 속성은 갈등의 당사자 간 표면적으로 드러나는 이유를 의미하며, 실질적 속성은 당사자들의 관계, 조직 구성, 사회적 맥락 등을 의미한다. 이를 토대로 Deutsch(1973)가 주장한 갈등의 유형은 실재적, 우발적, 치환적, 비속성적, 잠재적, 허위적 갈등의 6가지로 구분할 수 있다. 먼저 실재적 갈등은 객관적으로 존재하며, 상황에 대해 A와 B모두 정확히 인식하고 있는 갈등이다. 우발적 갈등은 상황에 따라 쉽게 변화하지만, 갈등의 당사자들은 인지하지 못하는 갈등이며, 치환적 갈등은 갈등의 주제에 대한 오해가 있는 상태로, 당사자들이 잘못된 것을 가지고 갈등하고 있어 표면적 갈등이 해결되어도 감춰진 갈등이 본질적으로 해소되지 않는 한 재발할 수 있는 상황을 의미한다. 비속성적 갈등은 갈등의 당사자 간 경험한 갈등이 아닌, 잘못된 이슈에 대한 갈등 상황이며, 잠재적 갈등은 갈등이 발생할 수 있지만, 발생하지 않은 상태의 갈등이다. 마지막으로 허위적 갈등은 객관적 근거 없이 발생하는 갈등으로, 당사자의 잘못된 인식을 통해 나타나는 갈등이라 할 수 있다.

표 15-3 갈등의 성격에 따른 분류

	A와 B 사이의 객관적 갈등 상황 존재 여부	A와 B 사이의 경험한 갈등 상황*	오해(misperception)의 유형 갈등		갈등 동맹의 존재여부
			갈등의 우발성	갈등의 주제	
I. 실재적(veridical) 갈등	예	예	아니요	아니요	아니요
II. 우발적(contingent) 갈등	예	예	예	아니요	아니요
III. 치환적(displaced) 갈등	예	예	아니요	예	아니요
IV. 비속성적(misattributed) 갈등	예	아니요	아니요	아니요	예
V. 잠재적(latent) 갈등	예	아니요			
VI. 허위적(false) 갈등	아니요	예	예 또는	예 또는	예

* 갈등의 한 당사자의 경험이나 인식을 의미한다. 이때 다른 당사자는 다르게 경험하거나 인식할 수 있다. 그래서 A의 갈등은 치환된 것일 수 있지만, B에게는 잠재적인 것일 수 있음.
자료: 정채식, et al.(2018)

이외에도 갈등에 대한 연구는 목적과 대상, 당사자와 맥락 등 다양한 요인에 따라 이루어지고 있으며, 연구자들의 주장과 근거에 따라 다양하게 유형화되고 다루어져 왔다.

우리나라의 사회갈등에 대한 연구는 1970년대 후반~1980년대 초반을 기점으로 시작되었다(이병량 외, 2008). 초기의 사회갈등에 대한 연구는 사회학 분야에서 주로 이루어졌다. 특히, 1984년 한국사회학회의 특집 「사회갈등과 사회발전」에서는 사회갈등과 사회통제에 관한 이론적 조망이나 갈등의 성격과 대응에 관한 연구, 지역 격차 및 갈등에 관한 연구와 노사갈등, 사회발전과 갈등 및 사회갈등과 폭력 등 사회 구조나 갈등의 개념에 관한 연구 경향을 확인할 수 있었다. 이외에도 사회갈등을 한국의 자본주의나 외환위기와 같은 경제적 차원에서 접근한 연구와 민주화에 따른 공공정책에 대한 사회갈등 연구 경향이 나타났다.

표 15-4 사회학분야 사회갈등 연구

연구자	내용
심영희, 1984	사회갈등과 사회통제 - 이론적 조망
이효선, 1984	학원의 갈등 - 그 성격과 대응
문석남, 1984	지역격차와 갈등에 관한 한 연구 - 영·호남 두 지역을 중심으로
김성국, 1984	노사갈등의 구조와 역사적 전개
김일철, 1984	사회발전과 갈등
신명순, 1986	사회갈등과 폭력
장상환, 1997	한국자본주의의 위기와 사회갈등의 본질
박길성, 2003	외환위기의 사회적 비용: 삶의 질, 사회갈등, 신뢰구조
이영희, 2004	민주화와 사회갈등: 공공정책을 둘러싼 사회갈등의 이해

자료: 이병량·김서용·전영평(2008) 재구성

표 15-5 행정학분야 사회갈등 연구

연구자	내용
김영평 · 신신우(1991)	갈등 수준의 구분: 행정조직 내 갈등
이원일(1998), 주재복(2001), 박천오 · 서우선(2004)	갈등 수준의 구분: 행정조직 간 갈등
김도희(2001)	갈등 수준의 구분: 민간조직과 행정조직 간 갈등
김상구(2002), 유해운(2001), 이선우 외(2001)	정책영역의 수준 구분: 환경정책 영역
박상필(2000)	정책영역의 수준 구분: 사회정책 영역
소영진(1999), 최연홍 · 오영민(2004), 김길수(1995)	정책영역에서의 갈등의 문제 조망
권해수 · 서순복(1996), 박찬우(1998), 박종화(2001), 김철(2003), 유경옥(2003), 김경배(2005), 김두환(2005), 김선광(2003), 서문기(2004), 윤순진(2005)	새로운 갈등해결 기제 탐색
사득환(1997), 안성민(2000), 배응환(2005)	새로운 거버넌스 구상
박재환(1992), 김영평(2002)	갈등 관련 규범적 가치 문제 논의

자료: 이병량 · 김서용 · 전영평(2008) 재구성

위 연구들은 갈등의 개념과 갈등의 문제를 이론적으로 조망하는 차원에서 이루어졌으며, 1984년 이후 연구들은 사회갈등의 해결이나 관리 대안을 모색하고 분석수준이 정교화되는 등의 차이를 보였다. 갈등에 대한 연구가 이루어진 행정학 분야에서는 정책을 사회문제 해결의 수단으로 보고, 특정 사례에 대한 해결 방안 탐색과 같은 연구들이 이루어졌다. 이러한 행정학적 연구는 갈등에 대한 기존 연구에 비해 사례 연구와 같은 정교한 분석을 통해 정책결정·집행과 이론의 검증에 기여한다는 특징이 있지만, 사회갈등을 거시적으로 이해하고 대안을 제시하는 데에는 한계가 있었다(이병량·김서용·전영평, 2008).

갈등의 유형에 관한 연구를 살펴보면, 기존에 분류된 기준을 토대로 각 연구의 특성과 목적에 따라 갈등의 유형을 연구자가 분류하기도 하는 등 시대와 상황에 따라 다양한 모습으로 이루어지고 있다. 아래는 이병량 외(2008)의 「한국 사회갈등구조의 진단과 해석」연구에서 설정된 갈등의 유형과 측정문항이다. 이처럼 사회갈등은 유형별 행위주체와 내용, 맥락에 따라 매우 다양하게 나타나므로 연구자들의 사회갈등 정의와 유형화 노력들이 시도된다.

표 15-6 갈등유형과 측정문항

갈등유형	측정문항	갈등유형	측정문항
지역갈등	호남지역과 영남지역 주민 간 갈등	성갈등	여성들의 권리를 보호하려는 사람들과 가부장적 전통을 유지하려는 사람들 간의 갈등
	도시와 농촌 주민 간 갈등		
	서울과 지방 주민 간 갈등	이념갈등	진보와 보수 세력 간의 갈등
환경갈등	개발론자와 환경시민단체 간 갈등		
	남한 내 친북과 반북 세력 간의 갈등		
교육갈등	교육부와 대학 간 갈등	세대갈등	젊은 세대와 기성세대 간의 갈등
경제갈등	회사 경영자와 일하는 노동자 간의 갈등	정치갈등	여당과 야당 간의 갈등

자료: 이병량·김서용·전영평(2008) 재구성

임동진(2011)의 연구에서는 갈등의 유형이 분류기준에 따라 다양하게 구분될 수 있음을 밝히고 있다. 먼저 주체에 따른 분류는 개인, 조직, 집단, 국가 간 갈등으로 분류가 가능하며(Robbins, 1987), 갈등의 표출 여부·시기에 따라 잠재적 갈등과 현재적 갈등으로 구분이 가능하다. 또한 갈등의 성격에 따라 이익갈등과 권한갈등으로 구분이 가능하며(서울시정개발연구원, 2003), 갈등의 내용인 문제의 원인과 성격, 쟁점에 따라 구분이 가능함을 밝히고 있다. 일례로, 임미화 외(2019)의 연구에서는 도시재생사업 분야에서 실제 갈등 유형과 갈등관리 계획상의 갈등 유형에 대한 차이를 분석하였다. 도출 방법은 파이썬 프로그램을 활용한 인터넷 기사 크롤링 방식과 전문가 자문을 활용하였다. 연구결과 소통 부족, 이익 부족, 의견 충돌, 대자본 유치 저항, 예산 부족, 젠트리피케이션, 사업의 지속 가능성으로 7개의 유형을 도출하였다.

표 15-7 연구 주체별 갈등의 유형 분류

연구자	내용
Deustch(1973)	자원갈등, 선호갈등, 가치갈등, 신념갈등
Lewicki et al.(2003)	가치쟁점, 발달된 분배적 쟁점, 안전과 건강에 대한 위협의 쟁점
Kriesberg(2003)	이익갈등, 가치갈등
Moore(2003)	이해갈등, 가치갈등, 관계적(relationship) 갈등, 데이터 갈등, 구조적(structural) 갈등
서울시정개발연구원(2003)	지방행정·재정갈등, 지역개발갈등(하천, 광역시설, 지역개발)
지속가능발전위원회(2004)	이해갈등, 가치갈등
김종호 외(2004)	이해관계갈등, 가치관 갈등, 사회관계갈등, 구조적 갈등
하혜영 외(2007)	이해관계갈등, 가치갈등
국무총리실(2009)	정책갈등, 이익갈등, 입지갈등, 노사갈등, 개발갈등

자료: 임동진(2011) 재구성

　　다른 유형의 연구로 양연희(2021)는 토픽모델링 기법을 활용하여 공공갈등의 유형과 경향을 분석하였는데, 2007년 5월부터 2018년 12월까지 국내의 공공갈등 관련 신문기사들을 활용한 키워드를 도출하고 분류하여 갈등을 유형화하고 특성들을 도출하였다. 연구결과 가장 많은 비중을 차지한 유형으로는 개발·환경 갈등이 1순위로 나타났으며, 선호시설 유치갈등과 교통인프라 갈등이 각각 2순위, 3순위로 나타났다. 다음으로는 비선호시설 입지갈등과 군사시설, 무상복지, 지역발전사업, 전력시설물 갈등, 행정구역 변경, 원전시설물, 공공시설물 등의 순서로 공공갈등 유형별 기사 비중이 나타났다. 국내 공공갈등과 관련된 기사중 비중이 높은 토픽별 주요 키워드를 살펴보면, 개발·환경 갈등과 관련된 핵심키워드에는 사업이나 개발, 계획, 구역, 환경, 지정, 조성, 관리, 설치 등으로 나타났다. 다음으로는 선호시설 유치와 관련된 키워드는 이전, 정부, 지역, 유치, 입지, 건설, 추진 등을 확인할 수 있으며, 반대개념인 비선호시설 입지갈등에는 시설, 주민, 부지, 건립, 계획 등의 키워드를 확인할 수 있었다.

　　이처럼 사회갈등의 유형은 연구자나 연구기관과 같은 연구의 주체가 주목하는 목적과 대상, 갈등의 당사자와 맥락 그리고 연구방법 등에 따라 각기 다르게 유형화 될 수 있다.

그림 15-2　공공갈등 관련 Topic별 기사 수

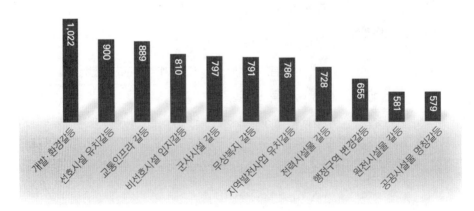

자료: 양연희(2021) 재구성

이상에서 논의한 바에 따르면, 사회갈등은 개인, 집단이나 조직, 공동체, 정부와 같은 주체들이 어떤 문제를 쟁점으로 의견을 표출 혹은 충돌하는지에 따라 그 유형이 달라진다. 그리고 이러한 갈등의 쟁점에 영향을 미치는 사회구조나 환경적 요인, 내·외부요인에 의해 다양화되고, 갈등관리의 방법이 달라진다. 이러한 시각에서 볼 때, 사회갈등의 원인은 문제의 쟁점이나 행위 주체, 정책적 차원의 문제 등 여러 요인이 될 수 있으며, 복잡한 가치판단과 이해관계로 인해 사회갈등을 유형화하는 것은 매우 어려운 일이다. 하지만 그럼에도 불구하고 이를 규명하고자 하는 시도들이 이루어졌다.

이병량·김서용·전영평(2008)의 연구에서는 세가지 요인(행위자 요인, 맥락 요인, 역사적 요인)을 통해 갈등의 원인을 유형화한다. 행위자 요인은 대통령 및 정부여당, 시민사회단체, 기업 및 경제계, 학생운동권, 야당, 언론, 노동계, 국민 개인으로 구성된다. 맥락요인은 생각과 가치관 차이, 무분별한 자기기이익 추구, 사실과 다른 오해, 정부의 잘못된 대처로 범주화하였다. 역사적 요인은 한국인의 기질이나 특성, 급속한 경제성장, 과거의 군사정권과 식민지 경험, 정치인의 부패 및 무능, 민주적 시민의식 부족, 분단 대치 상황 등으로 범주화하였다.

유희정·이숙종(2016)의 연구에서는 갈등의 원인을 크게 개인수준의 욕구표출과 쟁점의 구조적 속성, 환경적 요인으로 구분한다. 갈등은 인간의 기본적 욕구에 대한 결핍에서 발생하고, 이 기본적 욕구는 안전, 애정, 소속, 존중, 자아실현 등으로 다양하다. 그리고 이런 갈등은 문제의 쟁점에 대한 구조적 속성에 의해 심화되는데, 당사자들 간의 대립에서 한쪽의 이익이나 손해가 발생하거나, 상호간 의사소통의 저하, 일방적인 정보의 차단이나 왜곡과 같은 경우이다. 정리하면, 갈등은 당사자간 이해관계나 가치관의 충돌로 발생한다는 내부적 요인과, 의사소통과 정보불균형 같은 외부 환경적 요인으로 인해 심화된다. 여기에서 환경적 요인은 정치나 경제, 사회, 문화와 같은 거시적 요인들도 포함된다.

이처럼 사회갈등의 원인과 유형분류는 그 경우의 수가 너무 많아 세밀한 정의와 분류가 어렵다는 한계가 있다. 이론상으로는 고려 가능한 모든 경우의 수를 포괄할 수는 있지만, 이를 현실에 적용하기 어렵다는 한계가 있다. 이

때문에 갈등의 원인과 유형에 관한 연구는 연구자들의 연구설계에 따라 조금씩 차이가 존재하기는 하지만, 각 갈등의 쟁점과 상황을 고려한 결과를 도출한다는 점에 중요한 의미가 있다.

Ⅱ. 사회갈등의 관리와 해결방안

1. 사회갈등과 갈등관리

한국 사회는 과거의 급속한 경제 성장과 사회구조 변화를 경험하며 다양한 사회적 갈등을 경험하였다. 갈등은 해소가 요구되는 대상이며, 갈등 해소는 긍정적이든 부정적이든 사회에 영향을 미친다. 사회적 갈등의 다양화와 증가는 기하급수적인 사회적 비용을 초래하기도 하는데, 가시적 비용으로는 정책지연에 따른 경제적 비용, 재산이나 인명의 손실이 있으며, 비가시적 비용으로는 갈등의 주체간 불신, 사회자본의 침식, 소극적 정책태도 등을 들 수 있다(이병량·김서용·전영평, 2008). 특히 현대사회는 정보·통신 기술의 발달로 사회적 문제에 대한 정보, 문제의 흐름과 맥락, 당사자들의 입장을 보다 쉽고 빠르게 인지할 수 있게 되었으며, 쉽고 자유로운 의견표출이 가능해진 사회이다. SNS나 미디어 등의 발달로 인해 갈등 상황에 대한 의견 표출과 공유, 토론의 장이 과거에 비해 활발히 전개되기도 하며, 모든 사회구성원들이 해당 내용을 쉽게 접하고 의견을 교환할 수 있는 환경이 조성되었다.

앞서 설명한 바와 같이 갈등의 유형은 개인, 조직, 집단, 정부 등 행위의 주체에 따라 다양하게 나타난다. 하지만 본 장에서 논의하고자 하는 에너지전환과 사회갈등에 초점을 맞추기 위해, 여기에서는 공공성과 사회적 성격을 갖는 갈등에 한정하여 갈등관리의 의미와 필요성을 중점적으로 논의하고자 한다.

현대의 갈등 주체·당사자는 물론 제3자의 의견까지도 쉽게 접할 수 있는 상황 자체는 갈등에 대한 문제인식과 쟁점, 해결방안 탐색과 공유의 측면에서 강점으로 볼 수 있겠다. 그러나 문제의 쟁점에 대한 의견표출과 교류, 토론의 장, 그리고 정책결정자들의 회의와 토론을 쉽게 접할 수 있는 상황과 다르게, 갈등관리를 위한 정책 수립과 시행은 별개의 상황이며, 행정적 당위성과 절차적 정당성 확보의 과정은 여전히 지난한 과정이다.

이병량·김서용·전영평(2008)의 연구에서는 갈등관리의 필요성과 과제를 다음과 같이 분석하고, 갈등관리를 정의하였다. 행정은 사회를 건전하게 유지한다는 포괄적 목적을 지닌다. 행정의 시각에서 갈등은 해결해야 할 대상이며, 국민이나 사회적 요구의 표출이다. 이 때문에 행정은 갈등의 해결에 관심을 가질 수 밖에 없으며, 과거 갈등의 표출이 정책실패의 예고편으로 여겨지던 것과는 다르게 갈등을 사회 유지의 중요한 요소로 보고, 갈등 해결의 순기능에 집중하고 있다. 이렇게 행정에서 갈등은 중요한 관리의 대상이 되었으며, 갈등관리의 자명한 과제는 갈등의 순기능 유지와 역기능 확대를 방지하는 것으로 볼 수 있다. 즉 갈등관리란 갈등의 원천적 예방이나 빠른 해소가 아닌, 적정한 수준으로 유지하는 것이다(이병량 외, 2008).

유희정·이숙종(2016)의 연구에서는 갈등관리를 "지속가능한 사회발전의 궁극적 목표를 달성하기 위해 갈등수준을 완화시키고 해결방식을 설계하는 총체적 활동"이라고 정의한다. 갈등관리의 시작은 갈등을 바라보는 시각에서 출발하며, 갈등을 어떻게 인식하는가에 따라 원인 규명 필요여부가 결정되고, 해결 방안 탐색과 합의의 도출이 전개된다는 것이다. 이들의 연구에서는 양면성을 내포하고 있는 사회갈등을 적절히 쟁점화하고 건전한 비용을 지불하도록 하는것이 갈등관리의 필요성이라 주장한다.

하혜영(2007)의 연구에서 갈등관리는 "갈등의 역기능·파괴적 갈등으로의 확대를 방지하고, 순기능을 증가시킬 수 있도록 구조와 조건을 마련하는 과정"이라고 정의한다. 갈등관리는 크게 전통적 갈등관리(Conventional approaches for managing conflict)와 대체적 갈등관리(Alternative approaches for managing conflict)로 구분하여 접근할 수 있는데, 전통적 갈등관리는 강한 당사자가 독자적으로 관리하는 방식(회피, 비순응, 일방적 행동, 직접 투쟁, 지연, 무마 등)과 사법기관의 강제적 결정에 의한 사법적 판결(재판)방식이 있다. 하지만 판결(재판)은 승자와 패자로 나뉘는 결과로 갈릴 수 있는 단점이 있었다. 이에 대한 보완으로 윈윈(win-wwin)전략인 대체적 갈등관리가 등장하였으며, 이는 당사자들이 자체적으로 분쟁을 해결하는 전략이다.

서문기(2004)의 연구에서는 갈등관리의 필요성을 다음과 같이 분석하고 있다. 갈등은 사회안에 존재하며 이를 완전히 해결하는 작업이 불가능하더라도, 지속적인 노력을 통해 갈등이 잘 해소되도록 제도적으로 수렴된다면 사회발전의 에너지로 전환될 수 있다. 이 때문에 갈등의 관리능력 배양은 사회발전의 관건이 되며, 갈등관계의 발견과 해결을 위한 조정과 협상, 타협과 같은 갈등관리 기제의 정착이 필요하다는 것이다.

2. 사회갈등의 해결방안

하혜영(2007)의 연구에서 갈등해결은 넓은 의미로 갈등당사자들의 상호 합의 형성과 수용, 그리고 해결책의 지속적 유지를 통해 당사자들의 관계가 더 긍정적으로 개선되는 것을 의미한다. 그리고 사회갈등의 문제 해결을 위해서는 갈등의 특성에 대한 이해가 필수적이며, 이해 정도에 따라 해결의 수준도 달라진다(서문기, 2004). 또한 유희정·이숙종(2016)의 연구에서도 갈등의 해결과 건설적 전개 및 대응이 이를 바라보는 시각에서 출발한다고 주장한다. 즉, 사회갈등의 해결방안을 마련하기 위해 해당 갈등의 행위자와 주체, 문제 상황과 쟁점, 맥락적 상황과 내·외부 환경적 요소들이 복합적으로 고려되어야 한다는 것이다. 이러한 진단 없이 일방적 해결방안이나 희생의 요구, 소통과 정보의 불균형을 통한 접근은, 갈등의 순기능을 도출하지 못하고 역효과만 가중시킨다는 것을 앞선 논의들을 통해 확인하였다.

다음은 갈등해결과 관련된 연구들에서 활용된 분석틀이나 방법들을 소개해보고자 한다. 먼저 하혜영(2007)의 공공갈등 관리방식에 대한 연구에서는 갈등의 특성과 관리방식, 갈등결과를 활용하여 갈등해결 구조를 설정하였다. 갈등의 특성에는 갈등의 당사자와 이슈를 설정하고, 정부의 갈등관리방식과 연관성을 분석하다. 그 후 각 방식별 효율성을 기준으로 갈등의 종결까지 소요기간의 차이를 분석한다(<그림 15-3>).

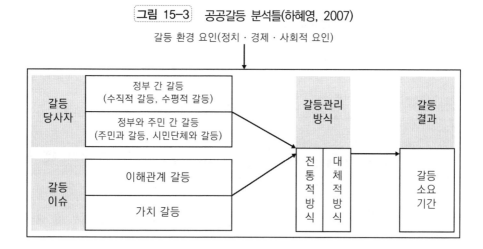

그림 15-3 공공갈등 분석틀(하혜영, 2007)

갈등 환경 요인(정치 · 경제 · 사회적 요인)

서문기(2004)의 연구에서는 갈등의 유형을 4가지로 구분하고, 갈등의 주체를 정부와 시장, 시민사회로 분류하였다. 그리고 각 유형별 주체들의 역할을 제시하여 갈등 현안에 대한 해결방안을 논의한다(<표 15-8>). 이 연구에서는 한국의 사회갈등 구조를 다음과 같은 틀을 활용하여 분석하였는데, 갈등의 유형을 크게 지역갈등, 계층갈등, 노사갈등, 환경갈등으로 구분하였다. 갈등의 주요 주체를 정부와 시장, 시민사회로 구분한 것은, 한국사회가 초기 정부의 힘이 강하였고, 이후 경제성장으로 인한 시장의 활성화와 시민사회 활성화가 이루어진 논리에 따른 것이다. 다음의 표처럼 갈등의 유형에 따라 주체들의 가치관과 이해관계가 다르기 때문에 해결방안이 구조화되기 어렵지만, 그럼에도 불구하고 갈등의 유형과 주체별 입장을 정리하는 것은 의미가 있다. 즉, 갈등의 유형별 특성과 주체들의 이해관계를 살펴봄으로써 비교적 조직적이고 미시적인 해결방안의 도출이 가능하다는 것이다.

심준섭(2015)의 연구에서는 공공기관 갈등관리의 문제점과 개선을 위한 실질적 대안을 제시하고 있다. 이를 정부의 사회갈등 해결 관점으로 해석하면 다음과 같다. 첫째, 비슷한 갈등이 반복되는 경우 갈등관리 전담조직을 구성하여 일정한 유형이나 역동성에 대응한다. 둘째, 갈등관리 기구의 구성 및 운영 과정에 이해관계자의 실질적 참여와 역할을 보장한다. 셋째, 갈등관리 전

표 15-8 사회갈등 분석방안(서문기, 2004)

	정부	시장	시민사회
지역갈등	• 지역간 사회정치적 통합 • 지역간 산업불균형 해소	• 지방경제의 활성화	• 갈등해결형 시민운동 활성화 • 지역간 문화교류 사업 확대
계층갈등	• 사회적 약자에 대한 배려 • 소득재분배 기능강화	• 정당한 부의 축적 이해 • 기업의 사회안전망 기여	• 사회 불평등에 대한 의견수렴 • 더불어 사는 문화형성
노사갈등	• 신뢰구축과 법치에 의한 규율 • 노사정의 사회적 협의 강화	• 투명한 경영 • 합법적 파업	• 합리적 문제해결에 대한 규범 • 사회적 대화 활성
환경갈등	• 정부의 조정기능 보강 • 전략환경평가제도 도입	• 오염자 부담의 원칙 • 환경경영	• 갈등조정과 합의문화 형성 • 환경갈등해결 시민사회 형성

자료: 지속가능발전위원회. 2004.『갈등관리시스템구축방안』재구성

략계획 및 실행계획을 수립·집행하여 정부의 전략목표로 내재화 하고, 갈등관리의 중요성을 내재화한다. 넷째, 경제적 편익이나 개별 보상보다 갈등 주체들의 협의가 정책에 반영되도록 제도적 장치 마련 등의 종합적 갈등관리 시스템을 구축한다. 공공기관은 공공재의 생산과 공급을 담당하며, 여기에서 발생하는 갈등은 사회갈등과 유사한 맥락을 보인다. 특히 에너지의 생산 및 공급, 처리와 관련된 공기업 관련 이해당사자들의 갈등이 증가하고 있다는 측면에서는 본 연구의 갈등해결방안이 갖는 의미가 크다고 볼 수 있다.

임동진(2011)의 연구에서는 공공갈등의 해결요인 분석을 위해 다음의 <그림 15-4>와 같은 분석틀을 설정하였다. 먼저 공공갈등의 특성은 공공갈등사례 수집 및 분류를 활용하였으며, 원인분석과 관리실태, 해결요인은 각 부처의 갈등관리 총괄 공무원 및 일반 공무원, 민간위원 대상 설문조사를 통해 조사하였다. 분석결과, 공공갈등 예방 및 해결의 핵심 주체는 직접적 이해

당사자, 중앙정부, 중립적 갈등조정위원회, 사법기관, 국회, 시민·사회단체 등으로 나타났다. 그리고 주요 갈등관리 방안으로는 현 공공갈등규제의 실효성 확보와 비합리적 제도의 지속적 정비, 합리적 보상체계 구축, 공청회 등 의사소통 절차 강화, 공무원 갈등교육 강화, 갈등전문인력양성, 정부정책의 적극적 홍보, 정보공개의 투명성 확보, 이해관계자의 적극 참여 유도, 자율적 사전협의 강화, 갈등의 조정기능 강화, 다양한 갈등관리기법 활용, 제3자의 갈등조정기구 활용, 사회적 합의기구 설치, 상호신뢰 등 사회적 자본 축적, 소통문화정착 유도, 다양한 가치를 인정하는 사회적 풍토조성 등과 같이 다양한 갈등 해결방안을 제시하였다.

그림 15-4 공공갈등 해결요인 분석틀(임동진, 2011)

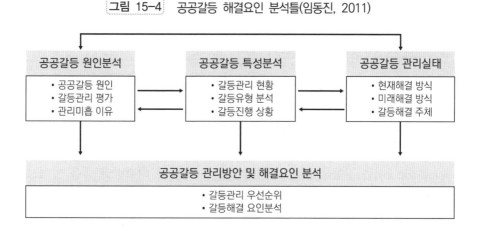

지금까지 사회갈등 해결방안을 위해 공공분야 갈등 해결을 위한 연구들의 분석틀을 살펴보았다. 본 장에서 소개한 갈등 해결방안 탐색의 분석틀에서는 정부 역할의 중요성을 확인할 수 있었다. 이러한 경향은 과거 정부의 힘이 강했던 경험에 의해 영향을 받은 것으로 보이는데, 시장과 시민사회의 영향이 강화된 현대사회에서도 여전히 정부에게 기대하는 역할이 큰 것으로 확인된다. 다음은 한국행정연구원에서 조사한 2019년과 2020년의 사회통합실태조사의 결과 중, 서울시민들이 사회통합을 위해 중심역할을 해야한다고 생각하는 집단에 대한 결과를 나타낸다(<그림 15-5>). 이에 따르면 서울시민들은 정

부와 국회의 역할이 필요하다고 생각하고 있음을 확인할 수 있다. 즉, 정부의 중재자 역할이 사회갈등 해결과 사회통합을 위해 여전히 매우 중요함을 의미한다.

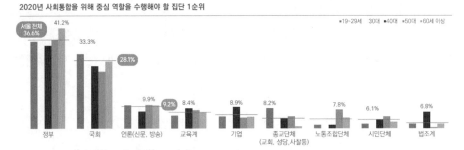

그림 15-5 사회통합을 위해 중심 역할을 수행해야 할 집단

자료: 한국행정연구원, 2019, 2020년 사회통합실태조사
출처: 서울인포그래픽스(2022.4), https://www.si.re.kr/node/65900

Ⅲ. 에너지전환과 사회갈등의 과제

본 장에서는 갈등의 이론과 사회갈등의 유형 및 해결방안 등을 알아보았다. 사회갈등은 우리 사회의 장기적 발전과 건전한 성장을 위해 올바르게 관리되어야 할 대상이다. 특히, 세계적으로 기후변화에 따른 에너지전환에 대한 중요성이 증가하고, 심층적 논의가 이루어지고 있는 상황에서 사회갈등은 반드시 직면하게 될 중요한 사안이라고 할 수 있다. 오래전부터 사회갈등들이 긍정적 방향이든 부정적 방향이든 사회를 성숙시켜온 것처럼, 에너지전환과 관련된 사회갈등 역시, 향후 우리 사회에 영향을 미칠 것이다. 하지만 이 영향이 긍정적으로 작용할지 부정적으로 작용할지는 사회갈등을 대하는 우리사회의 자세에 달려있다.

오늘날 많은 사회과학자와 국가, 그리고 일반국민들도 이러한 갈등관리의 중요성을 인식하고 있다. 에너지전환을 선행하고 있는 독일의 경우 이러한 갈등의 문제를 다루기 위해 KNE(환경보전과 에너지전환 역량센터)를 갈등해결

기관으로 설립하고, 이를 통해 갈등이 발생하는 지역에 갈등중재자를 활용한 소통과 해결방안 모색하고 있는 중이다. 이처럼 우리 역시 에너지와 관련된 사회갈등의 중요성을 인식하고, 이에 대해 올바르게 진단, 해결해야 할 것이다. 또한, 이 과정에서 올바른 사회적 성숙을 도모할 수 있도록 바람직한 갈등관리가 이루어져야 한다.

본 장에서는 에너지전환 관련 사회갈등의 대응방안을 다음과 같이 제안한다. 첫째, 이해당사자와 갈등의 주체가 될 수 있는 정부와 지자체, 기업, 지역주민 참여와 소통의 화합을 위한 제도적 장치 마련이 필요하다. 정부는 여전히 사회갈등과 같은 중대한 사안에 대해 중재자 역할을 요구받는다. 과거 강했던 정부와 다르게 현대의 정부는 타당성과 합리성, 절차적 공정성 등을 추구하며 갈등을 효과적으로 중재하고 관리해야 할 의무가 있다. 둘째, 에너지 전환에 있어서 에너지 정의를 추구해야 한다. 에너지 전환은 기존의 사회 체제를 변화시킬 만큼 큰 변동이다. 새로운 발전설비와 관련된 사안만으로도 입지선정과 설치 업체 선정, 자재 공급 업체 선정, 지역주민과의 협의, 기존 에너지 관련 업계의 기업 생태, 근로자의 일자리 등이 쟁점이 된다. 이런 사회적 변화는 크든 작든 수혜자와 피해자를 낳기 마련이며, 이들에 대한 정당한 보상과 합리적 비용부담을 위한 준비가 필요하다. 즉, 이러한 현상 자체가 에너지 전환과 사회갈등이며, 섬세하고 현명하게 풀어내야 할 과제인 것이다.

토론의 장

□ **토론1: 에너지전환과 관련한 갈등사례**

- 본 장에서 논의한 바와 같이 갈등은 다양한 요소와 참여자의 이해관계가 얽혀서 발생한다. 그 중, 정부의 에너지전환과 관련한 정책과 지역주민과의 갈등이 발생한 사례를 도출해보자.

□ **토론2: 에너지전환 관련 갈등관리**

- 토론질문 1: 지역주민과 정부정책 간의 갈등 문제에 있어, 갈등관리를 위한 주요 쟁점은 무엇인가?
- 토론질문 2: 갈등관리를 위한 주요 행위자와 대상은 지역주민, 정부로 볼 수 있다. 올바른 갈등관리를 위한 참여자는 지역주민과 정부로 한정해야 하는가? 확장해야 하는가?

참고문헌

강병노. (2020). 갈등이론에서 갈등에 관한 이론적 비교. 분쟁해결연구, 18(1), 5−34.

권혁주. (2016). 한국의 사회갈등과 사회통합 방안: 사회구조적 관점에서. 행정논총 (Korean Journal of Public Administration), 54.

김문길. (2017). 사회갈등 및 사회통합에 대한 인식과 시사점. 보건복지포럼, 2017(3), 37−49.

김서용·김선희. (2014). 환경주의 결정구조의 보편성과 특수성−32 개국 비교분석과 정책적 함의. 한국정책학회보, 23(4), 335−371.

김서용·조성은·김선희. (2006). 위험과 편익 사이에서: 방폐장 수용성의 결정요인에 대한 분석. 한국행정연구, 15(3), 297−330.

김선래. (2015). 우크라이나·러시아 에너지갈등과 우크라이나 사태. Acta Eurasiatica, 6, 37−62.

박준·정동재. (2018). 사회갈등지수와 갈등비용 추정. 기본연구과제, 2018, 3448−3765.

박태순. (2006). 한국사회 공공갈등에 대한 인식과 갈등해법의 변천과정에 관한 연구. Crisisonomy, 2(2), 87−96.

서문기. (2004). 한국의 사회갈등 구조 연구: 갈등해결 시스템을 모색하며. 한국사회학, 38(6), 195−218.

신윤창. (2010). 사회갈등의 원인구조와 해결방안: 거버넌스를 중심으로. 한국정책학회 동계학술발표논문집, 2010, 125−144.

심준섭. (2015). 공공기관 갈등관리의 문제점과 개선방안. 2015년 6월 25일, 제4차 공공기관 네트워크 세미나 발표자료.

안세웅, & 이희선. (2011). 태양광 및 풍력단지의 개발에 따른 환경적·사회적 문제 분석 및 대응방안. 환경정책연구, 10(3), 3−20.

양연희. (2021). 토픽모델링을 활용한 공공갈등 유형 및 경향 분석. 지방행정연구, 35(2), 159−188.

유희정·이숙종. (2016). 한국사회 갈등의 원인 및 관리에 대한 연구: 갈등유형별 특성을 중심으로. 한국사회, 17(1), 39−80.

윤순진. (2003). 지속가능한 에너지체제로의 전환을 위한 에너지정책 개선방향: 재생가능 에너지관련 법·제도에 대한 비판적 검토를 바탕으로. 한국사회와 행정연구, 14(1), 269−299.

_____. (2009). 기후변화 대응을 둘러싼 사회 갈등 예방과 완화를 위한 거버넌스의 모색. 국정관리연구, 4(2), 125−160.

_____. (2018). 원자력발전정책을 둘러싼 사회갈등 해결을 위한 쟁점과 과제: 신고리 5·6 호기 공론화에 대한 평가를 중심으로. 경제와사회, 49−98.

이병량·김서용·전영평. (2008). 한국 사회갈등구조의 진단과 해석: 수준, 원인, 대안을 중심으로. 한국공공관리학보, 22(4), 49−72.

이선향. (2016). 복합재난과 사회갈등−한국의 '희생시스템'과 사회균열 과정을 중심으로. 담론 201, 19(2), 37−61.

이순자. (2014). 재생에너지를 둘러싼 갈등 그리고 해결방안. 토지공법연구, 65, 311−340.

이준서. (2020). 에너지전환 정책의 현황과 쟁점. 환경법연구, 42(2), 85−128.

이철용. (2021). 에너지 전환에 따른 신재생에너지 산업의 경제적 파급효과 추정. 한국혁신학회지, 16(3), 247−274.

이화연·윤순진. (2013). 밀양 고압 송전선로 건설 갈등에 대한 일간지 보도 분석: 환경정의 관점에서. 경제와사회, 40−76.

임동진. (2011). 공공갈등관리의 실태 및 갈등해결 요인분석. 한국행정학보, 45(2), 291−319.

임미화·박희태·최성윤·김진영·김현수. (2019). 도시재생사업에서 발생하는 갈등과 갈등관리 계획상의 갈등 유형 간 차이에 관한 연구: 도시재생 선도지역 사업과 도시재생뉴딜 사업계획서를 중심으로. 국토계획, 54(1), 5−17.

정정화. (2011). 한국사회의 갈등구조와 공공갈등: 국책사업 갈등사례를 중심으로. 한국사회와 행정연구, 22(3), 1−27.

정해식·김미곤·여유진·김성근·류연규·우선희·김근혜. (2018). 사회통합 실태진단 및 대응방안 연구 (Ⅴ)−사회갈등과 사회통합.

채종헌,·김재근. (2009). 공공갈등에서 협력적 거버넌스의 구성과 효과에 관한 연구: 경기도 이천시 환경기초시설 입지갈등 사례. 지방행정연구, 23(4), 107−137.

최일섭·최원규·최성재·이혜경·윤찬영·박종우·김혜란·감정기(2008). 『사회문제와 사회복지』. 서울: 나남출판.

하혜영. (2007). 공공갈등 해결에 미치는 영향요인 분석: 갈등관리 요인의 효과를 중심으로. 한국행정학보, 41(3), 273−296.

_____. (2007). 정부의 공공갈등 관리방식에 대한 실증분석. 행정논총, 45(2), 309−330.

_____. (2009). 공공갈등연구의 경향과 과제. 한국사회와 행정연구, 20(2), 163−186.

Assael, H. (1969). Constructive Role of Interorganizational Conflict. Administrative Science Quarterly, 14: 573−582.

Coser, L. A. (1998). The functions of social conflict (Vol. 9). Routledge.

Dahrendorf, R. (1959). Class and Class Conflict in Industrial Society. Stanford, CA: Stanford University Press.

Deutsch, M. (1969). Conflicts: Productive and Destructive. Journal of Social Issues, 25(1): 7−41.

https://www.segye.com/newsView/20201116512857

Mayer, B. S. (2010). The dynamics of conflict resolution: A practitioner's guide. John Wiley & Sons.

Mills, C. W. (1959). The Sociological Imagination. New York: Oxford University Press

Mueller, Dennis. 1997. Perspectives on Public Choice: A Handbook. Cambridge: Cambridge University Press.

Radim, M. A. (2001). Managing Conflict in Organizations(3rd ed). Westport, CT: Quorum Books.

Schellenberg, J. A. (1996). Conflict resolution: Theory, research, and practice. Suny Press.

Sipka, T. A. (1969). Social Conflict and Re−construction. Unpublished Doctoral Dissertation. Boston: Boston College

서울인포그래픽스 (2022.4), https://www.si.re.kr/node/65900

한국 지속가능발전의 변천사(지속가능발전위원회와관련법), https://www.snpo.kr/bbs/board.php?bo_table=npo_aca&wr_id=73996&page=6

찾아보기

집필진 소개

김서용
아주대학교 행정학과 교수
고려대학교 행정학 박사

권향원
아주대학교 행정학과 및 과학기술정책대학원 조교수
미국 남캘리포니아대학교 행정학 박사

김경환
강원대학교 행정학과 조교수
영국 요크대학교 사회정책학 박사

김공록
아주대학교 사회과학연구소 에너지전환정책연구센터 연구조교수
연세대학교 행정학 박사

김미리
아주대학교 사회과학연구소 에너지전환정책연구센터 연구원

김민정
아주대학교 사회과학연구소 에너지전환정책연구센터 연구조교수
성균관대학교 국정전문대학원 행정학 박사

김소희
아주대학교 사회과학연구소 에너지전환정책연구센터 연구조교수
고려대학교 행정학 박사

김진선
아주대학교 사회과학연구소 에너지전환정책연구센터 연구조교수
경희대학교 행정학 박사

박천희
아주대학교 사회과학연구소 연구교수
아주대학교 행정학 박사

서인석
안양대학교 행정학과 조교수
성균관대학교 국정전문대학원 행정학 박사

우청원
경남대학교 경영학부 조교수
한국과학기술원 경영대학 기술경영학 박사

윤창근
아주대학교 행정학과 부교수
미국 켄터키대학교 행정학 박사

이유현
아주대학교 행정학과 조교수
파리1대학교 팡테옹 소르본느 법학 박사

전세혁
아주대학교 사회과학연구소 에너지전환정책연구센터 연구원

황주성
아주대학교 사회과학연구소 에너지전환정책연구센터 연구원

에너지전환정책의 이론과 현실

초판발행   2023년 08월 18일

지은이   김서용 외 14인
펴낸이   안종만 · 안상준

편 집   양수정
기획/마케팅   정연환
표지디자인   Ben Story
제 작   고철민 · 조영환

펴낸곳   (주) **박영사**
            서울특별시 금천구 가산디지털2로 53, 210호(가산동, 한라시그마밸리)
            등록 1959. 3. 11. 제300-1959-1호(倫)
전 화   02)733-6771
f a x   02)736-4818
e-mail   pys@pybook.co.kr
homepage   www.pybook.co.kr
ISBN   979-11-303-1784-7 93350

* 파본은 구입하신 곳에서 교환해 드립니다. 본서의 무단복제행위를 금합니다.

정 가   35,000원

이 저서는 2021년 대한민국 교육부와 한국연구재단의 지원을 받아 수행된 연구임
(NRF-과제번호)(NRF-2021S1A5C2A02087244)